YIAN TSOUAN LIN
DOCTEUR ES-LETTRES

阎宗临传

ESSAI SUR LE P. DU HALDE

DESCRIPTION DE LA CHINE

阎守诚 著

FRIBOURG
IMPRIMERIE FRAGNIERE FRERES

山西出版传媒集团 三晋出版社

图书在版编目（CIP）数据

阎宗临传／阎守诚著．—太原：三晋出版社，
2013.12
ISBN 978-7-5457-0898-1

I.①阎… II.①阎… III.①阎宗临—传记 IV.
①K825.81

中国版本图书馆 CIP 数据核字（2014）第 000544 号

阎宗临传

著　　者：阎守诚
责任编辑：张继红
助理编辑：董润泽
责任印制：李佳音
出 版 者：山西出版传媒集团·三晋出版社（原山西古籍出版社）
地　　址：太原市建设南路 21 号
邮　　编：030012
电　　话：0351-4922268（发行中心）
　　　　　0351-4956036（综合办）
　　　　　0351-4922203（印制部）
E - m a i l：sj@sxpmg.com
网　　址：http://sjs.sxpmg.com
经 销 者：新华书店
承 印 者：山西臣功印刷包装有限公司
开　　本：787mm×1092mm　1/16
印　　张：24
字　　数：400 千字
印　　数：1-3000 册
版　　次：2014 年 1 月第 1 版
印　　次：2014 年 1 月第 1 次印刷
书　　号：ISBN 978-7-5457-0898-1
定　　价：48.00 元

目　录

一 父亲的传奇人生

我的父亲阎宗临逝世于 1978 年 10 月 5 日，转眼之间，已经过去了 30 多年。但是父亲的音容笑貌仍然时常萦回脑际，往事历历在目，犹如昨日。

在我的记忆里，父亲永远是慈祥的。他待人和蔼而宽厚，处事正直而认真，衣着、生活都很简朴，言谈典雅而富有幽默感。在家里，父亲对我们兄弟姐妹从来没有疾言厉色，遇到问题，总是像对待朋友那样平等地和我们对话谈心。我们家的气氛是民主、自由、和谐的。特别是每逢寒、暑假，父亲稍有闲暇，我们全家总爱聚在一起，从学校到社会，从学习到生活，天南海北的神聊。父亲自然是中心人物，他那充满智慧与哲理的谈话，往往在不知不觉中给我们教诲。这样充满情趣的家庭聚会，而今已是遥远的往事，然而它却给我们留下了不可磨灭的温馨记忆。

父亲一生都在高等学校从事教学与研究，他的专业是世界史，专长是世界古代中世纪史和中西交通史。父亲逝世后，整理和出版他的遗著就义不容辞地由我来承担，因为我们兄弟姐妹 6 人，只有我的专业是历史学，他们都是学理科的。我在史学领域里，主要从事中国古代社会经济史和隋唐五代史的教学与研究，对于父亲的专业世界史了解并不多。虽然我并不真正懂得父亲这些论著的价值，但我知道它是有价值的，更何况我深知父亲求学和治学的艰难，以及这些论著保留下来的艰难。我想，如果再在我手里散失或湮灭，就愧对父亲在天之灵了。因此，我也一直想把它们整理出版，作为一种对父亲的纪念吧！也就

1

是在这些年整理、出版父亲遗著的过程中，使我逐渐对作为教师和学者的父亲，除了他的慈祥之外，有了更为深刻的认识，使我愈来愈感觉到父亲看似平淡的人生，实际富有浓厚的传奇色彩和许多值得深思的地方。

1　从一只小手提箱说起

父亲的人生传奇可以从一只小小的手提箱说起。这是一只 1937 年从欧洲带回来的手提箱，大概是父亲在欧洲读书时放书籍、笔记本和文具用的。这个小手提箱质地并不好，不是真皮的，而是纸皮的，经过漫长岁月的磨砺，已经很陈旧了。我小时候见到这只褐色的手提箱，是放在父亲的床下，箱子里面装着父亲出版和发表的专著、论文以及没有发表的论著手稿。这只箱子和里面的东西能保存下来十分不易，它们起码经过两次大的劫难：

一次是在抗日战争时期。1944 年日寇侵入广西，桂林形势紧张，我们全家随无锡国专师生一起逃难，从平乐到荔浦，再到蒙山，在从蒙山转移到昭平仙回村时，遇到日军抢劫，我们仓促上山躲避，衣物用具，丢失殆尽，全家 7 口人，只留下一条被子。在逃难期间，不论走到哪里，不论多么艰难，父亲手里总提着这只小箱子，箱子和里面的东西总算没有丢，保存下来了。

再一次是"文革"期间。父亲在山西大学，1966 年 8 月 21 日，造反派来抄家，把这只小箱子里面的东西(除父亲过去发表的著作、论文外，还有两包信件，里面有李四光、熊十力等人的信)当"黑材料"一起抄走。当时，我还是历史系的学生，没有离校，回到家里，母亲说："你一定想办法把爸爸写的东西找回来，这些东西丢了，他人都变呆了。"我看父亲也的确是神情大变，双目痴呆而迷茫，就像贾宝玉丢了通灵宝玉一样，我才真正懂得了什么是以学术为生命。于是，我先打听到来抄家的组织是生物系的"红山大"战斗队，然后去找父亲的学生、我的哲学老师梁鸿飞说这件事，因为"文革"开始后，梁老师一直对父亲很好，晚上常来家里看望父亲，或者陪父亲出去看大字报，在那样恐怖的环境下，是难能可贵的。梁老师说："正好我们楼里住着一位生物系的老师，我去找他看是否有办法。"过了几天，梁老师让我到那位生物系老师宿舍取父亲的东西。这样，在 31 日，也就是抄家之后的第十天，我去把父亲的"黑材料"取回来。

其中,父亲写的小说《大雾》和散文集《波动》、《夜烟》以及《南王村史》、信件等却从此丢失,再也找不回来了。大概那些造反派学生觉得文学作品比史学论著好看,就扣下了。现在回想起来,梁老师和那位生物系的老师出手帮助找回了父亲视为"生命"的东西,这对父亲是极大安慰,也为我后来编三卷本的《阎宗临作品》保留了基本的材料,使父亲的学术成果能够流传于世。写到这里,我应该向梁老师和生物系那位老师在危难之中的帮助,表达深深的谢意。

上个世纪 90 年代初,我从山西省社会科学院调到首都师范大学历史系。工作、生活安定下来,我开始编辑父亲的文集,并且和山西古籍出版社联系出版事宜。当时的情况是学术著作出版难,个人论文集出版尤其难,难就难在出版的资助经费上,这个问题的解决,经过长期的努力,在原山西省委书记王大任的关心和支持下,三晋文化研究会将父亲的文集列入《三晋文化丛书》给予了大部分资助,我们自己也出了一小部分经费,终于可以出版。

根据出版社的要求,《阎宗临史学文集》(以下简称《文集》)在 30 万字左右。我从父亲的遗著(包括未发表的手稿)中进行选编。内容分三部分:第一部分是中西交通史的研究,这是父亲的主要研究领域;第二部分是关于世界史的论文,这是父亲的主要专业;第三部分是古文献的笺注,包括《身见录》、《西使记》、《北使记》和《佛国记》,这四部古文献的作者都是山西人,因此,可以作为山西地方史的研究内容,以此表达父亲热爱故乡的一片拳拳之情。

从 1993 年开始编辑和联系父亲《文集》的出版,一直到 1998 年才由山西古籍出版社出版了这本《文集》,期间经过了将近 5 年,《文集》出版时恰逢父亲逝世 20 周年。

2　《阎宗临史学文集》

按照常理,出版《文集》总要请个适当的人写序言,当时,父亲的朋友大都已逝世,我想到了饶宗颐先生。饶先生和父亲是抗战时在无锡国专的同事,1944 年又一起逃难到蒙山等地。1977 年初,我到香港中文大学做访问学者,曾去拜访过饶先生。于是,我给饶先生写了封信,禀告了父亲的《文集》即将出版,想请他写篇序言。恰好北京大学的荣新江先生要去饶先生那里,我就请他把信

《阎宗临史学文集》，山西古籍出版社，1998年

带去。

我在编辑父亲的文集时，曾将父亲的部分文稿请荣新江审阅，他给予很好的评价。父亲的手稿《大月氏西移与贵霜王国的建立》就是新江推荐到王元化主编的《学术集林》第十三卷发表的。新江在这篇文章前还写了一篇《按语》，介绍了父亲的履历和学术贡献，在《按语》结束时，新江写道：

> 阎宗临先生是位刻苦勤奋的史家、爱国的学者。他对中国学术界的最大贡献应当是对明清时期中西文化交流史的研究。但世道艰难，日本侵华战争毁掉了他在欧洲的学术积累。然而，他在世界古代史和中西交通史研究上仍然有所建树，并培养了大批有用人才。今特发表先生五十年前的旧作《大月氏西移与贵霜王国的建立》一篇，以见先生治学的风范。

父亲的这篇手稿是《文集》出版前唯一发表的学术论文，新江的《按语》也是对父亲最早的介绍和评述。

新江果然不负所托，不久，饶先生寄来了他写的《阎宗临史学文集序》。饶先生的序言不长，只有短短的近六百字，但立意高远，言简意赅，情深意切，充分显示了大师的风范。

饶先生的"序言"分两段，第一段写道：

> 孙子有言："知彼知己，百战不殆。不知彼而知己，一胜一负。不知彼不知己，每战必败。"此谋攻之要道，知胜之枢机也。治学之道，亦何以异是。西方之言学，其考论吾华文字史事者号曰汉学，以西方之人而热心究远东之事，盖彼欲有知于我，此学之涉于"知彼"者也。反观吾国人之有志于究心西事者，乃寥若晨星。庸或有之，留学彼邦，略涉

藩篱,归国而后,弃同敝屣,多反而治汉学,稍为"知己"之谋,辄以兼通东西自诩,实则往往两无所知,其不每战不败者几希?近世学风,流弊之大,国之不振,非无故而然也。

饶先生从孙子"知彼知己,百战不殆"的理念出发,讲到治学之道,又引申到西方"汉学"的含义。由此对我国学界研究"西事"不够和不深入提出批评,指出:"近世学风,流弊之大,国之不振,非无故而然也。"从而强调了"知彼"之学对于国家振兴的重要性。

接着,第二段,饶先生写道:

阎宗临先生早岁留学瑞士,究心西方传教士与华交往之史事,国人治学循此途辙者殆如凤毛麟角。其所造固已出类拔萃,久为士林所重。抗战军兴,余任教国专,自桂林播迁蒙山,复徙北流,与先生尝共事,颇闻其绪论。心仪其人,以为如先生者,真有志于"知彼"之学者也。嗣先生回山西故里,终未能一展所学,忧悴而继以殂谢,论者深惜之。哲嗣守诚世兄顷来书谓经已勾集先生遗书刊行在即,平生著述,自此可以行世,沾溉后人,为之大喜过望。不揣固陋,略序其端,为陈"知彼"之学之重要,得先生之书以启迪来者,使人知不能以"知己"为满足,而无视于"知彼",则不免流于一胜一负。庶几欲求操胜算者,不至于南辕而北辙,则吾文之作或不为虚,亦可稍慰先生与地下也乎。

饶先生回顾了和父亲的交往,对父亲在中西交通史上传教士的史事所做的开拓性的研究和贡献,给予了高度的评价。饶先生还认为"吾国人之能有志于究心西事者,乃寥若晨星",而父亲是"真有志于'知彼'之学者也",是一位真正研究和了解西方的学者,饶先生也为父亲回山西后没有能够一展所学而深感惋惜。饶先生在序言结束时,仍然强调"知彼"之学的重要,认为父亲《文集》的出版有助于"沾溉后人","启迪来者",了解"知彼"的重要。饶先生对父亲的评价是既深情又精准,使我很感动,也很受鼓舞。特别是在十几年后,再读饶先生的序言,更加体会到饶先生眼光的博大和精深。

阎宗临先生论著集序

孙子有言：「知彼知己，百战不殆。不知彼而知己，一胜一负。不知彼不知己，每战必败。」此谋攻之要道，知胜之枢机也。论学之道，亦何以异是。西方之言学，其专论吾华文字史事者谓曰汉学，以西方之人而热心究远东之事，盖彼敌有知于我，此学之所托知彼者也。返视吾国人之有志于究心西事者，乃寥若晨星。庸或有之，留学彼邦，男琐瀮䣛，婦国而後，意同淑慎，多返而治汉学，精意知己之谋，概以兼通东西自期，实则杜之两无所知，其不每战不败者几希。迩世学风，浮华之大，因之不振，非无故而然也。

阎宗临先生早岁留学瑞士，究心西方傳教士与华交往之史事，国人治学循此途辙者犹凤毛麟角，其所造固已出类拔萃，久为士林所推重。抗战军兴，余任教国专，自桂林播迁象山，後徙北流，与先生尝共事，颇闻其绪论。心仪其人以为先生者，真有志于「知彼」之学者也。嗣先生回山西故里，终未能一展所学，寻悴而继以捐谢，论者深惜之。哲嗣阎守诚世兄顷来书，谓籀绎其先生遗书刊行在即，平生著述，自此可以行世，诒诸後人。序之大喜过望，不揣固陋，是序其当於知彼之学之意义，得先生书籍如此类，使人知不能以「知己」为满足，而亚視於「知彼」，则不免徬徨於一胜一负。庶几欲求操胜算者，不至於南辕而北辙；则斯文之作或为不虚，诚可靖先生于地下也乎。丙子春饶宗颐於香港。

饶宗颐序言手迹

父亲的文集出版后，受到学术界的广泛好评，这是我意料之外的。发表了好几篇书评，如：北京大学历史系黄春高写的《史业今生未许休——阎宗临先生的文化史研究论略》①。黄春高在标题的脚注下写道："我于一个偶然的机缘，得以'认识'阎宗临先生。先闻先生之名，后读先生之文，再知先生之生平。乃于先生的文章道德生无限之景仰。小子不敏，率尔操觚，成此小文，为先生文集行世之鼓吹也。祈望先生泉下勿责我唐突。"黄春高在评价父亲文集时，重点介绍了父亲的文化史观和文化史研究，并指出父亲在文化史研究上的突出贡献值得今天的学术界重视。

浙江大学历史系的计翔翔写了《博综史料 兼通东西——〈阎宗临史学文集〉读后》②。文章的开头写道："导师以异常肃穆的神情向我推荐山西古籍出版社1998年出版的《阎宗临史学文集》，并命我写一书评，以示对这位研究中西文化交流史的老学者及其学术成就的缅怀之情。我认真捧读再三，深受教益。"据我所知，计翔翔的导师就是著名的中外关系史学者黄时鉴先生。计翔翔在文章中主要评价了父亲通过传教士研究对中西关系史研究的贡献。他认为："阎先生对中西关系史的研究功不可没。周一良指出：'我国学者中，筚路蓝缕开创中西关系史（不包括近代外交史）的研究者当推张政烺先生'，'以后冯承钧先生、向达先生、方豪神父、朱杰勤先生等皆有所论述，为当代所重。'在这一串熠熠生辉的名字中，我们认为，阎宗临先生当之无愧地也占有一席之地。"

父亲文集出版不到一年，1999年5月8日，以美国为首的北约轰炸了中国驻南斯拉夫大使馆，为了使人们更清楚地了解巴尔干问题，5月12日，《山西日报》发表了朱幼棣写的《读阎宗临的〈巴尔干历史的复杂性〉》。文中写道："考虑到地理历史文化上的因素，一位中国历史学家在抗日战争最艰难的时期，即对遥远的巴尔干半岛的政治、军事、历史和民族问题进行了深入的研究，并得出了预言性的成果，这是十分不容易的。"《山西日报》配合朱幼棣的文章，全文重新发表了父亲在1944年3月1日写的这篇文章。

我接触的看到《文集》的学者和师长，都给予《文集》很好的评价。我们系的

---

① 《山西大学学报》，2000年第1期。

② 黄时鉴主编：《东西交流论谭》第2集，上海文艺出版社，2001年。

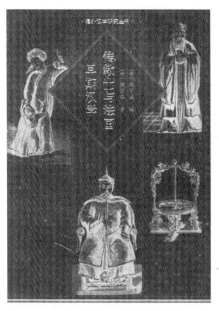

《传教士与法国早期汉学》，大象出版社，2003年

《阎宗临先生诞辰一百周年纪念文集》，山西人民出版社，2004年

齐世荣先生就对我说："你父亲的《文集》很有价值，不是在欧洲生活多年，写不出这样的文章。你是个孝子，给父亲做这件事，比做什么都好。"戴逸先生很高兴地对我说："过去我知道有《身见录》这部书，但没有见过，在你父亲的《文集》中看到了。"中国社会科学院历史所的清史专家何龄修先生在写给我的信中，也说道："午后归家，即展读其中西交通四篇，已如入宝山，目不暇接，倦意全消，不能释手。极感尊大人学养丰厚，故其著作精彩无比，沾溉后人，实非浅鲜。"北京外国语大学海外汉学研究中心主任张西平先生看到《文集》后，认为《文集》中关于传教士的论文不仅本身具有很高的学术价值，而且在我国汉学研究史上也有学术史的意义。由于《文集》受篇幅的限制，父亲有关传教士的文章并没有全部选入，张西平建议我将父亲有关传教士的论文收集齐全，再编一本书，纳入"海外汉学研究丛书"。于是就有了2003年由大象出版社出版的《传教士与法国早期汉学》。

2004年是父亲一百周年诞辰，9月23日，在山西大学历史文化学院举行了父亲诞辰百周年的纪念会，同时，山西人民出版社出版了《阎宗临先生诞辰百周年纪念文集》①（以下简称《纪念文集》）。这本文集除选编了对父亲论著的评论、他的学生的回忆及生平事迹等文章外,还收录了他写的小说《大雾》和专著《欧洲文化史论要》。父亲的学生、时任中共中央党史研究室主任的孙英为《纪念文集》①写了题为《追念我的老师阎宗临先生》②的长篇序言。孙英写道:序言"还是以回忆老师的教学为主要内容才好,这既是对老师的深切怀念和衷心感谢,也是对自己的再一次激励。"在回忆了父亲的教学之后,他总结父亲的一生有三个"不变":一是劳动人民的品德和感情始终不变;二是中国知识分子的爱国情怀始终不变;三是追求知识、真理和进步的执著始终不变。我认为:这个总结是非常正确而深刻的。孙英在叙述第三个不变时写道:"这种追求是以阎先生自己独特的方式进行的。他少年时家庭贫困,外出求学困难重重,但阎先生还是从山村走到了北京,从中国走到了欧洲,从一个农民子弟成长为留洋博士和大学名教授,创造了人生的'奇迹'。我想所以如此,一个很重要的原因,就是阎先生追求不止,奋斗不息,以其锲而不舍、百折不挠的精神和毅力,越过了一个又一个目标,达到了一个又一个境界。"

3 《阎宗临作品》

在《传教士与法国早期汉学》出版后,我曾在一篇文章中写道:"父亲从青年时代起,终其一生,都在从事世界历史和文化的教学与研究。这样的专业经历,在老一代的学者中并不多见,他的学术成果是值得珍视的。因此,我想继续为他编一部三卷本的文集:第一卷为世界古代及中世纪史,第二卷为欧洲史,第三卷为中西交通史。这样,父亲的全部学术成果就可以得到整理、保存和流传。相信这会对今天的研究者有所启迪和助益,对祖国的学术文化事业也是一点贡献。"③我有这样的想法和愿望,已经和编《阎宗临史学文集》时不同了。当初,只是想父亲辛勤一生,写了不少论著,应该为他出本书留作纪念。在《文集·后

① 任茂棠、行龙、李书吉编:《阎宗临先生诞辰百周年纪念文集》,山西人民出版社,2004年。

② 孙英的这篇序言,《山西日报》2004年9月7日全文发表,文字略有修改,题目为《永远怀念老师阎宗临教授》。

③ 阎守诚:《阎宗临的〈传教士与法国早期汉学〉》,《博览群书》,2004年第2期。

记》结束时，我写了这样一段话："如果说，父亲的论著是他用心血浇灌、培育的花朵，这本文集，就是用这些花朵编织成的花环。我把这个花环献给父母双亲，以表达我们不尽的怀念。"从《文集》出版后的几年来，我阅读了有关的书评，进行了认真的思考，使我对父亲论著的学术价值有了进一步的认识。他的主要论著写成和发表于上世纪三四十年代，当时正是抗日战争时期和解放战争时期，是我国世界史学界成果最少的时期，父亲的研究成果显得尤其珍贵。因此，父亲的学术著作，不仅本身有很高的学术价值，而且在中国世界史学科的学术发展史上也有很高的价值。也许正是因为这些原因，他的一部分论著出版，受到史学界的广泛好评，也使我受到很大的鼓舞，这是我想继续把他全部论著整理出版的原因。

2007年10月，广西师范大学出版社出版了《阎宗临作品》三种，即《中西交通史》、《欧洲文化史论》和《世界古代中世纪史》。这三本书大约近百万字，基本上收集齐全了父亲的全部论著，包括未发表的手稿。其中，完成于上世纪三四十年代的占百分之七十，手稿占百分之三十。至此，父亲小手提箱里的遗著基本都出版了，我整理出版父亲遗著的心愿也基本实现。屈指算来，距父亲逝世已经过去了30年。

《阎宗临作品》出版后，2007年12月1日，由首都师范大学历史学院主办、山西大学历史文化学院和广西师范大学出版社协办的《阎宗临先生学术思想研讨会》在北京举行。有来自北京大学、清华大学、中国人民大学、北京师范大学、南开大学、天津师范大学、暨南大学、东北师范大学、西南大学、上海师范大学、中国社会科学院世界历史研究所、光明日报、人民出版社、商务印书馆、《历史研究》编辑部、《历史教学》编辑部等国内高等院校、科研机构和新闻出版单位的50多位专家学者出席了会议。

上午，由首都师范大学齐世荣先生、北京师范大学刘家和先生、北京大学马克垚先生、世界历史研究所郭方先生和前驻希腊大使杨广胜先生做了主题发言。下午讨论，与会学者刘北成、李世安、黄春高、徐建新、王荣声、王晋新、陈志强、高毅、朱孝远、许平等都发了言。

从会议发言的情况看，与会学者从以下四个方面一致高度评价了父亲的学术贡献。

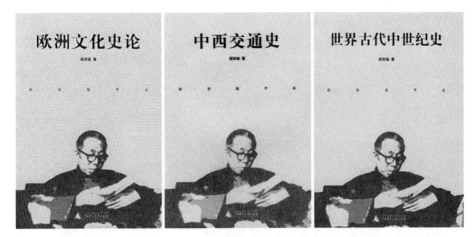

《阎宗临作品》3卷，广西师范大学出版社，2007年

一是中西会通的治学精神。马克垚先生指出：阎先生具备深厚的学术功底，直接从拉丁文第一手资料入手研究中西交通史，同时，由于他有深厚的中国文化功底，因此，能透彻地理解西方文化的优缺点。郭方先生认为：能够如阎先生那样对西方原始资料和中国原始资料运用程度如此精深的人很少，先生真正做到了学贯中西。齐世荣先生则呼吁中国的世界史研究者要学习阎先生中西会通的治学精神，不能跟在外国人的后面亦步亦趋，要在充分吸收中国文化积淀和继承优秀史学传统的基础上，通过中西会通，在世界历史研究领域写出高水平的成果。

二是博大精深的学术成就。徐建新先生认为：阎先生的研究博大精深，既有体系性思考的研究成果，又有对专题个案很精深的研究，还有对大量原始史料的校正、翻译。朱孝远先生指出：阎先生的著作里有人物、有文化、有国家，是非常好看的历史作品。他的作品写人性，写欧洲各国的国民性，写各国的文化特征，非常有价值。与会学者还纷纷谈到阅读《阎宗临作品》的体会：刘家和先生认为：阎先生汲取了西方的文化精髓，从整体上理解和把握了中西两种文化的内涵。许平先生说：读阎先生的著作给自己的感觉是"震撼"、"神来之笔"和"字字珠玑"。阎先生从自己本身来读西方，而不是把东方与西方对立起来，其著作也就写出了历史的"魂"。郭方先生认为：阎先生对欧洲文化、历史、社会的了解之深，非常人能比。阎先生的研究既有博大的胸怀，又有独到的见解，同时还有超前意识。

阎宗临先生学术思想研讨会,2007 年 12 月 1 日在北京召开

　　三是文采横溢的学术论著。与会学者一致赞扬父亲的学术论著很有文采。刘北成先生说:阎先生的论著不仅博大精深,而且才华横溢、文字优美。黄春高先生指出:阎先生的文章是一种文化融入血脉的表述,集澎湃的激情和睿智的思想于一体。阎先生深厚的国学修养和对中国文化的自信,使他在文化史研究方面作出了极大贡献。高毅先生则认为:阎先生的论著是有才气的史学,是既有见识又才华横溢的著作。这些著作的出版意味着中国学术界重新发现了一位史学大师。

　　四是爱国主义的精神和坎坷的学术人生。与会学者高度评价了父亲的爱国主义精神。齐世荣先生说:在抗战爆发,国家危难之际,阎先生舍弃了在瑞士的舒适生活,毅然携妻回国,共赴国难,这种爱国主义精神我们应该继承、发扬。与会学者也谈到父亲坎坷的人生经历,认为父亲不为当代史学工作者所知,确实是一个很大的遗憾,不论从那个角度讲他都堪称史学大师。刘北成先生指出:阎先生是我国世界史学科的开创者之一,他的学术命运不仅是阎先生个人命运的问题,而且是 20 世纪中国整个学术史的坎坷问题。[①]

　　这次研讨会我也参加了,会议发言踊跃,气氛热烈,与会学者的真情流露让我深受感动。

　　父亲作品的出版和他的学术思想研讨会的召开，在社会各个层面都引起了广泛的反响。会议的第二天，《新京报》以《上世纪三四十年代旧作出版，获业内人士推崇，世界史大家阎宗临"重放异彩"》为题，对会议进行了报道。《山西日报》12月4日的报道题为《一位当代人知之甚少的史学大师　阎宗临先生学术思想研讨会在京召开》。《中华读书报》12月12日的报道题为《史学大家阎宗临三部著作重新问世》，并发表了张炜的书评《人，是不能被忘记的》。《光明日报》则发表了宋晓芹写的书评《阎宗临先生及其作品》。《中华读书报》的记者陈洁还对我进行了专访，于2008年6月5日的人物版发表了题为《阎宗临：赢得生前身后名》[②]的长篇采访记。2009年的《史学理论研究》第一期，发表了张炜的长篇论文《阎宗临和他的文化史研究》。

　　在社会上，网民在自己的博客上也发表了不少赞扬父亲作品的博文。如《日内瓦的大雾》（青原2006年10月3日）、《向阎宗临先生致敬》（2007年12月2日）、《阎宗临的罗马史研究》、《阎宗临：解决"老问题"的老学人》（2007年9月7日）、《流水记》（前度刘郎2008年9月18日）、《阎宗临，一位配享太史公香火的史学家》（谢天开2008年10月5日）、《素描：隐藏在书后的人》（刘宜庆）、《中西交流的两个方面》、《到达不了的阅读》、《从古代中国抵达欧洲的书简》等。其中，谢天开的博文开头写道："一部写作于上世纪三四十年代的乱世中的《中西交通史》，阎宗临先生的书一上眼，便爱不释手。又查网上书店，先生的另一本书《欧洲文化史论》已断货，想必无数'阎迷'，与我一样热盼。"结尾写道："读历史学术著作，犹如看文化随笔一样，叫人津津有味，其人其述必得太史公真传。太史公所享香火，已故历史学家阎宗临先生可以配享。"

　　父亲的《作品》也荣幸地入选了国家新闻出版总署在2008年举行的第二届"三个一百"原创出版工程，并颁发了证书。所谓"三个一百"原创出版工程的评选，是新闻出版总署2006年开始组织的推优工程。旨在全国的出版物中评选出100本社科书、100本文艺少儿书、100本科技书作为原创的优秀读物，评

---

　　① 参阅程文进：《"阎宗临先生学术思想研讨会"综述》，《历史教学》，2008年第12期。许轶杰、朱姝敏：《阎宗临先生学术研讨会在京召开》，《世界历史》，2008年第5期。

　　② 陈洁这篇采访记，收入她的文集《山河判断笔尖头》，生活·读书·新知三联书店，2009年，文字有所修改。

选的目的主要是鼓励和推动出版单位多出原创图书,多出好书,多出高质量的书。评选由国家新闻出版总署主持,体现了国家意志,国家水平。评选的程序是公开而严格的,坚持优中评优、宁缺毋滥的原则。先由全国各出版社推荐出一千多种书,然后经专家学者层层评选,最后评出"三个一百",入选的书籍由国家新闻出版总署发给出版社、责任编辑和作者证书,这是一种很高的荣誉。

父亲的论著出版受到学术界的高度好评,也得到政府的充分肯定,使我感到由衷的欣慰。我想,如果父亲真有在天之灵,同样应该感到由衷的欣慰吧!而这一切,归根结底,我想,都应该感谢这个学术环境宽松、多元化的新时代。

北京大学的高毅先生在父亲的学术思想研讨会之后,写了一篇题为《邂逅阎宗临》的书评,最初发表在《中国图书评论》2008 年第 3 期,这篇书评写得深刻而有真情,影响很大,《南方周末》(3 月 27 日)和《大学生 GE 阅读》一书(王晓纯、吴晚云主编,社会出版社,2008 年)都全文转载。许多朋友告我,读了高毅的书评深受感动。也有不相识的读者给我写信,谈他们的感想。《邂逅阎宗临》开头写道:前些天,接到朋友寄赠的"阎宗临作品"三种,"阎宗临","何许人也?随手拿起书翻了翻,没想到这一翻,就久久没有放下,直至粗粗细细地把三本书浏览了一遍,才长舒一口气。我感到了一种震撼:原来中国人也能写这样的世界史!"接着,在介绍了三本书的主要内容之后,高毅作了如下的评价:

> 阎宗临的讨论是中国世界史学界多年来罕见的一种真学术。那里没有半句空话,也没有任何意识形态的矫饰,有的只是个性鲜明、中西会通、见解独到的历史文化析述,以及透过这些析述所折射出来的一种至深至切的对于民族前途和人类命运的关怀。而且,虽然是真学术,阎著的文字却一点也不枯燥,相反,它十分灵动优美,耐人寻味,能让人领略到什么是真正的史学大手笔。

高毅感叹道:"阎宗临太了不起了。可是奇怪了:他既是我的同道,更是我的前辈,而且我们也基本上生活在同一个时代,为什么晚学竟对他一无所知?也许是自己太孤陋寡闻了吧!于是就特地询问了世界史学界几位成名的朋友,结果却发现大多不知其名。这就有了一个问题:这样一个本该属于大师级的学者,何以竟如此籍籍无名？"

高毅说:和朋友们一起聊这事,大家意见纷呈:有的说是因为他不善结交"权贵","人脉"不顺;有的说他待的地方太偏僻、太外省;有的说他的好作品都发表在40年代初,当时环境恶劣,流传不广。还有的说他做的是"非主流"学问,结果被边缘化了。高毅认为:这些意见虽然都有些道理,但最接近真实的是因为他搞的是文化史,在新中国属于"唯心主义糟粕",是没有任何合法性的另类,只能为政治史、革命史的洪流所淹没。

高毅在文章的结尾写道:

> 现在搜寻阎宗临"无名"的原因,已经没有什么意义。但无论如何,阎宗临的"无名"是中国学术界一个无法估量的损失,却是不争的事实:须知阎宗临所专的文化史,正是20世纪70年代末以来世界史学的主潮,而如果当初中国有学术多元的宽松环境,能够允许阎宗临在中国史学界拉起一面文化史学派的大旗的话,那么今天的中国史学在国际史学界又该平添多少神气？

对于高毅提出的问题:"这样一个本该属于大师级的学者,何以竟如此籍籍无名？"《中华读书报》记者陈洁颇有同感,她在《阎宗临:赢得身前身后名》的"采访手记"①中也问道:

> 是啊,为什么？一个普通的农家子弟,因缘和合而成了洋博士、名教授,建国后却淡出人们的视线,变得鲜为人知了。而当他六七十年前的论著重新浮出水面时,依然能引起史学界的震动。这是一个什么样的人,一些什么样的学术？有如此强的生命力。

陈洁还从父亲的经历中颇为感慨地写道:

---

① 陈洁:《山河判断笔尖头》第222页,生活·读书·新知三联书店,2009年。

和阎守诚聊天中，我就无数次地后怕，那个老农似的老学者，要不是留下了好文章，还有好儿子，他的人生、他的学术，岂不彻底淹没？以此类推，人类的历史，到底遗忘了多少鼎、玉、金、珠？如此鼎珰玉石、金块珠砾，何其痛哉！

我想，孙英讲的父亲创造的人生"奇迹"，高毅提出的问题，陈洁不明白的地方，就是父亲的人生传奇所在：一个偏僻山村的普通农家子弟，在旧社会怎么能从山村走到北京，从中国走到欧洲，从一个打工者成为洋博士、名教授？一个新中国成立前的名教授，为什么新中国成立后就变得籍籍无名？然而，在他去世后二三十年，又为什么重新为人重视，被誉为"大师级的学者"？要了解这些问题的答案，就要了解父亲颇富传奇的人生经历和际遇，以及时代和社会的变化对他的影响。

二 从山村到北京

五台山位于山西的东北部,由一系列大山和群峰组成,山势雄伟,由东北向西南连绵环抱,方圆达 250 公里。这里气温较低,盛夏无暑,爽朗清凉,所以,五台山又称清凉山,与四川的峨眉山、安徽的九华山和浙江的普陀山合称为中国佛教的四大名山。五台山是文殊菩萨的道场,兼有汉地佛教和藏传佛教,居四大名山之首,因此,素有金五台之称。五台山风景优美,寺院林立,著名的有显通寺、塔院寺、菩萨顶等,而南禅寺大殿和佛光寺是至今犹存的唐代建筑,为中国古建筑中的瑰宝。由于五台山有极高的历史文化价值,2009 年被列入"世界文化遗产",是享誉国内外的旅游胜地。

1 走出山村

五台山风景名胜区所在的五台县就是父亲的故乡。五台县历史悠久,在旧石器时代就有人居住。西周时属并州,汉代始建虑虒县,隋大业三年(607)改名五台县,至今已有两千多年的历史。五台县的地理环境以山区为主,占境内近80%的面积,属五台山系,峰峦叠嶂,沟壑纵横。其余地区是丘陵和平川。气候偏寒冷,交通不便。在恶劣的自然条件下,谋求生存和发展的五台人,形成了朴实勤劳、正直刚毅的民风和性格。

五台县属土石山区,矿产资源品种繁多,其中,尤以煤矿的储量最为丰富,

因此,开采和贩运煤炭成为传统农业之外最重要的副业。光绪《五台新志》卷八"生计篇"有一段具体生动的描述:

> 农工稍暇,皆以驮炭为业。炭者石炭,似煤而有烟,县治东北之天和山,东南之窑头山,产炭最王。炭窑计百十余处,山路崎岖盘折,高者数十里,民皆驱驴赢往驮,无驴赢者背负之,健者能负百余斤,夜半往,傍午归,一路鱼贯而行,望之如蚁。其炭供本境之外,旁溢于崞县、定襄、忻州,农民完课、授衣、婚丧、杂费,皆赖于此。

父亲出生的偏僻的小山村中座村(现在叫中庄村)就在《五台新志》所说的窑头山,窑头山是五台山的西南余脉,所以中座村也俗称"窑头"。这个村庄海拔约 1700 米,气候寒冷,年平均温度在 14～16℃左右,是个名副其实的"清凉山村"。父亲很喜欢自己收藏的一方印文为"清凉山樵"的闲章,印文的意思是"五台山的打柴人",父亲大概以此自况吧。现在的中座(庄)村有 250 户、1200 人左右,可以想见一个世纪前也就百十户人家。当地适合种玉米、土豆等农作物,村民除务农外,多以土法掘煤贩卖为副业。

父亲曾经写过一部名为《大雾》的小说,小说是以他青少年时代的生活为背景的。在小说的开头有两段描写故事发生的小山村,是这样写的:

> 北地的山谷内,层峦环列,中有个朴卫村,那里没有显贵的望族,却有些驯良的顺民。他们永住在没有景色的荒山内,血管内没有外来的杂物,不敢有半点奢望与幻想。他们自奉俭约,早纳税,早娶亲,忍受一切生活的痛苦。有时候,从食盐上和油灯内,节省一点钱财,以期多买几亩山地。看不见的传统魔力,将他们的思想与生活,吸引在这块土地内,便是再有第二次的滔天洪水,亦难将他们冲散的。
>
> 煤窑是他们生活的来源。每到秋尽冬初之时,他们开始这种极危险的工作,拿上自己宝贵的生命在阴暗的活地狱内,寻找他们的生存。这是他们父传子、子传孙唯一的方法,他们不愿另开一条新路,他们更不愿去改良,他们只知道以生命与石炭来搏击,日日隐藏在不见

天日的黑洞内,去断送他们的时光。

　　父亲写的这个朴卫村,应该就是他出生的中座村。这是一个典型的古老而封闭的山村,地理环境的闭塞,使生活在其中的人们思想也闭塞,年复一年地过着永无变化的生活。

　　我虽然在山西生活多年,却一直没有回过父亲出生的山村。直到 2008 年 7 月和 2012 年 12 月,才两次回中座村探访。第一次回去是夏天。中座村距五台县城东南约有 25 公里,我们从县城乘小车出发,在起伏的丘陵山地中,沿凸凹不平的土路颠簸前行,整整走了一个多小时才到达,可见山村的偏僻。沿途所见还是黄土高原的地理景观,层层梯田上,布满了绿油油的庄稼。第二次回去是在冬天,恰逢下了场大雪,走的是另外一条山路,景观就大不一样了。远望群山白雪皑皑,山路积雪不化,车行在冰天雪地的山间,曲折盘旋而上,甚为惊险,好在司机熟悉路况,技艺高超,一路有惊无险。此行让我们真正体会到进出山村的艰难。

　　中座村坐落在山坡上,依山而建,房屋错落有致。进村后,沿着上行的小

阎宗临出生的院子

路,我们进到爷爷当年住的院子,从照片可见,那是一个普普通通的农家小院,现在正房已经坍塌,父亲出生的左边的厢房还在,破旧不堪,还住着远房的亲戚。父亲就是在这个院落里度过了他的童年和少年的时光。

我详细地询问了我叔叔的儿子、我的堂兄阎良骏关于爷爷和家里的有关情况。良骏哥比我年长14岁,在中座村所在的白家庄乡当过书记,现退休回村,对家里的情况是很了解的。据他说:爷爷先是务农、背煤,后来在农闲时,走村串户,做点贩卖布匹及日用品的小买卖,逐渐地有了点资金,在村里开了个小杂货铺,又买了二三十亩山地,日子过得好了。再后来,爷爷开了个小煤窑,把自己积累的资金全部投入,就在快要出煤的时候,煤窑被水淹了,全部投入化为泡影,还背了一身债务。在这样的打击下,爷爷疯了,不久去世。这样的经历和父亲在《大雾》里写的五成的父亲邓旺儿的经历完全一致,这使我确信这篇小说是带有自传性质的。

良骏还告诉我:在父亲出生之前,爷爷曾做了个梦,梦见一支毛笔头上开了一朵花,所以,父亲出生后的小名就叫笔生花。这个预示着父亲成为文人的故事,当地的乡亲一直在传诵。其实,我记得早年妈妈也给我讲过“笔生花”的由来,只是我并没有在意,也没有向父亲求证过。这么多年之后,回到父亲出生的地方,人们还在传说这个故事,这倒使我有点惊讶。也许冥冥之中真的有个命运存在? 不管怎样,回到父亲出生的村子,有一点是可以肯定的,那就是父亲既不是富家子弟,也不是世家子弟,就是一个普普通通的农家子弟。而且,父亲能从这样偏僻的山村走出去, 不仅要克服家庭经济的困难和山村地理位置的偏僻,更重要的是要克服笼罩在山村之上的那种浓厚的安于现状、传统保守的观念,这就难能可贵,实在是不容易了。

父亲是1904年6月18日(阴历五月十五日)出生的,家里祖祖辈辈都是农民。我的爷爷名叫阎选卿,是一个勤劳、精明、略有些文化的农民。他除务农种地之外,农闲时,曾经下过煤窑背煤,在经历了一次矿难而幸存下来后,他深知“煤窑的生活是黑暗的,虽无刀山剑树,却常引起恐惧的情绪。这是一个老鼠洞,永不见天日,足在水中浸着,拿上无限的资本,换一点极有限的代价。[①]”为

---

① 语出《大雾》。

了使自己和儿孙不再过这种提心吊胆的生活，他选择了农闲时做流动商贩来补贴家用。这种亦农亦商的经营方式，就从这个封闭的小山村传统的以挖煤为副业的生活圈里跨出了一步。奶奶罗氏，出生于贫苦农民家庭，心地善良，吃苦耐劳，勤俭持家。在爷爷奶奶的辛勤劳动和操持下，到父亲出生时，家庭经济情况已经有所好转，有 1 个小杂货铺，20 多亩山地，12 间房子，日子还算过得去。

父亲从入学校起就用阎宗临这个名字，一直没有改过，中学语文老师给他起了"道坚"为字，但没有用过。1925 年在北京时，曾用"已燃"为笔名。后来，在学校工作，随俗也用过"宗琳"这个名称。

父亲兄弟四人，大哥多年当兵，流浪在外，据传言 1935 年前就死于口外（即内蒙古）了。二哥在家务农种地，1934 年分家后，独自经营。土改时定为富农。新中国成立后，1952 年改为中农，在瓷业合作社当技工。四弟土改时定为贫农，新中国成立后，在五台天和煤厂工作，负责生产安全。堂兄良骏就是他的长子。父亲很早就离开农村，和家中没有经济联系，"文化大革命"前，总要有个成分，就填中农。

关于父亲童年生活的状况，在我的记忆里，父亲讲过的只有两件事。一件是有一次过年前，他和小伙伴们下山去背水，回来时走到半山腰，感到累了，就坐下来休息了一会，在这时候，走在前面的背水的小伙伴，就被野狼咬伤了。父亲讲这件事有两层意思，一是在山村的生活并非世外桃源，也是有危险的；二是告诉我，遇事要顺其自然，该行则行，该止则止，不要勉强。另一件是家里吃完豆腐乳后，爷爷常用装豆腐乳的瓷坛子放在火炉子上煮水。有次瓷坛子在火炉上裂成两半，不能再用了，爷爷拿在手里，看了很久，叹了口气，才把破坛子扔了。这件小事，也能看出当时家中的经济生活并不宽裕，仅能自给，仅能免于饥寒。生活在这样的家庭，父亲从小在地里干过活，也背过水，背过煤。艰苦生活的磨炼，培养了他坚强的意志和吃苦耐劳的精神。

父亲 7 岁进了小学，小学在村里一座名为福田寺的旧庙里。这所旧庙在抗战时期被日寇毁掉了，现在已荡然无存。在小学读的是《论语》《孟子》等典籍。辛亥革命后，村里的小学改成五台县立高等小学，他才开始接触数学、体育之类的新课程。父亲从小喜欢读书，他的亲戚大多数是贫穷的，只有大姑母家境比较富裕，表兄杨西亭是五台的绅士，家中有些藏书，父亲为了读书，经常跑 30

多里山路到表兄家借书。

1918年冬，父亲在本村小学毕业，爷爷不想让他继续读书，打算送他到店铺去当学徒，一则改行从商，二则早点赚钱补贴家用。父亲却一心一意要读书，经过一番努力，表兄杨西亭也支持他，答应每年资助20元，爷爷只好在家里既不要他去赚钱，也不负担他读书费用的条件下，同意他继续读书。

这一年，父亲刚14岁，决定继续读书是他人生中一个重要的转折点。我曾经问过父亲："为什么你一定坚持要去读书？"父亲回答说："当时我的想法是，我不能一辈子待在村里，无论如何都要走出去看看外面的世界，读书是实现这个愿望的唯一道路。"回忆父亲当时的回答，我想：为什么他在那样小小的年纪，在那个小小的山村里，会有出去看看外面世界的想法呢？可能是因为他从小喜欢读书，书本告诉他外面的世界很精彩。为什么他从小就和身边的孩子不同，就喜欢读书呢？难道是他出生前爷爷那个梦教给他的？这有点难以置信。其实，我认为一个人从小的爱好、兴趣，虽然受他生活环境的影响，但是，其中也有"天赋"这个因素，爱好和兴趣就是"上天"赋予人的才能，是人人都有的。只是每个人的才能有所不同，觉悟自己的才能也有所不同，有的人很早就意识到自己的才能，有的人意识得迟点或没有意识。这种"天赋"和后天的个人努力奋斗以及客观上的不同机缘际遇，就演绎出人的种种不同命运，构成了这个大千世界的不同人生。父亲的传奇人生就是从这种"天赋"出发的。

1919年春，父亲考入私立川至中学，父亲入学时正是五四运动轰轰烈烈爆发的前后。五四运动是中国人民彻底反对帝国主义、封建主义的爱国运动，也是辛亥革命以来思想文化领域中新文化运动的继续与发展。

新文化运动之风也吹到了川至中学。川至中学是阎锡山建立的新式学堂，校址就在阎锡山的家乡河边村。当时为四年制中学，以文科为主。川至中学经费充足，设备先进，教师多从太原和外地聘请，多数是学有专长的老先生或大学毕业、留学外国归来的年轻人。川至中学图书馆订了许多杂志和报纸，如《新青年》《新潮》、上海《申报》、天津《益世报》、北京《晨报》，以及太原的《晋阳日报》《山西日报》《并州日报》《唐风》等报刊，品类齐全。学校管理严格，气氛活跃，教学质量良好。新文化运动的新思想，通过学校的年轻教师和大量进步报刊，对青年学生有很大影响。教父亲的语文教员陈斐然先生就倡导新思想，用白话作文,反对礼教,也反对封建婚姻。父亲当时年轻,容易接受新思想,新文化运动给父亲思想很大的影响。后来,他用自己的行动证实了这一点。

入学不久,因爷爷病重,父亲只好休学。1920年秋,爷爷去世后,父亲勉强复学。父亲的中学生活完全没有家里的经济支持,除了表兄的一点资助外,为了维持学业,不得不为学校做杂工,如打扫教室,清理环境卫生,或刻写讲义,在课余赚点钱,过着半工半读的生活。虽然父亲没有详细讲过他的中学生活,但他在读中学时一定是饱尝艰苦的。记得有一次,父亲讲到他们班多是富家子弟,宿舍里睡通铺,他说:"到了冬天,别人那里是高山,我这里是低谷,寒冷的冬夜真难熬。"母亲也告诉我,父亲上中学时家境贫寒,衣被单薄,冬天挨冻,留下一点残疾,就是手掌伸不展,写字微微颤抖。脚冻裂了,只好用山药粉糊于伤处止疼。大概是在"文革"初期,我曾问过父亲:"当初你出国时,为什么不去苏联呢?去了苏联,不就参加了革命了?"父亲说:"我从来没有想过去苏联,因为那里太冷。我读屠格涅夫的小说,他写俄罗斯的冬天特别长,特别冷,我一想到那里的冰天雪地,白茫茫一片,就没有兴趣去。"现在想来,父亲的回答是很实在的。当年他没有想过去苏联,原因就是在中学时被冻怕了。

尽管父亲生活艰苦,但他天赋好,记性好,悟性高,又刻苦努力,学习成绩很优秀。现在保留下来的《川至中学校国文成绩》,也就是学生的作文选,其中,有三年级生阎宗临写的《多财为患害论》,这是现在能见到的父亲最早的文章,不妨抄录如下:

　　生活于社会之中,求衣求食,非财不可,故忙忙碌碌,席不暇暖,驰逐于利禄之场,千方百计,唯恐不足。然人之多财也,果何为乎?如欲兴教育,振实业,则以多财为贵矣。然人之为此公益者,凤毛麟角,十不得一二焉。大抵人之恒情,后虑子孙,一丘之貉也。夫子肖何须父业,子若不肖,与之积财,虽黄金满室,何如教以一经也。盖贤而多财,则饱食终日,无所用心,畏难苟安,自暴自弃,将其英锐之气,消磨净尽矣。愚而多财,一饭十金,一衣百金,呼卢喝雉,无所不为,其本愚也,而又益其过矣。多财为害,至于如此。西人倡子孙无受先业之权,意亦如此也。吾惜人致财之苦心,吾忧其用财之结果也。

老师对这篇作文的批语是："驼宕夷犹,饶有风姿"。父亲选这样一个题目来写,和他自己"少财"的家庭比较。我想,父亲内心的想法是:靠自己的艰苦奋斗去成就一番事业,比出生在一个富有的家庭更重要。

据我所知,父亲一生,有三位老师是对他帮助和影响很大的,是他的恩师。在川至中学,父亲遇到了他的第一位恩师:乔松岩老师。乔老师生于1896年,原名尔秀,字松岩,后以字行。山西交城义望村人。幼读私塾,1916年考入北京师范大学理化部,1920年毕业后,到川至中学当理化教师。年轻的乔松岩①很赞扬父亲刻苦求学的精神,在学习、生活上都很关照他。

1922年父亲年满18岁,在这一年发生了两件影响父亲一生的大事:

一件是父亲结婚了。妻子是父亲在少年时代父母就给他订下的,这是一桩包办婚姻,并非父亲自己所愿。父亲在《历史自传》②中回忆这段婚姻时说:"家庭包办的婚姻是我最苦恼的问题。在1920年,我接受了'五四'运动的新思想,婚姻自由,信以为真。于1922年结婚前后,坚决反对封建婚姻,做了种种离婚的斗争,结果无效,在现实下屈服,问题并未解决,教训我者并未抑服我心。到1924年后,我即远走在外,脱离家庭。我脱离家庭原因很多,婚姻是主要之一。"

父亲这段婚姻的详细情况,我们现在已不得而知。在父亲写的小说《大雾》中却有相似的故事。小说写朴卫村的农户邓旺儿,妻子李氏(旺儿家),有一子五成。邓旺儿为了不再下煤窑背煤,改变自己的命运,开了个杂货铺,开始经商。经过几年的努力,情况大为好转,日子过得宽裕了,五成也上了中学。然而好景不长,旺儿投资的煤窑在就要出煤时,被水淹了,开的杂货铺破产了,地里的庄稼因天旱几乎颗粒无收,在一连串的打击下,旺儿疯了,不久便撒手归天。苦难的生活把旺儿的妻子磨炼成一个有骨气的女子。她不哭泣,不叹息,独立支撑起这个家庭。她对儿子说:"五成,不要难受,除过死的都是活的。如何你父

---

① 乔老师我们称之为"太老师"。以下提及长辈,如伯伯、叔叔、姑姑之类称呼都略去,均直呼其名,是为行文方便,非为不敬,谨予说明,并致歉意。

② 《阎宗临历史自传》写于1956年5月15日,现存于山西大学档案馆。下文引述这份《历史自传》均本于此,不再注明。

亲丢了煤窑也要去活呀！是你父亲量小，不肯放开，实说吧，肯活便会活。"五成便继续去读中学。由此可知：邓旺儿的原型就是爷爷，旺儿家的原型就是奶奶，五成的原型就是父亲自己，而小说中发生的许多具体情节应该就是父亲自己亲身经历过的事情。

《大雾》中写道：旺儿去世后，五成遇到了一个人生的难题。父母在他小的时候就给他定下了一门亲事，女方比他还大三岁，裹着小脚而且性情偏执。母亲看着五成一天天大了，逼着他早日结婚，五成一再表示不愿意，五成说："我并不喜欢她，结婚后，两人过不好，不是后悔也迟了吗？"五成的说法，屡次遭到母亲的严词训斥，母亲说："你念了几年洋书，一说结婚，你便说这些没阴德的话，你不怕龙抓你吗？"母亲认为，这庄婚姻是父亲留给五成的东西，就一定要做到。不能因为父亲去世就不做。母子在这个问题上，屡次争辩，无法沟通。母亲的个性是倔强的，结婚的日子定下来了，知道儿子不会回来，就骑了毛驴去学校，找到校长诉说，在校长的帮助下，硬把儿子拽回村里。五成拗不过母亲，只好从命。五成觉得"结婚对亲友们是享乐的时刻，对他却成了一副苛刻的刑具。""三月二十四日，五成失了自由。到入洞房时，院中站着许多人，朴卫村的老少都出来了。旺儿家从人群走来说：'去新房中看吧，我的大事可完结了。'小孩子们如蜂似地拥进去。结婚的第二天，五成起来走了。朴卫村公认为不祥，将来没有好的结果。家家户户都议论这件怪事，旺儿家咬住牙地怨命。"这个故事，应该就是父亲当年生活的写照。

另一件事是这年秋天，阎锡山回家，到中学训话，训话完后，让同学们提问题。父亲被指定为提问题的学生之一。阎锡山当时正提倡建立模范村，他有句格言是："做好人有饭吃，人人做好人，人人有饭吃。"父亲提的问题是："为什么好人没饭吃，而坏人却有饭吃？"阎锡山问："你们村好人多，还是坏人多？谁吃得好？"父亲说："好人多，坏人少，坏人吃得好。"阎锡山有些不高兴了，提高声调问："谁是你村的坏人？"父亲说："我们是讨论问题，不是汇报我村的情况。"这时，校长见情势不好，就让父亲退出会场。从此，父亲给阎锡山留下的印象是思想有问题，是危险分子。次年，在四年级第一学期，因校长王庚弟专横霸道，学校发生了赶校长的风潮，父亲也积极参加了，并且，和其他同学共28个人一起到太原，告了校长一状，当时被称为"二十八宿下太原"。我知道一点这件事，是因为1960年我考到山西大学地质系，上的第一课是测量学，实习时到太原附近测量一个水库，住在青龙镇，父亲告诉我，青龙镇是个古镇，当年他们从五台到太原，途中就住青龙镇。这次赶校长的风潮之后，只有父亲一人被学校开除。想来原因是阎锡山对父亲的印象不好，而父亲家境贫寒，没有背景。被学校开除后，向何处去呢？在这个关键而艰难的时刻，乔松岩老师伸出了援助之手，他介绍父亲到崞县（现在的原平市）中学继续读书。随后，乔老师自己也转到崞县中学任教。

这两件事对父亲的影响是很深的。第一件包办婚姻，使他后来远走在外，脱离家庭，在精神上造成了很大的负担和烦恼，而且，1950年父亲回到太原，从来没有回过五台，大概也和这件事有关。第二件被川至中学开除，使他感到在山西没有是非可讲，无路可走，无法生活下去，只有离开山西才是一条生路。所以，1924年中学毕业，乔松岩问他有什么打算，他说想当教师。乔松岩建议他去北京报考高等师范，并鼓励他说："只要你能吃苦，天无绝人之路。"于是，父亲拿着乔松岩给的10元钱，离开山西，独自到了北京。

到北京去，这是父亲人生中关键的一步，这个山村里的穷孩子，从此走出了山村。而这关键的一步，除了遭遇不顺促成的离开山西的决心外，更为重要的是乔松岩的指点和帮助。对于这位老师，父亲终身都保持敬重。1950年回山西后，每年都要去看望老师。乔松岩后来长期执教于太原师范学校，教学认真，深受学生欢迎和爱戴，有很高、很好的声望。我小的时候，父亲也带我去看过乔松岩，他住在太原市西缉虎营一个院子里，我称他"太老师"。在印象中，那是一位儒雅和蔼的老者。现在想起来，当年，乔松岩出手帮助父亲时，还是个不到30岁的青年教师，他的正直和仁爱不仅改变了父亲的人生，也影响了父亲的一生。乔松岩有三个儿子，大儿子乔志强于上世纪50年代初，毕业于山西大学历史系，父亲是他的老师，对他多所关照。乔松岩逝世于1969年4月间，当时正是"文革"期间，父亲并不知道。8月2日，父亲在山大校园内偶然路遇乔志强才知道这一噩耗。父亲回到家里，悲痛良久，也有些愤愤不平，对母亲说："老师逝世，怎么能不告诉我呢？！"母亲劝解说："也许是师母不让告诉你，毕竟现在是非常时期。"父亲这才释然，他在《日记》中写道："知我者又少一人矣！"①

2 与高长虹、鲁迅的交往

北京是一座古老而辉煌的城市,是元、明、清三代的都城。这里有著名的故宫和长城,众多的名胜古迹,也有繁华的长街市井。父亲是 1924 年 8 月到北京的。当时正是北洋军阀统治时期,军阀混战,民不聊生,北京市民也常处于不安之中。对刚满 20 岁的父亲而言,在这座陌生的大城市里首要的是解决生活问题,他找了一个便宜的小旅馆住下来。

到北京前,乔松岩写信把父亲介绍给自己的同学常乃德。常乃德字燕生,山西榆次人,榆次的常家是有名的晋商家族。常乃德于 1916 年和乔松岩同时考入北京高等师范学校(后改名北京师范大学),乔松岩在理化部,常乃德在史地部。常乃德当时在燕京大学教授历史,是教育界很有名望的教育家和学者。常乃德又介绍父亲认识了董鲁安,董鲁安是河北宛平人,也是北京高等师范学校毕业,1923 年入北京师范大学读研究生,同时在北京师范大学附中教语文,深受学生欢迎,后来成为著名的现代修辞学家。董鲁安为人乐观,非常潇洒,很有名士风度。父亲到北京,拜见了常、董两位先生后,就去报考北京高等师范学校,没有考上,非常失望。常、董二位想帮父亲找个誊写工作或做家庭教师,以解决生活的困难,也没有找到,董鲁安感叹而幽默地说:"在北京做大事易,找小事难。"这时,恰好梁漱溟先生在曹州办的重华书院(也称曲阜大学预科)招生,常、董二位都劝父亲去报考。

梁漱溟是中国现代著名思想家、新儒学的大师之一。从 1917 年开始在北京大学讲授印度哲学,出版了《印度哲学概论》、《东西文化及其哲学》等著作,当时已经是著名的学者了。1924 年,31 岁的梁漱溟辞去北京大学的教职,赴山东主持曹州高中及重华书院,并筹办曲阜大学。父亲去参加入学考试,结果考了第一名。出乎父亲意料的是,考试完后,梁漱溟亲自到小旅店来看望他这个

---

① 现在保存下来的有父亲从 1963 年到 1972 年使用过的 17 个笔记本。其中有开会、学习文件材料的记录。父亲并没有天天记日记的习惯,遇有重大事情,他会做简单的日记,主要是记事。以后凡引《日记》,均出于这些笔记本,不再说明。

穷学生。父亲回忆说:"中秋那天晚上,我生着病,一个人在宿舍里,冷冷清清的。先生来看我,拉着我的手说,他一旦认准一件事必需做,是妻子儿女都不顾的。"①梁漱溟不仅鼓励父亲克服眼前的困难,而且答应免除他的学杂费,还负担他食宿。这无异于雪中送炭,把父亲从困境中解脱出来。在去曹州之前,中学同学赵吉成给他报名,又参加了朝阳大学的入学考试。父亲到曹州后,梁漱溟讲学的内容主要是儒家、佛教、印度哲学,父亲的志趣在文学和历史,对这些内容不感兴趣,不想走宋儒理学的道路。这时候,赵吉成来信,告诉父亲已被朝阳大学录取的消息,劝他回北京学习。父亲也想回去,就把想法跟梁漱溟谈了。梁漱溟深为理解,欣然同意,于是他又从曹州回到北京。父亲和梁漱溟的这段师生缘虽然短暂,仅一个多月,但梁漱溟学问的博大精深,为人的宽厚善良,对学生的爱护支持,却在父亲的心中留下了深刻的印象,梁漱溟从此成为他终身敬重的老师,也是继乔松岩后的第二位恩师。

回到北京后,父亲又过起了穷学生的生活。他有时住在政法大学赵吉成住的大方公寓,有时住在师大同学吴继汉的住处,每天步行到海运仓上学。在朝阳大学的同乡会上,认识了张友渔、侯外庐等人。父亲原想在朝阳大学申请津贴,没有申请到。因为经济困难,大概在校不到一个学期,就辍学了。

北京10月以后,天气渐渐寒冷,父亲的衣、食、住都成了问题。正在走投无路的困境之中,有一天,父亲遇到中学同学阎采真(学名耀明,五台胡家庄人)。阎采真多年来一直追随景梅九,做他的助手。景梅九名定成,1882年生,山西安邑城关(今运城市盐湖区)人,是辛亥革命的元老。1903年留学日本,1905年加入同盟会,1908年在陕西组建同盟会分部。1911年在北京创办《国风日报》,进行革命宣传,这张报纸在推动辛亥革命起过很大作用。当时人认为《民报》和《国风日报》的作用可抵十万大军。在政治上,景梅九是中国早期的无政府主义者,有重要的社会影响。景梅九不仅是革命家,而且才华横溢,也是作家、红学家、戏剧家,有"南章(太炎)北景"之称。1916年反对袁世凯称帝,他写了《讨袁世凯檄文》,被称为"天下第一檄文",他还在陕西组织了护国军讨袁。《国风日报》后来被北洋军阀查封。1924年10月23日,直系将领冯玉祥联合陕军将领

---

① 梁培恕:《不望子成龙——忆我的父亲梁漱溟》,《人物》,2000年第10期。

胡景翼，组成国民军，回师北京，发动政变，囚禁曹锟，并电请孙中山进京商讨国家统一大计。北京的政治气氛从北洋军阀的高压下有所松动，这时，《国风日报》复刊，景梅九还职。阎采真告诉父亲，《国风日报》的"学汇"副刊需要一个校对，可以食宿在报社。父亲听了十分高兴，就像久旱逢甘雨。阎采真带父亲去报社求职。景梅九热情地接待了这个穷学生，了解情况后，同意让他担任校对。父亲见了景梅九两次，在父亲的印象中，景梅九对青年人很热情，果然如人们常说的，他确实"热心奖掖后进"，他的学问非常渊博，说一口晋南话却很难懂。父亲在报社任职，不仅解决了生计问题，而且便于接触文化界人士，对他的一生来说，是一个重要的转折。

阎宗临 1925 年摄于北京

在报社父亲认识了同乡山西盂县人高歌，由此也认识了他的哥哥高长虹。高长虹是文学社团狂飙社的创建者。狂飙社是五四运动后，在 20 世纪 20 年代中国文坛上发挥过重大作用的文学社团。狂飙社的前身是"平民艺术团"，1924 年在中国早期共产主义者、中国共产党党员高君宇的影响下，由高长虹发起在太原成立的。最初的成员有高沐鸿、段复生、籍雨农、荫雨、高远征，他们要创办一个刊物，宗旨是把文艺界团结起来，和现实的黑暗势力作斗争。刊物的名称，高长虹再三考虑，最后选定"狂飙"二字，来源于晋陆云《南征赋》："狂飙起而妄骇，行云蔼而芊眠。"狂飙就是大风。德国也有过以"狂飙运动"为名的反封建的文学运动，代表人物为席勒和歌德。1924 年 9 月，为了推进狂飙运动，高长虹单枪匹马到北京，其中目的之一，是找景梅九，想依托《国风日报》办《狂飙周刊》。高长虹的父亲是景梅九的好朋友，景梅九对长虹也很器重。所以，到 11 月，《国风日报》复刊，《狂飙周刊》也就出版了。长虹把他的弟弟高歌从太原叫来负责编辑《狂飙周刊》。高歌生于 1900 年，小长虹两岁，也很有文学才能。父亲在 12

月到报社,他和高歌年龄相仿,又都是刚从山西来,都爱好文学,很自然就成为好朋友。

高长虹到北京后,狂飙社的队伍迅速壮大,参加的主要有尚钺、向培良、高沐鸿、雷著羽、郑效洵等,父亲也参加了。他和郑效洵年龄最小,是狂飙社里的小弟弟。狂飙社的宗旨依然是要做向"现实的黑暗势力作战"的强者,《狂飙宣言》中说:

> 若是晨光终于不来,那么,那么,也起来吧。我们将点起灯来,照耀我们幽暗的前途。软弱是不行的,睡着希望是不行的,我们要做强者,打倒障碍或被障碍压倒,我们并不惧怯,也不躲避。这样呼唤着,虽然是微弱的吧,听啊,从东方、从西方、从南方、从北方,隐隐地来了强大的应声,比我们更强大的应声。

> 一滴泉水可以做江河的始流,一片树叶的飘动,可以兆暴风之将来,微波之起源,可以生出伟大的结果,因为这个缘故,我们的周刊叫作《狂飙》。①

这种向现实的黑暗势力进行斗争的号召,对年轻人是很有吸引力的,父亲也不例外。父亲作为深受新文化运动影响的热血青年,为反对封建包办婚姻而离家出走,为反对专横的校长而被开除,这些经历使他对社会的黑暗,有切肤之痛,自然对狂飙社的宗旨,完全理解和赞同。狂飙社的成员是"一群贫穷而不安于现状的孩子离开家乡闯荡社会,为了在冷酷的现实面前生存发展,他们只能抱团取暖,从而结下了兄弟般的情谊。"②他们是朋友,是兄弟,团结友爱,亲密无间,在这个团体里有文学创作的相互砥砺,有友情,有温暖,这些对当时漂泊在北京的父亲而言,都是深受感动的。

在狂飙社成员中,父亲与高长虹的情谊最深,互相以兄弟相称,并且常在一起散步谈心。父亲和高长虹的作品中对此都有记载。

---

① 《京报副刊》1925 年 3 月。
② 廖久明:《亲如兄弟:高长虹与阎宗临》,《鲁迅研究》,2012 年 1 期。

父亲在《读了〈长虹周刊〉之后》[①]写道：

　　在 1925 年 1 月 16 日，我同虹哥出西直门外。那时候，我们装上一盒红狮子蒸，做野外的旅行。他走着，用脚把田间的土沙无意的一踢，笑的向我说："假如我们有钱时，《长虹周刊》马上便出来了。"因为有钱便可出周刊。这是个事实，我这闷想的。

高长虹在《步月》[②]一文中，也有这样的记述：

　　想起去年夏天的一夜，同小弟弟坐在河沿的树上，谈论未来的军国大事，我做大将，小弟弟做副将。于是，大将要吃烟了，没有洋火。对面门里出来个小女孩，惊异地看着我们。我们开始说话了：向她讨火。她知道我们也是人，便答说"不敢"，跑回去了。我们在绝望中看见她第二次又跑出来，并且拿了火来，说是偷的。于是大将同副将感谢地笑了。

这样饶有趣味的回忆，生动的说明父亲与高长虹之间的情谊。

由于狂飙社成员都年轻、向往进步与光明，自然引起鲁迅的重视和支持。高长虹和鲁迅也有密切的交往。父亲对鲁迅很钦佩，希望能听到先生的教诲。于是，高长虹带他去拜会鲁迅，大概这是 1925 年初的事。从此，父亲常去鲁迅那里。

父亲和鲁迅的交往在《鲁迅日记》里都有记载。

《鲁迅全集》第十四卷《日记》（人民出版社 1982 年）：

　　1925 年 2 月 8 日：午后，长虹、春台、阎宗临来。

　　3 月 9 日夜，阎宗临、长虹来并赠《精神与爱的女神》

---

① 已燃：《读了〈长虹周刊〉之后》，《长虹周刊》第 18 期，1929 年 2 月 9 日。
② 《步月》，《高长虹全集》，第 3 卷第 88 页，中央编译出版社，2010 年。

二本,赠以《苦征》各一本。

6月16日,长虹、已然来。

9月5日,已然、长虹来。

1926年3月1日,以一法国来信转寄长虹。

7月21日,得已然信,六月二十九日法国发。

8月17日,上午分寄盐谷节山、章锡箴、阎宗临书籍。

《鲁迅日记》中的已然是父亲的笔名,应写作"已燃"。事实上,父亲见鲁迅的次数要比日记里记载的多。父亲是一个很少谈自己的人,他既不宣扬自己的经历和成就,也不谈及自己和"名人"的交往。他从不主动展示自己的光辉,也不借助别人的光辉炫耀自己。这种低调、平实、自信的为人处世的风格,在家里、在社会都是一以贯之的。所以,对父亲和鲁迅交往的具体情况,我知道的并不多,他也很少和别的人谈起。父亲的这个特点,在他上世纪50年代初的学生任茂棠的回忆文章《怀念我的老师——阎宗临教授》①中也写道:

> 他从来不宣扬自己,也讨厌别人说奉承他的话。在相当长的时间内,学生们只耳闻他曾留学法国,却很少有人知道他曾取得过瑞士的文学博士,更不知道他曾任过瑞士伏利堡大学的教授。他曾向学生讲述欧洲文化和中西交通史的知识和问题,但从不提他的研究成果如何如何。如果说在当时的政治环境中不便多谈自己的学历和学问,那么在20世纪20年代他与鲁迅有过密切接触的事是完全可以讲的,他却只是用鲁迅的话教育学生,从不向学生谈他自己和鲁迅的交往。

1972年山西大学中文系的工农兵学员办了一个名为《山花》的铅印刊物,为纪念鲁迅逝世36周年,他们不知从何处听说父亲认识鲁迅,于是向父亲约

---

① 任茂棠、行龙、李书吉编:《阎宗临先生诞辰百周年纪念文集》,第86页,山西人民出版社,2004年。

稿,父亲写了一篇简短的《回忆鲁迅先生》,主要是写 1925 年初春他去看望鲁迅的情况。当时,鲁迅住在宫门口西三条二十一号。他写道:

> 我们被接到鲁迅的工作室。房间不大,却很整洁。靠近窗子是床铺,窗外是后院……他的桌子洁净而宽大,不摆书籍与稿件,只有些文具、时钟、烟盘。他经常吸的是普通的哈德门香烟。
>
> 鲁迅先生瘦而不高,平头,穿蓝布长褂,皮鞋,衣服很素净。眼光锐利,象常常在战斗。去看他的人,多是青年,很随便,自己找坐处,说话也不拘束。鲁迅常说笑话,自己却不笑。他对青年非常热忱。

父亲对鲁迅住所和相貌的细致观察,表明鲁迅给他留下了深刻的印象。在和鲁迅的谈话中,父亲问鲁迅,青年应该读什么书?"问后,他抬起头来,沉默好久,说:'除线装书和印度书外,都可读。不过在平时,我没有留心过。'"[1]后来,鲁迅也曾公开讲过:"我读中国书时,总觉得能沉静下去,与实际人生脱离。读外国书(除了印度)时,往往就与人生接触,想做点事。"[2]看来这是鲁迅一贯的思想。父亲在这篇回忆文章结尾处,写了这样一段感言,表达他对鲁迅的崇敬之意:

> 我觉着:鲁迅伟大的精神,有如一座高山,风雨吹荡他,云雾包围他。但是,人们在那里呼吸时,比别处更自由、更有力。纯洁的大气,洗刷思想的污秽。

鲁迅这些要读外国书的教诲,对父亲出国勤工俭学是有触动的。父亲后来回忆说:他 1925 年冬辞别鲁迅去法国勤工俭学,这一"决定很大程度上是受先生的影响",因为"读洋书就成了我青年时代的理想"。[3]

---

[1] 阎宗临:《回忆鲁迅先生》,《山花》,1972 年第 1 期。
[2] 《鲁迅全集》第 2 卷第 12 页。
[3] 阎宗临:《回忆罗曼·罗兰谈鲁迅》,《晋阳学刊》,1981 年第 5 期。

父亲这篇回忆文章写得太简略了，和鲁迅日记的记载相比就可以看得出来。据《鲁迅日记》，一直到父亲出国后，在一段时间内，还和鲁迅有通讯联系。1926年3月1日，鲁迅收到父亲的信，还有给高长虹的信，请鲁迅转交。7月21日，鲁迅收到父亲从法国写的信，8月17日，鲁迅给父亲寄过书。父亲的回忆文章略去了许多具体的人和事，只写了极简单的经过和主要的思想。我想，除了父亲一贯的不愿多谈自己的处世原则外，也许和后来鲁迅与高长虹的不和有一定关系。因为1926年10月，高长虹以及狂飙社就同鲁迅决裂了，相互攻击和论战，这就是现代中国文学史上著名的鲁迅与高长虹论争事件，有关的论著不少，这里就不多说了。好在此时父亲远在欧洲，远离是非之地，并不了解事情详细的过程和是非曲直，在感情上，父亲应当是倾向高长虹一边的，在理智上，也应当不会影响父亲对鲁迅的尊重。由于鲁迅被尊奉为中国新文化最伟大、最英勇的旗手，在中国文学史上有崇高地位，所以，1949年后，高长虹与狂飙社就很少被提及。在当时的环境下，父亲不愿牵扯更多的人和事，也是可以理解的。可惜的是，我也没有私下问过他有关的情况，现在回想起来，已经是后悔莫及了。

父亲在北京，除了去鲁迅那里，还认识了郁达夫。郁达夫对这个小弟弟，是很亲切的。对我印象最深的一件事，是父亲有一次说起郁达夫带他去饭馆吃饭，吃完饭，郁达夫脱下鞋来，从鞋底掏出一张钞票付账，并且告他："钱是最脏的，所以放在鞋里。"

高长虹对父亲的影响是重要的，他把父亲引进了文学领域，使父亲对文学的爱好得以发展。1942年父亲的小说《大雾》的单行本在桂林出版时，他在后记中写道：

> 十八年前，寄寓在北平一个报社，认识了几位研究文学的朋友，看他们的创作，读翻译的著述，使我感到深厚的兴趣。那时候，我以为文学是黑暗社会的匕首，他能使不安者宁静，烦闷者快乐，因而跟着他们，我也来研究文学。
>
> 继后在里昂做工三年，受了许多事实的教训，逐渐发现自己没有创作的能力。这并不是自馁，实因一个作家，需要有严肃的生活，渊博

的学问,以及颖脱的资质。我既不能具备这些条件,遂决心抛弃了文学,研究历史,不觉已快十三年了。

父亲曾出版和发表过一些文学作品,如:散文集《波动》、《夜烟》,中篇小说《大雾》,文艺理论《文艺杂感》等。后来,他从文学转而从事史学,他的史学论著写得十分灵动优美,一点也不枯燥,这和他早年的文学功底有关,实际上文史是不分家的。

父亲出国之后,1926年4月,高长虹和狂飙社成员移师上海,在上海有了更大的发展,出版了《狂飙丛书》。1928年4月成立了狂飙出版部,出版过6种丛书35本图书,编辑了5个刊物,出了36期。另外,还成立了狂飙演出部,曾在上海、南京等地演出过《从人间来》、《战士的儿子》等自编自演的话剧。直至1929年狂飙社解体,狂飙运动结束。由于狂飙社的宗旨是反对黑暗,追求进步,狂飙社的成员及受其影响的人后来大多参加了革命,如张闻天、柯仲平、尚钺、高沐鸿、张稼夫、陈凝秋、郑效洵、段复生、王玉堂(冈夫)等,都成为文艺思想战线的骨干,为打破黑暗势力,建设新中国作出了杰出的贡献。其中,尚钺从文学转向史学,成为著名的历史学家。

高长虹在狂飙社解体后,1929年,东渡日本,据说要从事建立行动学和由比较语言学进而草创新国际语两项工作。但因生活困窘,又从日本到欧洲。在欧洲时,生活依然贫困。大约是在1932年前后,他曾到瑞士寻求父亲帮他治病,父亲也在经济上援助过他。高长虹1937年回国后,参加抗日救亡的宣传工作,先到武汉,再到重庆,1942年到延安。1946年从延安到东北解放区,大约在1954年因病逝世于东北沈阳。

三　欧洲勤工俭学

从 1926 年 1 月至 1938 年 8 月,父亲在欧洲生活了 13 年。父亲初到欧洲时,欧洲已经度过了一战之后的艰难岁月,经济得到恢复和发展,欧洲的文化教育和科学技术在当时都处于世界领先的地位。古老的欧洲文明在 20 世纪仍然焕发着熠熠光辉。

父亲在欧洲生活的 13 年,有 3 年时间是在做工,先是打杂工,后在工厂做工,有机会长时间接触欧洲社会的基层和形形色色的普通人,从而对欧洲有广泛的感性认识;有 10 年的时间,在瑞士弗里堡大学从本科读到取得博士学位,学的就是欧洲的历史与文化,从而对欧洲有深刻的理性认识。他在出国之前,受过系统的传统文化的教育,从小学读《论语》、《孟子》,到完成中学的学业,对中国文化有很扎实的功底。有这样的学历与经历,就使父亲对东、西方文化都有深刻的了解,从而在此基础上,成为一位真正做到中西会通的学者。

1　法国做工

父亲作为一个农家子弟,在北京过着贫困的生活,他之所以能赴法勤工俭学,说来也是有许多机缘巧遇。

父亲在《国风日报》报社住的时候,有一天,宿舍里新添了一位从上海来的客人。问起来,才知道是常在"学汇"副刊发表文章的华林。华林是位老勤工俭学学生,在法国多年。赴法勤工俭学运动是中国青年受五四运动和新文化运动影响,为寻求救国救民的知识和真理而兴起的。进步青年向往法兰西的民主自由思想和自然科学技术,在李石曾、吴玉章、吴稚晖等人的发起下,组织了勤工俭学会,在巴黎成立了华法教育会,组织青年赴法勤工俭学,1919年至1920年达到高潮,有1600名中国学生到法国,其中就有周恩来、邓小平、赵世炎、李维汉、王若飞等人。从1921年以后,由于第一次世界大战后,法国经济危机,赴法勤工困难,勤工俭学运动逐渐走向衰落,进入低潮。但这个运动在当时青年中有广泛的影响,父亲也是知道的。

华林和父亲相处一段、多次交谈之后,了解了父亲的情况,他很欣赏父亲艰苦奋斗、勤奋好学的精神,也很喜欢父亲诚实谦虚、善良平和的个性。当他问到父亲对将来的前途有什么打算时,父亲说:"我的愿望还是想考师范大学,将来当一名教师。"华林说:"你既然想继续读书,为什么不到法国去勤工俭学呢?"父亲说:"我也很想去勤工俭学,可是我不懂法文,不知道怎么办出国手续,到法国后,万一找不到工作怎么办?"华林说:"做事情总要有点冒险,不过也不要神秘化了。你只要能找到200元钱,就可以去法国了。其他的事,办出国手续,到法国找工作,我都可以替你想办法。"华林是老勤工俭学学生,对于赴法勤工俭学的路径很熟悉,也有广泛的人际关系。所以,他做出了这样的承诺。对父亲而言,出国的问题,就归结到200元钱的问题。可是,像父亲这样的穷青年,200元无疑是一笔巨款,怎么能筹到呢?父亲把想赴法勤工俭学的意图和困难向同学阎采真谈了,阎采真建议:还是要找景梅九先生,景梅九非常爱护青年。当时,景梅九在河南,阎采真说:"景先生和河南军政界很熟悉,只要他肯设法,这问题就不难解决。"恰好华林热恋过景梅九的妻妹,和景梅九也很熟,就主动为父亲出国的事给当时在河南彰德府(今安阳市)的景梅九写了封信,恳请他予以帮助。父亲带着华林的信,到彰德府找到景梅九,陈述了自己不怕吃苦,想出国勤工俭学的愿望和困难所在。景梅九听了后,非常爽快地答应帮助,让父亲跟他到郑州。在郑州,景梅九写信给他的部下刘觉民、郑思成、胡德夫和吴敏之,介绍了父亲的情况和困难。景梅九对父亲说:"他们都是军人,都很豪爽,君子成人之美,我估计他们都愿意帮助一个勤工俭学的学生。"父亲见了这些人,他们共同拿出河南币400元(折合北京240元)给父亲,出国的经费就这样解决了。

狂飙社的朋友对父亲的出国也很关心和支持。高长虹在 11 月带父亲回太原为出国筹款，大概成效不大，三天后，父亲返回北京，高长虹因有事留在太原，两人在车站挥泪而别。高长虹原计划再留两个星期，由于刚好赶上河南的"建国豫军"樊钟秀攻打山西，战争使交通阻隔，长虹两个多月后才回到北京，父亲已经走了。

父亲从河南回到北京后，交给华林 200 元，用余下的 40 元在天桥买了些出行用的衣物。在华林的大力帮助和精心安排下，父亲赴法勤工俭学终于成行。他先从北京到天津，然后乘船到上海。

向培良曾写过一篇《送已燃行》[①]，记述了父亲离京那天的情况：

> 已燃走的一天，上午在我处草草吃了午饭，饭后我们同到他的寓所。本来是小小的潦草的一间屋，现在什么都已收拾了，地下满堆的杂纸，更显得杂乱荒凉。我们沉默了一会，他忽然说："我现在非常不想走了。"我安慰他："这也是人情之常呢。无论你有凌云壮气，到临头不免有点留恋的。但是，你勇敢些，你前途有无限的希望呢！"

接着，向培良在父亲的日记本上写了离别赠言："带着伟大的希望出去的，你，同着你的炸弹回来。"为了避免离别的伤痛，父亲告诉向培良自己坐晚八点的火车去天津，然后乘船去上海。当向培良、郑效洵等朋友晚上到车站时，才知道去天津的车是下午四点，向培良写道：

> 我知道他的意思——不忍离别，所以才毅然离别了。
> 我们勇敢的无畏的已燃，毕竟怀着希望去了。虽然是仅只筹得少数的川资，没有接济也没有后援，但是这勇敢的无畏的心，有比金钱之类大一千倍的力量。

---

① 向培良：《送已燃行》，《国民新报副刊》，民国十四年十二月八日。

父亲要离开亲如兄弟的朋友们和刚刚熟悉不久的北京,在"没有接济没有后援"的情况下,独自一人远行,颇有些悲壮的情怀。更何况,当时正值隆冬,天寒地冻,北风凛冽,在这样的季节,准备漂洋过海到欧洲去闯荡,的确是需要有勇气、有信念、有追求才行。

父亲到上海后,华林委托的中法大学的齐云卿已经帮他办好护照,定好船票。1925 年 12 月 5 日,华林又委托上海江湾立达学园的何矞仁送他上船,乘的是法国船安德烈洛奔四等舱。就这样,父亲带着一点行李,一介穷书生走出了国门,去追求他新的生活和希望。

法国船"安德烈洛奔"离开上海码头后,在大海里颠簸航行,从东海到南海,再到印度洋,经红海到地中海,几乎绕了半个地球,历经一个多月,于 1926 年 1 月 8 日到达法国马赛。

出国之前,父亲想到自己语言不通,不便问路,事先准备了一张用英文和法文写好的字条:"我来自中国,要到巴黎,请问火车站在哪里?"在马赛上岸后,父亲想,妇女比较随和细心,年轻妇女不好问,老年妇女又行动不便,于是找了一位中年妇女,递上手中的字条,果然,在这位好心的妇女指点下,父亲顺利地找到车站,登上了开往巴黎的火车。

到巴黎后,通过法华教育会的关系,找到华林的朋友、老华侨刘守身。刘守身在雷诺工厂附近开一个杂货铺,很热情地接待了父亲,并安置父亲到公学学法文,同时做些零工,以解决生活问题。在巴黎的这一年,生活并不轻松,听母亲说,父亲出外打工,有时没有住的地方,就睡在巴黎的大铁桥下面。前些年大哥守胜到巴黎,还想在父亲睡过的大铁桥下照张相,结果发现巴黎的铁桥很多,不知道是哪一座,只好作罢。吃饭也成问题,饥一顿,饱一顿,常吃罐头,很少吃蔬菜水果,营养不良,头发一把一把地脱落。父亲出生在农村,从小参加劳动,有吃苦耐劳的精神,生活的艰难,做工的劳累,并不难克服,主要是精神上的压力大。一个人初到异国他乡,语言不通,生活不习惯,人生地不熟,难免感到孤独寂寞。虽然是以勤工俭学为目的出国的,但何时能挣到够上学的钱?到哪里去上学?上学又去学什么?都没有明确的目标,内心有深深的困惑、迷茫。在这个时候,父亲除了和鲁迅通信外,主要是和国内狂飙社的朋友们通信,朋友们也给他以安慰、鼓励和支持。1926 年 2 月,高长虹在《弦上》兴奋地向朋友们报告:"小弟弟已从巴黎有信来。"并当即把新出版的《弦上》寄去,附信写道:"爱读《弦上》的小弟弟,我们的《弦上》并且放大了,寄到巴黎伴你的孤寂的心!勿流泪、勿灰心,前进啊!"①高长虹还发动狂飙社的朋友们凑钱,托高歌给父亲寄去。朋友们真诚的关心与帮助,给父亲孤寂的心灵以极大的慰藉。

后来,父亲在里昂工厂做工时,和狂飙社的朋友还保持联系,为《长虹周刊》写稿。在 1928 年 10 月 13 日出版的《长虹周刊》第四期上,父亲写了篇《关于〈献给自然的女儿〉》。《献给自然的女儿》是高长虹的一本诗集,父亲在文章中讲自己的读后感。其中写道:"我现在是在一个工厂里做工。我们的主人,他很想把我们也变成一架挣钱机器,在那里不断地工作。因此,时间很少,不能做我想做的工作。因为虹哥给我寄来这本书,所以在我做完工时,就在实验室内写给你,和你乱谈谈。你看,也没有信纸,就用实验用的纸给你写。"这说明,这篇文章是在杜比兹人造丝厂的实验室里写的。这年 12 月 29 日,父亲在先后读了《长虹周刊》五期后,写了《读了〈长虹周刊〉之后》,高度评价了这份高长虹一个人办的刊物,发表在《长虹周刊》1929 年第 18 期上。

父亲在法国打工期间,狂飙社的朋友们在精神上和经济上给予了他很多的支持,展现了他们在抱团取暖中形成的深厚友谊。就父亲本身而言,当时虽然年轻,但从上中学起,就独自一人在外学习、生活、闯荡,经历了许多生活的磨难,锻炼得勇敢坚强,有足够战胜孤独、走出困惑的力量。

在巴黎,父亲一边打工,一边在公学学习,法文学到能看报和说日常用语时,一年过去了。为了找到一个稳定的工作,1927 年初,父亲到里昂,找到华林的朋友、中法大学的秘书刘大悲。刘大悲介绍他住在学生宿舍,一边继续学法文,一边找工作。这时候,父亲认识了住在一起的中法大学学生,如夏敬农,湖北人,学物理;曾觉之,广东人,学文学;刘为涛,四川人,学化学等,他们都比父亲年纪大,来法国也早,都像兄长一样给予这个新来的年轻人以热情的帮助,彼此结下了深厚的友谊,这种友谊保持了一生。

不久,刘大悲托老华工王学书介绍父亲到法国东部的伊诺化工厂做散工。所谓"散工",就是打杂,在工头的指挥下做各种不同的工作。听父亲说,他做过

---

① 《弦上》周刊第 1 期。

用手推车推土整修场地的工作,也做过搬运货物的工作。最危险的工作,是油漆铁门。因为铁门高大,又是用白洋铁皮做成,到高处刷油漆时,要搭上梯子,爬梯子上去刷油漆,一手提着油漆桶,一手刷,梯子摇摇晃晃,总感到有掉下来的危险,每上去刷一回,就要出一身冷汗。最有趣的一次,是让他和一位捷克籍的老工人去捶捣锅炉沉淀的厚厚的水垢。老工人告他:"工头每天上午9点、下午3点来查工,那时我们干活,其余时间,我们可以轮流休息或聊天。"这工作,抓紧点两三天就能做完,他们两人做了一星期才完工,这就是"磨洋工"。也因为老在社会基层打工,接触各国来的工人,因此,父亲的法语发音并不特别标准。尽管父亲在做杂工时,很卖力气,因为没有送工头礼物,不久,就被解雇了,解雇的借口是他使用的是"学生居留证",不能打工。

父亲失业后,回到里昂,第一件事是换居留证,费了很大力量,才将学生居留证换成工人居留证。在老华侨、同乡石光彦(山西忻州人)的帮助下,送了招工的人一些茶叶和刺绣,父亲进入了里昂杜比兹人造丝工厂当工人。40年后,1978年7月,石光彦从法国回山西太原探亲,曾到医院探望父亲,当时父亲已经病重失语,两人重逢,只能相顾无言了。

杜比兹人造丝工厂是里昂一家有名的大型的化纤企业,工人有7000多人。设备先进,管理严格。父亲先是在一个生产实验室做勤杂工,主要是取实验样品、洗试管、打扫实验室等。他一边做工,一边留心化学药品的名称和配置方法,有不懂的地方,就向同住的学化学的留学生刘为涛请教,慢慢地掌握了检验操作的基本技能。而实验室技师克洛诺好喝酒,又生性疏懒,常让父亲替他做分析检验实验,自己溜出去喝酒取乐。工厂纪律很严,总工程师莱旦几次巡视,都发现克洛诺缺勤,是父亲在替他做实验。莱旦问了父亲一些关于实验的技术问题,父亲都回答得很好。莱旦就把克洛诺辞退了,让父亲递补上,提升为实验室的助理员,工资也提高了,每小时4法郎50生丁。这个工厂日夜生产,分三班制(第一周:早6点到14点;第二周,14点到22点;第三周:22点到早6点),每做夜班,增加两个半法郎。每个月除生活费用外,可存600法郎左右。这样,父亲有安定的工作,在工厂做了两年工,省吃俭用,存了近2万法郎。

1928年的秋天,有一天,当工厂发工资后,父亲坐电车进城,恰巧在车上遇到总工程师莱旦,莱旦问他:"你去哪里?"他说:"我要到邮局存钱。"莱旦说:

"我可以看看你的存折吗?"他说:"当然可以。"莱旦看了后,又问他:"你存钱的目的是要在法国定居安家吗?"他说:"不是,我想将来进大学读书,因为我还年轻。"莱旦听后,深为这个刻苦求学的年轻人感动,连声说:"很好,很好,以后我会帮助你的。"

在车上邂逅莱旦几天之后,莱旦到实验室视察工作,对父亲说:"放工后到我办公室"。在办公室,莱旦说:"我的亲戚高纪野认识瑞士弗里堡大学法学院教授夏立依,夏立依已经答应你在学生宿舍住宿,费用可以优惠。以你所存的款项,估计可以读完三年大学。"就这样,在莱旦的安排下,父亲告别了里昂,来到瑞士弗里堡市,住在夏立依教授主办的圣·宇思丹学生公寓里。这一天,是11月22日,星期四。

2　在瑞士弗里堡大学

欧洲有两个 Fribourg, 一个在瑞士, 现在地图上译作弗里堡①, 在法文里 Fribourg 有"自由"的意思,因此,弗里堡也叫"自由城"。另一个在德国,现译作弗赖堡。

弗里堡始建于 1157 年,建城者为柴因肯(也译作查依灵根)公爵(ducs de Zaehringen),他被德皇封为伯尔特德第四,他的儿子伯尔特德第五于 1191 年建了伯尔尼城,现为瑞士的首都。因此,弗里堡与伯尔尼是姐妹城市。两城相距 34 公里。

弗里堡是一座小小的山城,它坐落在沙林河(Sarine)的两岸。河两岸陡峭的悬崖,是山谷受河流的切割形成。发源于阿尔卑斯山的沙林河曲折回环于悬崖之间,由南向北流入莱茵河。河西岸是占全城 70% 人口的法语区,河东岸是占人口 30% 的德语区。为了便于两岸人民的来往,沙林河上建了许多桥,其中,在沙林河流入莱茵河处建的现代钢筋水泥大桥,为纪念弗里堡的建城者,就命名为柴因肯大桥。

在上世纪二三十年代,全瑞士约 200 多万人,弗里堡大约仅有 2 万多人,

---

①　父亲译作"伏利堡",也有译作"福利堡",本书统一用"弗里堡"。

弗里堡市

居民的宗教信仰均为天主教,这个小城是瑞士天主教的重镇,市内大小教堂林立,有 50 余处之多。弗里堡最大、最有名的教堂是圣·尼古拉大教堂(cathédrale St Nicolas),它是弗里堡的地标性建筑。大教堂在 1370 ~ 1430 年陆续建成,高耸的钟楼尚未完工。直到 1470 ~ 1490 年才全部完工,前后用了七八十年。这座具有哥特式建筑风格的教堂,全部使用石材,华美坚固,钟楼塔高 73 米,锥状的塔尖直刺苍穹,象征着灵魂对天堂的渴望。

弗里堡大学(Université de Fribourg)始建于 1887 年,在上世纪二三十年代是瑞士全国七所国立大学之一,也是唯一一所天主教大学。正如梅兰博士所说:"在此时期,弗里堡大学只是一所年轻的,不算大的双语宗教学校,借光于天主教的综合世界各种文化,而有国际联系。大学开始面向社会,如今依然如此,大学欢迎有实习或其他要求的外国和其他大陆来的学生。"[1]

弗里堡大学当年虽然规模不大,学校的教授却都是饱学之士,有不少是欧洲知名的学者,其中,有许多是神职人员,神父和主教。学校教学语言是法语、德语和拉丁语,其中拉丁语是必修的,即使东方学生也不例外。学校没有统一

---

① 梅兰博士:《阎宗临:作家鲁迅与罗曼·罗兰》,《罗曼·罗兰学会会刊》,2010 年 7 月。

的教材、课本,教授们讲课都是自己编写的讲稿,讲授这门课程的精华和自己的研究心得。因此,上课主要靠笔记,这对外国学生,特别是东方学生是有一定难度的。大学图书馆的藏书丰富,约五十余万册。

弗里堡大学当年分神学、文学哲学、法学和理学四个学院,学生近千人。据1935 年至 1936 年的报名统计表①,正式报名的学生 763 人,此外,还有 102 名旁听生不在此数。在 763 人中,神学院 347 人,文哲学院 138 人,法学院 136人,理学院 142 人。神学院的学生占全部学生的近半数,体现了天主教大学的特色。弗里堡大学虽然学生不多,却是一所国际性的大学,763 人中,有瑞士本国的 493 人,其他是来自 20 个国家的 270 人。其中人数较多的有德国 78 人,法国 61 人,美国 37 人,最少的是埃及、罗马尼亚、立陶宛等 5 个国家各 1 人。来自中国的有 5 人。这种国际性也和天主教大学的性质有关。

接待父亲入住圣·宇思丹公寓的夏立伊(François Charrière)教授,是位神父,并且是圣·宇思丹慈善机构(Oeuvere st Justin)的创始人之一。这个机构是在雷鸣远神父(Vincent Lebbe 1877～1940 年)倡导下成立的。雷鸣远原为比利时籍,从小就立志到中国传教,非常热爱中国和中国文化,并于 1927 年加入了中国籍,积极参加了中国的抗日战争,由于贡献突出,受到国民政府的公开褒扬。雷鸣远以在中国传教多年、成绩显著而著名。1925 年,他来到弗里堡,提议为培养和资助中国学生和东方青年建立一个慈善机构,雷鸣远诚恳的态度和富有说服力的言辞,获得了当地神父们的支持。1926 年 10 月,由于他推荐的首批中国籍的六位主教要在梵蒂冈由教宗庇护十一世主持祝圣典礼,匆匆赶回罗马。1927 年秋天,慈善机构成立了。

圣·宇思丹是一个慈善机构,也是一个天主教的宗教团体,这个团体的成员像兄弟姐妹一样是一个大家庭。慈善机构出版一份名为《圣·宇思丹季刊》的刊物,每季度一期,用法文和德文印刷,报告慈善机构的重要事件和活动,以及家庭成员的情况,发给每一个家庭成员。慈善机构的宗旨是专为资助想上学而经济困难的有志青年,其着重点在东方民族学生的栽培和造就,尤其是中国学

① 关于弗里堡市和弗里堡大学的介绍,参阅袁渊:《福利堡印象记》,《新北辰》,1936年 8 期。

现在的圣·宇思丹

生。主要解决学生的住宿费和学费,零用费则自理。其经费来源是募集于欧洲各地居民和教友,罗马天主教传信部也拨给一部分经费。

为了增加慈善机构的经费,在夏立伊的建议和操办下,1928 年 11 月 1 日,圣·宇思丹公寓(Foyer St Justin)成立。这是一个商业机构,它接待各国来的留学生住宿,从经营住宿中获得一定利润,成为慈善机构的经费来源之一。另一方面,考虑到慈善机构资助的东方学生与其分散住在各处,不如集中在公寓,这样也便于管理,节省开支。公寓有食堂,一日四餐,早、午、晚三餐,再加上下午 4时的茶点。每餐一菜一汤,或两菜一汤,饭菜简单,价格低廉,很适合普通学生。慈善会还成立了一个旅行社V.I.S.A(Voyage Instructifa Société Anonyate),旅行社的收入,也是慈善机构的经费来源之一。

看来父亲当年入住圣·宇思丹公寓,不是一个住宿优惠的问题,而是得益于慈善会的资助,免除了住宿费和学费,使他能够安心向学。

由于父亲的法文是在打工时学的,达不到注册弗里堡大学的要求,因此,他先注册入圣·米歇尔学院(Collége Cantonalst–Michel, Fribourg, Suisse),学习法国文学。1929 年 6 月 4 日,父亲取得了圣·米歇尔学院法国文学第五级考试通过文凭,同时,取得了弗里堡天主教大学的正式生的资格,在大学文学哲学院注册入学了。

父亲从 1924 年中学毕业到再进入弗里堡大学整整过了 5 年多,入大学时已经 25 岁了。正因为父亲深知学习的机会来之不易,所以,他读书特别刻苦认真。刘半农的女儿刘小蕙这时也正在弗里堡大学读书,她写过一篇题为《弗里堡的"魔鬼"》的文章①,记述当时学校学生的情况。她说:淘气的弗里堡大学生把自己分成两派,一派叫"天神",他们除了上课、自修外,就是念经,做默想,上教堂,按修道院的规则行事,无所谓课堂生活和课外生活。另一派叫"魔鬼",他们是一帮"无法无天,专找警察开玩笑"的俗家子弟,专以开会喝酒为务,以上课做消遣。临考试,只得开夜车。"魔鬼"们也有纪律严格的社团组织。此外,还有少数据绝交际,闭门读书,近乎"天神"式的"魔鬼",被真正的"魔鬼"称为"野人"。刘小蕙还说,瑞士学校的假期很长,暑假 4 个月,寒假 3 星期,春假 6 星期。照这样说,一年中就有近半年在放假,假期的确很长。父亲在学生中,自然是属于"野人"类型的,他辛辛苦苦做了三年工,攒下钱来上学,当然会珍惜时间,认真学习。假期虽然漫长,父亲没有钱去旅游,也不会去喝酒、跳舞、看电影,他都留在宿舍继续苦读,正好徜徉在知识的海洋之中,使自己的学问日渐增长,因而各科成绩都很优秀。父亲天资聪颖,勤奋刻苦,这就是他成为弗里堡大学最优秀的学生的原因,也是他完成从工人向学者优雅转身的原因。

父亲在校主要学习欧洲的历史与文化,在必修课程中,有拉丁文。拉丁文属印欧语系罗马语族。随着罗马帝国的不断扩张,拉丁语传布到欧洲西南各地。在中世纪西欧各国曾以拉丁文为宗教、文化、科学研究等方面的书面语言。要了解这个时代的情况,研究当时的文献,就要通晓拉丁文。随着罗马帝国的崩溃,拉丁语分化为法语、意大利语、西班牙语等。拉丁语逐渐退出了语言交际的舞台,现实生活中不再使用,只有在天主教内部还在使用。拉丁文成为一种"死文字",深奥难学。由于弗里堡大学是天主教大学,拉丁文就是必修课。父亲经

---

① 刘小蕙:《弗里堡的"魔鬼"》,《天下事》,1941 年第 7 期。

阎宗临拉丁文考试成绩证明

过 3 年的刻苦学习,终于熟练地掌握了这种语言。拉丁文考试是很严格的。根据保存至今的《弗里堡大学文学院关于拉丁文考试规则》(这个规则 1921 年 5 月 18 日由瑞士公共教育部认定)规定,考试包括达到认可标准的一小时笔试和半小时口试。考试内容是把一段法文或德文翻译成拉丁文,并证明其对拉丁文的内容和表达形式都有深入的了解。还要口头翻译和解释一段由主考官指定的拉丁文作品。考试委员会由文学院院长、主考官、拉丁文学教授和古典哲学教授组成。考试完毕,文学院院长为父亲出具的考试成绩证明如下:①

　　关于拉丁文成绩的证明译文:

　　　文学院院长兹在此证明

　　　　阎宗临先生　　中国　山西五台　参加了 1932 年 7 月 20 日为获

---

① 在弗里堡大学读书时的考试通过证书父亲都留着,至今犹存。

得博士资格的拉丁文考试。考试内容为将法文的西塞罗第一次反客提林的演说翻译成拉丁文。包括笔试和口试。

两个考试均证明阎宗临先生拉丁文造诣高深,获得优秀资格。

院长(签名、盖章)

西塞罗是罗马政治家、雄辩家和哲学家。公元前 63 年任罗马共和国执政官。客提林是西塞罗的政敌,曾两次竞选执政官未成,准备发动武装政变。西塞罗在元老院发表演说,反对客提林的"阴谋"。西塞罗的演说和文章,流畅典雅,被誉为拉丁文的典范。据说,文艺复兴时期第一个发出复兴古典文化号召的学者彼特拉克(Fransesco Detrarca)为了寻找西塞罗的信札手稿,走遍了整个欧洲,寻获这些信后,他以无懈可击的拉丁文,模仿西塞罗的风格,亲自写了一封信给西塞罗,以表达敬意。父亲面对以西塞罗的演说为题的笔译和口译,可见其考试难度之大,更何况,法语并不是父亲的母语,也是外语,这就更增加了考试的难度。

父亲通过了拉丁文的考试,并得到了"造诣高深"、"优秀资格"的评价,实属不易。拉丁文教授对这位东方学生的成绩感到惊讶,曾问他:"你从那里来的这股毅力?"父亲回答说:"我为了了解西方文化的灵魂。"正是这样一个愿望,成为他刻苦学习的动力。父亲记忆力特别好的天赋也是原因之一。父亲通晓拉丁文对他了解、研究欧洲文化,研究传教士与中国的关系都是很有帮助的,很有利于他阅读和收集有关文献资料。可惜的是,父亲的拉丁文学识在 1949 年以后,有用之处就很少了。

由于父亲从小的愿望是当教师,在弗里堡大学选修了教育学,因此有机缘认识了教教育学的岱梧(Eugène Dévaud)教授。岱梧成为父亲人生中遇到的第三位恩师。

岱梧(1876~1942)是瑞士弗里堡人,欧洲公认的著名的教育学家,出生于弗里堡郊区一个农民家庭,1901 年从事宗教活动,后来升任主教。早年做文学方面的研究工作,从 1905 年起,对教育学感兴趣,在法国巴黎、比利时鲁汶大学作教育研究,并且在家乡的学校教过书。1910 年得到教育学教授的职务。他研究的内容包括小学教育、苏联教育制度以及宗教学校的教学。曾先后出版过

四本教育学专著:《小学职业读物》
(1914);《苏联教育制度》(1932);《宗
教学校的教学》(1934);《Decrly 体系
和宗教教学法》(1936) ①。他教父亲
时,已经五十多岁了,是学校德高望
重的教授。弗里堡大学的校长是在教
授中选任,任期一年,也可连选连任。
岱梧于 1933 年至 1934 年当选为校
长。1932 年 11 月 3 日,父亲通过了
教育学的考试,从保留下来的成绩单
看，教育学口试的内容包括三个方
面：一是弗朗索瓦·芬乃伦及其女性
教育学;二是让·雅克·卢梭的《爱弥
尔:论教育》;三是感知·训练—应用
教育学。父亲出色地回答了主考教授
的提问,获得了"特优"的好成绩。

岱梧主教(后排右第一人)

　　父亲拉丁文考试的优异成绩,使主持考试的岱梧感到震惊;父亲教育学的
优异成绩更加深了岱梧的印象。他主动约见父亲谈话。当岱梧多次和父亲交谈
后,得知他刻苦求学的经历,深为同情和感动,大概这和岱梧也出身于农民有
关。从此,岱梧对父亲像对自己的孩子一样,让他每星期到家里一次,指导他学
习。在经济上也给予帮助,父亲通过硕士、博士学位以及到意大利、英国、比利
时等地查阅资料的费用,都是由岱梧资助的。岱梧的关怀与帮助,使父亲得以
顺利完成了在弗里堡大学的学业。

　　1933 年 7 月,经过 3 年多的刻苦学习,父亲获得了瑞士国家文学硕士学
位。

　　按照当时学校的规定,要想获得硕士学位者,必须通过严格的考试。考试

---

　　① 本书关于弗里堡大学教授的介绍，都出自《瑞士弗里堡大学的历史 1889～1989》
(Histoire de l'Universite I de Fribourg Suisse 1889～1989)第 3 册。

分初级与高级两种,学位获得者应该有两个高级考试通过证书,或者一个高级通过证书、两个初级通过证书,由学生自己选择。每个证书的考试分笔试和口试两个部分。成绩分特优、优、良、合格四个等级。

从保留下来的成绩单看,父亲选择的是两个高级证书:一个是法国文学的高级证书。这个高级证书分为笔试和口试两种形式。笔试又分两部分:一是写一篇文章,这篇文章可以在考试之前写好,相当于一篇论文。父亲写的文章题为《巴斯加尔的灵魂》,这篇文章就是父亲后来在《中法大学月刊》发表的《巴斯加尔的生活》的法文本;二是在课堂笔试回答问题,考题是:对你来说浪漫主义最好的文学家是谁?证明你的断言。父亲回答的是谁,现在无从知道,主考教授认为父亲的回答很好地论证了自己的观点。因此笔试的两个部分成绩都是特优。法国文学的口试分为两个部分:一个是法国文学,一个是法国语言历史和法文语言学,口试内容由主考教授随机提问。成绩是两个特优。父亲法国文学的考试成绩一共得了四个特优。另一个是古代及中世纪史的高级证书。考试也分笔试和口试。笔试是提交一篇文章,父亲的文章题为《13 世纪到 14 世纪中国与欧洲的关系》,这个时期正是中国的元朝(1271~1368),也是罗马教廷和中国发生关系的开始。古代及中世纪史的口试则由主考教授随机提问,笔试和口试的成绩也都是特优。这样父亲以优异的成绩获得了硕士学位。

父亲的硕士文凭原件用拉丁文,并有由中华民国驻瑞士使馆于民国二十二年九月二日发给的翻译件,其内容如下:

　　　瑞士富利堡大学校长与文科主任在富利堡政务会议及全体民众
　　指导之下授予中国山西省五台县学生阎宗临君文学硕士学位之称号
　　暨荣誉权利与特权并发给此盖有大学钤章之毕业证书为凭
　　　一千九百三十三年七月十八日给予富利堡
　　　　　　　　　　　　　　　　校长　安尔
　　　　　　　　　　　　　　　　主任　谭复
　　上项译文与拉丁文原证书无异　特此证明

记得父亲对我讲过,拿硕士文凭比拿博士难。我想,大概是这些考试的严格

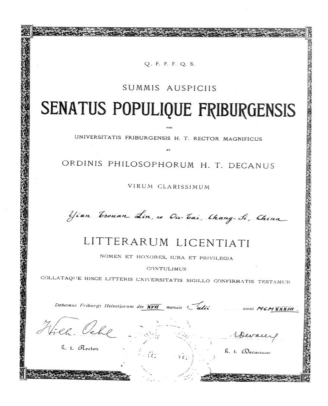

Q. F. F. F. Q. S.

SUMMIS AUSPICIIS

SENATUS POPULIQUE FRIBURGENSIS

UNIVERSITATIS FRIBURGENSIS H. T. RECTOR MAGNIFICUS

ORDINIS PHILOSOPHORUM H. T. DECANUS

VIRUM CLARISSIMUM

Yian Tsouan Lin, e Ou-tai, Chang-Si, China

LITTERARUM LICENTIATI

NOMEN ET HONORES, IURA ET PRIVILEGIA

CONTULIMUS

COLLATAQUE HISCE LITTERIS UNIVERSITATIS SIGILLO CONFIRMATIS TESTAMUR

Dabamus Friburgi Helvetiorum die **XVII** *mensis* Julii *anni* **MCMXXXIII**

h. t. Rector　　　　　　h. t. Decanus

瑞士富利堡大學校長與文科主任在富利堡政務會

議及全體民眾指導之下授與中國山西省五臺縣學生

閻宗臨君文學碩士學位之稱號暨榮譽權利與特權

並發給此蓋有大學鈐章之畢業證書為憑

一千九百三十三年七月十八日給於富利堡

校長　安爾

主任　譚復

上項譯文核與拉丁原文相符特此證明

民國二十二年

阎宗临的硕士文凭及翻译件

51

和难度都给父亲留下了深刻的印象吧！过去我也问过父亲："你一直教的是历史，怎么拿的是文学硕士、博士的文凭？"父亲说："我教世界古代中世纪史，是回国后在大学工作才选择这个专业作为职业。在大学我注册的是文学哲学院，文史是不分家的，我的兴趣在欧洲古代和中世纪的文化。"父亲这两个高级证书，也就佐证了他当初的解释。

父亲在弗里堡大学读书时，加入了天主教，在1931年12月27日接受了洗礼，教名是让·马里·谢哲。我曾问过父亲："你加入天主教是岱梧主教动员的吗？"父亲说："不是。虽然岱梧对我很好，像对待自己的孩子一样，但他从来没有动员我入教。是我自己要入的。当然，岱梧对我的潜移默化是有的。"父亲为什么要加入天主教，他没有对我讲过，我也不清楚。后来，看到父亲的《历史自传》，对于在弗里堡大学时的思想状况和加入天主教的原因是这样写的：

> 虽然勤工俭学的目的达到，看到时间很快地过去，心情非常苦闷。有拿三分公费的学生，日夜出入于酒店舞厅，使人愤慨。给家中去信，要求离婚，家母以此致病，责备我忘恩负义。不知者以为我在国外贪图享受，过乐不思蜀的生活，谁知国家不强，青年流浪漂泊的痛苦？就在此时，我读了许多浪漫主义的作品，如尼危的诗，总觉得自己孤独地活着，人与人之间是冷酷的、苦痛的，无所谓的。一切是暗淡，一切是灰黄。就在这时候，我有悲观的情绪，出世的思想。
>
> 在1931年冬，我相信了天主教。这种唯心的宗教情感与神秘的思想，我感到非常契合。假使有神，不因信不信而决定他的存在；假使无神，也不因信不信有所增损而引起什么危害。信仰是个人的事，"汝安于为之"。我仿佛久病后需要休息，既然人生如寄，有谁能为(你)做主？我确信宗教与政治是分离的，丝毫不相关的；我又确信真理是永恒的，精神为第一性。

由此可以知道：在弗里堡大学学习期间，父亲在学习上，认真刻苦，成绩优异。在思想感情上，却是孤独、痛苦和悲观的。父亲的痛苦，除了国家不强、社会不公外，还有家庭婚姻的困扰。父亲对奶奶的感情是很深的，但在婚姻问题上又使他不得不违背奶奶的意志,奶奶的生病和责骂,以及不幸的婚姻,使他身负双重的精神压力。而身处异国他乡,孤独寂寞的感觉一直追随着他。对于宗教,在父亲看来,宗教和有神、无神并无关系,也就是说,是不是真有个上帝,并不重要。信仰上帝和上帝是否存在是两回事。宗教也与政治无关,它只是一个个人信仰的问题。这一点也是父亲一贯的思想,他认为政治是少数人的事情。父亲"确信真理是永恒的,精神是第一性的"。也就是说,宗教信仰是一种精神寄托和追求,并不是一种政治倾向的选择。有了这种精神寄托和追求,会慰藉和抚平内心的寂寞与痛苦。父亲这样想,是有他的道理的,也正好说明父亲信仰天主教是他主动的选择,而不是被动员的。当然,他在法国和瑞士遇到一些天主教人士,如杜比兹人造丝工厂总工程师莱旦、弗里堡大学的夏立伊教授对他的帮助,岱梧对他的关爱,这些天主教人士也使他真切地感到宗教的温暖。

父亲加入天主教后,也就加入了圣·宇思丹的教会组织,在父亲获得了文学硕士后,1933年10月的《圣·宇思丹季刊》上有这样一段报道:"考试成绩是给出学生学习好坏的最佳证据。最后,1933年7月,让·马里·谢哲阎先生出色地通过了他的法国文学硕士考试。他的这一成功鼓舞了我们全体圣·宇思丹家庭的成员。"

的确,父亲在弗里堡大学学习的这几年,成绩特别优异。过去听母亲说过:岱梧认为父亲是这所大学10年来最优秀的学生。最近,姐姐从弗里堡大学的档案中找到了父亲博士论文答辩时教授们的评语,所有参加父亲博士学位考核和答辩的教授,对父亲在弗里堡大学的学习,都给予了极高的评价:

缪尼耶赫教授和巴赫厚勒教授联名写的、有文学院院长签字和学院盖章的关于父亲通过论文答辩的决议中指出:"我们和所有教过他的教授都认为他是用心灵和意愿来学习的。"

缪尼耶赫教授在父亲的博士论文评语中指出:"如我所知,所有为他授课的教师都认为,在阎先生的身上呈现出了一种全心全意的热情,他有顽强的毅力,他是个一定要学好一种文化的榜样。这里,我们都愿意为他作见证人。"

岱梧教授在评语的最后写道:"在此,我敢向所有的人声明,我对作者阎先生的评价是非常优秀的,他是位最优秀的学生。"

四　罗曼·罗兰的关爱

　　在弗里堡大学，父亲有一个特殊的际遇。当时，住在瑞士的法国文学大师、诺贝尔文学奖获得者罗曼·罗兰因为对中国很感兴趣，他希望弗里堡大学文学院的德·米南克（Marc de Munnynck）教授给他找一个懂中国文学的行家帮他了解中国。当时，父亲刚入学不久，米南克就推荐父亲去罗兰那里。因此，在瑞士学习期间，父亲与罗兰有长时间的接触，对父亲而言，罗兰的关爱，起着"家长兼导师"的作用。这位法国文学大师与中国学生之间的交往，成为中法文化交流中的一段小小的佳话，也因此，父亲在鲁迅与罗兰这两位东西方文化巨人之间的沟通起了一点桥梁的作用。

　　1964年8月，鲁迅夫人许广平以全国人大代表身份到太原视察工作，父亲到宾馆看望她，他们当年在北京就认识。父亲谈及在瑞士留学期间与罗曼·罗兰的交往，以及罗兰对鲁迅先生著作的评论，许广平希望父亲写点这方面的文章，并且，赠送给父亲她写的《鲁迅回忆录》，在书的扉页上，亲笔写下："宗临同志指正。许广平一九六三年、八、廿六。"父亲去世后，我在父亲的笔记本上发现了题为《回忆罗曼·罗兰谈鲁迅》一文的手稿，大约1000多字，写得很简略，大概是父亲一贯的风格。后来这个手稿发表在《晋阳学刊》1981年第5期上。我一直以为父亲对罗兰不过是一次慕名的拜访。幸好在"文革"中，父亲和姐姐谈过他和罗曼·罗兰交往的具体情况，我才知道远比这篇短文中的内容丰富得多。

1　姐姐的回忆

姐姐守和在 1971 年因胸部大手术后,回到父母身边养病。当时父亲精神状态不好,很痛苦。母亲要她多陪父亲散步聊天,多聊一些愉快的往事,这是让父亲从不愉快的现实中解脱出来的好方法。在许多往事中,父亲和罗曼·罗兰的际遇给姐姐留下了深刻的印象。她曾用法文写了一篇回忆文章,题目是《一位罗曼·罗兰教导过的中国学生——记我父亲 1929 年—1937 年留学弗里堡天主教大学》,后来又译成中文①。文章记述了父亲讲的这一段珍贵的经历。

父亲在《回忆罗曼·罗兰谈鲁迅》中写道:罗兰对父亲说:"前几年,敬隐渔先生将鲁迅先生的《阿 Q 正传》译为法文,我才开始接触到现代的中国。鲁迅的阿 Q 是生动感人的形象。阿 Q 苦痛的脸,深刻的留在我心上。可惜许多欧洲人是不会理解阿 Q 的,当然,更不会理解鲁迅创造阿 Q 的心。我很想念中国,但恐怕我也不会去中国了。"看来,罗兰想了解中国,是读了鲁迅的《阿 Q 正传》引起的。

关于罗兰想了解中国的原因,姐姐的回忆里也是这样讲的:"据父亲说,罗兰先生想了解中国很大程度是受俄国大文豪托尔斯泰(Tolstoi)的影响。然而,他想通过鲁迅来了解中国却是来自一个偶然的机会。1926 年, 名叫敬隐渔(1901～1931)的中国青年,把鲁迅的《阿 Q 正传》(La véritable histoire de Ah-Q)译成法文,从里昂寄给罗兰先生,希望得到他的帮助,使译作在巴黎发表。这是罗兰先生第一次接触鲁迅的作品。他立刻被阿 Q 那张痛苦的脸深深吸引,产生了要通过鲁迅了解中国的强烈愿望。"

也就是在这样的背景下,父亲有了认识罗兰的机遇。

1922 年罗兰为了保护自己的独立性,也为了不受干扰,搬到瑞士西南部的沃德州(Canton de Vaudois)新城(Villeneuve)居住,这座小城邻近法国,罗兰居住的奥尔嘉别墅(Villa Olga)在虹河(L'Hongrin,中文地图译名罗纳河)入莱蒙湖(Lé man)附近。罗兰的父亲带着罗兰的姐姐和他在一起住。

---

①　中文稿发表在《鲁迅研究月刊》,2010 年 9 期。

罗曼·罗兰在瑞士的故居

那是 1929 年 11 月下旬，一个阳光灿烂的星期六早上。父亲很早从弗里堡乘火车到洛桑，再换车沿莱蒙湖到新城，找到罗兰家已是 10 点左右。父亲见到了身材瘦高的罗兰，他正在别墅庭院里散步。互通姓名之后，罗兰带父亲到他的工作室，要父亲先介绍自己的简历。他听了父亲的回答，吃惊地问："啊，你是农民的儿子。在中国农民的孩子都能上学吗？""不，不是的，极少的农民的孩子能有我这样的好运气。"父亲回答。罗兰又问："你为什么要来欧洲，为什么要选择来法语国家留学？"当父亲说他来欧洲和到法国都是受鲁迅的影响时，罗兰更为吃惊，也更加兴奋地问："你见过鲁迅？你认识他？说说他。"父亲回答了罗兰的所有问题。此时，一切都变得很简单，很自然了。罗兰很兴奋，也很满意地说，不敢想象自己竟然会有如此好运气，找到一位来自鲁迅身边的年轻人为他讲鲁迅的作品。他连说了好几个不可思议。

罗兰当即告知父亲他被录用了，又讲了工作要求和报酬，还问父亲是否满意。这出乎父亲的意料，父亲连说很满意。父亲还说对罗兰说："我在法国打工从来没有得到这么多的报酬，开始该有试用期，等你对我的工作满意再拿这么多钱。"罗兰笑着回答说："这是我的事。"

一个星期后，米南克教授讲完课把父亲留下。他说罗曼·罗兰很满意父亲的工作。谢谢他推荐了一位很有见解、来自鲁迅身边的中国年轻人。罗兰告知他录用了父亲。米南克教授要父亲努力做好罗兰交给他的每一件事。

罗兰要父亲做的第一次工作是讲《阿 Q 正传》的题目，只讲这 4 个字。父亲看着眼前的罗兰，流露出不理解的表情，他在想一次只讲 4 个字，要多少时间才能讲完这篇作品。罗兰好像能知道父亲的想法。解释说,无论读什么都要先读懂题目。如果你对一篇文章或一本书做了个摘要,题目就是摘要的摘要。果然,罗兰就《阿 Q 正传》的题目,提出了父亲从来没有想过的四个问题:

第一个问题是为什么鲁迅要给他的小说主人起名为阿 Q ?

父亲很坦白地回答:"我不知道这是为什么。请让我写信去问鲁迅先生。""难道你不愿意自己想想,给我一个回答吗? 一个聪明的读者应该能猜出作者的思想。我喜欢聪明的读者,年轻人勇敢点,大胆讲你的猜想,我愿意听。"罗兰说。父亲想了想说:"我认为英文的 26 个字母中,只有 P 和 Q 像当时中国男人留着一根辫子的光头,如果哥哥叫 P,弟弟就该叫 Q,也许是这样吧。"罗兰连声说了很多个"对"和"好",并说:"鲁迅是在讲阿 Q 只是变了名字,他的头脑和头脑中的东西并没有变。看来不该只想了解阿 Q 痛苦的脸,更该了解的是他的头脑。"罗兰还笑着说:"年轻人,你也算个聪明的读者,我很满意。"罗兰的鼓励使父亲从懊恼的心情中解脱出来了。

第二个问题是中国人起名字的原则是什么? 罗兰说欧洲人的名字多来自《圣经》,中国人的名字是不是来自佛经或者受佛经的影响。他想知道在起名字上中国人和欧洲人有什么区别,东西方这两种有代表性的宗教,对社会生活影响的深度。父亲回答说:"中国人的名字不是来自佛经,是表达家长对子女的祝愿。"罗兰又问:"中国人,特别像鲁迅这样的文人有很多的名字,是不是他们的家长对他们有很多祝愿? "父亲解释了大名、小名和笔名的区别,以及字和号的区别。父亲说大名和小名是家长起的,其他如笔名,字和号都是自己起的,多半是文人、绅士等的自我表达。父亲还说他有个笔名是"已燃",就是他自己起的,表示他已经觉悟并积极行动起来了。父亲反问欧洲人的名字来自《圣经》,是不是要表示他们对《圣经》或圣人的敬重。罗兰想了想说,可以这样理解,也不完全是这样,好像更是历史和习惯的表现。

第三个问题是为什么鲁迅在小说题目中要用"正传"两字? 父亲就自己所知说明了中国文人写传记的主要类别。解释了正传、合传、外传和小传等,以及传记和故事的区别。父亲说阿 Q 是很多人的综合代表,鲁迅很可能是为了强调阿 Q 存在的真实性,才特意用"正传"字样。因为中文里"正"有正式和真正的含意。

第四个问题是向罗兰解释了"传"字。父亲用中国构字法说"人"和"专"两个字合在一起就变成了"传"字。它意味着对某人的专门记载。父亲没有意料到他的附加解释引起了罗兰极大的兴趣。

第一次仅就题目4个字就工作了一上午，罗兰知道父亲没有消除对工作进度的担心。他说："年轻人，你比我的时间多得多，我都不嫌慢，你急什么。如果我们俩分开做今天的工作，谁都不知道要多少时间才能做完。"

在以后的工作中，罗兰很多次表示了他对中国构字法的赞赏。例如，他发现一和二的区别是只差一划时，他要父亲写三。当他知道三比二也多一划时，直说太对了，中文的构字很科学。他又要父亲从一写到十。然后自己先写他的出生年代1866，说自己的运气很好，因为这四个字都不难写。并解释"八"是不同方向的两个一，六字要先写个一，下面放个八，上面加个点。罗兰让父亲用中文读他的出生日期。又要他写下十、百和千三字。罗兰说："十字和千字都很好写，它们都像十字架，只是千字有耶稣，十字没有。"面对父亲迷茫的表情，罗兰补充说："耶稣在十字架上受苦难时，他的头是歪的，像千字。"他的解释让父亲听到了一种全新的学习方法。父亲不仅佩服罗兰极敏锐的观察和想象力，还体会到天主教在欧洲的影响，确实要比佛教在中国的影响大得多。

罗兰不懂：为什么阿Q受了欺负，只要说权当是儿子打老子，他就能平静或能满足。父亲回答说：中国伦理道德的核心是忠孝，老子打儿子是管教，是无可非议的。儿子打老子就是大逆不道。阿Q把打他的人看成是儿子，把自己看成是老子，完全是愚蠢的自我安慰。罗兰感慨地说：贫困愚昧是不可分割的，它像鸦片一样是害人的毒品。他说从表面上看鲁迅用他深邃而强劲的笔法刻画出的阿Q有一副既可爱又可怜的脸，再透过表面现象看本质，又会认识到那是一张既可悲又可恨的脸，也是一张愚昧无知、麻木不仁的脸，是一张应该唤醒和改造的脸。

当父亲向罗兰介绍了鲁迅笔下的农村妇女祥林嫂的苦难经历后，罗兰对这位普通的中国妇女特别同情，很感兴趣。他提出了两个问题：第一，他不懂为什么向庙里捐门槛就能赎罪，他说天主教认为赎罪是向上帝忏悔，祈祷能得到上帝的宽恕。父亲很坦诚地说，当时很多的寺庙都利用民众无知搜刮民财，这是中国社会的阴暗面。罗兰的第二个问题是：为什么一个可怜的女人被两个男

罗曼·罗兰送阎宗临他与甘地会见的照片

人占有,她死了要锯成两半,分给占有她的每个男人。如果一个男人占有很多女人,他死了要不要也被平分。父亲回答:中国社会男女不平等,男人不用平分。鲁迅积极支持的"五四运动"就是反帝、反封建,主张民主、科学的社会变革。罗兰非常感慨地说:鲁迅真是一个伟大的作家,我越是了解他,就会越想见到他,想和他讨论许多问题,可惜没有机会。他说他最佩服的两个亚洲人,第一个是甘地,第二个就要算鲁迅。

这时的罗兰提出要父亲把他和鲁迅做一个对比,说说鲁迅和罗兰俩人之间的异同。父亲没有想过他会提这样的问题,很为难地说,这是一个很大的题目,自己也不知道该从何说起。罗兰笑得很高兴,他说:"是的,这肯定是个很大很好的题目,够很多人去研究。我只要你从一个年轻学生和两个不同的作家老头子接触的感受说起。我们俩老头是完全一样,还是有些地方一样,有些地方不同。年轻人大胆讲,因为我不愿意放过我的好运气。"他说:"天晓得我会不会再有机会找到一个来自鲁迅身边的人为我工作。我如果现在不借此光,可就变成了天下最笨的人了,你懂吗?"

父亲想了一下回答:"你们俩都像一块磁铁,我好像一见到你们就被吸住

阎宗临送罗兰的照片（1937年摄于英国剑桥）

了。但是再细想你们俩吸引我的方法并不完全相同。鲁迅像老师，他吸引我是因为他讲了许多我不懂的道理，我每次从他那里出来都觉得自己有了新的进步，还想再去。而你，罗兰像老师，也像朋友，你吸引我是因为你不断地向我提问，提出的问题常是我没有意想过的。你让我懂得许多道理是发生在你听了我的回答以后，你对我的回答所做出的判断和分析。"父亲又进一步总结说："去鲁迅那里我刚从中学毕业，总是跟着比自己年长的人去受教育的，即使鲁迅提问也轮不到我来回答，除非他指名问我。到你这里，我是来打工的，我不再感到自己完全是个学生。我的工作是回答你向我提的问题，你总是要我自己回答问题，不能等我写信问了鲁迅以后再来答复。这样我得到的收获，至少有一部分，是自己的劳动果实，你懂我说的差别吗？"

罗兰说："讲得很好，一个好作家应该是一块好磁铁，能吸引人。一个好读者应该是块好铁，他在磁铁的作用下也能变成磁铁，再吸别的铁。"罗兰问父亲还有什么想法。父亲说："从感觉上来分析，自己每次去鲁迅那里都是高高兴兴地跟着比自己年纪大些的人去，也不要做些什么预备，回来也是高高兴兴地感觉到自己有提高。每次到你这里，我都会做很多猜想，你会问什么，我该怎样回答。回到学校里我常会一次、又一次的想你提的问题，检查自己的回答。我觉得好像自己在你面前比在鲁迅面前长大了许多。"

在与罗兰熟悉之后，1932年，罗兰曾送给父亲一张他1931年会见甘地的照片。这张照片，从此一直跟随父亲，从瑞士回到中国，经历了战乱和动荡的生活，在将近80年的漫长岁月中，照片虽然已变得发黄了，但依然然完好无缺地保存至今。父亲当时写在照片背面的那一行法文小字："甘地和思拉德小姐在罗曼·罗兰的沙龙里，1932，"成了这段刻骨铭心往事的真实历史见证，伴随了父亲的一生。

　　父亲在罗兰身边做完《阿Q正传》工作时,很不愿意中断这难得的受教益机会。他对罗兰说:"我是一个很幸运的年轻人,在中国能有幸常去鲁迅先生家听他的教导。再也没有想过到瑞士又能在你身边工作,从中领受了许多意想不到的教益。"罗兰说:"是的,这样的好运气是很难得到的。你的确是一个幸运儿,你要懂得珍惜你所得到的一切。"他还说:"罗兰也是个幸运儿,我再也没有想到过自己会找到一个来自鲁迅身边的人为我讲鲁迅的著作,不可思议。"他说也许我们都应该感谢上帝。罗兰提议为他们彼此的好运干杯。

　　罗兰很高兴地问:"你离开中国几年了?"父亲回答:"我是1925年12月5日离开中国,1926年1月8日到达法国的马赛。"

　　听完了父亲的话,罗曼接着说:"你来欧洲学了法语,打过工,又进大学读书,是该长大了。"他还说以后有什么要罗兰帮助的事都可以直接说,他很愿意尽力。在这种情况下,父亲倾诉了他几个月来的心愿:问有没有可能指导他试着把一部罗兰的著作翻成中文。父亲解释这样做是为了学好法文。罗兰很高兴地回答说:"好主意,你帮我了解了鲁迅的阿Q,我帮你了解罗兰的米开朗琪罗。"罗兰向父亲建议从试着翻译他的《米开朗琪罗传》开始工作。他说:相比之下,此书不太长,适合父亲的要求。他允许父亲继续到他家里,并愿意解答父亲的问题。父亲提出他会把自己的问题写好先寄来,最多三五个月左右来一次,每次来的时候父亲都会为罗兰介绍一个鲁迅小说中的人物。父亲还提出以后罗兰不必再付车费和工钱了,他讲了自己因为学习成绩优秀,特别是拉丁文考试成绩突出,得到岱梧主教的固定资助。罗兰连忙摇手说:"你这样说可是会引起我的嫉妒心,为什么你只接受岱梧的帮助,不让我也给你点帮助。给不给和给多少是我的事,你不要管。"

　　事实上《米开朗琪罗传》的翻译工作远比父亲想象的难度大得多。父亲说他了解米开朗琪罗可是比罗兰了解阿Q笨得多。他常常是每个字都认得,好像懂了,又觉得不敢确定中文该写什么好。父亲决定放下翻译工作,先去了解米开朗琪罗和意大利的文艺复兴运动。他告诉了罗兰这些真实情况,说他至少需要用6个月的时间来完成翻译前的准备工作。罗兰很高兴父亲所做的决定,他说不必急。

　　父亲翻译《米开朗琪罗传》进展缓慢,一年多后,父亲拿部分译稿去见罗兰。罗兰表扬了父亲法语的进步。告别罗兰后，直到 1934 年的秋天父亲重返瑞士，在做博士论文的同时，恢复了和罗兰的联系。父亲继续介绍了鲁迅写的刘和珍君等知识分子。罗兰总是很愿意为父亲解决翻译中的理解问题。当父亲译稿过半时，罗兰还自我推荐，很高兴地提出他要亲自为父亲的中译本写一篇不长的序言。

1936 年父亲终于完成了《米开朗琪罗传》这部书的译稿和那篇宝贵的罗兰写的序言的中文翻译。父亲最后一次如约去罗兰家是 1937 年，他送给罗兰一张自己的照片，作为对这位大师的感谢。并让罗兰看了誊写好的《米开朗琪罗传》全部书稿和他写的序言译文，告知在上海已联系好这本书的出版事宜。罗兰听了很高兴，看了手稿，赞扬父亲誊写得很精美。父亲这次去罗兰家还为了告诉他鲁迅先生于 1936 年 10 月 19 日在上海因肺结核病医治无效去世，享年 55 岁。罗兰说了好几次太可惜了，这是中国的损失，也是世界的损失。接着罗兰对父亲说："你又帮我找到了一个我们俩老头子一样的地方。我也被肺结核病困扰，我从小就被这个坏蛋折磨着。"父亲听罗兰讲了这样的话，呆在那里，不知道该怎样回答才好。两个人相对无言沉默了很久，像是在为鲁迅致哀。

我想：应该指出的是，鲁迅也一直很敬重罗兰。为了庆祝罗兰 60 寿辰，鲁迅亲自编辑出版的《莽原〈罗兰专号〉》，发表了罗兰的照片、画像、评传、著作年表，鲁迅还翻译了《罗曼·罗兰的真勇敢主义》一文。胡风在《罗曼·罗兰辑录后记》中说："那专号是一九二六年四月出版的，恐怕是中国第一次有系统地介绍罗兰吧！"[①]

2　罗曼·罗兰如是说

姐姐这篇回忆的法文稿，法国罗兰学会主席马丁娜·列日太太（Martine Liegeois）看到以后，给姐姐写来电邮说："J·勒奥秘（Jacques Léomy）先生寄来了你请他转给罗兰学会的那篇非常感人的文章，我会负责转给那些有可能知道你父亲和罗兰友谊的专家教授。"在回信的同时，马丁娜还寄给姐姐罗兰学会

---

① 《胡风全集》第 5 卷，湖北人民出版社，1999 年。

的会刊,热情邀请姐姐参加学会的年会。

马丁娜将姐姐的文章转给了巴塞尔大学教授梅兰（Jean-Pierre　Meylan）博士。梅兰博士是研究罗兰在瑞士这段历史的专家,他读了姐姐的文章后,很感兴趣,认为"这是一段极其动人的历史"。他到弗里堡大学查阅了父亲的档案材料,并进行了调查了解,写了一篇题为《阎宗临 Yian Tsouan lin,作家鲁迅和罗曼·罗兰》的文章,发表在 2010 年 7 月 25 日出版的罗曼·罗兰学会会刊上。

梅兰在这篇文章中也写到罗兰想了解中国的原因。他说:

> 相当长的时间以来,罗兰感到自己已进入研究亚洲的恰当时机,这自然是研究印度和中国。当时,他已写了有关甘地的评述……罗兰主张不仅要有勇敢的过客,更要有强有力的对抗者,他要和来自欧洲以外的全世界反殖民主义革命者一起抵抗。

罗兰想通过鲁迅来了解中国,是因为《阿 Q 正传》使他对鲁迅有了进一步的认识,梅兰继续写道:

> 鲁迅(周树仁的笔名,1881～1936)已经是作家和教授,是拥护孙逸仙革命的年轻人发起五四运动的协同创始者。因此,他反帝反封建的行动引起了罗兰的注意。鲁迅在学生革命中起着政治角色的作用,鲁迅和学生们一起攻击蒋介石 1927 年的反共行为。鲁迅的一些政治姿态和反法西斯斗争的罗兰很相似。鉴于 18 世纪的哲学是攻击教堂,这和鲁迅的阿 Q 抨击寺庙,揭示寺庙是迷信的悲惨根源一样。阿 Q 正传描述了一个低三下四的无赖,瘸腿的粗人,像欧洲人说的"痞子"或"流浪汉"式的中国人。这个乡下佬生活在社会下层,他在还不懂的突然来的革命中被枪毙,结束了一生。

正是出于了解中国的需要和对鲁迅的尊重和认同,"罗兰想知道更多含有这些谜底的中国哲学,他向弗里堡大学要求为他派出一位尽可能好的行家。"也正是在这样的背景下,父亲有了和罗兰的际遇。梅兰在他的评论里写到父亲与罗曼·罗兰的关系时说：

　　米南克教授委派阎宗临到新城，在那里建立了这个学生和罗兰间相互信任的关系，罗兰成了一种类型的学生家长和导师。在学生翻译鲁迅著作后，罗兰给他的学生上中国文化和文明课。罗兰还把这种关系变成了按时间付报酬的形式，这样帮助他的学生延续到1937年，直到阎宗临结束了他的博士论文重回上海。罗兰指导他，鼓励他把自己的《米开朗琪罗传》翻译成中文。阎宗临把自己的肖像送给罗兰，而罗兰给了他的学生那张享誉全球的著名的罗曼·罗兰和甘地在新城摄于1931年的照片。这张照片在阎宗临，阎守和女士的父亲，一生中都起着极其重要的作用。

　　对于姐姐回忆的罗兰提的问题和父亲的回答，他们之间的对话，梅兰评论道：

　　阎守和只是在1971年收集了他父亲的证明，这距他父亲1978年去世之前不久。她引述父亲的话，常是逐字逐句的：罗兰向他提的那些问题，《阿Q正传》题目的原文解释，中国人起名字方式，等等，让人领会到罗兰对语言和文化有巨大的和真正的兴趣。罗兰的所有话铭刻在阎宗临的头脑里，伴随着他在二十世纪的中国经历的所有磨难，悲苦。

　　我想，梅兰的评论，恰好说明姐姐回忆中罗兰的提问是符合他一贯有兴趣的问题。

　　和梅兰一样，在瑞士弗里堡大学文学院历史专业的学生柯莱特·吉哈尔德（Colette Girard）小姐，正在准备写博士论文，她的论文题目是《在弗里堡天主教大学的中国留学生（20世纪）》。在众多的中国留学生中，父亲是她关注的主要对象，自然也关注并对父亲与罗兰的关系感兴趣。她的导师与法国国家图书馆管理罗兰档案的负责人B·杜查特勒（Bernard Duchatelet）达成协议，允许她阅读罗兰遗留档案。档案中保存了父亲写给罗兰的三封信。罗兰的《日记》中有多处关于父亲的记载，柯莱特把这些内容翻译成中文。我看到了她的译稿，这个译稿，后来经姐姐守和校阅、比利时鲁汶大学卢卡斯教授审定。由于她尚未取得全文发表的授权，这里只能讲大概的意思。

罗兰在《日记》里，详细记载了父亲的出身和经历。罗兰写道：阎宗临是瑞士弗里堡大学的学生，1907年（父亲写在出国护照上的出生时间——作者）生于一个贫穷的家庭。1924年到北京，一边学习一边打工。一位有无政府思想的报社工作者帮助他来到法国，打工读书。一个20岁的中国年轻人，已经如此老成。可惜至今中国还没有能力找到自由。按照西方人的习惯，罗兰对父亲情况的细致了解，说明他录用过父亲并和父亲很熟悉。

《日记》也提到，父亲曾带一位中国同学一起去向罗兰咨询：怎样面对自己的祖国，怎样面对自己的命运和生活，希望在罗兰的指导下得到对生活新的看法。《日记》写道：他们并不壮实，但极其善良、单纯和严肃。他们找我的目的是想求教该怎样处理自己的人生，怎样才能挽救他们困境中的祖国。他们非常认真地问我，很细心地听我说的每一个单词，他们想要知道的最重要的事是：回中国后该怎么办。可见父亲在读书时，仍然很关心国家的命运与前途，思考着怎样为挽救处于困境的祖国贡献自己的力量。

《日记》还记载了父亲翻译《米开朗琪罗传》的事。经过两年多，当罗兰看到翻译的第三稿时，赞扬父亲书写得非常精美仔细。当父亲提出还想翻译《圣路易》时，罗兰却鼓励他选择《约翰·克利斯朵夫》片断来翻译，罗兰认为克里斯托夫（Jean-Christophe）这样一位英雄，他的精神很可能会成为给中国同胞的滋补品。

从《日记》看，罗兰对父亲的印象很好。他写道：阎宗临这样的年轻人让我和我的姐姐都很感动，我爱这样的年轻人。他们虽不说任何话，却敢于触及社会底部残酷的现实。面对这样的现实，他们不诉苦也不怕命运的嘲弄。他们能保持镇静，继续他们的前进旅程，没有丝毫的动摇。罗兰的姐姐马德莱娜（Madelaine）是一位极优秀的古印度和西孟加拉文学家，她是罗兰文学研究工作的最主要助手。罗兰《日记》关于父亲的记载，使父亲与罗兰际遇的这段尘封已久的历史得到证实。

父亲在青年时代,有缘拜会鲁迅和罗兰两位东西方的文化巨人,亲聆听他们的教诲,这种奇遇是非常幸运的。特别是在弗里堡大学时,父亲与罗兰有长时间的接触,更是难能可贵的。从父亲的回忆中,我们可以体会到罗兰的思维非常活跃、敏锐、缜密和深邃,能见微而知著。他能从中国人起名字的原则上,看到宗教在中国和欧洲的社会影响有不同的深度。他也能从阿Q受了欺负,只要说是权当儿子打老子,就能得到满足等现象中,体察到中国的社会习俗,以及东西方文化的差别。他能发现一些细小的问题,也能从细小的问题中洞察深厚的社会背景。这就是罗兰作为文学大师,不同于常人之处。

罗兰向父亲提出各种问题,他总是鼓励父亲通过自己的思考去回答。父亲回答得好的地方,他就给以肯定,回答得不足的地方,他会做进一步的讲解。在和罗兰讨论问题的互动中,父亲提高了独立思考的能力,受益良多。20多年后,父亲在给山西大学的学生讲话时,告诫学生们在学校最重要的是培养独立思考的能力。父亲的这种理念,追根溯源,受罗兰的启发应是其中之一。

罗兰对父亲的态度是诚挚的。当父亲提出想在罗兰的指导下翻译一部他的著作时,罗兰说:"好主意,你帮助我了解鲁迅的阿Q,我帮你了解罗兰的米开朗琪罗。"当父亲告罗兰,自己得到岱梧的资助,罗兰不必再付工钱时,罗兰说:"你这样说可是会引起我的嫉妒心,为什么你只能接受岱梧的帮助,不让我也给你点帮助。"试想,这是一位享誉全球的文学大师和一位名不见经传的青年学生之间的对话,罗兰平和、亲切的语态怎么能不让人感动呢?我想,这就是为什么经历了漫长的岁月,父亲依然清楚地记得和罗兰交往的细节;这就是为什么梅兰博士在论及父亲和罗兰的关系时说:"罗兰成了一种类型的学生家长和导师。"

父亲也让罗兰很感动,我想,感动罗兰的不仅是因为出身于农民的父亲克服种种困难,艰苦求学的经历,更重要的是父亲对自己祖国命运的关切和为改变祖国命运而贡献力量的爱国精神。抗战开始,父亲就匆匆回国说明了这一点。

3　访问罗曼·罗兰的故乡

当我为父亲写传记作准备时,姐姐为了使我写好传记,邀请我和夫人到欧洲去看看父亲当年学习、工作的地方,查找一些资料。我们从 2011 年 4 月至 6 月两个多月间,访问了欧洲许多地方。期间,先去了瑞士巴塞尔(Bale)市,拜会了梅兰博士。梅兰已年届八旬,性格开朗,平和而幽默,热情地接待了我们,亲自开车, 带我们游览了市容, 到巴塞尔大学图书馆看了该馆珍藏的罗兰 1940 年以后的部分笔记和有关文献。梅兰还赠送我们一张他在在查阅资料时发现的罗兰送给父亲的照片复印件。这张照片也是罗兰和甘地会面时拍的,只是和1932 年罗兰送给父亲的那张拍照的角度略有不同。梅兰在这个复印件背后,写了一段话:

> 甘地于 1931 年 12 月在瑞士的新城访问罗曼·罗兰时的二人合影。这张照片曾广为流行发表于世界各地。罗曼·罗兰在阎宗临离开瑞士到上海之前把这张照片送给了阎宗临,嘱他以此照片向上海的出版社表明罗兰同意出《米开朗琪罗传》的中译本。
>
> 巴塞尔,2011 年 4 月 13 日,J-P·梅兰博士,赠予巴塞尔大学图书馆。

罗兰在不同的时间送给父亲两张他和甘地会面的照片,我想,这大概表达了他对和甘地会面的重视。甘地和鲁迅是罗兰在亚洲最敬重的两个人,这也表达了他对鲁迅和中国的向往。

我们在父亲曾经读书与工作的弗里堡大学住了 5 天, 见到了查阅有关罗兰资料的柯莱特。她是一位文静、朴实、又很有书卷气的女孩,曾在北京外国语学院学了 2 年中文,到过中国的许多地方。在写博士论文的同时,还在日内瓦大学中文系学习。她的汉语讲得很好。而且她就是弗里堡人,从小生长在这里,让我们倍感亲切。在弗里堡她一直陪着我们到各处参观,并带我们去新城看了罗兰曾经居住的奥尔嘉别墅。这幢别墅数易其主,现在是私人房产,已不让游

阎守诚与梅兰博士合影

客进去，但门口还有"罗曼·罗兰故居"的标识。

5月23日至26日，我们和姐姐一起访问了罗兰的故乡——法国中部的克拉姆西（Clamécy）市。克拉姆西是一座风景秀丽、宁静而舒适的小市镇，位于连接塞纳河与卢瓦河的运河边上。罗兰的作品里常常描写到这里迷人的风光。因为据姐姐的回忆，父亲晚年，对罗兰的指导与关爱，深深感念；对《米开朗琪罗传》未能出版，有负罗兰的期望，非常遗憾。父亲非常伤感地说："我可能再没有机会去欧洲了。"我们这次欧洲之行的重要目的之一，就是去为罗兰扫墓，代替父亲表达感激之意，为父亲弥补内心的遗憾。

我们到克拉姆西是由罗曼·罗兰学会主席马丁娜接待的，她为我们预定好了旅馆。我们到克拉姆西后，马丁娜和她的助手J·拉科斯特（Jean Lacoste）先带我们去参观离我们住的旅馆不远的罗兰父亲的住宅。罗兰于1866年1月29日出生在这里。罗兰的父亲是一位公证人，是当地颇受尊重的人士之一。罗兰父系祖先在法国大革命时期是激进的革命分子，罗兰深受父系思想的影响。母亲庄重而富有文化修养，是虔诚的天主教徒。罗兰从童年时代起，母亲就教他弹钢琴，在母亲的教育熏陶下，罗兰有深厚的艺术修养和演奏钢琴的高超水平。为了使罗兰受到更好的教育，在他15岁时，罗兰父亲决定举家迁往巴黎。

罗兰父亲的故居现在已改为罗曼·罗兰历史和艺术博物馆，其中陈列的内容包括当地出土的高卢—罗马时期的文物，运河上用过的木筏，这一地区的瓷器、各种艺术品及名画。名画中有一部分是由法国前总统密特朗赠送的。只有罗兰出生的房间是有关罗兰的专题展室，展题是"罗兰，故乡的骄子"。展室内外，陈列着罗兰家族的谱系，书橱中有罗兰各个时期的著作，有1915年罗兰获得诺贝尔文学奖的奖章和证书。展室中央放着那张罗兰和甘地会见时的书桌，书桌上那台旧的打字机还在，这些都是从瑞士运回来的原物。展室的墙边，放着一张红丝绒的沙发，沙发上有三副耳机，参观的人可以通过按键，选择听到罗兰讲话的声音或用钢琴演奏的音乐，仿佛罗兰依然在这间屋里。紧靠博物馆的一条街，就被命名为"罗曼·罗兰街"，表达了故乡人民对他的敬重和怀念。

在克拉姆西的三天，马丁娜还带我们去参观了罗兰 1940～1944 年居住的小市镇维泽拉(Vézelay)。1937 年罗兰在这里买了一幢房子，一楼是客厅、餐厅和厨房，二楼是罗兰的工作室和罗兰夫妇的卧室，三楼是罗兰夫人的母亲和保姆的卧室。罗兰在这里逝世后，罗兰夫人将这幢房子和房内的东西全部捐赠给巴黎大学。后来巴黎大学管理处与维泽拉市共同决定在罗兰故居建立了泽合沃斯(Zervos)博物馆，主要陈列现代绘画作品，其中有三幅毕加索的画。罗兰的卧室和工作室还大致保持了原状。马丁娜送给我们一张罗兰故居的画片，并在画片背面题词："罗兰学会主席马丁娜非常荣幸你们来参观罗兰的故居。2011 年 5 月 25 日。"署名是"马丁娜和她对你们的友谊"。

在和马丁娜的接触过程中，深感她的干练与热情。我们只知道她原来在巴

阎守诚和姐姐阎守和与马丁娜合影

阎守诚在罗曼·罗兰墓旁

黎工作，退休后，她和他的先生一起回到柏赫威村居住。马丁娜从小就生活在这个村里。这个村庄也是罗兰祖父居住的地方，所以马丁娜和罗兰是真正的乡亲。由于她热心公益，有很强的组织能力，因此，被推举为学会主席。这个学会还设有一位秘书，负责具体事务；一位财务，管理经济。正式会员有350人左右，加上联系的人就有近700人。参加学会的有专家、学者，也有热爱罗兰的人，马丁娜说，柏赫威就有不少参加学会的村民，这一点和我们国内学会大概有所不同。国内的学会是纯粹的学术团体，而罗曼·罗兰学会既是学术团体，也是热爱罗兰的群众团体，她有更广泛的群众基础。学会每年要开一、两次年会，每两月出一期会刊，会刊的名称就叫《柏赫威》。学会的一切活动，都由会员义务承担，如会刊的编辑、排版、撰稿都不付报酬。虽然会刊的出版由巴黎大学资助，花费最多的还是会刊的邮寄费，大约1000欧元。马丁娜的先生自然是承担义务最多的会员，每期会刊出版，他都要开车去巴黎运回来，再加以分发。我们出去参观，也都是先生开车，令我们很感动。

马丁娜带我们到柏赫威村，看了罗兰祖父的故居。故居离马丁娜的家不远。在前往故居的路上，碰到一位年老的妇人，马丁娜向我们介绍，她的名字叫菲赫楠德(Fernade)，她的父亲卡塞特(Grasset)是罗兰的好朋友。纳粹时期，卡塞特被捕，罗兰利用国际红十字会的关系，把他救出来。后来，罗兰祖父的故居就由卡塞特购买了。罗兰晚年回到维泽拉居住时，常来柏赫威看望老朋友卡塞特和祖父的故居，因为罗兰在童年时代，他的父亲常带他来祖父家里，罗兰对这幢房子很有感情。菲赫楠德9岁左右，常在家里见到罗兰。罗兰总是对她很亲切，给她留下了深刻而美好的印象。现在故居就由她的弟弟居住。菲赫楠德陪同我们去看了故居，并告诉我们，门前拱形的钢架上盘绕的葡萄树，还是罗兰亲手种植的。我们在这里有幸碰到一个亲自见过罗兰的人，真不容易，也是一种缘分。

罗兰去世后就葬在柏赫威村的公用墓园，后来，罗兰夫人也与罗兰合葬在这里。马丁娜带我们去为罗兰扫墓。罗兰夫妇的墓在公用墓园的一个靠墙的角落里，非常简朴，没有任何装饰，就是平躺着的一块大理石的墓碑，碑上刻着罗兰夫妇的姓名。墓碑经历了60多年的风雨，已经很陈旧，落满了尘土。墓碑前方与墙之间，有两株粉红色的玫瑰花，是马丁娜亲手种植的。我们在墓前献上了两盆花，姐姐用法语致悼词。她回顾了罗兰对父亲的关爱和教导，也告诉罗兰父亲晚年的遭遇和对他的感激，告诉罗兰父亲对《米开朗琪罗传》未能出版的遗憾。姐姐说："我和弟弟来到你的墓前，特别要感谢你在日记中留下了那么多对我们父亲的美好回忆。我们代表父母亲和全家向您献花。按照中国人的传统，这白色的菊花，代表着我们的哀悼和思念，这红色的西竹花代表着我们的感谢与祝愿。"姐姐还对马丁娜和让拉科斯特帮助我们实现了为罗兰扫墓的愿望表示感谢，对梅兰博士为父亲与罗兰关系所做的研究和提供的资料表示感谢。姐姐最后说："感谢所有帮助过我们的人，祝愿您和夫人在天堂里生活得幸福、快乐！"姐姐的悼词受到在墓旁的马丁娜和拉科斯特的赞扬，他们对姐姐说："你的讲话很让我们感动。"同时，他们也深为经历了这样漫长的岁月，阎宗临的子女们还不远万里，来为帮助过他们父亲的罗兰扫墓而感动。

在罗兰的墓地，我也很感动。我在大学时，就读过《约翰·克利斯朵夫》，在我心目中，罗兰是一位光芒四射的文学巨匠。当时，想不到父亲和他还有这样一段温暖的际遇；更想不到半个世纪后，我会来为他扫墓献花。罗兰墓地的简朴、平凡，出乎我的意料。在这个公用墓园里，有许多墓地都比罗兰的漂亮、豪华，如果不是马丁娜带我们来，我们很难找到偏处一隅的罗兰墓地。罗兰就这样安安静静地躺在故乡的怀抱里，躺在乡亲们的身旁，倾听着他熟悉的运河的涛声。我想，这简朴里有他高尚的品格，平凡里有他伟大的精神，这大概就是罗曼·罗兰的魅力所在吧！

五 东归一年

1933 年 7 月,父亲以优异的成绩获得瑞士国家文学硕士学位,此时,恰逢岱梧当选为大学校长。岱梧决定在学校开设中国文化课,聘请父亲讲授,并给父亲一年的休假,回国探亲,报销来回船票。这样父亲在出国 8 年后,有了回国的机会。

东归一年,在父亲的一生中是很重要的一年。首先,父亲结束了那段沉重的包办婚姻,认识了母亲梁佩云,开始了新的生活。其次,父亲受聘为北平中法大学文学院教授,讲授法国文学,从此开始了在高等学校任教授的职业。父亲在此期间的文学创作也获得丰收,完成了散文集《波动》、小说《大雾》等文学作品。

东归一年,也使父亲对国内的社会变化和生活状况有了实际的了解,特别是对遭受日本侵略的民族危机有了切身的感受,这是促使他后来决心回国的因素之一。

1 回到山村

这次东归走得很突然。在回国的轮船上,父亲写了一本散文集,最初发表在《新北辰月刊》时,名为《东归杂感》,后来经补充修改,1935 年 7 月由传信书局在北京出版时,书名《波动》。父亲在《自识》中写道:"去年在海程上,无论是望着天星,无论是听着波涛,外面虽然呈现出茫然的状态,而内心却感到深的不安。时有如闪似的思想与感情，浮于心头，记录下来，叫做《波动》，无非想说出在一切狂动之中，我的生活也在波动着。"如今，我们可以从这部散文集中，看到父亲东归的行程和所见所闻，以及当时思想感情的变化。

《波动》（1935年）

　　其实，这次东归酝酿很久，此前曾有几次准备回去，终未成行，这次决定回国却很突然。父亲在《波动·东归之先》[①]中说："八月以前，我预计留在瑞士，继续我方才开始的工作。一月未过，我已上了意国的邮船，送我回到久别的祖国。"我想，促成这一决定的当然是岱梧教授。父亲从1925年底出国，至这次东归，已经整整8年了。决定要回去时，感情的波动和内心的矛盾是可以想见的。父亲这样写："我确定行期之时，给我只留下一礼拜了。时间虽是短促，对我反是悠长。我生怕这七天的逃开，又盼他急速的过去。一方面，想去看那些仁至义尽的朋友，对他们告别，又怕见到他们无话可说。"所以"我愿人晓得我要走了，我又怕人晓得我要走了！这种曲折、矛盾的心绪，我还能够再说什么？"父亲这样的心绪，不禁使我想起向培良在《送已燃行》那篇文章中描写父亲出国那天的心绪，完全一样，表明父亲是一个非常重感情的人。父亲也很留恋弗里堡，他写道："我留恋他，因为我留恋我已逝去的生命。沙里纳河上的薄雾，尼古拉大教堂的钟声，甘塞与若雪的晚步，还有山屋的歌曲，一切的一切，都成了我感情生活上的滋养品，似乎是片刻不可分离的。"自然，父亲也思念久别的祖国和亲人，"八年了，看不见祖国，该回去看看他破碎的景象。"

　　父亲这次东归是从意大利的威尼斯上船的。在《意大利》中父亲这样描写意大利："广阔的田野，野生着芳草佳木，深蓝的天，像是浪静的大海，赤腿的少

---

　　① 下文引用《波动》的文字，仅用篇名，不再用书名。

女,宛如仙子,说着一种如音乐的语言。这块迷醉人的地方——意大利,是文艺复兴的慈母,西方文化的摇篮。"父亲认为"真正代表拉丁文化的民族,不是西班牙,不是法兰西,却是为人蔑视的意大利"。对于威尼斯,父亲在《水城》中写道:"威尼斯出自海中的泡沫,自由的发展,超脱时间,像是湖上的一朵睡莲。和谐的水声,日夜歌咏他的奇妙,飞舞的波涛,四时祝贺他的娇艳,他是云天与海天间最完美的艺术作品。"威尼斯是一座宗教的水城,"在中世纪,信仰坚固的人们,将威尼斯看做一块灵地。在十字军起,中世纪的宗教史,可称为威尼斯的历史。"9月11日,离开威尼斯,船行至地中海时,父亲给圣·宇思丹写了一封信①,从信中可以知道这次回国,他坐的是经济二等舱,比他出国时坐的四等舱的条件好多了。父亲在信中写道:"我已经习惯了在船上的生活。我还是可以很好地工作,只是天气有点热。在这同一船上,有来自许多国家的中国学生。我们之间从开始就相处得很好。二等经济舱对学生来说是很舒服的,只是我没有很大的胃口。"在船上较好的条件下,父亲可以写他沿途所见、所闻、所感、所想,这就是《波动》一书的由来。

也是在地中海上,父亲在《伊瑶尼海》中写道:"我之生,是有父母的。孤行东还,即是为了我的慈母。海啊,你也不去看你的父母吗?仰你便是天地万物的父母?"在父亲心中也有深深的不安。他在《东归之先》中写道:"又加上家中来信总是责备忘掉一切,人生如是多磨,我该如何处理自己呢? 可是,自己又问:这次仓促的东归,谁知道有什么风浪要生在我的眼前呢?"父亲这次东归的重要使命就是要和自己的封建包办婚姻做一个了断,他将要面对的却是慈爱的母亲的责难和那个不幸的女人。所以,他内心也有深深的不安。

在船上漫长的时间里,父亲一直在考虑着中西文化的不同。在《红海所思》中父亲写道:

> 北欧太冷,印度太热,中国正在不冷不热之间,这种恩惠,我们亦引以为荣。小学教科书上说:"中国地大物博,气候温良……"
>
> 如果将冷看做理智,将热看做情感,即我们两者皆缺,理智既不

---

① 这些信件保存在圣·宇思丹公寓档案中,由姐姐阎守和发现并翻译。

Shanghaï ce 3. Oct. 1933.

Mon très révénd Père.

Vers 3 hrs d'après midi du 2 oct, je suis arrivé sain et sauf à Shanghaï. Je me trouve complètemen dans un pays étranger! Lorsque je prends le téléphon pour rappeler un ami, je parle en langue Française!

Si vous me demandez ce que j'ai vu en Shanghaï, je vous dis que c'est presque une ville très ancien Il y a bien des femmes qui sont plus modernisées qu'à Paris! Il y a aussi de misère qui me touche d'une façon extraordinaire! On voit aussi un atmosphère de nouvelle esprit qui se manifeste par un sentiment antijaponnais, mais moins discipliné!

Demain, je vais à Hanchow. après 5 jours, je vais à Pékin où je verrai ce que je dois faire. (naturellement après avoir vu ma mère.) Demai c'est votre fête! Dans ce chambre d'hôtel, je vais la cérémonie qui se déroule dans notre foyer Pour vous! Mon corps vous manque, mais mon cœur y est! Dites à maman et vos (mes) sœurs que je pens à elles, dites à m. l'abbé Dittet que je lui écrirai dans quelques jours. Saignez-vous bien! Léandre Tch est malade, je ne l'ai pas vu hier. mais je le verrai dans quelques jours. Bien à vous.   Jean.

阎宗临写给圣·宇思丹的信件

75

精密,感情又何尝丰富呢?反之,我们所有的只是折中,调和,不彻底,差不多。

北欧的冷风,吹来高深的学术,印度的热风,吹来伟大的宗教;试问中国的凉风,吹来的是些什么?怕只是些观感的刺激。

如其要将错误,归之自然,即中国民族,更不可医治了。不能利用自然的民族,便是文化落后的铁证,这个是敢断言的。

实在说,温良是平庸的别名。

从父亲上述的议论,已经可以看出他把文化分为三种类型的思想了。船行至科伦坡时,父亲又在《哥伦布以后》写道:

自西而东,我的心情日日改变。变化最剧烈的地方不在苏伊士,不在孟买,是在幽静的哥伦布(现译为科伦坡——作者)。八年不见的人力车,停息在繁花之下,他们安然自得,我晓得已回到祖国去了……

人力车,便是东西分界的地方。这里并无什么弱肉强食,什么经济压迫,因为这种理论,不只东方为然,西方也是一样的。西方对人的观念,不只是社会的一个个体,而且是神的变形,人身上含有不可侵犯的尊严。东方没有人的观念,他只有一个褊狭的家庭,因之,为了祖宗与子孙,东方人便束缚在这个镣链上,永无解脱的一日!有多少家庭,就有多少国家,既没有个人生活,也没有社会生活;只要是为了家庭,什么非人道的事,都可以作出,什么最大的侮辱,都可以忍受。

几时我们也可以过点人的生活哩?

这段议论,可以看出父亲从自己所受封建包办婚姻带来的痛苦中,深深体察到中国传统文化的弊病,最后一问就是对这种弊病的控诉!

从父亲致圣·宇思丹的信可以知道:10月2日下午约3点,船到上海。次日,父亲在信中写道:"假如你问我在上海看见的是什么,我会告诉你,这是一座很古老的旧城,不少的妇人却比巴黎人时髦。也有些光明以极好的方式让我触动！人们也看到一种新希望的气氛，他便表现出抗日的感觉，但不够有纪律。"父亲从上海到汉口，再到北平①，10 月 16 日，他从北平写了第三封信："我到北平已经两天了，我的朋友以足够的友情极其愉快的接待了我。我内心的深处却有些悲伤。城市变了，特别是日本侵略以来！我还记得八年前我留下的痕迹！两天后，我要回到我的故乡，在那里，我只停留两个星期，然后我回北平，很可能我留在中法大学。"

10 月下旬，父亲回到阔别 10 年的家乡五台县中座村，看望了想念中的慈母。同时，也坚决地提出了离婚的要求。经过十多年的坚持和分离，尽管奶奶是个很强势的人，看到这件事已无可挽回，只好同意。父亲把自己在分家中应得的财产，全部给女方，在四弟主持下，立字据结束了这件不幸的包办婚姻，同时，也结束了一个家庭的悲剧。这场悲剧对双方都是伤害，也许对女方的伤害更深一点，毕竟那是一个无辜的农村妇女。父亲也没有错，他这样处理自己的婚姻问题是正确的。要说错，根源当然在封建婚姻制度和传统观念。

父亲对封建包办婚姻的反抗，就是为了"可以过点人的生活"，为此，他痛苦过，挣扎过，反抗过，坚持着，最后，终于成功了，如同解放。

2 在北平中法大学

1933 年年底，父亲从山村回到北平，这和他第一次走出山村到北京恰好过去了 10 年。当年在一起抱团取暖的狂飙社的朋友们都已星散祖国各地，而日本侵略者的铁蹄则正在逼近北平。

1931 年"九·一八"事变后，日本迅速占领了东三省，之后又扶植溥仪建立所谓的"满洲国"傀儡政权，对东北进行殖民统治。东北抗日联军与之展开了英勇的斗争。日本侵略军继续南下，1933 年元旦，占领山海关，威逼长城各口，华北震动，平津告急。5 月，长城抗战打响，中国军队与日本军队殊死搏斗，取得了喜峰口、罗文峪大捷，29 路军大刀队威名远扬。但长城抗战以失败告终，中日签订了"塘沽协定"，不仅承认日本侵占东三省和热河的合法性，而且承认冀东为

---

① 北京 1928 年 6 月 20 日改称北平，1949 年 9 月 27 日再改称北京。

"非武装区",中国不能在那里驻扎军队,这样,整个华北门户洞开,平津随时有可能被占领。处于风口浪尖的北平失去了往昔的平静,各种政治势力的斗争错综复杂,人民的抗日情绪空前高涨,这一切,身在北平的父亲当然会看到、感受到。

1933年12月,父亲受聘为北平中法大学服尔德学院教授①,讲授法国文学一个学期。这时父亲刚30岁,正是而立之年。他一生都在高校从事教学与科研,没有做过助教、讲师、副教授,而是直接成为教授。父亲得到这样的聘任,是当时服尔德学院文学系主任兼《中法大学月刊》主编曾觉之教授推荐的。曾觉之(1901~1982),广东兴宁人。1920年中学毕业后,考入北京大学预科学习,后来又考取广东省政府资助赴法俭学,先后在里昂中法大学、里昂大学和巴黎大学学习文学和哲学。1929年回国,一直从事高等教育,主要在北京大学西语系教授法国文学,直至去世。他既是作家,也是翻译家,出版过散文集《归心》、诗词集《幻》,译著有罗丹的《美术论》、儒勒·凡尔纳的《海底两万里》等。曾觉之不仅极富才华,而且为人正派、善良、宽厚。父亲在里昂做工时,每逢节假日或休息时,常向曾觉之学习法文,父亲在《波动》最后一篇《梦》中写海程将完的前一夜,梦见回到祖国,非常失望,忽然觉得自己还在瑞士,醒来时已快到浦东。"在我所做的梦中,醒后追寻他的踪迹,始知是两封信的来源:我一方面往北平去信,告觉哥说我的归来,另一方面,往瑞士去信,说我平安地回到中国。"这里的"觉哥",就是曾觉之。在里昂时,曾觉之的确像兄长般关照在工厂做工的父亲。父亲在瑞士时,也一直和曾觉之有联系。曾觉之自然也很了解父亲的人品和学识。

父亲曾在《中法大学月刊》发表了两篇长篇论文和一篇译文,这是现在见到的父亲在国内发表的最早的学术论文②。

一篇是《巴斯加尔的生活》,这是国内第一篇系统、全面介绍这位法国十七世纪文化大师生平和成就的文章。这篇文章是在《中法大学月刊》从1931年至

---

① 服尔德即伏尔泰当时的译名。伏尔泰(1694~1778),法国启蒙时期著名的思想家、文学家、哲学家。

② 本书提要介绍父亲论著的主要内容,行文尽量使用父亲的原文,但不加引号,偶有加引号之处,当为行文需要,或强调其重要,也不注明出处,仅此说明。文中有本书作者谈论体会,或引用有关学者的评论,均加以说明。

1933 年分期连载的。

　　巴斯加尔(B.Pascal,现在通常译为帕斯卡,本书仍使用父亲使用的译名,仅此说明——作者)是法国十七世纪最具天才的数学家、物理学家、哲学家和文学家。父亲在弗里堡大学通过硕士学位的法国文学考试的笔试部分,要写一篇论文,写的就是《巴斯加尔的灵魂》,他对此是做过深入研究的,同时,也可见父亲的研究主要是从文学的角度展开的。

　　巴斯加尔于 1623 年 6 月 27 日[①]出生于法国克来蒙城,家境良好,父亲是一名省议员,以博学闻名。从幼年起,他就表现出特殊的天赋。11 岁时,看到人用刀子敲瓷盘发出很大声响,可是当人将手放在盘边,声音就停止了。他"始而惊奇,继而追寻其原因,将他所得的结果,写成一部'音学论'。"到 12 岁时,巴斯加尔在科学和哲学上已经有很扎实的根基。"他便晓得在数学或物理学上,人们该如何去证明,他便晓得不易的真理,只来自'思想'与'事实'的符合,而非'思想'与'精神'的符合。"所以说,"如其世间果真有神童,那么便是巴斯加尔"。

　　巴斯加尔从小多病,身体不好,从 16 岁开始他的科学生活。这年,他发表了"圆锥截形"的论文,形成了几何学中有名的巴斯加尔定理,引起数学界的轰动。巴斯加尔强调研究科学也好,哲学也好,既要重视经验,"经验是真理的导师",也要重视实用。从 18 岁起,他设计制造计算机,先后做了 50 多种模型,直至 1652 年,经过 10 多年的努力,终于制成了世界上第一台能够用手摇计算出六位数字加减的计算机。17 世纪无论是物理学还是哲学,真空的存在是一个中心问题。经院派的传统观点认为,真空是虚无,虚无是不存在的。在 1644 年,意大利人托里拆利用试管和水银进行实验,表明了真空的存在。托里拆利的实验有它不完善的地方,还难以服人。巴斯加尔重新设计了得到真空的实验,用各种各样的管子和各种各样的液体在不同的海拔高度进行实验,证实了真空的存在,指出"试管中的空间是真的真空,排出去一切物质。"他根据实验的结果,写了题为《关于真空的新实验》,提出这样的结论:任何理论不及实验,任何概念不及事实。巴斯加尔不仅证实了真空的存在,而且进一步研究了真空形成的

---

　　① 父亲在这里加了一个注释:关于帕斯卡的出生日期有两种说法:一种是 6 月 19 日,系他出生的日期;一种是 6 月 27 日,系在教堂登记的日期。

原因。他认为:在倒置于液池中的试管上端的真空,是由试管中液柱的重量与空气的压力达到平衡而形成的。为了证实这一假设,他采用两种方法,即求异法和同异相交法,分别设计了不同的实验,完满地证实了自己的假设。在实验的过程中,巴斯加尔加深了对流体力学的认识,提出了物理学上著名的巴斯加尔定律,奠定了流体静力学的理论基础,提供了制造水压机的原理。他还根据实验的结果,1654 年写了题为《空气的重力》和《流体的平衡》两篇论文,到 1663 年始刊行。巴斯加尔对十七世纪的科学发展作出了杰出的贡献。

在潜心于科学研究的同时,巴斯加尔的内心生活也在改变,主要表现在他开始更多地关注和思考哲学和宗教的问题,这样他的目光和思想也就更多地转向人、人心和社会。

巴斯加尔的一生中与宗教有很深的接触,学者普遍认为他有两次皈依,一次在 1646 年,一次在 1654 年,并强调两次皈依的不同。对此,父亲提出了自己的见解。父亲认为:"这种形式的分法,是不很透彻的。"因为巴斯加尔内心生活的进展是连续的、不可分割的。只因时间与环境的关系有不同的表现方式罢了。另外,"他的皈依,不是信仰的改变,乃是将一切束缚信心的东西,压根儿解脱开,更有力、更热情的享受彻底的公教的生活。"父亲更强调两次皈依的相同之处。对于第二次皈依,学者们认为是 1654 年 11 月 23 日,巴斯加尔乘马车过塞纳河,坠入河中,两匹马均坠死,巴斯加尔却奇迹般生还,受此刺激内心转变而皈依。父亲不同意这种观点,他写道:"事实或许是真确的,但时期却难确定。大抵是一个伟人,人们爱给他穿些荒渺的衣裳。不特巴斯加尔最伟大的作品是在第二次皈依后才写出来,只就他晚年纯洁的生活,已足以撕破这些荒渺的附会。他的第二次皈依,一方面因为他真确认识了人的本质——变异、苦闷与不安——他伟大的灵魂,要从苦痛中打出,找到一条新的生路。"另一方面,是受他钟爱的妹妹雅克琳的影响。

在两次皈依之间,巴斯加尔曾有一段世俗的生活,大约是 1651 年到 1654 年,这两三年间,在游艺场、戏院与妇女们的集会中,都可以看到他的身影。他结交了一些好朋友,一起到巴都旅行。巴斯加尔还交了一个女朋友,写了一篇不朽的《爱的情欲论》。这种娱乐、交友、旅行、追逐爱情的生活,使巴斯加尔接触了社会,了解了现实生活的意义,增长了知识。使他从沉醉于科学研究中解脱出来,知道在"物"的世界外,还有"心"的世界,而自己在这方面的知识是贫乏的,只有投身于社会,才可以弥补心中的缺陷。他的天赋聪慧,使他在很短的时间内就对生活与社会有了深刻的理解。这从他第二次皈依公教后的活动就可以看出来。

经过16世纪的宗教改革,17世纪在法国的反宗教主要表现为两种形式,一种是按照自己的认识,冲破清规戒律,以求得到思想的解放;另一种是以宗教反宗教,如詹森派,他们主张申理智,重意志,以严格的纪律,树立道德的尊严,反对当权的耶稣会的放纵堕落,以及他们对皇权的阿谀,对人民的压迫。巴斯加尔是赞成詹森派、反对耶稣会的。所以在他住入皇港修道院后,当耶稣会迫害詹森派领袖、巴黎大学教授阿尔纳,将其解职时,巴斯加尔写了著名的《致外省人书》为之辩护。这18封信的内容是:前四封分析阿尔纳的解职,指出耶稣会不是为了真理,而是嫉妒,排除异己;从第5封至第16封,专门谈道德问题,申述原始基督教的伦理,痛斥耶稣会的虚伪;最后两封主要在神学上,辩论詹森派是否为异端。《致外省人书》的发表,在法国社会引起极大的轰动,给耶稣会沉重的打击。《致外省人书》,在法国文学史上,开辟了一块新的领地。那种完满、生动的特质,做成了古典派散文作品的代表。无论是形式和内容,这18封信,确实是满足了当时思想上、文学上的需要。

从1658年左右,巴斯加尔的病情加重,常受痛苦的折磨。有一次因牙疼,彻夜未眠,他将思想专注在转迹线问题上,解决了这个数学上的难题,牙也不疼了。这一成就,使他成为微积分学的创始人之一。随着身体状况恶化,巴斯加尔的记忆力也日益减退,为了不致忘记在病中的思考,他用纸条随时记下自己的思想。巴斯加尔于1662年8月19日逝世,其时年仅39岁又两个月。逝世后,整理他生前写的这些纸条的内容,编成了著名的《思想录》。《思想录》是一部哲学著作,"他哲学最深刻的地方,是要人们认识自己,明白自己的归宿。"巴斯加尔提出了"人是一茎有思想的芦苇"的著名论点,他认为人是脆弱的,也是伟大的,人的全部尊严就在于思想。他相信人类是进步的,伟大的灵魂使人类事业不断前进。他写作的文字简洁生动,能表达感情最深刻的要求,从而树立起法国散文的不朽经典。《思想录》也是一部著名的散文集,和《致外省人书》一样,在法国文学史上占有重要的地位。

父亲这篇长篇论文(或者说是巴斯加尔的一部传记),不仅提出了许多富有新意的见解,而且资料丰富,使用正确,分析精当。全文8万余字,正文近6万字,注释有200条,20000多字,占总篇幅的四分之一多。注释内容涉及人物生平、地理位置、事件背景和经过、资料来源等,有的注释还很长,如数学三角形的解释,詹森派与耶稣会争论的主要问题,《思想录》的三种编法及资料来源等。引用的书籍达30余种,而且都是法文或拉丁文的。可见他是在广泛占有资料的基础上进行写作的。

父亲关于巴斯加尔的论文不仅是一篇富有创见的学术论文,而且在文字上也写得很优美,显露出他后来写文章的风格。他对巴斯加尔的相貌及出生地克莱蒙城的描写,都很细致、生动、形象。当讲到巴斯加尔的妹妹雅克琳经过长期思考、献身宗教、进入修道院的决心已定时,是用富有诗意的语言这样写的:"她的灵魂像冬天的雪花,初从北方吹来,渐渐往大地上扩展,以至变成一个银色的世界。"

另一篇是《查理波特莱尔 Charles Baudelaire》,载于《中法大学月刊》1933年第4卷第2期。波特莱尔(1821~1867)是著名的法国诗人,也写文学和美学的论文,代表诗作是《恶之花》。他在欧洲文学史上影响巨大。父亲这篇文章介绍了波特莱尔的生平,指出他在46年短暂的生命途程中,经历过疾病、贫穷、孤独、忧郁等各种痛苦,并没有因此屈服,他反抗过、奋斗过,内心充满矛盾。在紊乱之中,他追寻秩序;在罪恶之中,他搜寻道德;在残缺之中,赞美完善;在不安之中,摸索和平,他想找一条新的生路,好上升去,以达到他理想上的幻梦。但他并没有找到。文章从波特莱尔对待爱情的观念和际遇,从他生活追求豪华与时髦,从他对社会、对宗教的态度以及他在1848年革命中的表现等方面,细致地分析了他内心和思想上浪漫的个人主义、悲观主义形成的原因。并进一步指出:波特莱尔能够掠有桂冠,成为近代伟大的诗人,其代价是来自他最深的痛苦,波特莱尔的天才,是在他能将苦痛掠住用诗表现出来。

父亲的这篇《查理波特莱尔》的论文和《巴斯加尔的生活》一文风格不大一样,他只在前言里简单介绍了材料的来源,全文没有一条注释,也没有从分析波特莱尔的作品入手,而是综合了有关的各种材料,在自己理解的基础上,加以叙述和分析,层层深入,娓娓道来,表现了他对法国文学的熟悉和了解。

还有一篇是《歌德与法国》,署名:毛豪讲,宗临译。这是瑞士弗里堡大学于歌德的百年纪念日特请本校博识精深、著述丰富的法国文学教授毛豪的讲演,也是父亲唯一发表的译作。

从父亲当时在《中法大学月刊》发表的论文看,他主要还是研究法国文学和文化。也许这和他授课的内容有关。

在北平时,父亲去看望了于斌①。于斌(1901～1978)是黑龙江兰西人,出身于农村,小的时候,入私塾,读过四书五经,了解中国文化的基本精神。14岁时受洗,加入天主教,入修院学习,开始了他的修道生涯。此后,他改号野声,效法洗者若翰作旷野之声,表明为天主教服务、从事宗教活动的决心。在修院,由于他天资聪颖,很快掌握拉丁文,各科成绩都很优异。1924年12月,被保送到罗马传信大学研读哲学和神学,1928年在罗马祝圣为神父,1929年获神学博士学位,并留在传信大学任中文教授。1931年至1933年在梵蒂冈图书馆担任管理员,负责整理中文部的图书档案。

父亲和于斌是1930年认识的。这年暑假学校组织到罗马参观,父亲刚学完罗马史,也随团前往。在威尼斯广场邂逅于斌。当时,到罗马的东方人很少,于斌问父亲是中国人,还是日本人?父亲说是中国人。同为中国人,在异国相逢,感到格外亲切,于斌邀请父亲到自己在传信大学的宿舍,烧水煮茶,相谈甚欢,从此结下了深厚友谊。1933年11月,于斌被罗马教廷派遣回国,任教宗驻华代表蔡宁总主教的秘书,同时任中华公教进行会(简称公进会)总督之职。公进会是罗马教廷实现中国教会本土化政策的产物。它的主要任务是组织中国的教友传教。由于当时中国正处于日本侵略的危机中,公进会的另一个任务是宣传爱国。因此,于斌认为:"公进会的目的是双重的——传教与爱国。"公进会总督的办公处就设在北平。父亲在北平和于斌相见,当于斌知道父亲通过了拉丁文考试,获得文学硕士学位,并准备回瑞士攻读博士学位时,他很高兴,建议父亲再学点希腊文,劝父亲向陈垣学习,专治宗教史,将来可以回到辅仁大学教书。于斌这个邀请是认真、有效的,因为当时他是辅仁大学董事会董事长,兼伦理学教授,而且还是全国天主教学校视察主任。后来父亲的博士论文选题及

---

①　关于于斌的情况,参阅陈方中编著:《于斌枢机传》,台湾商务印书馆,2001年。

搜集材料,大半都偏重宗教史,于斌的影响是原因之一。

于斌任公进会总督时,很重视文化建设,他说:"我们说复兴中国应该从根本上着手,作一彻底的复兴,就是创造文化,这是知识分子的必要工作。"所以公进会设有学术研究部,并有《磐石杂志》、《公教旬刊》、《新北辰月刊》等杂志出版。其中,《新北辰月刊》原为天津工商学院天主教青年办的一个名为《北辰》的月刊,经协商,于斌将这个刊物收归公进监督处管理,由公进会秘书长袁承斌任主编,改名为《新北辰月刊》,1935 年 1 月出版。《新北辰月刊》主要是为教外知识分子阅读的,内容丰富,涉及哲学、文学、艺术等各个领域。大概因为于斌的关系,父亲写的小说《大雾》、散文《夜烟》以及《文艺杂谈》都发表在这个刊物上。

1933～1935 年是父亲文学创作的高峰时期。他在东归的船上写了散文集《波动》,在返回欧洲的途中写了小说《大雾》,而在《新北辰》1935 年的第 3、4、6、7 期发表了《文艺杂感》。《文艺杂感》由每篇约千字左右的 20 篇短文组成,其篇目为:"无利害的冲突"、"两种原则"、"调和"、"如浮云的徘徊"、"美的残灭"、"阿毛"、"趣味"、"智慧的消失"、"旧纸"、"残缺"、"苦闷的强制"、"牺牲律"、"女子与小说"、"否认自我"、"冬与春"、"艺人应有的态度"、"创作欲"、"批评"、"三种阶段"、"庸人"。其内容是关于文艺学、美学、心理学的,主要探讨文学艺术的基本原理。名为《杂感》,就不是有系统的理论著作,所以,父亲在开始就写道:"文艺杂感是我年来关于文艺的文字,没有系统,没有组织,有时如何想到,就如何写出来了。"唯其如此,在短小的篇幅内表达自己吉光片羽的思想,需要有缜密的思维和精美的表述,读《文艺杂感》可以感受到父亲深厚的学养、高度的智慧和炉火纯青的文字锤炼。

1934 年底,父亲回到弗里堡大学后,忙于教学和写作博士论文,用于文学创作的精力也就很少了。

3　我的母亲与二姨

东归一年中,父亲还有一件大事,就是在曾觉之家认识了我的母亲梁佩云。因为曾觉之的夫人宋永琼是我大姨的女儿、我的表姐。父母亲在北平的相遇,我想不是偶然,而是出自"觉哥"的撮合吧!

母亲是山西清源(现改为清徐)人,1909 年 12 月出生于一个官僚家庭。关于我的外祖父梁成哲,母亲很少谈到,我也了解不多。好在他是故乡的"名人",在《清徐县志》①中有传,转录如下:

> 梁成哲(1866~1940),字晓峰,晚年号懒馋老人,清源梁后街人。
>
> 梁成哲出生于一户商业世家,他祖父、父辈均经商,幼时家庭生活富裕,有优越的读书条件。他聪敏过人,过目不忘,才华横溢,历次考试均名列前茅,光绪三十年(1904)甲辰恩科会试中进士。是年官费派往日本留学,入东京法政大学,学政治、法律。留学期间参加同盟会。在日本与阎锡山政见不合,看不惯阎的为人,发誓不与阎共事。宣统元年由日本归国,辛亥革命前曾任直隶枣强、安国等县知县,在任廉洁,得县民爱戴,离任时县民焚香夹道相送。辛亥革命后,京城遗老、军阀、地痞乱成一团,不得不返晋,在省城印花税务处应秘书闲职。民国十年(1921)阎锡山搞政治投机,他为避免阎的调遣,辞去秘书在清源老家闲居。穷极无聊,常到城关晋源通钱庄当"食客",以书法绘画消磨时光。经常有人求他写诗文、碑志等。他为榆次县大张义孙某撰写墓志铭,一时为人传抄背诵。民国二十四年任清源县文献委员会主任虚职。
>
> 民国二十六年(1937)日军入侵,清源沦陷,梁成哲屈从日军侵略者淫威,出任伪清源县维持会会长。民国二十七年改任伪县政府知事。翌年改称县长。梁成哲虽任伪职,但为保全百姓免遭杀戮,他敢与敌占领军据理争辩,同时也为抗日事业办过好事,曾给抗日政府送过物资。民国二十七年冬,为保护群众,花钱买通日本翻译,将日伪军西山扫荡时抢回的全县各村为抗日政府送过给养的名册销毁。民国二十九年病死,葬于城西南五里的梁泉坡(西马峪、都沟交界处)。

---

① 清徐县地方志编纂委员会编:《清徐县志·梁成哲》,第 850 页,山西古籍出版社,1999 年。

阎宗临岳父梁成哲墨迹

梁成哲擅长书画、诗赋,晚年著有《懒馋诗人诗词集》。书法学于黄庭坚,刚劲俊秀,自成一体,所写行草有超俗脱凡之势。绘画初学于太原北十方院高僧力空和尚。他精山水,长八分,水彩四季花卉更是一绝。平时求书画者甚多,在晋中颇有名气。清光绪二十六年(1900),慈禧西逃,路经徐沟时,因喜爱梁成哲所作画,带走画条八幅。

梁成哲少有奇志而一生坎坷,清末时虽任七品正堂数年,但为官清廉,未有积蓄,他生活清贫,晚年经济拮据,又失节任伪职,故诗作多抒发悲观、消极和玩世不恭的情绪,在钱庄当食客时写道:"本来解组赋归休,再向邯郸梦里游。写到离骚伤心处,一生消受是穷愁。"任伪职时,又写道:"昔日亡国为大夫,而今大夫又亡国。亡国国亡曾两度,汉奸洋奴任尔呼。"

阎宗临岳母苏婉兰

我的外祖母苏婉兰是位端庄秀气、通情达理、心地善良的家庭主妇。外祖父母有3个儿子、3个女儿。母亲是最小的。在母亲幼年时,外祖母就去世了。外祖父续娶了一个家中的丫鬟,她对母亲并不好,因此,母亲从小就养成了独立自主的性格,坚强而有主见。母亲受过良好的教育,毕业于太原女子师范学校,后来考入北平农业大学园艺系。父亲在北平时,母亲正因为花粉过敏休学,住在大姨家休养。我大姨嫁给榆次宋家,宋家是著名的晋商,经商致富,家道殷实。大姨育有一儿一女。不幸的是大姨父早亡,大姨年轻守寡,跟随儿女住在北平。大姨比母亲年长约十五六岁,母亲和她的儿女,也就是我的表哥、表姐年龄相仿,大姨很自然地担负起照顾母亲的责任。表哥在京经商,表姐嫁给了曾觉之。这样,在曾觉之家,父亲和母亲相遇、相识、相知。他们还一起去看望了著名的雷鸣远神父。

伏利堡大学校长岱梧在允许父亲东归一年时,同时允许父亲带一个未婚妻回来,给予报销船票。于是,1934年秋天,母亲随父亲一同返回瑞士。

在重返瑞士的漫长的旅途上,父亲向母亲讲述了自己早年的经历、不幸的婚姻和求学的过程,并写成了中篇小说《大雾》。父亲在《大雾》的"自识"中写道:

> 当我烦闷时,有几个熟悉的面孔,浮在心头,向我讨索,使我惆怅。即到船上,倚栏俯视银波,他们迫我更甚,不堪其扰,放胆记录出来,名为《大雾》,此后的心情也许稍微有点宁贴吧。

这段话写于1934年11月3日米兰旅舍,表明父亲是要把过去的生活留在小说里,而在现实生活中将开始一段新的旅程。1942年《大雾》在桂林出版单行本时,父亲又写了一个"后记",有进一步的表述,其中写道:

> 总想找一个宁静的机会,把他记录出来,分别赠给几个朋友。在九年前,与佩云在海程上,居然实现了我这个愿望。
>
> 写完后,道过洛桑,列芒湖为大雾笼罩,不辨咫尺。我想生活也似大雾,他虽弥漫了我们,他的本身却是可爱的,不允许任意玩弄的。正如雾中的列芒湖,阳光一照,仍然会透出他秀丽的姿态。在此,我们所能努力者,只有修养自己的内心,准备与环绕我们的大雾来搏斗。因此,这部没有组织的记录,题为《大雾》。

在"后记"里,父亲指出生活虽然会有"大雾"笼罩,生活本身却是美好的,美好的生活要靠与"环绕我们的大雾来搏斗",才能实现。这里讲的是父亲自己的人生体会。

　　和父、母亲一起出国的还有我的二姨。二姨梁佩贞,字渭华,生于 1905 年 6 月,她很早就到北京,住在大姨家。1921 年进入著名的北京师范大学女附中读书,在女附中受国文老师夏宇众的影响,喜爱诗歌。1925 年考入燕京大学历史系学习五年。刚入校不久,二姨就参加了 1926 年的"三·一八"爱国学生大游行。这次游行主要是反对日本及《辛丑条约》签字国无理要求撤去大沽口防御设施,并用武力威胁中国政府,反对段祺瑞政府的卖国行为。游行队伍到达铁狮子胡同国务院东轩门时,遭到国民政府军警的血腥镇压,被打死的爱国学生和人士有刘和珍等 47 人,受伤者近 200 人,鲁迅称这一天是"民国以来最黑暗的一天"。北师大游行队伍的旗手魏士毅,在国务院门前静坐时,和二姨共坐一条头巾,后来她俩被军警冲散,二姨回到学校,腿部受伤,魏士毅则中弹牺牲,年仅 23 岁。二姨深感悲痛。在参加完魏士毅的追悼会后,她也被学生会送到香山疗伤。

梁佩云(前排左一)、梁佩贞(前排左二),阎宗临(后排左一)和曾觉之夫妇

二姨在燕京大学历史系读书时，成绩优异，才华出众，特别喜爱诗歌散文，无论古典诗词，还是自由体诗，都写得很好，在同学中，颇有影响。而且，她性格豪爽，敢于直言，关心公益，积极参加学校的社会活动，曾先后担任过历史学会的文书，《燕大周刊》编辑部副部长，《燕大年刊》的部长。当时，冰心是《燕大周刊》的顾问，二姨中学时代就是冰心的崇拜者，而冰心也很赏识二姨的才华。她们的师生情谊一直很深厚。燕大的学生剧团很活跃，在演出时，往往是女生扮男角，男生扮女角。冰心担任导演

阎宗临与梁佩云（左）、梁佩贞（右）在洛桑

的话剧《咖啡店之一夜》中的女主角，就是由她的弟弟谢为杰穿着她的黑绸裙子登台演出的，台下的同学们都说谢为杰的扮相很像冰心，冰心也很高兴。演出后，二姨提出：要改变过去的习惯，由男生扮男角，女生扮女角，由此引发了一场关于演员的争论。冰心支持了二姨的意见，而且，冰心自己在《马可·波罗》一剧中成功地扮演了公主这一角色。

二姨从燕大毕业后，在香山中学任教。她曾深爱着一位男士，但这位男士已接受了家庭包办的婚姻，又没有决心与包办婚姻决裂。也许因此，二姨决心割断这段恋情，远渡重洋，继续学习，并从此终身不嫁，独自度过了一生。这样，二姨和父母亲一起于1934年10月间乘船到欧洲，在瑞士弗里堡住了一段，转赴法国里昂大学去学习她所钟爱的文学。

六　博士论文及其他

　　父亲回到弗里堡大学，开始了他的教学生涯，主要是给学生讲中国近代思想史。期间，曾在日内瓦中国国际图书馆做过两次学术报告，一次题为《中国文化概观》；另一次题为《老子的哲学》。这两次讲演的法文稿，发表于中国国际图书馆办的《东西文化》杂志。与此同时，父亲进入弗里堡大学研究院学习，准备博士学位的考试和撰写博士论文。

　　中西交通史是父亲一生从事史学研究的主要研究方向，这里的"交通"是指交流沟通之意。"中西交通"是一个旧的约定俗成的名称，现在称之为"中外关系"更准确一些。中西的"西"过去一般指欧美，父亲研究的主要是中国与欧洲的关系。中西交通史的内容也很广泛，包括政治、经济、民族、文化等各个方面。父亲研究的着眼点主要在宗教，特别是以天主教传教士的活动为切入点，在此基础上的文化交流以及由此辐射到的各个方面的影响。父亲所写的博士论文就是这方面的力作。

1　《杜赫德的著作及其研究》

　　父亲博士论文的题目是《杜赫德的著作及其研究》。杜赫德（Jean–Baptiste Du Halde 1674～1743）是法国国王路易十四的忏悔神父泰利埃的秘书，编辑过《耶苏会士书简集》，撰写了 4 卷本的《中华帝国志》，这部书被西方学者誉为

阎宗临在英国剑桥大学

"18世纪最全面论述中国的史料"（见法国戴密微著《法国汉学研究史》）。《耶稣会士书简集》《中华帝国志》和《中国丛刊》三部书被认为是法国乃至欧洲汉学的奠基之作。因此，杜赫德是当时最重要的汉学家。这个选题涉及17、18世纪耶稣会传教士来华的情况以及中国与欧洲的文化交流，是很有意义的。

　　父亲所以选《杜赫德的著作及其研究》为博士论文的题目，我想，首先是因为他在弗里堡大学学习的是欧洲的历史与文化。随着对西方文化的深入了解，很自然地会用西方文化与自己熟悉的中国传统文化进行比较，考虑两种文化的异同与优劣，并关注这两种文化之间的交流与互补。

　　其次，父亲在1931年加入天主教，弗里堡大学又是天主教学校，他对教会的理论、文献、教义、教规及活动都很熟悉，传教士的活动在沟通中西文化的交流上起过重要的作用，自然会引起父亲的关注。早在本科读书时，父亲就已涉足这一领域，并曾到梵蒂冈查阅有关档案。父亲在硕士学位第二阶段的古代中

阎宗临在瑞士弗里堡大学书房

世纪史考试的笔试中,写的论文题目就是《13 到 14 世纪中国与欧洲的关系》。
13 世纪到 14 世纪是中国的元代,也是罗马教廷与中国最早接触的时代。

　　当然,东归一年中,在北平于斌关于治宗教史的建议和将来回辅仁大学任教的邀请,也是促成这一选题的原因之一。

　　按照弗里堡大学的要求,在博士论文答辩之前,要进行专业知识的考核。从弗里堡大学保存的档案看,父亲在 1936 年 7 月接受了专业知识的考核,考核的形式是口试,考核的科目是古代史和中世纪史,由巴赫厚勒(Serge Barrault)教授主持。巴赫厚勒(1887～1976)是法国人,是古代及中世纪史的教授,并曾于 1927 年至 1928 年任弗里堡大学校长。他的主要著作有《当代法国的圣灵》,巴黎,1929 年,346 页;《路易十四的统治》,巴黎,1938 年,249 页。

　　古代史的题目是伯利克里(Pericles)及其评价。伯利克里是著名的古希腊民主派政治家,他虽然出身于贵族,但他主张扩大雅典海上的势力和平民阶层的权利。在他当政时,是雅典鼎盛的时期,工商业发展,文化繁荣,雅典城的修建也在此时。他所领导的泛希腊主义斗争在雅典的霸权下引起世界的关注。

　　口试内容还包括 5 世纪的希腊艺术。教授问及的有雕塑家米隆(Myron),

这是著名的雕塑《掷铁饼者》(原作已佚,现存为罗马时代摹制品)的作者,善于运用写实的手法创造性的刻画人物在剧烈运动中的动态;菲狄亚斯(Phidias),擅长雕刻神像,雅典卫城上的巨大的《雅典娜》铜像就是他的作品,现已不存。还有与菲狄亚斯同时的波利克莱托斯(Polyclè te),也善于雕刻神像。教授还问及古罗马潘提翁(Panthé on)万神殿的建筑与艺术,改建后的万神殿,现在仍然屹立在罗马。据母亲说,主考教授提的问题是万神殿某个角落的艺术作品是什么? 父亲到罗马多次,对这个神殿还是熟悉的,因此也没有被难倒。

中世纪史的考试,主要是细致地考问了法国圣女贞德(Jeanne d'Arc)的事迹,包括她的童年时代,她如何成功地解脱了法国奥尔良(Orléans)之围,在兰斯(Reims) 大教堂为查理国王加冕,她在巴黎组织的游行,在法国贡比涅(Compiègne)城被捕,在卢昂(Rouen)城所受的审判和酷刑。

考试的结论如下:

> 阎宗临先生很聪明地回答了所有的问题。某些有关希腊的问题还可以再细一些,但是他的回答很令人满意,我特别荣幸的说他的介绍足够好,也足够完整。

父亲通过了博士论文答辩前的考核,就可以进行论文答辩了。

父亲这篇近十万字的论文分六章,大体可以分为三个部分:

第一部分介绍 17 世纪末 18 世纪初耶稣会士与中国的关系。16 世纪前,欧洲人对中国的了解并不多, 中国依然是一个神秘的国度。直到 1595 年利玛窦访问南京后,才真正认定马可·波罗说的"契丹"就是中国。利玛窦及明末清初许多耶稣会士到中国传教,他们方法上的基本点是:为使中国人民信教, 首先他们自己要在文化和语

阎宗临博士论文,1937 年在瑞士出版

言上成为中国人；而后，他们认为：在掌握了孔子哲学的同时，就可以得心应手把中国人置于福音的灵光之下；最后，他们企图用科学征服中国的人心，这使他们得到当时积极进取的中国人的支持。

明末清初耶稣会士到中国时，中国知识分子的思想观念正处于转变中。明末政权的崩溃与社会的动乱，使宋明以来，以王阳明为代表的新儒学，由于它的主观主义的形而上学，受到致命的打击，再也不能保存自己的权威地位。时代的总精神是趋向积极的，知识分子为改变国家的文化和政治状况而不断地寻求积极的知识。如徐霞客是一位伟大的地理学家，宋应星是一位伟大的博物学家，他们的著作都反映了对积极知识的追求。中国知识分子的这种状态，对耶稣会士们的活动是有利的。

但是，在中国思想狭隘的人中间，西方科学的优越性也引起了不信任和怀疑，甚至恐惧。对传教士的不信任，一是因为明朝国力软弱，对外国人本能的不信任。二是传教士会制造大炮，这种能力，也引起恐惧。三是出于不了解，这种不了解，以至于清初康熙皇帝开始还以为天主教和伊斯兰教是同一种宗教，后来经陕甘总督福康安多次调查才知道不是一回事。

就像中国人对传教士的看法有分歧一样，传教士内部对传教的方法也有分歧，于是传教士之间发生了"礼仪之争"。那些忘记了中国知识分子的教养完全不同于西方的传教士，冒失地宣称，中国人是偶像崇拜者，因为他们保持着对孔夫子和先辈的祭祀。这种强调使他们失去了中国人的人心甚至精神。康熙多次声明"中国的天主教徒应随从利玛窦的规矩，否则，这种宗教信仰于中国有害"。父亲并没有对"礼仪之争"做详细的论述，在第四章中有一个关于这个争论的详细年表，说明他对这个问题做过深入的研究。

在中国现代文明史中，通过耶稣会士而引入的实验科学，是一个重要的事件。出于对科学的热爱，耶稣会士们受到非天主教文人一致而友好的承认。康熙年间，天主教有很大的发展。

康熙为什么重视耶稣会士呢？父亲认为：一方面是出于康熙的天性。他生来就有一种博大、睿智和好奇的精神。博大体现在一切领域之中，为了持久的和平，他不仅想打破汉人与满人的隔阂，而且还想取消中国人与欧洲人的界线。睿智表现在各个方面，也表现在宗教事务上。他对天主教和其他宗教一样都很亲切,并给予优待。好奇使他有一种特殊的嗜好,有强烈的求知欲,他认真地向传教士学习几何、光学、力学、天文学等知识,勤奋地学习,使他有很高的文化修养,这种素养能使他尊重大臣们的建议并珍惜学者们的劳动。康熙也给传教士高度的评价,关心他们的生活安排和教堂建设。皇帝欢迎他们,不是因为他们的宗教,而是因为他们的科学。其次,是一种中国传统的态度使然。因为康熙的父亲顺治皇帝和汤若望之间就存在亲密的关系。康熙谨守父道,对耶稣会士充满好感就不难理解了。

另一方面,传教士们具有的优秀的科学知识,当之无愧的代表了西方文明。他们用西方文化对中国所做的启蒙是中国文明史上一件具有重大意义的事情,也赢得了皇帝的热爱和尊重。

康熙与耶稣会士的关系,从康熙来说,他是以分享共同利益为标准的,谁有卓越的才能谁就受到器重,这是皇帝的原则;至于耶稣会士是把宗教利益置于首位的,假如给他们机会教化于皇上的话,他们能接受任何重任。在像中国这样一个文化与宗法传统如此根深蒂固的国家里,实用目的和宗教目的很难达成协议。康熙在两者间建立了一种和谐。中国的传教史是充满痛苦的,唯有康熙皇帝和耶稣会士们之间的纯洁灿烂的友谊之星在昔日苍凉的天空中大放光明。

康熙和耶稣会士们之间的亲密关系的结果,第一个是天主教得到迅速的传播;第二个是传教士对中华帝国的效力,使他们被委任到大臣的显要地位,担负重要工作:如白晋、南怀仁、戴进贤、张诚、徐日昇等;第三个,也是最重要的结果,一方面是西方文明被引入中国,另一方面是欧洲人了解了中国。无论如何,在 17 世纪末 18 世纪初的中西文明之间,耶稣会士们起到了沟通的作用。这种作用有重要的意义,因为任何一种文明都不是完美无缺的,它需要由其他文明来加以充实,而且,任何文明缺少了宗教因素,也不会得以持续。

第二部分是分析杜赫德的著作,主要是《中华帝国志》。杜赫德著作的源泉是耶稣会士的作品,因此,父亲介绍了 17 世纪末、18 世纪初耶稣会士在欧洲出版的著作:历史著作主要有卫匡国的《中国史》,这本书不仅取材认真,而且大胆地指出"中国生活在诺亚洪水之前"。匡卫国是中国古老文明的最热情的捍卫者之一,他具有向被《圣经》肯定下来的记载进攻的勇气。宋君荣的《中国天文学简史》以天文学的实际观察,结合史料,证实了夏、商、周三代的存在。他的重要著作《成吉思汗和蒙古帝王史》、《中国史论集》在欧洲都有很大的影响。冯秉正的多卷本《中国史》是《通鉴纲目》的译本,是一本翔实的编年史巨著。耶稣会士的历史著作,敢于讲出自己要讲的事情,从而使欧洲人获得有关中国的比较可靠的知识,对此,中国人应该尊重他们。

耶稣会士的地理学作品:在中国文人看来,利玛窦的主要成绩在地理学方面,他撰写了《天与地》一书,并向皇帝提供了一本《世界全图》。从这时起,中国不再像以前那样被当做一个世界,而它只是世界的一个部分,这在中国人的观念上是重大的革命。艾儒略的《职方外记》、卫匡国的《中国新地图集》以及南怀仁的《坤舆图说》等都是名著。法国耶稣会士白晋、雷孝思等人的贡献在于他们在康熙的支持下,从 1709 年 5 月 8 日开始,到 1717 年元旦,使用实测的方式绘制了 15 份分省地图、1 幅朝鲜图、12 幅中国所属鞑靼地区图、9 幅西藏图。这一地理学上的壮举以其持续之久和工作幅度之广堪为我们折服。这些地图先用中文出版,后来在法国刻板印刷,从此,在欧洲人眼里中国不再是一块"隐名埋姓的地方了"。1717 年后,中国对自己的领土有了更精确的地图,康熙很赏识这些地图,并对他们的作者怀有深深的谢意。

耶稣会士的哲学作品:对于中国的典籍,有两种截然相反的意见:耶稣会士们为这些经书伟大的智慧所感动,总是发表一些赞誉的评价,他们认为孔子的学说不仅不与基督教相悖,而且与它的原则十分吻合;耶稣会士的对手们则相反,他们猛烈地攻击这种学说。因此,耶稣会士及时地翻译中国的典籍,或者说改写了许多中国古代的经典,使基督教学说和中国文明和谐地结合起来,以回击他们的对手。按编年顺序,耶稣会士翻译和改编的中国经典著作如下:一、《中国科学提要》,1662 年,是《大学》与《论语》的合译本;二、《中国政治道德科学》,1672 年,是《中庸》的译本;三、《中国哲人孔子》,1687 年;四、《中国六经》,1711 年,是《四书》的新译本,还有《孝经》和《小学》;五、《书经》,1770 年;六、《易经》等。这些著作具有不可否认的重要性,中国哲学中表现出来的崇高道德、理性和智慧,使欧洲人震惊,也深刻地影响了欧洲的哲学家。孔子哲学进入了西方哲学之中,孔子成为与希腊哲人齐名的学者,这是不容忽视的结果。

杜赫德撰写《中华帝国志》的资料来源除耶稣会士的作品外,他还阅读过大量传教士们寄来的书简和回忆录、笔记,他也认识许多传教士,从他们那里直接了解中国的情况。杜赫德还主编了《耶稣会士书简集》的9—26卷。这些书简来自传教团所在的不同国度。《书简集》并没有按原文发表,是经过杜赫德的修饰和整理的。正是这种润色加工使《书简集》保持了简朴和雅俗共赏的特点。从《书简集》来看,耶稣会士们谈论中国的态度是比较公正的,他们想把中国人民高尚的思想介绍给人们,对中国人"周密"而"规范"的法律与精神准则给予大力赞扬,但是,他们也以同样严厉甚至不公正的方式谈论中国人的缺陷。读一读《书简集》我们可以更好地理解《中华帝国志》,因为该书的作者杜赫德不仅是《书简集》的编辑,而且这些书简是他信息的主要来源。

杜赫德撰写的四卷本的《中华帝国志》(书名的全称是《中华帝国及其鞑靼地区的地理、历史、编年、政治、物理之记述》)是一部华美的辑录,一部关于中国知识的百科全书,是耶稣会士们在中国所得知识的大全。《中华帝国志》于1735年出版。出版后,受到人们热烈的欢迎和好评。几年中,法文版出了三次,英文版出了两次,还有德文、俄文的译本,其声名显赫,非比寻常。在认识中国的发展史上,这部光辉的著作标志着一个新的阶段。直到今天,依然是一部了解中国的奠基之作。也正因为如此,人们认为杜赫德不仅是一位学者和历史学家,而且是一位古典作家,是耶稣会士们关于中国事物的发言人和专家。

《中华帝国志》成功的原因,首先是他的科学价值。尽管有礼仪问题的争论,杜赫德对争论的双方保持绝对的中立,他不仅有丰富的第一手文献资料,而且还有与传教士交往中得到的活的原始资料。他以渊博的学识和科学的态度对待材料,原原本本地、既从好的方面、也从坏的方面对中国加以介绍。从而使他在未到中国的情况下,就赢得了一个"真正的历史学家"的称号。其次,他对耶稣会士的作品语言进行了加工处理,他优美的文笔,让人随处感到作者真挚而善良的意见和判断。

《中华帝国志》的新颖之处在地理学和哲学两个方面。书中精美的地图和关于中国地理状况的描述,使人们在认识这个神秘的国度时感到愉悦。哲学主要是通过直接介绍中国的经典《四书》、《五经》,让人们了解中国古老的传统文化。在论及中国人观念中的"天"字时,杜赫德写道:"他们崇拜的首要对象是一个至上者的存在……天,就是主宰上苍的精神,因为天是一切的本源"。因此,为了理解《中华帝国志》，必须始终想到，杜赫德首先坚持的是基督教的观点。如果说，他赞扬了中国，那是因为他认为中国如果不是一个基督教国家，至少也带有基督教的倾向。

总的来看，杜赫德在《中华帝国志》中给出的中国形象是合适的，如他认为中国是一个极大发展人类理性的国度；中国的道德不是教条主义的，而是建立在经验基础之上的；中国人是性格温柔、可通融和人道的；中国政府委托给有学问的人管理，没有世袭的贵族；社会对农业高度重视等。对中国坏的方面，杜赫德也没有回避。

对于耶稣会士对中国的介绍，父亲说：如果我们用中国人的观点，可以得出下面的结论：耶稣会士们了解中国某种事物，但不了解整个中国。父亲还说过：耶稣会士们把中国拍摄下来，但不是画下来。因为真实的中国，我是说它的灵魂与文化，还尚未被欧洲认识。

第三部分论述以杜赫德的著作为主的耶稣会士的作品对 18 世纪法国的影响。18 世纪被人称之为哲学的世纪，对于欧洲，中国是一线光明。给近代历史演变重大影响的法国大革命，就是受中国文化的影响和推动而发生的。耶稣会士传播的有关中国的资料，使 18 世纪法国的思想家在抨击宗教、反对专制主义和宣扬宽容的道德时，可以从东方文明中找到适当的论据。父亲在论文中列举了三位利用中国来宣扬自己思想的作家，他们都是法国大革命的先驱，由此可以看出中国在世界近代史上所占的地位。

一位是孟德斯鸠。他虽然把中国列入独裁制政府，但在讲到法律与道德风尚的关系时，就采取比较客观的态度，使用了《中华帝国志》的材料，充分赞扬了中国的立法者把制定法律与道德风尚结合在一起，即倡导礼仪。他认为"礼仪是这个民族的总精神"，从而在实际上改变了中国政府是独裁制的观点，形成这样的结论：中国在父权上创立的政府体制，即使不是最好的，至少也是可以赞扬的。

另一位是伏尔泰。在影响法国大革命的思想家中，伏尔泰的重要性是不可估量的。他是中国化运动中的一员健将，他赞扬中国的理性，将中国置放于世界史上。他认为中国的宗教（指儒教—作者注）是一种没有教条、没有神秘性的自然宗教，因此，他高度赞扬中国的宗教没有亵渎理性。他也欣赏中国的政府，认为是建立在父权制之上的君权制政府,尤其值得赞扬的是:政府执行机构的官员都是遵循儒学的文人。在这样的政府之下,没有世袭的贵族,文人可以凭自己的才能进入政府。政府的法律不仅惩罚罪恶,也褒奖德行,从而使人民走上道德之路。伏尔泰狂热地爱中国,敬重中国,是因为中国的宗教和政府,不仅向他提供了抨击天主教和专制主义的论据,而且,也向他提供了为自己的哲学进行辩护的论据。伏尔泰认为中国是最幸福的国家,儒学和政府合为一体,哲学家和诗人有施展自己本事的场所。伏尔泰的政治抱负是很大的,他对东方哲学的赞扬是他自己灵魂的回声。

孟德斯鸠和伏尔泰都特别赞扬中国的宽容精神,对于这两个人来说,宽容具有无限的价值。因为宽容具有"舆论、觉悟、信仰的自由",人们不应该仅仅模仿中国的宽容,而应该首先摧毁欧洲的不宽容。

还有一位是魁奈。他是重农学派的创始人。他对《中华帝国志》给予很高的评价,因为他从中找到自己经济理论的依据。魁奈认为,一个民族的繁荣,依靠财富。土地是财富的唯一源泉,农业是使财富增长的主要手段。所以,具有自由和所有制保障的农民阶层是一个民族的实体。中国政府是合理的,遵守自然的程序,历来高度重视农业,农民的地位仅次于文人,而在商人和手工业者之上,农民的私有财产可以得到保障。因此,中国的农业发展良好,农村富裕而安宁。中国历史的悠久和繁荣,印证了他的理论。魁奈认为应该取法中国,他批评18世纪的政治是反理性的,社会是反农业的,个人是反人性的,他想改造这种病态的现象,结果促成了一种革命。

父亲在"结论"中指出:耶稣会士们关于中国的著作,尤其是杜赫德的著作,证明中国精神、儒家哲学是合乎理性和自然的。哲学家们用中国作为范例,批评和改造基督教的教条和道德。哲学家们相信,中国的政治方向不是出于人对上帝的义务来考虑的,而是出于人民的需要。这个结论是哲学家们认为君主制的三大支柱——专制主义、贵族制和世袭制应该取消的根据,众所周知革命就是这样来的。因此,在法国革命的诸多因素中,耶稣会士们对中国的见解是其中之一。

"结论"还指出:这篇论文实质上也是关于17世纪末和18世纪初,中法知识分子的合作史。

评议父亲博士论文的两位教授,给予这篇论文很高的评价。一位是父亲的恩师岱梧教授。他写了一篇长达 3500 字的评语,开宗明义地说了这样一段话:

> 这绝不是我被几个世纪以来中国文明对法国文学的影响惊呆了,才肯评估一个中国学生的有关博士论文,还同意向文学院在我自己不很专长的领域里提供一份正式报告的原因。我很清楚,不是我的专长,也不是我工作过的领域。假如不是因为这个学生的论文如此之好,好得让我吃惊,假如不是文学院一定坚持要我对这篇论文进行评估,我是绝不会接受这项工作的。

另一位是缪尼耶赫(A.Muenier)教授,缪尼耶赫(1886~1938)是法国人,法国文学教授,主要著作有《艾米勒·蒙太居(Emile Monté gut)传记研究与未刊行资料的评论》,巴黎,1925 年,385 页。《生活与雅克·昂载（Jacques Henzer)作品》,巴黎,1928 年。

两位教授一致认为:这篇论文的难度很大,父亲完成得很好。岱梧在评语中有这样两段话:

> 一个中国学生要来归纳欧洲耶稣会传教士们在中国传教后产生的他们对中国的理解,和这种理解对法国历史、文学、哲学和地理形成什么反馈,该是何等艰难的工作。
>
> 虽说这是一部研究杜赫德著作及他本人的论文。阎先生给我们带来了众多比杜赫德更有用的信息,这些信息几乎都要从神学的角度来说明,这就是为什么我们须要知道的这项工作的艰巨性。完成它须要大量无以计数的专研和分析思考,因此,我说阎先生所做的一切都是很了不起的。

缪尼耶赫在评语中也充分肯定了父亲论文材料的运用。他写道:

> 由于阎先生的自我苛求,他查证了许多两种文明（即中国和西

note II   E. Devaud

Rapport à la Faculté des Lettres

sur la thèse de Mr. Yian Tsoung Lin
                    intitulée

Essai sur le Père Du Halde.

Ce n'est pas sans stupéfaction quelque peu amusée
que je me vois écrivant un rapport sur la thèse d'un
chinois sur un thème de littérature française dans ses
relations avec la civilisation chinoise d'il y a quelques
siècles. Je ne me reconnais aucune compétence en ces
domaines avec lesquels celui où je travaille n'a vrai-
ment aucun point de contact. Je n'aurais pas accepté
pareille besogne, si ma désignation n'avait été obtenue
par une suite de circonstances où il entrait quelque sur-
prise et si ma dénégation n'avait entraîné quelques embar-
ras et pour la Faculté et pour le candidat.

Je lirai le travail de M. Yian comme un lecteur
attentif qui ne sait rien du sujet et qui désire cependant
s'informer, après quoi il est capable tout au moins de voir si
l'ouvrage lui a appris quelque chose, s'il lui a paru clair,

岱梧对阎宗临博士论文评语手稿

方——作者)的相关资料,这使得他的论文中的每一个论点都有确信证据和足够的展开,不言而喻,他的工作负担是沉重的。

由于阎先生很好地研究了杜赫德神父,并在论文的前半部分介绍了他和在中国的传教士的工作。阎先生的论文还未过半,他的主题已引起欧洲的注意。他让我们感兴趣的不仅是中国的材料,还有我们未利用的欧洲资料,以及中国众多的历史结论。

两位教授对父亲在论文中敢于提出自己的见解给予了充分的肯定。岱梧说:

阎先生敢于向人们指出,他也敢于解释、敢于提出自己个人的结论,他不怕评价一种观点。这正是我欣赏的这篇论文的价值。因为这篇论文打消了我们所有的偏见。

岱梧还具体谈到父亲论文值得肯定的地方,比如:"从我的角度看,这篇论文最有趣,最有特色,篇幅最长的是谈到耶稣会士和当时文人的接触。"对父亲在指出17世纪的传教士用友好亲善的态度传教,既使他们对中国这个未知世界有了了解,又改变了欧洲人对中国的看法这一点给予充分的肯定。

和岱梧教授一样,缪尼耶赫也特别肯定了父亲关于传教士在中国的有关论述,他写道:

阎先生用成功的有深度的令人信服的理由,解释了传教士在中国受阻常是善意的。他认为传教士行事最好要慎重,不要张扬和要谦虚来处理很多问题。这种观念值得我们严肃的注意,因为我们是和一个文化和道德不同的社会接近,不能有激进主义。至今,在欧洲的传教士里还没有找到能完全这样做的人。可以说,除了阎先生之外,也没有找到过用这种方式来表达这类问题的人。

岱梧评议书的最后也提出一点意见:

　　论文的题目是否很好地概括了论文的特点？我不这样认为。作者自身没有觉察到论文最后那句话：这篇论文实质是 17 世纪末 18 世纪初中法知识分子合作史。

　　我认为，岱梧教授的这个意见是很有见地的。父亲博士论文学术视野开阔，其内容远远超过了题目的范围。

　　我看弗里堡大学的教授对父亲论文的评语有个特殊的感觉，就是他们比较重视耶稣会士在中国传教经验教训的分析总结，以及西方文明在当时对中国社会、文化和知识分子的影响。而我们今天读父亲的论文，更为重视的是他关于耶稣会士向欧洲介绍中国情况和中国传统文化后，对法国 18 世纪启蒙思想的影响，以及因此而成为法国大革命产生的因素之一。这种差异，恰恰说明，父亲的论文成功地介绍和论述了十七十八世纪中国和欧洲之间的文化交流。也说明岱梧最后指出的论文题目欠妥的意见是中肯的。

　　父亲的论文答辩是 1936 年 7 月 20 日顺利通过的，从而获得瑞士国家文学博士学位。他的博士论文答辩通过的结论是由巴赫厚勒教授和缪尼耶赫教授共同签署，并由文学院盖章的。

QUOD FELIX FAUSTUMQUE SIT

SUMMIS AUSPICIIS

SENATUS POPULIQUE FRIBURGENSIS

EX

DECRETO ORDINIS PHILOSOPHORUM

UNIVERSITATIS FRIBURGENSIS

CUM ESSET RECTOR MAGNIFICUS

EUGENIUS DEVAUD

PAEDAGOGIAE PROFESSOR ORDINARIUS

IN

VIRUM DOCTISSIMUM

YIAN TSOUAN LIN

SINENSEM

POSTQUAM DISSERTATIONEM QUAE INSCRIBITUR

« ESSAI SUR LE P. DU HALDE ET SA DESCRIPTION DE LA CHINE »

MAGNA CUM LAUDE EXHIBITA

EXAMINA IN LINGUA LITTERISQUE GALLICIS IN PHILOLOGIA ROMANICA NECNON IN HISTORIA

DIE XX MENSIS JULII A. MCMXXXVI SUMMA CUM LAUDE SUPERAVIT

SUMMOS IN PHILOSOPHIA HONORES

DOCTORISQUE GRADUM IURA AC PRIVILEGIA

RITE CONTULIT

COLLATAEQUE HUIUS LITTERIS UNIVERSITATIS OBSIGNATIONEM CONFIRMAVIT

DECLARAVIT

CAROLUS GUSTAVUS FELLERER

HISTORIAE SCIENTIARUQUE MUSICAE PROFESSOR ORDINARIUS

ORDINIS PHILOSOPHORUM H. T. DECANUS

PRINCIPIO SOLVENTIBUS DIE XXI MENSIS JUNII MCMXXXVI

阎宗临博士文凭

父亲的博士文凭的译文如下：

　　本文凭的祝贺得到上议院的认可。按照伏利堡大学哲学院的惯例，校长将圣礼恩准面前的最优秀者

阎宗临
汉学家
《杜赫德的著作及其研究》
经文学哲学院的历史部于 1936 年 7 月 20 日考试认可博士

签名、盖章

　　父亲的博士论文受到教授们的一致好评，并顺利取得瑞士国家文学博士的文凭。在拿到这张文凭时，父亲内心有怎样的感受，我们今天已经不得而知了。在我看来，这件事的意义有三：

　　一是标志着父亲已经完全具备了独立研究的能力，并达到了优秀的研究水平。他在弗里堡的十年，从本科开始的苦读，在以岱梧为代表的教授们的悉心教育和指导下，经受了严格的训练和考核，掌握了有关的学术理论、专业知识和科学研究的方法，为以后的研究工作打下了良好的、坚实的基础。罗曼·罗兰对父亲的指导，更是使他终身受益。

　　二是标志着父亲中西贯通的研究风格已经形成。父亲在进入弗里堡大学之前，对中国传统文化已经有深入的了解和认识。在欧洲长达 13 年的生活与学习，也使他对欧洲的历史与文化，无论在感性上，还是理性上都有深刻的了解和认识。他的博士论文就说明他已经能够在研究中做到中西贯通。这样坚实的知识积累和在东西方社会的实践体会，是他今后进行研究取之不尽、用之不竭的宝藏。

　　三是标志着父亲在人生的道路上又达到了一个新的高度。父亲作为一个普普通通的农家子弟，既没有显赫的家世，也没有富有的家财，从中学开始就靠自己的努力，克服种种困难，刻苦学习，终于成为学有专长的大学教授、文学

博士,创造了人生的奇迹。

父亲在走出山村、艰苦求学的过程中,曾经得到过不少人的帮助:他们中有中外文化大师,如鲁迅、梁漱溟、罗曼·罗兰等;有中外优秀的教师,如乔松岩、岱梧等;还有中外许多兄长、朋友,如高长虹、华林、莱旦等。可以说,父亲的成长本身就是得益与成就于中外文化交流的一个证明。

父亲是幸运的,他往往有很好的机遇。机遇是可遇而不可求的,但判断机遇和抓住机遇是要依靠自身的能力。《周易》说:"天行健,君子自强不息。"我理解,是在说:老天爷是帮助强者的,强者不是有权、有钱的人,而是自强不息的人。所以,父亲创造的人生奇迹,是许多老师、朋友无私帮助的结果,也是他自己不断努力、艰苦奋斗的结果,两者缺一而不可。

2　清初的中西交通

父亲博士论文的法文本在瑞士印刷出版后,获得欧洲汉学界的好评,并且为后来欧洲研究汉学的学者多所征引。然而,父亲的博士论文在国内一直没有中文译本,中文译本是 2003 年大象出版社出版的《传教士与法国早期汉学》才初次发表,距法文本的出版已过去了半个多世纪。

1937 年回国后,在广西桂林,父亲继续了在欧洲开始的以传教士为切入点的中西交通史方面的研究,同时,也将研究的范围拓展至欧洲的文化。

父亲根据博士论文的内容,写了一些专题论文,如《中国与法国 18 世纪之文化关系》(1940 年)、《中国文化西渐之一页—17 世纪末中法文化之关系与 18 世纪之重农学派》(1941 年)、《从西方典籍所见康熙与耶稣会之关系》(1941 年)等,发表在当时的报刊上,现已收入《阎宗临作品·中西交通史》一书中。

在桂林时,父亲写了《古代中西文化交流略述》和《近代中西交通之研究》两篇文章,对中西交通史作了概括式的论述。在前一篇文章的开头,父亲写道:"任何国家的文化都不是完美的,如果没有别的国家文化来补充!"这是父亲在研究文化交流上的一个基本观念,即认为国与国之间是平等的,文化是在交流中趋向完善的,也正是由这一理念出发,父亲始终坚持反对"欧洲中心论"。在

《古代中西文化交流略述》的开始,首先批驳了中国文化是来自西方的观点,指出在秦汉以前,中国文化是独立的。虽然西方古代典籍中也有简略的中西交通事迹的记载,但只可视为中西交通之接近,而真正为中西交通辟一新纪元者,为张骞出使西域。接着讲述了秦汉至唐宋的中西交通。

《近代中西交通之研究》是从13世纪蒙古帝国的崛起,使中国与欧洲发生直接的关系开始写起的。1243年,教皇英诺森四世决定遣使东去,一方面要到蒙古本部传教;另一方面想联合蒙古,共同夹击回教。教皇遣使东来,是中世纪国际政治上重要的史实。文章概括叙述了这一史实。1943年父亲应方豪的约请,写了《元代西欧宗教与政治之使节》,刊载于昆明《益世报·宗教与文化》第35—40期,详述了自里昂会议(1245年)至马黎诺里西还(1353年)这百多年的中西交通。认为元代方济各会修士来华史实,是中西交通史、公教流行中国史上最动人与最有趣的一页;也是欧洲中世纪交通史上最辽远与最冒险的尝试,和新大陆的开发、东西航路的发现具有同样的价值。

元亡之后,西欧有两个世纪之久无人提及中国,这种沉默化为一种神秘。直至15、16世纪新航路的发现,中西交通进入一个新的阶段。葡萄牙、西班牙、荷兰、英国等西方人先后来到中国。追随葡西两国航海家之后,西方传教士也相继东来,构成中西交通史上另一个局面。

明末清初来华的传教士向中国介绍了西方文化,包括数学、物理、地图测绘、建筑、医学、哲学、绘画、音乐等,这对中国文化是很有影响的。随着西士在政府与社会的活动,中西文化的冲突也日渐剧烈起来。这种冲突有它的必然性。因为中国正统的思想,不能接受西方抽象的纯理,将人生与宇宙各种现象归纳到几种单纯的原则内。而明亡于异族,使士大夫对西人有种戒惧的心理。更何况,早期来华的西方殖民者的凶残野蛮留下了极恶劣的影响。

公教在中国未能像佛教那样造成精神生活的巨流,其原因不在中国的拒外,而是来自教会内部的原因。宗教改革之后,由于种族、语言、国家等因素不同,欧洲宗教内部摩擦与纠纷增加,并从欧洲带到中国来。"礼仪之争"就是这样形成的。康熙同情耶稣会,雍正即位,正式禁教,公教在中国的流行大受影响。由此,中西关系由文化转向经济,代表经济关系的机构,当推广东的十三行。其实,中国并非闭关自守,只是不了解国际的动向,不能树立对外的贸易制度和政策。

18 世纪英国逐渐取得海上霸权，对中国进行鸦片贸易，中国白银大量外流，林则徐奉命禁烟，发生鸦片战争，结果签订《南京条约》，开五口通商。在这种大动荡中，中西交通进入别一个阶段。后来甲午之役是我们自强的失败，却换来一件特殊名贵的宝物：民族意识。民族意识是中西交通最大的收获，我们以此应付幻变的世界，同时，支持危难的抗战。

从以上两篇文章的主要内容，可以知道，父亲对中西交通的研究，以文化和宗教为视点，是有一个宏观认识的。父亲还认为中西文化交流是双向的。欧洲耶稣会士东来，带来了西方先进的科学文化知识，他们也向欧洲介绍了中国灿烂的古老文化，对欧洲发生了深远的影响。父亲在《中国与法国 18 世纪之文化关系》一文，开始就明确指出："近代历史的演变，以法国大革命（1789 年）为其推动的主要因素之一。而法国大革命，又受中国文化的影响。所以，当时耶稣会将中国文化介绍到欧洲，实有非常重大的结果。"在结尾时写道：

> 我们不敢妄称 18 世纪的哲人真正了解中国文化，但是我们敢说他们心目中的中国给了法国大革命一种强有力的推动，这是孟德斯鸠、伏尔泰引为无上光荣而耶稣会人士万没有想到的结果。

大约在 1941 年，广西大学教授董绍良与《扫荡报》接洽，要办一副刊《文史地》，约父亲和黄现幡写历史方面的文章。文方面执笔的有梁岠庐、焦菊隐，地方面有董绍良、吕逸卿。每周一期，出了一年。父亲在这个副刊上发表了 17 篇文章，这些文章内容都是有关清朝初年来华传教士的活动以及中国与罗马教廷的关系。其特点是这些文章都是依据父亲在欧洲图书馆、档案馆抄回来的材料写成。据我统计这些材料出自梵蒂冈图书馆 23 份、梵蒂冈档案保管处 3 份、罗马传信部档案馆 40 份、罗马国立图书馆 2 份、巴黎国家图书馆 6 份，总计 74份。这些档案有法文、拉丁文、意大利文的，也有中文的。父亲写的这 17 篇文章如下：

《从西方典籍所见康熙与耶稣会之关系》
《康熙使臣艾若瑟事迹补正》

《康熙与克莱芒第十一世》

《嘉乐来朝补志》

《康熙与德里格》

《白晋与傅圣泽之学〈易〉》

《关于白晋测绘〈皇舆全览图〉之资料》

《清初葡法西士之内讧》

《票的问题》

《雍正与本笃十三世》

《苏努补志》

《关于麦德乐使节的文献》

《〈身见录〉注略》

《碣石镇总兵奏折之一》

《澳门史料两种》

《乾隆十八年葡使来华纪实》

《解散中国耶稣会后之余波》

由于父亲在这些文章里使用的史料很多是属于"西方学者还察觉不到其特殊价值而视而不见,中国学者又囿于条件而未能见到"①。因此,这些文章叙述的史实和论点,都是具有开创性和很高学术价值的。例如,父亲在巴黎国家图书馆找到了白晋的法文日记,其中讲到他教康熙学数学的情况,找到白晋致哲学家莱布尼兹讨论《易经》的信。在梵蒂冈档案保管处发现教皇克莱芒第十一世致康熙的信,以及与此相关的康熙的两份诏书,对于研究康熙与罗马教廷的关系有重要意义。还有,雍正三年(1725年),罗马教皇本笃十三世遣使来华,父亲说:"是为第三次教廷使节,惜汉文资料甚少,中西文专著中,亦未提及。余在罗马传信部档案,发现今所刊印之资料,心窃为喜,此后治清初中西交通史或中外交涉史者,将有所依据。"为此,父亲根据这些资料写了《雍正与本笃十三世》一文。

---

① 计翔翔:《博综史料　兼通东西——〈阎宗临史学文集〉读后》,《东西文化交流谭》第二集,上海文艺出版社,2001年。

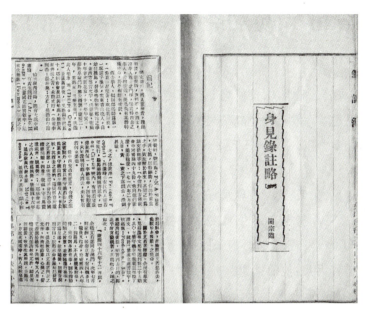

《身见录》注略

　　在上述这些文章中,特别应该说明的是《〈身见录〉注略》①。《身见录》是目前所知中国人写的第一部欧洲游记,自然有他特殊的学术价值。《身见录》的作者樊守义,字利和,于康熙二十一年(1682 年)生于山西平阳。天主教徒。康熙四十六年(1707 年)冬,因"礼仪之争",康熙派艾若瑟为使臣,前往罗马教廷,樊守义奉命随行,在欧洲停留 13 年,康熙五十八年(1719 年)偕艾若瑟东还。船行至好望角附近,艾若瑟病故,樊守义一人回到广东,随即至北京。回京后,很多人向他询问欧洲的风土人情。康熙六十年(1721 年)夏,他将自己在欧洲的亲身经历,写成《身见录》,记录了他在欧洲的观感,反映了当时欧洲的一些情况,如意大利封建割据的分裂,充满了中世纪晚期的气氛。《身见录》写成后并未刊行。原稿藏在罗马国立图书馆中,父亲将其拍摄成照片带回,共 14 页,并标点校注,加以刊布。在《扫荡报·文史地》发表时,父亲在前言中写了一段为《身见录》作注的由来:

---

　　① 这篇文章在 1959 年 2 月号《山西师范学院学报》重新发表时题目为《〈身见录〉校注》。

　　《身见录》未刊行,是项抄本,藏在罗马国立图书馆内,附在《名理探》后。有三王重民兄,于罗马访书记中,亦已提及(图书副刊,第一六二期)。民国二十六年夏,遇有三兄于巴黎,嘱为《身见录》诠注,浅学如余,未敢负此重托,但沈挚高情,又何能拒。是年秋,经罗马东还,复收集资料,乃于归途中整理,脱稿于红海中,藏于行箧中已快五载矣。深歉所知有限,有负有三兄之雅意。

　　由此可见,父亲校注《身见录》是受王重民之托。王重民在《罗马访书记》介绍了《身见录》,并将樊守义的自序发表。据王重民介绍,在他之前,法国著名汉学家伯希和也曾发现该文稿,但未抄录,也没有及时披露。前几年,北京大学荣新江教授曾告诉我:他曾见到为庆祝北大五50年校庆因故未能出版的一期学报,目录中有《〈身见录〉校注》,这期学报作者都是北大的教授,只有父亲是外校的。后来,我在父亲的旧书里,发现夹着一封王重民写给父亲的信,其中谈到发表《〈身见录〉校注》的事:

　　大著《〈身见录〉校注》,乘北大五十周年纪念日,弟未得吾兄　同

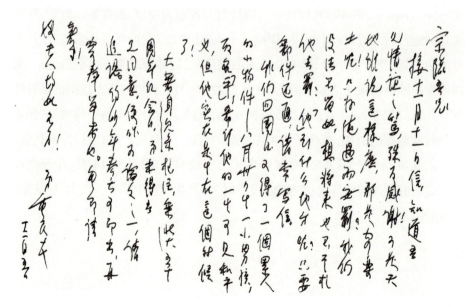

王重民致阎宗临信

意,便作为论文之一,请追认。约明年春天可印出,再奉寄单本也。

可见王重民对这篇文章的重视和对父亲的情谊。

发现《身见录》的是伯希和、王重民,最早为《身见录》校注和刊布全文的是父亲,这是他对学术的重大贡献。但学术界往往将发现《身见录》并使其流传之功归于方豪,因为他在其专著《中西交通史》中刊布了《身见录》全文。方豪是著名的中西交通史学者,尤其是对天主教在中国的传播史研究有很大成就。方豪也是父亲的朋友,新中国成立前去了台湾,就失去了联系。计翔翔教授认为:方豪在他的研究中大量利用了父亲的研究成果, 使父亲的学术活动的价值得到新的体现。他对父亲学术成果的利用可分为三种类型:一是申明为父亲的成果;二是想注明出处,确已忘记;三是不注明出处。像他在刊布《身见录》时就没有注明出处,因此,才发生那样的误会。①

父亲在《扫荡报·文史地》上发表的这些文章,他都细心地剪贴在一个本子上,并题名为《清初中西交通史料汇集》,一直保存至今。

上个世纪三四十年代父亲所从事的明清传教士和中西文化交流的研究,当时在我国学术界还是一片荒芜之地, 正如饶宗颐先生所说:"阎宗临先生早岁留学瑞士,究心西方传教士与华交往之史事,国人治学循此途辙者殆如凤毛麟角。其所造固已出类拔萃,久为士林所推重。"所以父亲的研究是有开创性的。经过将近七十年的沉寂,进入二十一世纪,随着时代的变化,关于传教士的研究已经成为"显学",发表和出版的论文和专著都很多,张西平先生指出:"就是在今天,(阎先生)这些写于六七十多年前的论文仍有其学术生命力,在许多方面我们仍须认真研读。"因为"从一手文献出发,一切研究建立在对原始文献分析的基础之上,这是阎先生这部著作的一个重要特点。"②的确,父亲在《扫荡报·文史地》上发表的文章,都是根据原始档案写成的。父亲的博士论文征引的

---

① 计翔翔:《博综史料兼通东西——〈阎宗临史学文集〉读后》,《东西文化交流谭》第二集,上海文艺出版社,2001年。
② 张西平:《法国早期汉学研究的力作——读阎宗临先生的〈传教士与法国早期汉学〉有感》,《传教士与汉学研究》,大象出版社,2005年。

文献,据我统计,从 16 世纪到 20 世纪初的欧洲论著就达 110 多种,其中含有多卷本的著作,如《耶稣会士书简集》、《伏尔泰全集》等,此外,还有中文文献。关于文献的使用,评议父亲论文的缪尼耶赫教授这样说:阎先生"让我们感兴趣的不仅是中国的材料,还有我们未利用的欧洲资料,以及中国的众多历史结论"。父亲在博士论文的"引言"中也曾明确地说:"我们依据中法两国的各种文献资料,像法官们伸张正义所做的那样,来恢复中国的庐山真面目。不建立在最值得信赖的文献基础上的论点,我们连一个也不发表。"父亲就是这样用极其认真严谨的治学态度,保证了自己论著的原创性。

父亲以明清传教士活动为切入点进行的中西文化交流的研究成果,经历了漫长的岁月,依然保持着鲜活的生命力,其原因就在于这些研究具有开创性和原创性。

七　父母共赴国难

1934 年秋天,父亲和母亲一起回到弗里堡。在此后的三年中,父亲在给学生讲中国文化的同时,完成了博士论文,并顺利通过答辩,取得了博士学位。母亲也完成了她在弗里堡护士学校的学业。他们在这座美丽的中世纪小城,最终携手走进了婚姻的殿堂。这是一段平静而幸福的时光。1937 年,爆发了"卢沟桥事变",日本侵略者对华发动了全面的军事进攻,祖国陷于战乱之中,中华民族到了最危险的时候,远在瑞士的父母亲,安定生活也被打断,改变了方向。就在父亲学业刚完成,事业刚起步,在瑞士有稳定的职业,又刚组建了家庭,他们就毅然离开瑞士,共赴国难,回到烽火遍地的祖国,开始了艰难困苦、颠沛流离的生活,为挽救国家与民族的危亡尽自己绵薄之力。

1　教皇庇护十一世的祝福

母亲随父亲到弗里堡后,首先就是要过语言关。母亲在国内有英语的基础,对法语却一窍不通。于是,在 1935～1936 年住在贝雅塔别墅(这是天主教会一个慈善机构所属的住宿和学习的地方),接受弗里堡大学三个学期的课程及讲座进修。包括 5 门课程:1.法国文化(S.别赫特先生);2.词汇学(B.切瑞克斯先生);3.文章翻译(R.何丁先生);4.语言学(F.比涅特先生);5.听写(F.比涅特先生)。这几门课程考试通过后,又在伏利堡大学附属现代法语学院参加了法语

113

梁佩云（前排右二）与护士学校师生合影

基础和文学课的考核。考核分笔试和口试两场。最高成绩为10分,成绩达到5分或5分以上者可获得文凭。母亲两场考试平均成绩为7分。因此获得了由考试委员会主席B.切瑞克斯博士签字和学院盖章的合格证书。

母亲在贝雅塔别墅学习法语有一定基础时,1935年又注册进入弗里堡护士学校(Ecole de Nurses Fribourg)学习。这是一所高等职业学校,主要学习婴幼儿的护理与保育。这所学校是欧洲很有名的职业学校,有这个学校的文凭就能很容易的在欧洲找到待遇很好的工作。我想父亲所以选择这所学校,从主观上是想让母亲学习一些职业技能,作为独立生活的本领。因为从小的时候起,父亲就教导我们要学会一项维持生活的技能。这是他一贯的思想。从客观上讲,在弗里堡,除了大学外,这是唯一能做的选择,而且,从经济能力上看,也是父亲能够负担的。从后来的生活历程看,这一选择无疑是正确的,最大的受惠者就是我们兄弟姐妹几个。

护士学校的课程分两个部分:一个是实践部分:包括育儿法、唱歌、儿童体操、幼儿教育、儿童服装剪裁成衣、家庭照料共六门;另一个是理论部分:包括育儿法、道德、幼儿心理、解剖学与卫生、食品学,共5门。考试成绩6分为优,5

分为良,4 分为及格。母亲 11 门课程的平均成绩为 5.8 分,因此,在 1937 年 6 月 30 日获得一等护士文凭,文凭由学校盖章、并由评审委员会主席、国家顾问、教育部长签字。

母亲在一年多的学习时间里,使法语由不会到会,并达到一定的水平,并非易事。在两年的时间里以优异的成绩修完了护士学校的所有课程,拿到了护士文凭,说明了母亲的勤奋和聪慧。

母亲到弗里堡后,深得岱梧主教的喜爱。应岱梧的邀请,父亲每次都和母亲一起在他身边度周末。母亲也帮助岱梧做些家务。母亲的课堂作业有的是用布做儿童玩具,如洋娃娃或兔子、老虎等小动物,做好后,岱梧常是第一个鉴赏人。只要他喜欢,母亲就会在作业发回来后送给他留作纪念品。母亲有时也会带一些花来,插在花瓶里,放在岱梧的工作室。此时的岱梧会很高兴地对父亲说:"你看,她那善良、美丽的心不仅陪伴着你,也同样陪伴着我。"1934 年的圣诞节,是母亲到瑞士后的第一个圣诞节,父母亲第一次在岱梧家和岱梧的朋友们一起度过,母亲还为他们做了几个中国菜, 使节日的气氛更为浓厚。这是一个愉快的圣诞节,也是一个终生难忘的圣诞节。

父亲在做博士论文的同时,还在校内开中国文化的课程,有一定的经济收入,然而维持两人的学业和生活还是不宽裕的。因此,父亲每次外出到巴黎、罗马、布鲁塞尔等地查阅资料,有时也会带母亲一起外出, 岱梧都给予足够的资助。岱梧还经常单独给母亲一些零用钱。他对父亲说:"女孩子需用钱的地方比男孩子多。"话语间充满了父辈的关爱。

梁佩云在日内瓦湖边

在弗里堡三年的朝夕相处,父

母亲之间相互有了深刻的了解和深厚的感情。1937 年 7 月 8 日,母亲加入天主教,接受洗礼。《圣·宇思丹季刊》这年的第 3 期有这样的报道:

> 从中国来已有 3 年的 Marie-Thérèse 梁小姐的受洗仪式是一个非常温馨和幸福的典礼。她是由未婚夫 Jean-Marie 阎宗临先生带出来的。他们都住在 Villa Beata 别墅,后来她遵照 de Bertigny 护士学校的修课要求,完成了学业,取得了她的文凭。她的洗礼是在 Beata 别墅的小礼堂里进行。她选择岱梧(Dévaud)主教、弗里堡大学的校长做教父,Marie Richoz 小姐做教母。在洗礼后的午饭期间,该洗礼仪式司铎 Charrière 先生对她和 I'oeuvre Saint-Justin 的热情合作和对宗教的信仰表达了谢意。

母亲受洗后的一个星期,7 月 14 日就和父亲在教堂举行了婚礼。婚礼的当天,弗里堡出版的《自由报》有一则题为《在弗里堡的一次中国婚礼》。报道是这样写的:

> 直到今天,我们还没有在弗里堡找到一次中国婚礼的痕迹。这个特别的现象最终结束了。弗里堡市政证实了阎宗临博士和梁佩云小姐一对中国夫妇的婚礼。宗教的婚礼仪式,在博基莹教堂由弗里堡大学校长岱梧主教主持进行。年轻的丈夫是弗里堡大学的学生。他 1931 年参加了天主教,多年来,他在圣·宇思丹担任中国历史和文学教授。年轻的夫妇将回到北平,在那里阎宗临将会在中法大学任教。

在欧洲的婚礼一般包括两种形式,首先要在市政厅办理行政登记手续,这是必须的,也是最基本的。如果是天主教徒结婚,还可以向教堂办公室要求举行宗教婚礼弥撒。父母亲的婚礼两种形式都办了,举行了两次,一次在市政厅,是行政的婚礼,另一次在教堂,是宗教的婚礼。父母亲的宗教婚礼还受到教皇庇护十一世的祝福。关于教皇庇护十一世的祝福,我最早是在 1966 年"文化大革命"初期听母亲说的。父母亲在回国临行前,岱梧主教送给他们一座高约 40

阎宗临和梁佩云的婚礼

厘米的圣母玛利亚的木雕像和一座精致的瑞士小闹钟，这两样东西既是结婚的礼物，也是临别的赠物。也许，主教送这两件礼物是期望圣母玛利亚能保佑父母亲度过艰难的时光。然而，这两件礼物却未能幸免于难。闹钟是抗战时期在广西逃难时丢失了。圣母玛利亚的木雕像在逃难时没有丢掉，保存下来。"文革"开始后，怕造反派抄家发现，作为罪状，6月的一天，母亲和我在厨房里烧掉了家里保存的他们在国外的照片、集邮册中新中国成立前的中国邮票和外国邮票，最后也把这座圣母玛利亚的木雕像用菜刀劈开，烧掉了。也许是触景生情吧！母亲告我："我和你爸爸结婚时，教皇还打过个贺电，当时的报刊上还登过呢！"我问是怎么回事，母亲给我讲了大概的经过。

事情是这样的：父亲在弗里堡大学时曾经前后7次去罗马梵蒂冈查阅资料。有一次，父亲在梵蒂冈的一个小教堂看材料，这个小教堂的档案每年只开放几次，每次只开放一天。父亲去的那天，在查阅资料时，管理教堂的老神父下午因为有事出去，临走时，顺手把门锁上了，直到快傍晚时，他才想起教堂里有人在看材料，便匆忙回去，打开教堂，父亲被关在里面整整一天，正在着急，不知怎样可以出去。如果不是老神父想起来，还不知道要被关多久呢！这算父亲在梵蒂冈的一次历险。第二天，老神父把这件事告诉了庇护十一世，因为庇护十一世在任教皇之前，就是梵蒂冈图书馆的馆长，和老神父很熟。当教皇听说有一位中国留学生多次来查阅传教士的档案，进行这方面的研究，并几乎被关在小教堂里时，就给他留下了深刻而良好的印象，于是教皇让老神父带父亲去见他，详细地询问了父亲研究的内容，并给予亲切的鼓励。父亲在结婚之前，告知了他熟悉的老神父，老神父告诉了教皇，于是就有了教皇的祝福电报。

后来，我查阅资料才知道，庇护十一世(1857~1939)是意大利人，生于米兰。他1879年受神职，是第257任教皇，于1922~1939在位。他是位很有学问的神学者和古抄本专家，也是一位人文主义者。他非常重视并大力赞助海外的传教工作，要求每个修会都要参加这一工作，在这方面，大大超过以前历任教皇。他在位期间，国外传教士数目增长了一倍。庇护十一世也很重视在中国的传教事业，并且鼓励天主教的本土化。最突出的事件是1926年他任命了朱开敏、胡若山、赵怀义、孙德桢、陈国砥、成和德六位中国籍神父为主教，并亲自主持了在梵蒂冈圣彼得大教堂举行的盛大祝圣典礼，使天主教在中国的本土化大大推进了一步。因为自从传教士来到中国，主教都是由外国神父担任。清代初年，罗马教廷任命了第一位中国籍主教，公布之后，许多外国籍神父竟以为中国人不能胜任这一职务而不愿为之祝圣①。也许是庇护十一世有这样一贯的思想和理念，所以，在听说父亲查阅资料时被关在小教堂的事，才会引起他的特别关注。

母亲在"文革"初期那样恐怖的情况下，给我讲的关于教皇贺电的事，当然是真实的，不会有假。在我准备为父亲写传记，讲这件事时，我想：能不能找到这份教皇的祝福电报呢？我请姐姐守和想办法查找一下。姐姐曾托她的意大利朋友到梵蒂冈查过，没有查到。2010 年 5 月，守和和她的儿子朱征第二次到弗里堡收集关于父亲的材料，在圣·宇思丹的档案室里查到了《圣·宇思丹季刊》关于父母亲举行婚礼的记载：

> 一周后，在一个夏天的早上，Jean-Marie 阎先生和 Marie-Thérèse 梁小姐的婚礼由岱梧（Dévaud）主教主持在 Bourguillon 教堂进行。主教为他们的新婚赐福，并主持婚礼弥撒。由尊敬的神父 Lavaud 对婚姻的宗教观做了简短的讲演。阎先生和梁小姐在婚礼弥撒中结合，他们的朋友和所有靠近他们的人也同样接受了圣体祝福。他们的婚礼受到教皇 Pie XI 的电报祝福。

这段记载确认并证实了教皇的贺电。姐姐和朱征还访问了弗里堡大学神学院的退休教授奥当·维赫弥林根（Otto Wemelinger）神父，神父已经 80 多岁了，是弗里堡大学最了解中国事务的教授，出名的"中国通"，1938 年后的中国留学生他大都认识，虽然与父亲并未谋面，他对父亲的情况也有相当的了解。当姐姐问及教皇贺电的事，奥当神父说，他知道此事，很多年前，他的一位中国籍朋友田神父，和他谈过父亲的情况和教皇发贺电的事，他很高兴为我们作证。同时，他告诉姐姐，在欧洲，天主教教友们过生日、大病康复或结婚，如果想得到教皇的祝福，都可以向梵蒂冈有关机构申请，那里有求必应，由该机构代

---

① 参阅顾卫民：《中国与罗马教廷史略》，东方出版社，2000 年。

教皇发贺电,这些电报都不存底,所以,不必再费工夫去查。神父说:"不过,你父亲的情况,有点特殊,因为你的父亲只是通知了他的朋友,并没有要求教皇发贺电,是教皇听说之后,亲自授意发出的贺电,还是很难得的。"其实,教皇的祝福对欧洲的天主教徒也许并不少见,并不是特殊的事,对中国籍的天主教徒而言,虽然不能说是绝后的,大概是空前的吧?在中国的天主教史上也应该是一段佳话。母亲告诉我这件事,我想,是她认为这件事是重要的,与众不同的,在父母亲的人生中是富有传奇性的。

在婚礼结束后,蜜月还没有完,父母亲就启程回国,共赴国难。《圣·宇思丹季刊》接着写道:

> 八月的第一天,新婚夫妇加紧了回中国的行为。这使我们很痛苦的和我们的朋友说永别。但是,面临着等他去主持的北平天主教大学的最后一个月的期限,他不能延长在欧洲的逗留。就在他们离开不久,我们知道发生了中日冲突。哦。是的,要以基督徒的方式祈祷上帝给战争中国家的人们更多的庇护,那里已经有那么多的痛苦,天主教总是意愿给出更多的帮助。

《自由报》的报道说,父亲要回北平的中法大学任职,《圣·宇思丹季刊》所说的"北平天主教大学",应该是指于斌邀请父亲去的辅仁大学。我想这两处都是父亲当初回国时可能的选择,战争却完全改变了父亲这样的选择。

结婚之后,父亲向岱梧谈了回国的想法,岱梧从父亲的发展和生活出发,劝他留在瑞士。岱梧说:瑞士是中立国,不会有战争的危险,并表示可以帮助父亲取得瑞士国籍,留下来继续从事刚开始的教学和研究工作。父亲婉言谢绝了岱梧的挽留,他回国的决心已定。

2 弗里堡印象

在世界所有的中小城市中,我知道得最早、听说得最多的就是弗里堡,而且知道那是一座美丽的、完好的中世纪古城,是父母亲学习、生活过的地方。我一直有个愿望,就是去弗里堡看看。2011 年 4 月中旬,我终于来到向往已久的弗里堡。当我亲临其境时,这座小城给我留下了美好的印象。

弗里堡是座山城。如果站在这座山城的高处放眼望去,她的秀丽容颜就会尽收眼底。向远方遥望,起伏的山峦,郁郁苍苍。在东南方有飞流直下的大瀑布,气势磅礴。俯瞰下方,沙林河清澈的河水在山间静静地流淌,河上有高悬空中的铁索桥,紧贴水面的木廊桥,沉稳雄浑的石拱桥,也有现代建的钢筋水泥的大桥,这些不同时代、不同风格的桥梁在山水之间相映生辉,令人感到历史像河水一样在流淌。河两边老式红屋顶白墙壁的建筑,错落有致地掩映在茂密的绿树和成片的草地之间,形成了一幅色彩斑斓的动人画卷。圣·尼古拉大教堂高耸的钟楼,仿佛直入云天。如果是在清晨,曙光初现,蓝天白云;或者在傍晚,夕阳西沉,晚霞满天,这时悠扬的钟声响起,一声声传来,庄严而神圣,震撼着你的心灵,你会觉得自己仿佛置身于天堂。

二姨当年曾写过一首诗,赞美这座小城:

福城(福利堡)夕照残
——献给玛丽小姐

福城幽丽地,令我长相忆。
来时春正好,鸟为花香醉。
向晚夕阳红,万谷含烟翠。
钟声动霄汉,断霞惊欲坠。

峰远入云隐,风轻雁字平。
昼去浑无迹,夜色何处生?
回首东山上,忽见月华明。
此时神近物,天垂若有情。

玛丽小姐是母亲的教母,和二姨也很熟悉。

父亲在"文革"中,也写过一首小诗,诗前有一段话:"1969 年,我于病中,不断思念海外十三年,作诗以纪之。"1969 年是父亲处境最困难的时期。

这首小诗只有四句:

> 海外漂泊十三年,奇花异草付秋风。
> 相依桥畔话往事,夜半钟声警客心。

也许这首诗没有写完,当时我并不知道写的是哪里,或者哪里最让父亲魂

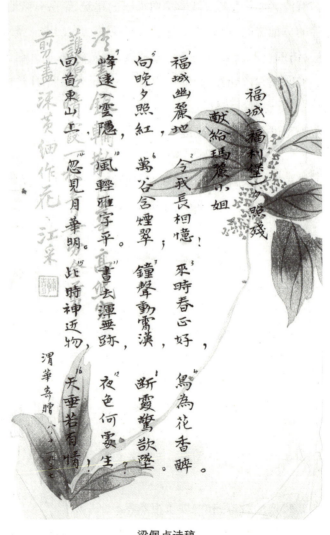

梁佩贞诗稿

阎守诚与奥当教授、柯莱特小姐合影

牵梦绕。当我来到弗里堡,看到这座如花园般美丽的小城和河上一座又一座形式不一的桥梁,姐姐还带我们参观了伯尔尼老桥。这是一座中世纪的廊桥,木质的桥顶、廊柱和栏杆,古老而典雅,宜于情人们凭栏远眺,窃窃私语。过桥后,爬上山坡,便是弗里堡的市政厅,是父母亲办理结婚登记的地方,马路的另一边,不远处,是圣·尼古拉大教堂,在那里,我们查到了父母亲宗教婚礼的登记。我们在路边坐椅休息,等着聆听了圣·尼古拉大教堂雄伟浑厚、响彻云霄的钟声。这钟声震撼着我的心灵,它让我明白,父亲的诗写的就是弗里堡,弗里堡就是他魂牵梦绕的地方。

　　2011年,柯莱特在弗里堡大学图书馆保存的岱梧主教的私人档案中,发现了父母亲在回国途中和回国以后,写给岱梧主教的26封、103页法文信手稿原件,时间跨度是从1937年至1940年,这对于我们了解父母亲回国后的经历和思想感情是很珍贵的资料。1938年10月2日,父亲在桂林写给岱梧的信中说:"我常看瑞士地图,这张地图引起我很多的回忆,他让我感到自己是在梦里度过了我的青春时代。我喜欢回忆过去,因为人们珍惜自己过去的生活。您寄来的信和明信片,都有一种神奇的力量,他让我看到一个美丽的瑞士,我喜欢那里钻山洞的小火车,那里教堂的尖顶和钟声。"①父母亲在想念弗里堡时,他们会唱瑞士民歌《在那高高的山上》,这歌声仿佛会把他们带回到如诗如画的瑞士,重又见到弗里堡的朋友们。父母亲在信中,一再表达了他们希望重回弗里堡的愿望,可惜的是,这个愿望他们一生都没有能实现。

在弗里堡我见到了姐姐访问过的奥当神父。神父虽然年逾八旬,依然身体健壮,精神矍铄。他请我们在咖啡馆喝咖啡,并且颇有风趣地说:"来,我们两个教授合张影。"于是我们和柯莱特三人合影一张。我看有关材料知道,父亲读书时,弗里堡大学只有一座大楼,周围是马路、民居和教堂,无所谓"校园",所以有人调侃当时的弗里堡大学"远看一座楼,近看一座楼,里面一堆破条桌。"而现在的弗里堡大学面目焕然一新了,建筑非常漂亮。奥当神父说:"现在看到的弗里堡大学很有气派的办公楼和好几座现代化的教学楼,都是上世纪四十年代之后建成的新校址,你父亲读书时只有一座楼。"姐姐上次来弗里堡,他带姐姐参观了父亲当年读书时的那"一座楼",这座楼位于 St-Pierre Canisius 街 10号,现在是圣·米歇尔学校。这次,是姐姐带我们参观了那座楼:楼离大学图书馆不远,楼和楼的样式都显得古旧,一看就是历尽了岁月的沧桑。楼前有一片空地,楼的对面有一座小教堂,进到楼里,采光不太好,显得有点昏暗,正对楼门是一个大教室,教室拱形的门口上方有许多小天使的装饰,宗教的气氛很浓。从教室门的玻璃窗向里望去,清洁整齐,确有一排排条桌,但并不"破"。

当抗战爆发后,父亲决定回国时,岱梧校长曾很诚恳地劝他留下。在这里,我看到一份圣·宇思丹慈善机构准备在弗里堡设立一所东方学院的报告。这个报告刊载在《圣·宇思丹季刊》1942 年第 1 期上。

《在弗里堡设立东方学院的初步报告》大意是说:设立这个学院是为适应在中国和东方发展传教事业的需要。东方学院培养的年轻的神职人员,不论他们来自东方还是欧洲,必须对东方国度的文明尽可能地具有深刻的了解。设立东方学院有两个方案,一是学院作为圣·宇思丹慈善学校的附属学校,一是由

----

① 以下引述这批信件的中文稿,均由姐姐阎守和和外甥朱征翻译,不再一一注明,引用时只注明写信日期。

弗里堡大学自身管辖，就像现代法国学院。了解这个问题后，国务委员皮勒（Piller）先生愿意研究这个问题，并回应说他尽一切努力，使得第二个方案可以实施。

东方学院预定的编制将长期维持在两位老师，一位是萨迦利亚（Zacharias）教授，讲授印度文化课。撒迦利亚是里尔天主教学院的教授。是著名的印度观察作家，他将保留在里尔大学的课程，来往于里尔和弗里堡之间，在夏季学期里面可以给我们讲课。

另一位老师就是父亲，报告是这样介绍的：

> 让·玛里·阎先生已经是中文课程的教授。尽管阎先生非常谦逊，外表简朴，他在中国文坛是一个非常杰出的人物，他写了几本书都非常有名。常常有大学老师和学院院长去瑞士探望他。阎先生在弗里堡留学和在圣·宇思丹受洗后，去年回到中国，马上被委以北平中法大学的教授职务。还有人邀请他接受汉口大学的终身教授。他为了来我们这里服务三年和继续深造而拒绝了。

父亲的主要任务是讲授中国文化。这份报告最后还附有父亲讲授中国古代文化的教学进度表。东方学院的设立，显然是为了推进传教事业，估计因为战争的缘故，并没有建立。准备聘任父亲却是实实在在已决定的事。

从这份报告对父亲的介绍，可以看出这份报告起草的时间是在父亲从中国回到弗里堡之后，应该在1935年左右，只是在1942年才披露。报告中常用"我"的称呼，我推想，起草报告的人，有可能是夏立伊神父，他既是圣·宇思丹的领导，也很了解父亲的情况，而岱梧作为弗里堡大学的校长，他一定是知道设立东方学院的设想和有关事宜，也许这就是他一再劝父亲留下的原因。

父母亲回国后，思念着弗里堡和弗里堡的朋友们，其实，弗里堡的朋友们也一直寻找着父母亲的下落。在圣·宇思丹的档案里，保存着柯勒（G. Keller）小姐1959年9月22日写给圣·宇思丹的沙列（Charrire）修女的信，柯勒说：阎在位于中国的北方，他的故乡的大学（指山西大学）工作。他的孩子们在北京大学读书了。柯勒还说，提供这些消息的人是梁佩云的姐姐梁佩贞，她是留学法国

阎宗临上学时的弗里堡大学

现在的弗里堡大学办公楼

的,战争中和家人失去联系,如今在巴黎东方语专教中国文学。沙列等友人听到父母亲的消息,都很高兴,他们希望柯勒小姐和圣·宇思丹继续保持联系。

在弗里堡期间,我们就住在圣·宇思丹公寓,这里的宿舍楼是上世纪20年代建筑的学生宿舍,现在还是由留学生居住,我们也遇到几个中国学生,他们应该是父亲的"校友"。在公寓前,依然有一片绿草地,草地上耸立的圣母像,依然面带慈祥的微笑。据这里的负责人说,他们是天主教的机构,许多建筑一直没有改观。70年后,我住在父亲住过的地方,不禁心生无限的感慨。我们也去参观了父母亲举行婚礼的博基莹教堂。教堂在半山腰,紧邻沙林河,是一座不大的教堂,对照父母亲结婚弥撒留下的照片,教堂的建筑也丝毫没有改变。

父亲在弗里堡学习和工作是他一生中很重要的阶段。每当漫步在弗里堡古色古香的街道,沉醉在她优美的景色之中时,我不禁会想到父亲在这样美好的环境中生活了10年,母亲也在这里3年。父母亲是在弗里堡度过了他们青年时代的美好时光,并且建立了自己的家庭,从此,无论生活是平静的,还是艰难的;是幸福的,还是痛苦的,他们都遵循在博基莹教堂婚礼上的誓言,同甘共苦、不离不弃地度过一生。我想,和回国后的抗战时期、内战时期、新中国成立后不断的政治运动以至"文化大革命"时期的动荡不安的生活相比较,父母亲在弗里堡的生活是他们一生中最为平静、祥和、幸福的,一定给他们留下了美好的回忆。难怪父亲会饱含深情地说:"弗里堡是我的第二故乡。"能够学习、生活在弗里堡既是他们的缘分,也是他们的福分。只有置身于弗里堡,我才真正体会到抗战初起时,父母在新婚蜜月尚未过去,就谢绝了校方和师友的真情挽留,辞去了待遇优厚的工作,告别了安定舒适的生活,离开这个"天堂"般的地方,回到战火遍地、苦难深重的祖国。父亲的爱国之情,母亲的深明大义,是多么令人感动。我曾问过父亲:"当时你们为什么一定要回来?"父亲的回答是一句简单的反问:"国家有难,你能不回来吗?!"我无言以对,这句简单而质朴的反问,饱含着何等厚重的来自传统文化积淀的家国情怀。"天下兴亡,匹夫有责",父亲这一代知识分子,深感近百年来民族与国家所受的屈辱,他们最大的诉求就是民族兴旺,国家富强。在他们心中,民族与国家的兴衰存亡远远重于个人的荣辱安危。因此,抗战爆发,不仅是父母亲,许多海外游子和学人,大概也都怀抱着同样的信念,纷纷回国,共赴国难,参加抗战。试问,今天还会有多少人能有这样的情怀?

3　回国:从太原到武汉

　　父亲回国的决定,不是一时的冲动,是有深刻的思想根源的。从根本上说,是源于中国传统文化凝聚在人心中的感召力。爱国情怀是中华民族传统美德中的重要内容之一,它指对祖国的深厚感情和信念,是中华民族评价一个人的行为和道德的重要标准。尽管在不同历史时期爱国有不同的含义和特点,但也有根本的共同点:就是对国土、家乡和人民的热爱,自觉地维护民族的团结和尊严,关心祖国的前途和命运,敢于和一切外来的敌人作斗争。在日本帝国主义向中国发动大规模的侵略战争,祖国面临着生死存亡的危急关头,这种观念就是无声的动员令,让在天涯海角的中华儿女回到受苦受难的祖国怀抱,与祖国同甘共苦,为祖国的生存与命运奉献一切。我以为这就是爱国主义精神,而"爱国"的"国"就是养育我们的那片土地和山山水水,就是我们古老的中华民族和悠久的传统文化,并不特指某个阶级的政权。

　　父亲1934年在北平生活了将近一年,他对日本侵略者的嚣张气焰和日益高涨的抗日救亡运动都有切身的感受。1933年3月3日父亲东归刚到上海时,他说这座城市"也有些光明以极好的方式让我感动,看到一种新希望的气氛,这就是表现出的抗日感觉,但不够有纪律。"10月16日在北平写道:"我内心却有些悲伤。城市变了,特别是日本侵略以来!"[1]东归一年,父亲感受到的由于日本侵略使国家发生的变化和抗日的情绪, 对父亲后来回国的决定应该是有影响的。

　　1934年秋天,父亲在返回瑞士后,写了一组散文,总标题是《夜烟》,发表在1937年的《新北辰》杂志上,这些散文是在欧洲写的,在不少的篇章中都表达了他对在战火中的祖国的思念。如在《红花》一文中写道:"我梦见徘徊在坟边,坟中埋着的是守土的勇士,他们似乎在说:'朋友,给我们些红花吧,使它们装饰

---

[1]　见保存在圣·宇思丹公寓档案中父亲写的信。

我们的墓门'";"红的花开在原野,它们也开在我的心头,""因为这些红的花是壮士的血所浇灌成的";"我自己诘问:他们洒着热血,难道你便吝惜你的清泪么? 醒醒吧,时候到了! 敌人的战马已踏在壮士们的坟中。纵使如此,红的花要去装饰死者的墓门。"这里表达了父亲对抗日勇士的敬意和自己的感动。在另一篇《古城》中写道:

> 我梦见回到依恋的古城,那里没有红日,那里却有暮烟。
>
> 我梦见回到荒凉的古城,那里堆积着死尸,都是仇人毒物的惠品。
>
> 我梦见回到破碎的古城,几所茅屋,燃烧着,变为一块焦原。
>
> 我梦见,唉! 回到飘摇的北平,那是一所秋坟,街上满列着壮士的荒冢。

这里表达了父亲对被战火毁灭的祖国的惦念,特别是他所熟悉的北平。《夜烟》中有一个题为《满江红》的独幕小话剧,谈到了回国。

《满江红》的人物有三个:米莱先生,约50多岁,英国久住中国的外交官。马利小姐,约18岁,米莱先生的女儿,王靖的学生与女友,很活泼。王靖约25岁,黑龙江人,留英的学生。时间:1933年2月。地点:伦敦,系一个中等家庭的会客室内。幕开时,米莱先生在读晚报,马利小姐在织一件粉红毛衣。这个小话剧有如下一些对话可以透漏出父亲当时的思想:

> 马:爸爸,你说中国究竟是怎样的国家?
>
> 米:(把报纸放在腿上)中国? 过去的中国是伟大的,将来的中国是神秘的,现在的中国是痛苦的,是倒霉的!

在米莱先生父女讨论中国为什么会如此时,王靖上场了,他说,外面天气很冷,自己故乡的天气更冷。这时米莱先生说:

> 米:呵,王先生,我想起一件壮事来了。前天报纸上说:有二百义

勇军,都冻死在你们家乡的山上。他们才是你们贵国的英雄,人类的灵魂啊!

王:(做出惊异的样子)二百义勇军?

马:(做出赞叹的声调)可不是呢!他们死后,枪还在他们的手中,好像还是等日本人呢。

米:有这样伟大的灵魂,便是没有飞机,没有坦克,还怕什么呢?孩子们,你们要晓得,牺牲是伟大的。

王:是的,牺牲是伟大的。

米:可是,为自己祖国的流血牺牲,更是伟大的。

谈完这段话,米莱先生出去了。王靖却因战争而为自己与马利的爱情苦恼发愁:

马:那么,你究竟愁什么?

王:马利,不愁什么!不过方才你父亲的话,引起了我的许多感想。我怕你到了中国后,不惯生活,你将来要痛苦的!你要知道中国现在的地位是多么艰难啊!

马:呆子,这个我不怕!我要用苦痛来爱你,世间哪能常是洪福齐天呢?况且中国那么大,人又那么多,哪能永远受日本的欺负呢?有一日,中国要挣扎起来。

马利还表示:

马:到我们回到中国后,我们要去西湖,看《满江红》的作者呢!

王:很好!他的墓地是我们中国的圣地。

马利的爱情和坚定,使王靖受到鼓舞,他开始给马利教中文,讲的是岳飞的《满江红》。王靖告诉马利,这首词是"中国文学史上最伟大的作品","内容是激励自己与士兵,要夺回中国的失地,争回中国的人格"。话剧就在王靖高歌

《满江红》中落幕。这些话虽然是剧中人所言,应该也是父亲心声的反映,所以,父亲的回国是早有思想准备的。

1937 年的 7 月,对父母亲而言,是非常忙碌而重要的一个月。8 日,母亲接受洗礼,加入天主教。13 日,父母亲在教堂举行婚礼。大约在 25 日,他们就匆匆启程回国。对于父亲回国的决定,母亲是完全赞同和支持的,作为"新娘",母亲的爱国情怀是难能可贵的。临行前,岱梧主教对父亲的决定非常赞许,也为父母亲未来的生活表示了亲切的祝福。

1937 年 8 月 1 日, 父亲写给岱梧的信中说:"我们离开弗里堡也一个星期了。"由此可以推知父母亲从弗里堡启程的日期。也是在这封信中,父亲报告了他们的行程:他们从弗里堡出发,在苏黎世稍事停留,28 日到意大利的佛罗伦斯停留一天,父亲带母亲参观了这座中世纪的文化名城。29 日到罗马。在罗马停留了 5 天,除了参观和访问朋友,父亲还抓紧时间到图书馆查阅了资料,《身见录》的原件就是在这时拍摄,并在回国的航程上整理校注的。8 月 6 日从罗马到那不勒斯,7 日登上了皮豪斯卡佛(Piroscafo)号轮船,开启了回国的航程。

母亲在这天写信给岱梧说:"我爱大海,可惜船上的人太吵,让我无法平静。阎先生开始工作了。大海让他平静,我很高兴,他终于能做点事了。我希望我们抵达上海之后,阎先生能找到事情,开始工作。我们将会有个简单而平和的家庭。"由此可知,父母亲原计划是先到上海,再转赴北京,应聘于辅仁大学或中法大学。7 月底,北平沦陷,不能去了。父亲按计划把在欧洲多年搜集的图书资料装成五大箱运往上海,但 8 月 13 日,日军炮击闸北一带,对上海发动了大规模的军事进攻,中国军队进行了英勇的抗击,是为淞沪会战,上海陷于一片战火之中。踏上回程后,到上海的船改道香港。先期运到上海的图书资料,就这样全都毁于战火之中。这些资料是父亲多年的学术积累,其中包括父亲的《米开朗琪罗传》译稿和罗曼·罗兰为他写的序言,这给父亲后来的研究造成了极大的困难和损失。而罗曼·罗兰序言译稿的遗失也给父亲留下了终身的遗憾。

9 月初,父母亲回到了苦难深重的祖国。是从香港登陆的。北平不能去了,去向何方呢?父亲首先想到的是回故乡。他们从广州北上,经武汉,9 月中旬,回到山西太原。这时的父亲,已经不是当年的穷学生了,是洋博士,大学教授。记得父亲给我讲过,1933年底他东归一年,也是先到太原,当时的报纸有"冠盖往来"一栏,登了他回来的消息,太原的五台同乡会还请他和徐向前一起吃了顿饭,他们是五台县的一文一武。当时父亲想,阎锡山是自己的校长,不去看望不好,去看望又不愿,于是,打听到阎锡山星期一不办公,就在这天到省政府门房,投了张名片,算是去过了。这是一种敷衍的办法。

这次回来和上一次不一样,不是路过,而是要参加工作。父亲经联系,见到了当时山西省政府主席赵戴文先生。赵戴文(1866~1943),字次陇,五台人。早年曾留学日本,老同盟会会员,是山西辛亥革命的领导人之一,阎锡山的战友与密友。曾任山西省督军公署参谋长,国民政府委员等要职。父亲向他陈述了自己回国参加抗战,做力所能及的工作的愿望。赵戴文对父亲的情况是有所了解的,他对父亲的工作安排提出了两个方案:一是个去做阎锡山的外文秘书;另一个是到山西大学任教,让父亲自己考虑与选择。父亲当然选择后者,因为他一直不愿从政,更不愿做秘书之类的工作。在赵戴文的介绍和时任山西大学校长的徐士瑚教授的支持下,父亲受聘为山西大学历史系教授兼系主任,这是他第一次任山西大学历史系主任。

在太原时,父亲认识了赵戴文的儿子赵宗复。赵宗复生于1915年,比父亲小10多岁。他虽然出生于豪门,但从青年时代起就追求进步,接受了马克思主义。1932年考入燕京大学历史系,1933年加入中国共产党。1937年毕业后,回到故乡,在党组织领导下从事秘密的地下革命活动。他的公开身份是第二战区民族革命战争战地总动员会(简称"战动总会")的代理宣传部长。战动总会是一个由共产党和国民党的山西、绥远、察哈尔三省政府以及各救亡抗日团体共同派代表组成的统一战线组织,直接隶属于第二战区司令长官行营。战动总会的主任是著名爱国将领续范亭将军,共产党方面的代表是邓小平、彭雪峰、程子华、南汉宸,阎锡山方面是梁化之、王尊光、蒋右丞。赵宗复的公开身份是山西省政府的代表。父亲见到他时,因为都是学历史的,很谈得来。他的热情、朴实和才华横溢也给父亲留下了深刻的印象。当然,那时候,父亲并不知道他是共产党。

父亲受聘到山西大学之后不久,太原的形势日益紧张。北平沦陷后,日军兵分三路向河北、山东、山西等腹地大举进攻。9月11日,山西北部门户大同沦陷,7 万日军由晋北向太原逼近,在忻口受到中国军队的英勇阻击,久攻不下。日军只好改由正太线向太原进攻。在战争日益逼近的形势下,山西大学由太原迁移至运城大渠村二中上课。11 月初,太原沦陷,山西大学也就停办了。当时,父亲刚回国,人生地疏,母亲又怀孕了,经济也很窘迫,处境很艰难,该向何处去呢?恰好,父亲在法国里昂做工时认识的中法大学学生夏敬农来信邀请他去武汉,父亲也想在武汉可以碰到一些留法的同学,好找工作,于是和母亲一起动身到武汉。

1937 年 12 月南京失守后,虽然国民政府已将首都由南京迁往重庆,但实际抗战的首都一度在武汉,因为,政府的一些重要职能部门,包括军政部、外交部、财政部、内政部、交通部、经济部、教育部等,以及国民党中央党部、国民政府军事委员会等正面战场的最高决策机构,还有各国驻华使节,也都是迁往武汉的,武汉还是共产党与国民党两党合作的结合地点。因此,武汉就是抗战的心脏,不是首都的首都。"保卫大武汉"是当时最响亮的口号。日本军队在占领徐州后,兵分两路,一路由长江两岸向武汉进攻,另一路,从大别山方向助攻武汉,武汉会战由此展开。

父亲于 1937 年底到达武汉时,武汉的战争气氛已很浓厚。日本飞机不时飞临武汉上空,实施轰炸。圣诞节前,父亲写给岱梧的信中说:"虽然战争使我们生活在痛苦中,日军十分猖狂,但我们相信我们的祖国能打赢这场战争。在这生与死的关键时刻,我的工作是让国外了解中国的情况。为此,我在写小手册,广播稿和报刊文章,我要尽最大努力完成我的职责。"

1938 年 2 月 9 日父亲在汉口写给岱梧的信说:"我们每天都会感到死亡就在身边。今天日本飞机已经来轰炸了两次,我们关好门窗待在家里。日本人残酷,毫无人道,每天都有骇人听闻的事发生。一个年轻妇女,被 18 个日本兵轮奸。"就在父亲写这封信后的第十天,日本出动了 30 多架飞机,对武汉实施了第一次大规模的空袭,日军的空袭,遭到中国空军的英勇迎战,击落日机 12 架,自己损失 7 架。这次空战,史称"二·一八"大空战。中国空军的胜利,使武汉市民欢欣鼓舞,兴奋若狂。

父亲到武汉后,为寻找工作,1938 年 2 月在教育部登记为流亡教授,过了一个月,被分配到战时工作干部训练团(简称"战干团"),担任世界近代史课程。这个战干团受国民政府军事委员会政治部第三厅领导,厅长是郭沫若。郭沫若在他写的《洪波曲》(人民文学出版社1978年)一书中曾讲到他做厅长的经过和第三厅的工作。当时是国共合作时期,政治部部长是陈诚,副部长是周恩来、黄琪翔。下设四个厅,总务厅及一、二、三厅,一厅负责军中党务,二厅负责民众组织,三厅负责宣传动员工作。战干团主要招收流亡到武汉的有中学程度的爱国青年,经过短期(3个月)的培训后,分配做抗日工作。父亲在战干团给他们讲授过两个专题。一个是鸦片战争,一个是巴黎和会。上课在武昌左旗。父亲在战干团只教了一期,就离开了。由于父亲是教授,在战干团的月薪是120元,相当于上校军衔的月薪,他教的世界史属于国际政治组,这个组的负责人是马季廉,据说是《大公报》副刊的编辑,只开过一次会。也就是因此,父亲在"文革"中被称为"国民党上校政治教官",作为一个历史问题遭到批判。今天看来是很荒唐的事,在"文革"中却给父亲带来不小的灾难,对此父亲自然很难想通,为抗战工作怎么就成了历史问题呢?

在武汉,父亲遇到在法国勤工俭学时认识的朋友盛成。盛成1899年生,江苏仪征人,是一位集诗人、作家、翻译家和语言学家于一身的学者,而且,也是一位社会活动家。他因法文著作《我的母亲》在法国文学界享有盛名。1985年因对中法文化交流的贡献被授予法兰西共和国荣誉军团骑士勋章。据《旧世新书—盛成回忆录》记述,1934年3月,盛成为故宫调查国宝失窃案,曾到弗里堡会见父亲,他写道:

> (3月)13日,我去自由城(Friborg),我的朋友阎宗临及夫人梁佩云在自由城大学攻西洋史。第二天,我和他们夫妇去少富峰玩了一天。回来后,我同阎宗临商议是否去日内瓦。因为沿路我一直打听故宫宝物的踪迹,但我走过的地方都找不到蛛丝马迹。据阎宗临讲,日内瓦是盗宝者的大本营。东西大多分布在巴黎、里昂和日内瓦,西班牙、马赛也有。……阎的意思最好我只在日内瓦经过一下,不必久留,然后去巴黎。

盛成这次寻宝因种种原因,很快就无果而终。1937年抗战爆发后,他在宋子文的授意下,在上海发起组织了民间救亡团体"国际宣传委员会",由蔡元培任会长,他任总干事,宋子文任顾问。参加工作的有胡愈之、王炳南、金仲华、张志让、胡风等人,并吸收各界著名人士参加。委员会属于上海各界救亡联合会,经费独立①。上海自"八·一三"后,战事十分激烈。盛成从上海撤到武汉,仍然负责"国际宣传委员会"的工作,他介绍父亲参加了这个委员会。"国际宣传委员会"为日本进步作家鹿地亘夫妇从香港到武汉举行过欢迎会等活动,父亲也都参加了。盛成还介绍父亲参加在汉口成立的法比瑞同学会,凡能说法语,在法国、比利时、瑞士留学的,只要登记一下就是会员,参加的人很多,留学瑞士的只有父亲和他的学生宋恩林。这个同学会于 1938 年 1 月成立,由一位姓曹的先生负责,目的在介绍工作,订购车船票等服务项目,会址设在江汉路。父亲离开武汉后,就再没有参加这个同学会的活动了。

1938 年 4 月 27 日,母亲生下了一对双胞胎,就是我的大哥和大姐,都是 7 个月的早产儿。他们出生时,恰逢台儿庄大捷的捷报传来,这是李宗仁将军领导下的中国军队经过浴血奋战,歼灭了日军板垣和矶谷两个精锐师团的两万多人,取得了中国军队正面抗击日军的第一次重大的胜利。为了纪念这次振奋人心的胜利,父亲为大哥取的乳名是台儿,大姐是庄儿,大名是守胜和守和,表达了对胜利与和平的期望。母亲生产后,武汉形势日趋紧张。孩子过了满月,父亲把母亲和孩子送到他的一位画家黄先生在湖南湘潭的家中,到湘潭后,黄先生家对母亲和孩子照顾得很好。黄先生曾在巴黎学画,期间,到过瑞士弗里堡,那时就与父亲相识,不过他比父亲的年龄小,是父亲的"小朋友",这样的友谊在危难之中,显得更为可贵。

父亲自己留在武汉,继续战干团的教学工作。武汉沦陷是迟早的事,显然不是久留之地。该去哪里呢? 这时父亲又面临着选择。一个是云南大学邀请父亲去,云南是留法学生较多的地方。另一个是广西大学。父亲在武汉参加一些抗日救亡的活动时,认识了广西的重要人物李任仁。李任仁生于 1886 年,广西临桂人。前清秀才。1910 年参加同盟会,一直从事革命活动。1935 年出任广西教育厅厅长,国民党中央候补委员。抗战爆发后,李宗仁和白崇禧率军在外,省

---

①盛成:《旧世新书——盛成回忆录》,第 58 页,北京语言学院出版社,1993 年。

内事务主要由黄绍竑、李任仁等负责。李任仁对父亲的印象很好,热情地邀请父亲到广西大学任教,他告诉父亲,广西很安全,有岩洞可以躲警报。而夏敬农夫妇已先期到桂林,也约父亲去。这样,父亲就有了两个可去的地方。

7月中旬,战干团学员第一期课程结束,父亲辞去工作,8月到湖南长沙,27日给岱梧的信中说:"我不能继续工作了,这些天我们受到67次以上的空袭轰炸,我多次从死里逃生,我随时都可能死去。我的150名学生被炸死了。我们必须赶走日本人,这样才会有和平。"9月,父亲到了湘潭,8日发自湘潭的信说:"我亲爱的教父,日军都是野兽,他们不断地屠杀我们的妇女和儿童,那些可怕的照片我不敢寄给你看。因为这种残酷是人们不能想象的,谁看了都能判定即便是动物也不会这样残酷,心理学家应该很好的研究这些兽行。8月份在汉口,日军动用了1715架轰炸机,造成3112人死伤。我也两次遇险,生或死常常同时存在。在这种可怕时刻,我想到你,我亲爱的教父,是你让我懂得了生命的意义和灵魂的尊严。"

父亲在湘潭给岱梧的信中还写道:"请代我向伟大的小说家问候,我一直对他保有最大的尊敬。他完全有资格得到欧洲和全世界人的尊重。"这段话应该是罗曼·罗兰托岱梧问候父母亲情况后,父亲对罗曼·罗兰的答谢。

父亲到湘潭后,和母亲商量去向。母亲因为生了双生,必须请个奶妈,奶妈只愿去桂林,不愿去云南。父亲想,只好先去桂林,等孩子长大些,再去云南大学。于是接上他们,从湘潭到衡阳,从衡阳乘火车到桂林。当时,到桂林的火车票很难买,是父亲在弗里堡的学生宋恩林帮助买的。宋恩林解放后在四川铁路局工作,乘出差之便,还来太原看望过父亲。

八　在桂林的岁月

　　抗战八年,我们家都是在广西度过的,除了 1944 年在桂东逃难一年外,一直住在桂林。桂林是一座风景秀丽的城市,素有"桂林山水甲天下"之称。在抗战时期,桂林也是一座著名的文化城,这里据说聚集了将近一万名各界知识分子,也集中了大批文化界的名人。由于桂系势力与国民党中央政府有一定的矛盾,桂林的政治环境相对宽松,抗日宣传工作非常活跃,抗日救国的文化运动开展得轰轰烈烈,影响深远。

1　艰难的生活

　　父亲到桂林的时候,由于广州失守,武汉撤退,长沙大火,桂林形势也紧张起来,人们怕桂林不安全,纷纷离开。广西大学走了不少教师。从桂林向外走的交通也很困难,因此,父亲决定暂时先在桂林住下来。

　　桂林这时的环境,并不安宁,常有日本飞机来轰炸。父亲在 1939 年 2 月 18 日从桂林写给岱梧的信中说:"日军对桂林已经炸了 7 个月,1700 座以上的房子被烧毁,战火烧到了我的家门口。我看到人们没有眼泪,他们勇敢面对。"在 8 月 19 日的一封长信中,父亲说:"从 7 月 31 日到 8 月 4 日,我们遇到了两次很厉害的空袭。半个城市被摧毁了,尽管人们不停地灭火,大火还是烧到午夜以后。我住在市郊,我的第六感觉让我不安,我们带着孩子躲进山洞。空袭后

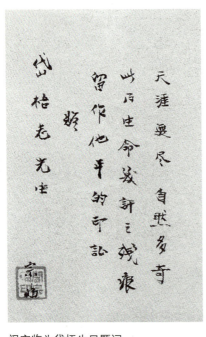

阎宗临为岱梧生日题词

回家，看见两个炸弹落在我们的菜园里，上帝帮我们躲过了这场灾难。"父亲接着写道："战争给我们的国家带来痛苦，中国能承受这种痛苦，这种承担为的是保卫我们的自由和独立。我们会取得胜利的。也许这不只靠军队和武器，是靠全国人民。他们身上有取之不尽、用之不竭的力量，靠我们地大物博的祖国。我的这种认识是来自我亲眼看到日机轰炸后，我们的人民没有眼泪和悲伤。他们很积极地重建家园，第二天，商贩已开始工作了。"父亲回国后，从太原到武汉、长沙、湘潭直至桂林，一直在日机的轰炸之中，在恶劣的战争环境下，丝毫没有动摇他抗战必胜的信念，也没有影响他认真进行教学与科研的工作。

到桂林不久，生活安定下来，恰逢岱梧主教生日来临，父亲给他寄了一本小相册作为生日礼物，一直保存在《岱梧档案》里。这本相册宽 8.5 厘米，长 11 厘米，黄色皮套上夹有一道红色箭形的装饰花纹，皮套之外还有一个纸质的外封套。父亲在纸外套上用毛笔写了中文题词。父亲的题词是：

天涯展尽，自然多奇，此乃生命几许之残痕，留作他年的印证。

　　　　赠

岱梧老先生　　　　　　宗临

题词下端父亲签名并用印章。有趣的是，父亲对岱梧，没有用"主教"、"教授"的称呼，而是用了中国人传统对长者的称呼"老先生"，显得亲切而庄重。为了让岱梧了解题词的内容，还附上了英文打印的译稿："Boundless is the horizon. Marvelous is the universe. These are the few remaining traces of life. That will be served as future souvenirs. Given to Mgr. Devaud, Singed by Yian Tzong LinJan"。

Jan 是父亲的教名,让 – 马里的简称。

　　相册内是 20 张父亲拍摄的瑞士著名雪山风景,瑞士的雪山高峻雄伟,除了危岩峭壁,直上云霄,终年积雪外,也有几许植被,其中有两张能看到父亲的身影。雪山上的植被和父亲的身影也许就是父亲所谓的"生命几许之残痕",而这"生命几许之残痕"表达了父亲对弗里堡及岱梧的思念,这种表达也体现了中国文化含蓄、内敛的风格。三年前,父亲在《波动·东归之先》中曾写过这样一段话:

　　　　(在弗里堡城中)消磨了我五年的光阴,想起来,他成了一件留恋难舍的东西,我追思他的心情,和月夜思故乡的悲哀,如同一条弦上所发出的!

　　　　我留恋他,因为我留恋我已逝去的生命。

　　这段题词中的"此乃生命几许之残痕",应该和"我留恋我已逝去的生命"的思想感情是一脉相承的。

　　1938 年秋,父亲到广西大学任教授,担任文学院每周 3 小时的欧洲通史(也称西洋史)、2 小时的历史文献解释和 2 小时的逻辑学课程;还给中学每周授 2 节历史课,每周共九个学时的课。我们家当时住在桂林市的施家园,"木板房,有菜园,很像元代的风景画,那里的农民对我们很热情,过春节,八位农民请我们一起吃饭。"(1939 年 10 月 3 日给岱梧的信)

　　大哥守胜还记得,战时的施家园有一种难得的平静和田园气息。父亲特别喜欢附近山坡上的杜鹃花,大哥每次在外玩耍,一定会摘几枝回来,插在窗前书桌上的花瓶里,父亲总是显得很高兴。大哥说:现在回想起来,也许是杜鹃花让父亲瞬间忘记了战乱,回到宁静的山野盛开杜鹃花的弗里堡吧!

　　施家园距广西大学所在的良丰 22 公里,父亲每周要搭车到学校住 3 天,讲完课再回家。父亲自从回国后,一直处于动荡之中,到了广西大学才有一个相对安定的环境,他正当壮年,精力充沛,也想在学问上多下点功夫。而广西大学的研究条件还好,图书馆里有必要的参考书,因此,他在授课之余,四年之间,夜以继日,写了近 60 万字的学术论著。2008 年出版的《阎宗临作品》三种,

阎宗临在桂林的家——施家园前门的风景

一半以上是在这期间完成的。也可以说,父亲的论著主要完成在桂林,在抗战时期。

父亲在从事教学与研究的同时,还积极地参加了抗日救亡的各种文化活动。父亲到桂林后不久,盛成也来到桂林。他继续领导桂林的国际宣传委员会的工作,经常举行一些国际形势的座谈会,父亲也常常出席。法国著名进步人士李蒙到桂林发表演说时,就是由父亲即席翻译的。李蒙思想"左倾",他发表的激烈言论往往受到听众的欢迎。

父亲还参加了广西建设研究会的工作。这个研究会由李济深任名誉会长,李宗仁任会长,白崇禧、黄旭初任副会长,李任仁任常务理事兼编委会主任,由李任仁、陈绍先主持日常事务。这是一个集政治性和学术性为一体的组织,也是广西省政府的咨询机构。在研究会,除桂系主要党政干部外,还聘请了不少中共党员和进步文化人为研究员。研究会下设政治部、经济部、文化部。父亲受聘为文化部研究员。参加文化部的知名人士很多,如陈此生、欧阳予倩、胡愈之、杨东莼、盛成等。大约每季度开一次会,作会务报告并进行讨论。结合国际形势的变化和战争的进程,遇有特殊事件事,也开座谈会。如法国投降后,就开过一次。文化部出版一份刊物,名为《建设研究》,为进步文化人提供舆论阵地,广泛宣传抗日民族统一战线。父亲在这个刊物上写了许多文章。1941 年曾将这些文章结集由广西建设研究会出版,书名为《近代欧洲文化之研究》。后来在胡愈之的具体倡议下,又成立了文化供应社,这是一个出版机构,出版了大量进步书刊,父亲的专著《欧洲文化史论要》就是在这个出版社出版的。

在桂林,文艺界的抗日宣传特别活跃,尤其是戏剧界。活跃在戏剧界的著名戏剧家有欧阳予倩、焦菊隐、田汉、向培良和熊佛西等,父亲和他们都有不同程度的交往和情谊。父亲与文学艺术是有渊源的,因此也积极参加文艺界的抗日宣传活动。《桂林文化大事记》[①]有这样的记载:

> 中华全国文艺界抗敌协会第二期文艺讲习班参加学员达八十余名。授课教师在美丽川菜馆开会,有李文钊、焦菊隐、欧阳予倩、阎宗临、宋云彬、傅彬然、司马文森、邵荃麟、莫宝坚、肖铁、孟超、陈志良、芦荻、胡危舟等二十余人。会议讨论了文艺思潮、文艺欣赏、作品研究、作家研究、创作方法与经验等教学问题。会议决定文艺讲习班课程分配和每周上课日期和课时等事项。

父亲在广西大学时,1941 年,教务处通知:教育部要进行教授资格审查。父亲报送的材料有:1、1937 年山西大学文学院教授聘书;2、弗里堡大学硕士、博士文凭;3、中文著作《欧洲近代文化史研究》;4、法文著作《杜赫德及其著作研究》。送审后,教育部发回的第一批教授证书中,就有父亲的。这份部聘教授证书,1952 年在思想改造运动中上交给山西师范学院了。

父亲在广西大学工作的 5 年就换了 5 个校长,每次换校长学校就发生动荡,人心惶惶。虽然父亲的工作是稳定的,因为他的教授资格是教育部审定的,而且,可以教西洋史的人也不多,但朋友们的去留常使他的情绪受影响。1943

---

① 《桂林文化大事记(1937~1949)》,第 158 页,桂林市文化研究中心、广西桂林图书馆编,漓江出版社,1987 年。

年的一天,桂林师范学院教务长、著名的教育学家林厉儒和广西大学的老同事谢厚蕃来家里,邀请父亲到桂林师范学院任教,离开广西大学。他们讲的理由:一是广西大学在良丰,离桂林远,在师院,不用跑良丰,可以节省精力,多做点学问;二是师院有史地系,可以更多的发挥父亲的专长,不用像在广西大学常是讲公共课;最重要的是,他们知道父亲家庭负担重,生活清苦。父亲的工资定为月薪520元,比西大工资高150元。这样父亲就接受他们的邀请,辞去广西大学教职,应聘到桂林师范学院。

桂林师范学院就是现在广西师范大学的前身。1941年广西省政府为了适应广西教育文化发展的需要,11月筹建广西省立师范专科学校,1942年4月更名为广西省立桂林师范学院,曾作忠任院长,林厉儒任教务长,负责教学工作。学院下设五个系和一所附属中学。桂林师院,虽然是省立学校,由于得天时、地利、人和之便,延聘了一大批名师宿儒、专家学者到学校任教、讲学和工作,最初五个系受聘的系主任分别是:林仲达(教育系)、谢厚蕃(理化系)、张世禄(国文系)、陈竺同(史地系)、陈翰笙(英语系),教授有"梁漱溟、阎宗临、吴燕生、吴世昌、张映南、宋云彬、曹伯韩、穆木天、谭丕模、杨荣国、汪士楷、张锡昌、徐寅初、石兆棠、欧阳予倩、高天行、方管、周庆陶、彭慧、张毕来",[①]从这份名单可以看出,桂林师范学院的师资力量不逊于国内任何一所名牌大学。

父亲离开广西大学到桂林师院,师院工资高是重要原因之一。因为当时正值抗战时期,桂林人口骤增,物价高涨,穷教授的生活原本就很清贫,更何况父母亲在四年内有了四个儿女,我们家孩子多,仅靠父亲的一点工资来维持生活,家庭经济负担沉重,自然很困难,常常难免于饥寒的威胁,经常靠朋友们接济。巨赞法师就很关照我们家,常将别人送他的食品、生活用品,转赠给我们。所以,母亲有时开玩笑说:"法师吃四方的,我们吃法师的。"为了增加点收入,解决生活困难,父母都在无锡国专兼课,父亲教《中西交通史》,母亲给女同学上《家政学》。同时搬家到国专提供的宿舍住,省去了租房的费用。

我们家当时的生活状况的清苦,还可以从一个小故事看出。这是父亲在无锡国专的学生萧德浩在《缅怀先师阎宗临教授》一文中讲的:

---

① 这份名单引自百度百科名词《桂林师范学院》。

　　阎师在教学之余,经常撰文发表于报刊上。在桂林(当时桂林已成为中国大西南的抗战文化名城),其名望甚高。当时曾发生一件轰动整个桂林高等院校的事,那就是:梁佩云师母有病,阎师送她到广西医学院附属医院治疗。由于他们衣着朴素、布衣布鞋,医院里的人认为他们是逃难来桂林的难民,是平头百姓。有的人态度傲慢,个别的还故意刁难,说一些极不尊重人的话。阎师和师母除了一些必要的解释外,就没有计较这种只看衣冠不认人的鄙俗行为。经过几天的治疗,师母的病情大有好转,于是,在病榻上阅读一些外文书刊。几个护士发现这位土气十足的妇人竟读外文书刊,既惊奇又充满疑虑。几个护士和医生不动声色地偷偷在旁窥视。他们见师母不仅看,有时还低声朗读。有一天,一位熟悉外文的医生诊病后,即问师母:"这些外文书刊是你的吗?"师母做了回答。医生即用英语和师母交谈,师母对答如流,站在床旁的护士听了,目瞪口呆,内心惭愧不已。这时,他们了解到她是留学瑞士,抗战回国任教的大学教师,是桂林有名望的大学教授阎宗临博士的夫人。此后,他们就热情对待,尽心治疗。此事一时就在四方传开。①

　　尽管在战乱的环境中,在贫困的生活里,父母亲之间的感情却是很好的。1939 年 12 月 22 日,我的二哥守邕出生了。就在二哥出生的那天,发生了 4 次空袭警报,大家把母亲抬到山上防空洞里,由于受凉,产后第五天就发高烧,两周都高烧不退。幸亏父亲的朋友、美国医生罗曼里诺坚持要验血,发现了这里的医生误诊了病情,罗曼里诺帮助找来了 10 针救命的盘尼西林,才使母亲脱离危险。在母亲病重期间,父亲每天去看望三次,父亲很着急,他觉得自己不能没有母亲,孩子也不能没有母亲,他必须设法救治母亲,而他也终于使母亲康复了。1940 年 1 月 23 日,父亲写信给岱梧,诉告他自己又添了一个儿子,以及母亲生病、治病的情况。父亲说:"自从结婚以来,我们遇到苦难,但我们之间从

---

　　① 萧德浩:《缅怀先师阎宗临教授》,《广西文史》,2003 年第 2 期。

未感到过痛苦,我们俩在一起是幸福的。"父母亲的感情一直很好,他们总是共同面对问题和困难,从来没有吵过架,他们都牢记在举行婚礼时,岱梧要他们两人互相尊重,互相信任的教导。以后的岁月,也将证明他们感情的真挚和深厚。

从父母亲写给岱梧的信看,回国后,岱梧对他们一直关心,就像对待自己的子女一样,可惜岱梧写的信在战乱中都没有保存下来。岱梧不仅在精神上给父母亲以安慰和鼓励,而且在经济上也给以帮助,父母从湖南到桂林缺乏旅费的困难,就是岱梧寄来的 10 美元解决的。

1940 年,大哥、大姐满两周岁之后,父母亲曾带他们到照相馆照了一张相,寄给岱梧,岱梧看到照片很高兴,回信说:看来你的两个孩子,虽是同胞孪生,但个性会不同,要父母小心带好。他还从瑞士寄了 310 美元给孩子们买礼物,这在当时是一笔可观的钱,汇到桂林邮局,被邮局扣下,拿去做生意了,迟迟不给父亲。等到父亲拿到这笔钱时,已经贬值不少。1941 年初,父亲接到岱梧秘书的信,信写在一张明信片上,内容很简单:"岱梧主教让我告诉你:虽然我们分处在如此遥远的两个世界,他亲吻你们的亲爱的两个孩子,上帝会保佑你们。"父亲感到有点奇怪,怎么岱梧自己不写信呢? 后来,才知道,当时岱梧病重,健康状况不好,不能亲自写信。对于父亲这样一位来自遥远的中国的穷苦学生,岱梧只是惊叹于他优异出众的学业成绩, 感动于他艰苦奋斗的求学精神,就给予他无私的、细致的帮助。岱梧慈父般的仁爱之心是超越国界与种族、超越时间与空间的,这就是我们说的"大爱无疆"吧! 作为欧洲著名教育家的岱梧对父亲的帮助,不仅仅是在经济上的资助,更为重要的是在父亲与他长期接触中,他为人的博爱善良,治学的严谨认真,他的言传身教,都给父亲很深的影响,所以,父亲在他的《近代欧洲文化之研究》一书 1941 年出版时,在"自序"里

Souvenez-vous dans vos prières
de l'âme de

Monsieur l'abbé Eugène DÉVAUD

Baptisé en l'église de Villaz-St-Pierre, le 18 mai 1876
Ordonné prêtre au Séminaire de Fribourg
le 21 juillet 1901
Que Dieu a rappelé à Lui
le dimanche 25 janvier 1942
pour être jugé en toute justice et miséricorde

Magnificat anima mea Dominum.

R. I. P.

(Texte rédigé par le vénéré défunt lui-même
avec défense de mentionner ses titres.)

Impr. St-Paul, Fribourg

岱梧的讣告

写道:岱梧教授"教我做人,导我治学,我受了先生天高的恩谊,使我这个苦学生得以完结自己的学业"。对于岱梧的关爱,父亲是铭记在心,终生难忘的。

岱梧经历了病痛的折磨,1942 年的一个星期天,1 月 25 日逝世。岱梧去世前,并没有忘记要把他祝愿父母平安的信息传达给父亲。岱梧逝世后不久,寄来了讣告。讣告并不大,宽 8 厘米、长 11 厘米,讣告上有岱梧的半身像,显得严肃而慈祥,胸前挂着象征校长权威的三环赤金链条,金链条是罗马教皇所赐。我们不知道父母亲怎样从岱梧逝世带给他们的悲痛中走出来,这张小小的讣告和明信片,经历了许多苦难和漫长的岁月保存下来了,因为这是一个珍贵的纪念。父母回国后,一直希望有机会回弗里堡看望岱梧,然而这个愿望始终无法实现。2011 年,我们到弗里堡,本想到岱梧的墓地,代替父母为他献花、扫墓,据说他安葬在故乡,墓地所在不详。我们也无法实现扫墓的愿望,只好在此献上心香一瓣,表达我们感恩的心意。

2 旧友新交

父亲 20 岁就出国,在国外 13 年,除了在国外认识的朋友外,国内文化学术界的熟人并不多。桂林虽然是一座中等城市,人口不算多,面积不算大,抗战时期聚集的文化人却很多,文化活动多,见面的机会就多。因此,父亲在桂林,遇到了一些国外认识的老朋友,更多的是认识了不少新朋友,特别是在抗战这样一个特定的环境中,这种友谊就有特别的意义。我所写的父亲在桂林的朋友们,主要是限于我们兄弟姐妹耳熟能详的,父亲的朋友远比这里所写的要多。

父亲在在广西大学教书时,和同在文学院的焦菊隐、法律系的钟震、经济系的杜肃等几个教授一起起伙,请了一个保姆做饭。因此彼此也就熟悉起来。虽然他们的经历、专业、思想各不相同,但有个共同的爱好,就是都爱看桂戏。都关心桂戏的改革与发展。在这些人中,父亲与焦菊隐的关系最深,也最好。

焦菊隐是著名的导演艺术家、戏剧理论家、翻译家。1928 年毕业于燕京大学政治系,1935 年到法国巴黎大学专修戏剧理论,1938 年获博士学位。在法国时,经朋友介绍,父亲和他相识,并请他在 1936 年的复活节到弗里堡聚会,然后带他到洛桑、伯尔尼、日内瓦等地旅行。在共同的旅行生活中从相识到无话不谈。后来父亲到巴黎就住在焦菊隐的宿舍里。父亲和焦菊隐还有另一层关系，就是焦菊隐在燕京大学时，二姨梁佩贞在历史系，他们都是学生中的活跃分子，在编辑刊物、演出戏剧中交往很多。听母亲说，焦菊隐曾开玩笑说，孩子们应该叫他"舅舅"而不是"伯伯"。

焦菊隐在 1941 年被广西大学解聘，失业了一段，生活很困难。父亲曾送他一笔钱，以渡难关。其实，我们家经济也不富裕，靠父母的工资艰难度日。这时，恰巧有岱梧寄来给大哥、大姐买礼物的钱，父亲就用这笔钱帮助焦菊隐解除了失业之困。本来留法同学互相解救经济危难是常有的事情，母亲也很支持父亲的决定。

1949 年新中国成立后，焦菊隐曾任北京师范大学文学院院长，兼外文系主任，当时父亲在中山大学，正在考虑去向，他邀请父亲到历史系任教并兼系主任。由于种种原因，父亲没有去。焦菊隐在北师大待了一年左右，就到北京人民艺术剧院当总导演去了，开始他真正辉煌的戏剧生活。父亲回到山西后，大概在 50 年代初，他给父亲寄来一包他翻译出版的文学作品。50 年代末，大哥守胜、大姐守和和二哥守邕都在北京大学读书，焦菊隐请他们三人到家里吃晚饭。姐姐守和回忆这次拜访说："焦伯伯家住在离王府井不远的一座很普通的老北京的平房里，房子宽大空旷，好像里面没有什么家具，很简单。他家里还有一位比我们都年长、和蔼可亲的大姐在帮他管家。那天，焦伯伯请我们吃一大锅炖牛肉，里面加了粉条、红萝卜和大白菜等。我们每人端一大碗，拿个小馒头，坐在小板凳上吃。这让我想起中学时上灶吃饭的情景。我真不敢相信中国鼎鼎有名的大导演，生活竟会是如此简朴。焦伯伯有两个比我们小约 10 岁的女儿，吃饭时都抢着靠在他身边，和他很亲热。晚饭后，焦伯伯带我们三人去看他导演、朱琳主演的话剧《蔡文姬》。我一点也记不得在桂林是否见过焦伯伯，这次见面留给我的印象是，他身材胖瘦适中，个子很高，眉毛很黑，带一副深度近视镜，看上去好像很严厉，说起话来倒也很平和。尽管看完戏，他送我们三人走时，再三叮嘱说，以后想看什么人艺演的话剧，都可以找他。我们三人谁也没有再去找他。并不是因为我们不爱看他导演的话剧，而是不知道该和他说什么好。后来，父亲问起去看焦伯伯的情况，父亲说：焦伯伯是个艺术家，艺术家和平常人会有很多不同之处，不必在意。"

父亲和欧阳予倩的交往较多，觉得他不仅在戏剧方面有高深的造诣和贡献，而且，学问渊博，为人宽厚，有处理实际事务的能力，和各方面的关系都搞得很好。欧阳予倩对父亲也很关心。我们家孩子多，经济困难，他总是多方照顾，常把他女儿不穿的衣服或多余的布料给母亲，让改小一点，给孩子们穿。

父亲在桂林还有一位朋友，就是桂剧表演艺术家尹曦，艺名小金凤。尹曦出身贫苦，9 岁学艺，天分很高，到抗战时期已是桂剧著名演员，四大名旦之一。在欧阳予倩、田汉、焦菊隐等戏剧大师的指导下，积极参与桂剧改革，她演出的《梁红玉》、《桃花扇》、《人面桃花》、《拾玉镯》等剧目都受到观众的热烈欢迎。父亲在参与桂剧改革的活动中，和尹曦建立了很好的友谊。1946 年 8 月，父亲带我们全家乘船到广州，尹曦还赶到码头送行。1962 年，父亲到北京开会，与尹曦相遇，谈到在桂林的生活和疏散前后的情况，感慨颇多，写了一首诗：

三月桂林苦甲兵，凄凄风雨暗江城。

柳丝吹断千条线，犹有桃花送客行。

1993 年 8 月，我到柳州开"柳宗元学术研讨会"，先到南宁，曾看望过尹曦，当时她已 70 多岁，从广西艺术学院院长的职务退下来了。尹曦身体健康，精神很好，也很健谈。我印象最深的是，她问了我们兄弟姐妹的情况，还记得姐姐守和多年前曾到南宁看望她，她的一位当五官科医生的女儿尹曼玲和女婿到上海出差，在守和那里住过。她希望上一代的友谊在下一代人中也能传承下去。因此，我感到尹曦是一位很重情谊的长辈。临别时，她送我一本中国戏剧出版社 1990 年出版的《尹羲表演艺术谈——尹羲从艺六十年纪念》，并且亲笔签名，这本书，我认真拜读了，并一直保存至今，转眼间，20 年过去了。

父亲在桂林，还遇到了留法时认识的徐悲鸿。关于徐悲鸿，父亲曾和姐姐守和讲过这样一件事：有一次，父亲和他一起同乘一辆马车从良丰到桂林，那匹拉车的马和赶车的老人都很瘦很瘦。然而，老车夫很爱他的马，一路上从来不用鞭子抽马，而是用桂林话来指挥马。这使徐悲鸿很感动，在下车时，取出画本即兴画了一张老车夫的瘦马，送给他。徐悲鸿目送老人和马车渐渐走远，对父亲说："那老人真是个爱马的人，你看他牵着马走，还在和马说话。"父亲好奇地问:"悲鸿,你怎么想到为他画马,也许还不如多给他点车钱更实在。我看他多半不会懂得你的画的价值。"徐悲鸿回答:"我爱马,也画过许多马,没有想到在此时、此地、遇此没有文化的老人竟会待马如亲人,爱马如爱己。我很高兴,就是为了这个理由,要画下他的马送他。"父亲讲完这个小故事,告诉姐姐:"我和你徐伯伯有过很多的交往,那天我好像突然懂得了这位兄长的伟大人格。"①1953年父亲到北京开会,本打算去看望徐悲鸿的,可是徐悲鸿刚刚逝世,父亲为没有见这位兄长般的朋友最后一面,深感遗憾。

父亲在1957年到北京参观人民大会堂,恰逢关山月在做会堂内的装饰画。他带领父亲在会堂里上上下下仔细参观了一遍。回到山西大学,当父亲讲起这件事,人们奇怪,父亲怎么会认识关山月呢? 其实,也是在桂林,关山月是青年画家,开画展,父亲和徐悲鸿一起去参观,由此相识。

1940年5月底,父亲在桂林又见到了于斌。于斌的一贯主张是兴教与爱国是不可分的。抗战爆发后,于斌即远赴欧美各国,宣传中国的抗战,寻求国际的支持,向教友和各界人士募捐,筹集支持抗战的资金。回国后,又到各地慰问军队,动员教友支持抗战,救助难民。当他到桂林时,广西省政府设宴招待他,父亲也出席了。于斌在百忙中还到家里看望了父亲,当他看到父亲因孩子多,生活很贫困时,留下了150元钱,让给孩子们买点营养品。钱虽然不多,情谊却是深重的。

在1938年冬的一次座谈会上,父亲认识了万仲文,并且成为好朋友。万仲文是海南儋州人,1935年由广西省官派到日本留学,考取日本东京帝国大学法科研究院,专攻中日政治外交史。抗战爆发,回到广西,深受桂系民主派的信任,在广西大学政治系任教授,同时,主编《建设研究》。他经常找父亲聊天、约稿,父亲的《欧洲文化史论要》一书是由万仲文写的序言。他在序言开头说:"阎宗临兄新著《欧洲文化史论要》将付印,要我写几句序言,我对于欧洲文化没有专门的研究,阎兄所嘱,自不敢当,但他却说:他这几年来所以不断地发表关于欧洲文化研究的著作以及这本书稿之完成、出版,其事与我们友谊的结合颇有

---

① 参阅阎守和:《培养爱子成长的苦乐年华——三代人留欧际遇》,中国华侨出版社,2009年,第176~178页。

因缘，要我写序的原因，就是要纪念我们的友谊——从这个意义上，我便欣然答应了。"后来，我们在桂东逃难时，万仲文也多所关照。抗战胜利后，父亲到中山大学，他也到中山大学政治系任教授兼系主任，和我们家是邻居，新中国成立前，他一度到台湾大学，新中国成立后，回到广西。

由于万仲文的介绍，父亲认识了蔡联欢。蔡联欢，字纫秋，出生于富裕的旅日华侨家庭。从小生活在日本神户，父母以儿女生长异乡，恐怕荒废国学，小学毕业，就让她师事南海武绰余先生读经史诗词，学习写诗填词，打下了扎实的国学根底。稍长，有志于医学，考入日本东京帝国大学医学部，1937年，博士论文通过，她是东京帝国大学第一位女博士。"七·七事变"后，回国就职于广西卫生试验所。我们兄弟姐妹有点小病，常找她咨询该吃点什么药。父母让我们叫她"蔡姑姑"。

在广西大学父亲还有一位好朋友就是梁岵庐，他博学多才，诗文、历史、书、画、篆刻都有精深造诣，尤善口书，能用左、右手及口运三支笔并书，完成一幅书法作品，笔迹相同。他也善画鱼，曾为父亲绘一幅"七鱼图"，有两条大鱼带着五条小鱼在水中游戏。寓意父母亲带我们 5 个孩子在艰难中生

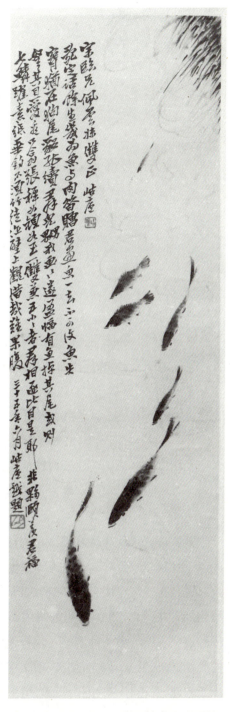

梁岵庐的"七鱼图"

活。并且题诗一首：

乱定话余生，几为鱼与肉。

昔赠君画鱼，一去不可收。

鱼失腕犹在，狗尾貂能续。

群儿嬲我画，画画遂盈幅。

有鱼掉其尾，或则弩其目。

爱看口翕张，稚女顽如玉。

一双兼五小，小者群相逐。

比目是耶非，夥颐羡君福。

七鳞跃素纸，垂钓不须竹。

徒作壁上观，惜哉难果腹。

这首诗的上款是"宗临兄佩云妹双正"，落款是"三十五年六月岵庐戏题"。8月，我们家离开桂林，去广州前，梁岵庐又画了一幅"桂林山水"相赠，画上题诗：

我公桂林住，日看桂林山。

山楼富云物，墨笔有余闲。

云携群岫去，云散山复远。

眼前足苍翠，何必荆与关。

落款是："佩云妹将之羊城，滨行索画，以此赠别。三十五年八月七日岵庐。"所以称"佩云妹"，是因为母亲也姓"梁"。

也是在一次座谈会上，父亲认识了巨赞法师。法师是江苏江阴人，早年曾秘密加入共产党，1931年为逃避国民党的缉捕，在灵隐寺出家，是当时的中国佛教协会主席太虚法师亲笔写信介绍他去灵隐寺的。巨赞法师是位很有学问的高僧，懂得梵文、英文、德文、俄文多种文字，还能写诗填词。抗战爆发后，奔走于福建、香港、广东、湖南等地，组织佛教徒参加抗战。1940年到桂林月牙山的寺院任主持，兼任广西佛教协会秘书长。他住的月牙山离我们家住的施家园不远,是个很好的躲警报的地方,父亲常去他那里躲警报。常去的还有田汉、张铁生等人。法师和文化界的人士交往很多,也有不少诗词唱和。在中国社会科学文献出版社出的《巨赞法师全集》的诗词部分有一首题为:

一九四一年元月三日与盛成万仲文阎宗临三教授纵谈影波楼作

凭岩吊丧乱,倚槛话行藏。

波影澄空碧,悠然此味长。

还有一首父亲送巨赞法师的词,没有写作时间,大概也是在桂林时,题为:

病中读《浮士德》第二卷怀念友人巨赞上人填菩萨蛮一阕奉赠

花如春雨向人脑,田间绿草向人跃。帘外佛天香,月圆人寿长。

慈悲缘未了,不论坏和好。胆壮小精灵,神仙学自成。

1942年,巨赞法师转到桂平西山龙华寺任主持。桂平是太平天国金田起义的地方。法师邀请父亲去参观。当时父亲正忙于广西大学招生的事没有去成。1944年日寇侵入广西后,巨赞一度和饶宗颐、向达等任教于在山围复课的无锡国专。那时,父亲在昭平中学任教,已经离开国专了。

3 与梁漱溟、向培良为邻

我们家搬到无锡国专提供的宿舍后,邻居是两个与父亲有特别缘分的人,一位是父亲年轻时的恩师梁漱溟,一位是父亲年轻时的朋友向培良。肖铁在他写的《欧阳予倩那老头》①一文中写道:

———————————

① 《新闻天地》,1947年24期。

无锡国专是个很倒霉的学校,当时却有三个很好的老师,住在一排三间草房里。左边一间住的是阎宗临博士,一个苦读出来的学者,一个做人做学问都做得非常严谨和虔诚的天主教徒,山西人。中间住向培良。右边一间住的是乡村自治派首脑人物梁漱溟。

所谓"无锡国专是个倒霉的学校",大概是说这座名校,抗战爆发后,从无锡辗转迁徙,边走边上课,历尽艰难,颠沛流离,来到桂林临时住下。所谓"草房"是说无锡国专提供的宿舍很简陋,木板房的内板面,抹上混合有稻草的泥巴,以遮风雨。应该说当时有这样的住处就不错了。

就在父亲搬家到无锡国专提供的宿舍居住不久,大约是1942年的秋冬,父亲青年时代的恩师梁漱溟先生也来到桂林,借住在国专。父母亲让我们称梁漱溟为"太老师"。抗战爆发后,太老师被任命为南京国民党政府最高国防会议的成员,后来又成为国民参政会的驻会委员,从此到河南、陕西、四川等地视察防务,也到过延安和中国共产党领袖毛泽东等人商谈抗日救国的大计,还在山东、河南等地敌后组织抗日活动,出生入死,历经艰难困苦。这时刚从香港脱险,乘船溯西江到广西桂林。其实,太老师的祖籍就是桂林,可谓回到老家了。

太老师住的一间房离我们住的地方不远,他单身一人,因此,父母亲很自然地负责照顾太老师生活,一日三餐也就和我们在一起。1943年冬,太老师的小儿子梁培恕从重庆来,学校让他住在我们家隔壁的一间小房子,父母亲让我们叫他"小叔叔"。太老师和小叔叔仍然在我们家吃饭。小叔叔回忆这段生活写道:[1]

他(指太老师—作者)住的一间房,是从大教室隔出来的,一床、一桌、一椅、两凳。

我进屋时灯已开着,虽预知几日之内我将到达,待见到我的身量仍吃一惊,所以那天日记里便写着"数年不见忽已成丁"。

---

[1] 梁培恕:《中国最后一个大儒——记父亲梁漱溟》,第23页,江苏文艺出版社,2011年。

　　出于学校的盛情,次日在教员宿舍阎宗临先生家隔壁,又借一小间房给我住。自抗战以来他一直过这样的日子。在某处借住,便在某人家吃饭。我住的那小间摆一张方桌,阎先生家六口加我们,整是一桌。两处相距有半里地,一日三餐,他要往返六次。

　　小叔叔比我的哥哥、姐姐大 10 岁左右,他的到来,给哥哥、姐姐们带来了很大的快乐。小叔叔不仅带他们玩,而且,小叔叔有绘画的才能,在他们眼中,是个了不起的大画家,能画出他们想到或想不到的东西,使他们充满惊喜。

　　我是 1942 年 6 月 26 日来到这个世界的。父亲为我取名守诚,大概是让我真诚地对待人生吧。当时,正好是"飞虎队"在空战中取得重大胜利,因此,我的小名就叫"飞虎",颇带时代特色。"飞虎"有点拗口,久而久之,就叫成"小飞"了。在和太老师为邻时,我还不到两岁,刚会走路,因为头比较大,所以步履蹒跚。刚会说话,又咬字不清,不会叫"太老师",叫"爷爷",又叫成"爷爷爷",第一个"爷"字是一声阴平,第二个二声阳平,第三个四声去声。叫法不大规范,却还动听。据父母亲说,我很得太老师的宠爱。只要我到他房间,他总是把我抱着坐在他腿上,拉开桌子的抽屉,里面有为我准备的糖果。太老师常抱我,有一次,太老师抱着我,对父亲说:"这个孩子头大,以后是学科学的。"太老师这句话,成为以后我高考时父亲劝我弃文习理的理由之一。

　　1944 年初,太老师和他的继夫人陈树棻结婚,新房自然是父母亲帮助布置的。

　　太老师成为父亲的邻居,父亲不仅在生活上关照他,在学问上也便于听取教诲。当时,太老师正在写作《中国文化要义》一书,父亲在写作《欧洲文化史论要》,有这样便利的条件,父亲得以常常向太老师请益。1944 年,父亲的书出版,书名就是由太老师题写的。他们师徒研讨的主要是文化问题,值得庆幸的是,太老师还保留着当年父亲在讨论后写的两份"作业",1976 年太老师重新阅读保存的友人信札,并做了批注。在《梁漱溟往来书札手迹》(大象出版社 2009 年)一书中,有父亲的写的"作业"及太老师的批注,抄录如下,一件是:

　　理性与理智都是人类具有的特质,人类为一,当然两者也为一。

阎宗临手稿和梁漱溟批注(一)

只以环境(特别是地理的)与民族的不同,因而有(中西)不同的发展。就人类生活言,不外两种"关系",即人与人同人与物而已。人与人的"关系"之所以发生与赓续,便在理性;他是心理的、社会的——从这方面出发,形成中国的"恕",其本身为"仁"。这儿也有经验,却是单纯的,与深刻的。单纯的便是不复杂,不受时间与空间的支配。深刻的便是那种无利害的态度。至于人与物的关系,乃在理智,他是观感的,个人的——从这方面出发,形成欧洲的(人生)。"价值"与"认识"便是利与知。"博爱要从自己始"(charité commence par soi),"我们的知识是我们力量的标准"(Our knowledge is the measure of our power)。因为价值问题,所以有"进步";因为有"知识"问题,所以有组织。两者的着重是力。为此,中国民族精神是柔性的,永远是青年的,他是平面的。欧洲是刚性的,变化的,他是立体的。

太老师批注:

　　右为阎宗临在桂林穿山国专与我一次谈话后所写示者。其所见自足参考，非同俗流之昧于中国文化价值者。　梁漱溟　一九七六年八月

另一件是：

　　自西人言：宗教有二：一、自然的宗教，普遍的、人类共同的，这个不能与理性相违；二、超性的宗教，其基础在信仰，"我信"已够，不能再进一步追问。

　　"宗教的可贵，在他使人得到最大的好处"——此好处为永生。

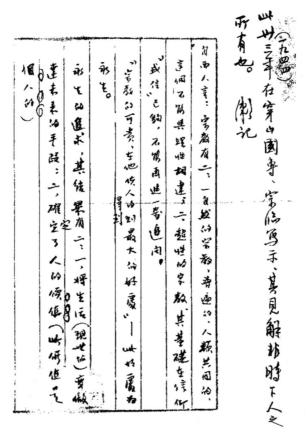

阎宗临手稿和梁漱溟批注（二）

　　永生的追求,其结果有二:一、将生活(现世的)变做达未来的手段;二、确定了人的价值(此价值是个人的)。

太老师批注:

　　此卅三年(一九四四)在穿山国专,宗临写示,其见解非时下人之所有也。
　　漱记

　　想来除这两件外,父亲向老师请教的还多。父亲一些对文化的看法,是受太老师的影响的。

　　例如:太老师认为,各民族的生活态度决定着各自文化的形成。文化是有趋往性的(或说走向性),因为它的背后是意欲(will)想要达成、获致什么。生活是没有尽头的意欲,生活是不断的满足与不满足。太老师还认为,从整体上看,西方、中国、印度文化正是出于三种不同的人生态度。"一则肯定现实生活而向前逐求,西洋人是也;二则肯定现世生活而融融自得,且以向前逐求为戒,中国人是也;三则否认现世生活而要求脱去此世界取消此问题,印度人是也"。这是太老师在《东西文化及其哲学》一书中表述的思想①。

　　父亲在《欧洲文化史论要》一书的《绪论》中,也讲到世界文化的形态有三种典型。虽然父亲的认识和具体表述与太老师有所不同,受太老师思想的影响则是显而易见的。

　　1944 年秋天,日军逼近桂林,桂林的居民实行大疏散。太老师一家疏散到昭平,再到八步。我们家,则随国专师生逃难到荔浦、蒙山、昭平一带。父亲与太老师再次相见,是 1949 年以后的事了。

　　父亲与另一个邻居向培良的关系也很深。父亲的中篇小说《大雾》在桂林出版时,由向培良作序,他在"序言"的最后一段写道:

---

　　① 梁培恕:《中国最后一个大儒——记父亲梁漱溟》,第 59 页,江苏文艺出版社,2011年。

　　作者近年已潜心于学术，或许没有从前那样多的精力来从事文艺罢，但文艺者，一与之结缘，便终身不置，则我们可以预期着将来有更多的作品来满足我们的。我和作者是总角交，永远怀着深挚的友谊，故拉杂叙述所见，为《大雾》作序。

　　这里所说"总角交"，是指 1925 年在北京参加狂飙社时相识，当时都只 20 岁左右。父亲到欧洲去勤工俭学，临走的那天，与他话别，向培良写了情深意切的《送已燃行》。父亲出国后，狂飙社移师上海，有了更大的发展，成立了狂飙社出版部、戏剧部，戏剧部就由向培良主持，开展了狂飙演剧运动，在上海、南京演出过自编自演的《从人间来》、《战士的儿子》、《海夜歌声》等，并组织演剧队到北京、天津等地演出。1928 年，向培良出版了他的很有影响的专著《中国戏剧概评》，以后还写过《导演概论》、《舞台色彩学》、《舞台服装学》等多部论著，论著涉及戏剧理论、创作、表演、舞台、批评等方面，他自己也写了许多剧本。1929年，狂飙社解体，狂飙社成员大多数向左转，先后投奔共产党，参加了革命。向培良是向右转的，在上海另办《青春》月刊，提倡"为人类的艺术"，反对普罗艺术。以后的岁月，他辗转于江西、上海、苏州等地，或组织剧团，或教授戏剧理论。他不仅是一位既有戏剧实践又有理论的著名戏剧家，也是著名的作家、美学家、翻译家，写了许多小说、散文、文艺理论及译作。抗战时期，来到桂林，从事宣传抗日救亡和文艺救国的活动。关于向培良，肖铁在《欧阳予倩那老头》一文评论桂林的戏剧家时曾说：

　　　　向（培良）读书最多，人最忠厚，无时下一般艺术家的派头，但人缘最坏。他的戏剧理论和抒情散文都写得又严谨又洒脱，但是很少有人替他发表。他带了个剧教队，经年住在独秀峰下，因为是个跑乡下的草台班子，所以演戏老演不响，都是事实限制了他。后来他们的剧教一队同二队合并了，他便跑到无锡国专去教书。

　　剧教队的全称是民国政府中央文化运动委员会剧院巡回教育队，向培良任第一队队长,第一、二队合并后,他就到无锡国专教书,成为我们家的邻居。父亲能和青年时代的朋友比邻而居自然是很高兴的事。但是在新中国成立后,就再也没有他的音信了。1997 年,我到香港中文大学做访问学者,去拜访饶宗颐先生时,曾问先生:"向培良音信全无,是不是去了台湾?"饶先生说:"不会吧!要去了,我会知道的。"最近,我在收集父亲的资料时,在"百度"上搜索,查阅"向培良",才知道向培良是湖南黔阳人,1949 年 10 月黔阳解放后,一直在故乡中学教语文,两度当选为县人民代表和模范教师。1953 年,郭沫若委托田汉写信邀请他到北京工作,他拒绝了,要留下来为故乡服务。1957 年向培良被错划为右派,1959 年,因为他 1947 年在国民党、蒋介石发动内战后,曾写过一个据说是歌颂蒋介石的剧本《彪炳千秋》,所以,被定为历史反革命,判刑 10 年,囚禁于淑浦农场,1961 年在农场病逝,我为父亲这位老朋友的命运而悲哀。向培良在戏剧、文化上是卓有贡献的,应该属于陈洁所说的"鼎、玉、金、珠"吧!斯人已逝,岁月悠悠,希望有心人能整理向培良的著作出版,以纪念这位前辈学者。

九　抗战与文化

我记得,在"文革"初期,有学生在一张批判父亲的大字报中,这样质问父亲:"你说你回国参加抗战,为什么不到前方打仗,却躲在后方教书写书?"在当时那样极"左"的氛围下,青年学生理直气壮地提出这样既可悲、又可笑的问题,并不奇怪。就像当时许多年轻人认为:只有参加革命才是救国救民,"教育救国"、"科技救国"、"实业救国"等都是该受批判的,从而抹杀了近代以来许多爱国的仁人志士的努力和贡献。

事实上,抗日战争是关系中华民族生死存亡的战争,在政治、军事、外交、文化各方面展开,各条战线都是抗日的一个部分。文化是一条重要的战线。像父亲那样的一代爱国知识分子,是把文化视为一个民族的灵魂。他们认为:国土沦丧,可以收复,文化沦丧,民族就会灭亡。他们非常清楚自己的职责是传承、捍卫、光大中华民族的文化,为战后国家与民族的复兴贡献力量。这种认识,表现了中国知识分子对社会责任的自觉担当,对国家和民族的深沉热爱,对真理和智慧的不懈追求。所以,在国家与民族遭受危亡的时刻,在极其艰苦的环境下,中国优秀的知识分子在继续着他们教书育人、科学研究的工作,为护卫中国的文化、培养建设中国的人才而贡献自己的力量。这就是为什么像西南联大那样的学校,像四川李庄中央研究院那样的科研机构,能在战争艰苦卓绝的环境里,培养出那样多的优秀人才,做出那样多的优秀研究成果的原因。父亲在桂林是他一生中科研成果最丰富的时期,并不奇怪。爱国知识分子在文化教育上的杰出贡献是抗战伟大胜利的一部分，可惜我们今天总结和研究得还不够。

1 近代欧洲文化与战争

父亲在离开瑞士回国的前后，欧洲并不平静，战争的乌云正在聚集、翻滚。1929 年爆发的全球性的经济危机，致使经济凋敝，社会动乱，民不聊生，极大地震撼了资本主义世界。在这样的形势下，法西斯运动得以愈演愈烈。纳粹党首希特勒于 1934 年 8 月在德国上台，成为握有党政军无限大权的"元首兼国家总理"，建立了法西斯主义的独裁政权，标志着欧洲战争策源地的形成。在英法的绥靖政策纵容下，希特勒德国先后吞并了奥地利和捷克斯洛伐克，又伙同意大利武装干涉西班牙内战。1939 年 9 月 1 日，希特勒悍然发动了向波兰的进攻，3 日，英法对德宣战，第二次世界大战从此全面爆发。

二战爆发后，父亲写了《近代欧洲思想之悲剧》[①]一文。这篇文章是要将"近代欧洲促成战争的原因，特别是思想上，给其一个简略的说明"。

父亲认为："欧洲思想的错误，在失掉'人'的正确观念，从此演出另一个错误，即价值颠倒，人为物役，心为形役。"这种思想错误的渊源，始于 16 世纪的文艺复兴。尽管文艺复兴是一个伟大的时代，他冲击了中世纪封建的堡垒和教会的束缚，在人的发现与世界的发现上有很大的贡献。但他也给后世带来很大的负面影响。文艺复兴的灵魂是人文主义，人文主义提出人为宇宙中心的原则。文艺复兴的新时代给人带来两种强烈的动向。一是需要自由，也就是说要斩断束缚人的镣链，思想、宗教、政治、社会都在斩绝之列，后来，对理智也产生怀疑，人的完整性横遭残杀，此所谓"个体的自杀"。但是，人不能不生，生不能脱离团体。结果个人成了集体的牺牲，需要自由得到的是变形的专制。二是需要控制物质。欧人时时要征服物质，揭破自然之谜，追"新"求"奇"，人们享受的欲望扩大，生产过剩使生活迟滞，农村破产，经济恐慌。物质的发达，反使物质

---

① 这篇文章最初发表在《建设研究》1940 年第 3 卷第 1 期，题目是《近代欧战的根源》，现在的题目是后来改的。

变为贫乏；需要控制物质，人反为物质所控制。作为近代欧洲文化特征的机械文化就是人文主义的结果。

我理解父亲讲的"机械文化"是指科学与工业结合，产生了机械，机械对思想的影响。因为机械每天扩大它的伟力，逐渐支配到人心，不特个体与群众无分别，便是生理和心理也搅成一团，由此，将"人"解体了，形成阴暗的悲剧，致使欧人在思想上表现的特征是：于复杂中求"统一"，施以强有力的"统一"。法西斯的理论、苏联文化的特征，都十足反映了这种现象。

《近代欧洲文化之研究》（1941年）出版

人文主义发展到极点，便造成人与人的敌视，互相戒惧，以至个性为集体所淹没。而近百年的大变更，完全是受了法国18世纪的影响促成的。18世纪的哲人们，受了社会的要求，如殖民地的扩展，重商主义的发展，思想也发生了转变。卢梭就是一个代表人物，他的《民约论》有广泛的影响。卢梭认为：人生来是自由的，但他却在铁链中。个人有他的意志，同时又要服从整个团体的意志。这样，自由才可以产生。谁不服从团体的意志，团体可以制裁他。卢梭的思想，一方面表现出个人化，同时又表现出集体化。这个集体化的影响，即非社会化，又非民族化，乃是法西斯的国家论。

卢梭之后，感情与理智的冲突，个人与社会的冲突日渐强烈，形成浪漫主义。欧洲的19世纪是一个过渡时代，他的政治与社会都表现出不定。欧洲人受了机械文化的陶冶，将别人看得很低，有色人种的理论，日耳曼民族独尊的高调，都是文艺复兴以后的回声。从这种环境内产生出的思想，有两种特征：一种是快，另一种是狭。无论从哪一方面，欧洲人过着一种竞赛的生活。在时间方面，将百年视为一日，个个有能力者都有超越时代的野心；在空间方面，每个国家视自己是整个的宇宙，不承认别的国家存在。这样，欧洲人常在斗争中生活，感到痛苦与无奈，但是他们甩不脱快和狭的追求，只好任其矛盾与冲突。冲突具体的表现，便是战争。

欧洲爆发的两次世界大战的战争策源地都在德国，特别是希特勒德国在二战中给欧洲带来了巨大的灾难。父亲写了《近代德国的研究》一文[①]，主要探究希特勒德国何以会成为战争的策源地。

父亲认为要想了解德国民族，首先要记住这是一个文化发展较迟的民族，日耳曼民族文化与拉丁民族相较，至少落后 500 年，也就是说，它少了五个世纪的历史经验与智慧纪律的训练。它带有一定原始民族的特征，尚未完成民族心理的统一。德国人的思想是孤独的、浪漫的，他们所留恋的不是土地，而是种族。他们演变为民族、部落时，就有一种建立帝国的欲望，他们把一切交集在"动"上，他们发疯地侵略，要在直冲的"动"上，表现自己的伟大，实现自己的欲望。

其次，德国在地理上有缺点。一个是他没有确定的边界，在东南西北，都感到有向外发展的必要。另一个是，他没有中心的地方，以促成国家的统一。德国的河流，每条都是平行的，他们的城市，没有重要的分别，像各个都平等。他们的京都是以政治为条件，地理是无足轻重的。在这样的地理环境中，实现统一是困难的。德国的历史是很痛苦的，他们不是忙于内乱，就是忙于外征，这种不断波动的民族，一切便交集在武力上面。

对于德国的统一而言，俾斯麦是完成这一历史任务的关键人物，他一生的工作就是憎恨法国，建设统一的德国。俾斯麦完成了他的工作，希特勒只不过在继续推进。

德国统一的一块基石是种族。德国真正民族意识的觉醒在 18 世纪的后半期。他竭力汲取古代希腊的文化。因为他感到与希腊有许多相同的地方。希腊从未组成一个国家，只有种族与语言的观念。德国人意识中有了希腊的成分，整个民族的动向便走到种族与语言上面。种族是本体，语言是外形，他们从此找到自己的文化，以与拉丁民族来对抗。此外，德国还从希腊那里汲取斯巴达军队的纪律和雅典美德观念，这两者又都建立在"动"上。

德国统一的另一块基石是经济。1871 年以后，德国的工商业有特殊惊人的发展，他们将思想与工作，科学与技术，整个地融合在一起，这个动的民族，要以他的意志来统治世界。1914 年的战争以后，德国变穷了，沉沦在痛苦中。在痛

---

① 本文原题目为《德国与德国人的研究》，发表于《建设研究》1939 年第 1 卷第 5 期。

苦中德国产生了冲动的爱国主义,想要使战败的德国重新找到他的历史重心,把许多梦幻寄托于将来。希特勒正是在这样的时代接受了领导德国的命运。他不相信和平与正义,他相信的是武力,是投机,是民族,是为他自己的民族残杀其他民族。但他以力服人,最终必然是要失败的。

欧战爆发后,从1940年开始,希特勒向西线发动了闪击战,4月侵占了丹麦和挪威,5月侵占了荷兰、比利时和卢森堡,6月开始了法兰西战役的第二阶段。14日巴黎被纳粹德国占领,22日法国投降,法军全部解除武装,贝当政府迁往维希,史称"维希法国"。

为什么法国那样优秀的民族与文化,在战争中竟会沉沦到如此悲惨的境地呢?为了回答这个问题,父亲写了《论法国民族及其文化》。[①]

父亲认为法国民族精神的特点,在于发展人性中的社会性而将之艺术化。就欧洲民族而论,法国人没有英国人坚强的意志,没有意大利人敏锐的感觉,没有德国人过度的忍耐,可是法国人有清晰的头脑,善于生活,最了解人性的需要。或者说:法国民族精神最使人注意的是他们的社会性。

法国民族精神的另一个特点是逻辑的精神,基建在理智上,以分析为出发点。法国·18世纪的思想能风靡全欧洲,是把复杂的情绪与艰辛的生活,归纳到几个抽象的原则内,使每个人的智慧都可以接受,因而带有普遍性。法国纯理性主义发展的结果,在于认为人类是整个的,提出要对全人类有广大的同情。

从历史上看,在欧洲国家中,法国统一最早。从加贝王朝(987年)开始,就在欧洲舞台上发挥积极的作用。法国民族意识的觉醒,接受了基督教博爱的思想,同时也接受了罗马政治的组织,而这两种文化,又都是赞助中央集权,尊重权力与纪律的。因此法国造成了一个集权的国家。

从地理上看,法国得天独厚,除东边外,其他三面非常明确。地理因素构成了强大的向心力。法国于中央集权的形成,也与其经济条件相关联。法国的自然条件使它以农业为基础,以中产阶级与农民为中心。因此它需要有稳定的边疆和中央集权的政府,如果破坏中央集权或对外侵略,就必然遭遇凄惨的结果。

法国自然环境优越,它历史上最光荣的时代,有路易九世的成功,由于基

---

① 本文发表于《建设研究》1943年第9卷第1期。

督教正义的精神;路易十四的伟大,乃在古典派代表的秩序;拿破仑一世的声威,在乎运用大革命刺激起的情绪。18世纪推崇物质的无穷进步,痛恨旧制度的专横,要建立自由与平等的理论,产生了大革命。大革命的成功是社会的,不是政治的。他们犯了两种错误:一是把政治问题和社会问题混为一谈,破坏重于建设;一是中央集权瓦解,使法国与历史脱节。随着科学发达,经济组织变更,19世纪的政治家无法控制这个时代,他们以"多数"和"少数"作为政治原则,将责任放在民众身上,而政治家坐享其成,贪污腐化,内阁变化无常,政府与人民脱节,所以法国会在二战中失败,沦落到凄惨的境地。

以上是父亲对法国所以失败的分析。我们知道:法国政府投降了,法兰西民族的战斗精神并未泯灭。时任法国国防部副部长的戴高乐将军在危难中脱身到达伦敦,在英国的支持下,举起了"自由法国"的旗帜,带领优秀的法兰西人民,为打击法西斯进行了英勇的战斗,为赢得二战的胜利做出了杰出的贡献。

希特勒德国在征服了法国之后,试探性的向英国提出议和,遭到英国首相丘吉尔斩钉截铁地拒绝。为了迫使英国投降,从1940年8、9月份开始,德国发动了对英国的"恐怖攻击",对伦敦等大城市进行了疯狂的轰炸,然而并没有取得预想的效果。英国军民进行了顽强的反击,粉碎了希特勒的侵略计划,表现了大无畏的战斗精神,英国在取得二战胜利中一直发挥重要作用。为此,父亲写了《英国文化之特质》[①]一文,就是要对英国在战争中的杰出表现,从文化和民族性给予说明。

父亲认为:在欧洲国家中,英国是难以被了解的,其原因首先是它那种社会化的个人主义,表现出种种矛盾和冲突。英国的个人主义不是自私自利,而是自我饱和的发展,依据意志的强力,训练成责任的情感,并没有屏绝人性内所含的社会性。

英国是一个岛国,四面环海,地理环境给英国民族很重要的影响。一是英国民族同化很快,产生出民族共同的典型,但同其他民族接近的机会少,减少了社会性,养成一种孤独的癖性;二是有利于中央集权的形成;三是交通便利,有利于商业的发展;四是受海的影响,英人酷爱自由。在欧洲,英国是第一个反

---

① 本文发表于《建设研究》1940年第4卷第4期。

抗君主的,英国为了维护商业的自由,不愿有永久的同盟。传统的外交政策是
"没有百世的朋友,也没有百世的仇人"。

英国潮湿、寒冷、银灰色的天,这种气候也深刻影响了英国的民族性,使英
国人向内心发展,他们没有过多的玄想和梦幻,而是以应用为主,基建在行动
上。特别注重培植生活力,思想和行动都着落在地上,以应付现实的困难。恶劣
的气候虽然使英国人情绪郁闷,但也使他们善于忍受忧郁的烦恼,培养出一种
柔性的抵抗力。

英国人从实用主义出发,所重的是意志,形成一种特立独行的性格。意志
发展的结果,便形成了"我"的崇拜,"我"非常有力,非常严肃,是宇宙的缩影。
从这种精神出发,英人爱动,到处访问,目的在实利,由此,他们建立日不落的
帝国。他们人生的原则在利物济人,而这个人内,人己并存,遇必要时,先己后
人。

英国人不善社交,却能够合作。因为他们明白团体的力量和合作的利益。
团体不得摧毁个性,集体要保证各自的利益,这是英国政治演变的脉络。在法
律方面表现得分外明白,英国法律着重集体的意志,也尊重个人。从宗教感情
上看,英国的宗教是新旧教之间的连接线,他们需要集体的生活,在这个集体
内,需要尊重个人的独立与自由。

从英国历史看,13 世纪前,是个野蛮的国家,到 18 世纪就成为受人赞扬的
自由国家。其转变的因素很多,归纳回来,仍然是一个文化的转变,即由农业文
化转变为商业文化。英法百年战争,贞德之死(1431),是这种转变的开始,形成
于伊丽莎白时代,到 18 世纪商业文化取得绝对的胜利。

国家意识、自由主义是近代文化的特征,由此产生社会与经济的革命,英
国是最先发动的。早在法国大革命前,英国已进行过它的革命,建立了君主立
宪制。君王的权力受到限制,经济可以自由发展。到 1760 年发明机械,开始工
业革命,社会日趋繁荣。英国建立了强大的海军,握有海上霸权。因为英国是海
岛国家,熟悉海战的原则,有丰富的海战经验。海军是英国的命脉,对他经济的
发展,殖民地的开拓都有重大意义。如果希特勒击不破英国海军,一切都是徒然。

繁荣的商业、广阔的殖民地、雄厚的资本、顽强熟练的海军,这是英国的特
征;从精神方面看仍然是一个"应用",实际的精神,一个团体的个人主义。英国

文化的结晶是"意志",所以在古时军旗上,撒克逊人写着"我要"。

希特勒在不列颠之战中未能如愿以偿,便于 1941 年 4、5 月间发动了征服巴尔干的战争,虽然受到希腊、南斯拉夫等国军民的英勇抵抗,但希特勒最终还是全面控制了巴尔干半岛,从而建立了从南面进攻苏联的基地,取得了扩大战争的战略物资供应基地,特别是罗马尼亚的石油。在两次世界大战中,巴尔干都扮演了重要的角色,为什么会如此呢? 支配巴尔干动向的主潮何在呢? 为了回答这些问题,父亲写了《巴尔干历史的复杂性》[①]一文。

父亲首先阐明了巴尔干地理位置的重要。他指出:从地理上看,欧洲是亚洲半岛的延长,欧亚两洲没有明确的边界,欧亚的"洲界"时有变更,地处欧亚之间的东欧和巴尔干就成为争夺的地带。而欧洲历史演变的中心,一为地中海,一为中欧平原,位于中欧的巴尔干是控制欧洲大陆的最好据点,又是欧洲大陆与海洋的最好连接线。因此这里是欧洲诸国都想控制的地方,战争不断,引发战争的是非问题是次要的,关键是利害所在。

从民族与宗教看,巴尔干也充满了复杂的状况。巴尔干是东欧的一部分,东欧自古是民族迁移的场所,众多的来往民族,造成一种混乱的局面。巴尔干民族众多,宗教问题也多,除罗马教与希腊教外,还有回教。各民族为宗教而斗争,因宗教而给其他强国干涉最好的借口。东罗马帝国时,巴尔干分成许多区域,各自为政,只有塞尔维亚较为强大,欲建立东欧帝国,四处征讨。但得不到西方基督教的支持,西方组织十字军参战,塞尔维亚很快衰落。东罗马帝国灭亡后,土耳其向西欧进攻,巴尔干问题变得更为复杂。到了近代,俄国和奥国争夺巴尔干成了欧洲最重要的问题。

巴尔干问题中,斯拉夫民族问题最为重要。信仰希腊教的斯拉夫民族向西发展在东欧受阻于匈牙利。匈牙利接受欧洲文化,皈依罗马教。斯拉夫民族要想继续发展,须有强国领导,俄国自然担当起这一任务。自彼得大帝后,俄国对巴尔干问题不肯放松一步,形成所谓大斯拉夫主义。叶卡捷琳娜二世时,俄国在巴尔干的势力有更大的发展。因此,在 19 世纪巴尔干问题中,俄国居重要位置。在巴尔干各个民族解放和复兴中,俄国与英、法、奥诸强国都直接参加,各

---

① 本文发表在《建设研究》1944 年第 9 卷第 4 期。

有自己的打算，矛盾重重。第一次世界大战就是从巴尔干的塞尔维亚爆发的。

巴尔干宗教、语言、种族、历史与习俗的不同，没有向心力建立起坚固的政治组织，产生不出整个生命的文化，所以巴尔干常在分裂之中。分裂是一种衰弱的象征，必然受外力的支配，不得不找强国为依附，结果，巴尔干成了列强决斗的地方，它这种混乱的状态，影响到整个欧洲的局面，因此巴尔干有欧洲火药库之称。

从全局看，欧洲的均势问题不在德法两国，而在地中海与巴尔干。直接在巴尔干冲突的是大日耳曼与大斯拉夫民族。英、法、土、意等自不能袖手旁观，所以，自土耳其退出后，巴尔干问题日见复杂了。从文化言，如果巴尔干不能建设一种统一与自身的文化，即永远受俄德两主潮的推移，时在颠荡之中。

二战爆发不久，在广西大学，有一次，万仲文和父亲聊天，问对俄国文化的看法，父亲告他：欧洲是亚洲的半岛，俄国是欧亚国家，俄国的上层人士都是倾向欧洲的，人民是倾向亚洲的。俄国建国很晚（879 年），又受蒙古统治 200 多年，它接受西方文化是通过拜占庭，因而，统治者阴谋、多疑、小动作很多，国内矛盾很多，问题层出不穷，非常混乱。到 1917 年，列宁是天才的领导者，始将问题解决了，给俄国一条生路，给人民迫切需要的土地与和平，结束了 300 多年的动乱。万仲文很赞成父亲的看法，竭力劝父亲写篇文章，父亲就写了《俄国革命与其文化》[①]一文，这篇文章主要是探讨这场空前未有的革命为什么不发生在别的国家，而发生在俄国？

父亲认为：俄国大革命是最近三百年革命思潮的总结束。假如说文艺复兴的革命着重在思想——人文主义，法国革命着重在政治——推倒君主制。那么，俄国 1917 年的革命，除思想与政治外，最标新立异的是经济与社会。

历史上能够完成革命任务的原因，都是以民族性为基础的。而一国的民族性是一国文化的结晶，至少是一国文化的反映。俄国革命的胜利就与俄国的民族性以至文化有密切关系。

俄国是一个历史很短的国家，他少了几乎近 600 年的历史训练。历史短，其优点是不为过去积习所弊；其缺点是不知所从，常在选择之中。从民族的心

---

① 本文章发表在《建设研究》1940 年第 4 卷第 2 期。

理看,如刚入世的青年,容易冲动,常走极端。历史短也许是俄国革命成功的原因之一。

从地理看,俄国是一个欧亚国家。他受蒙古的残暴统治200多年,影响俄国政治很深。能够忍受时,一切都是"服从",不能忍受时,便是"暴动"。从人口的构成看,俄国百分之九十是农民。农民质朴,有一种强烈的"爱地"的情感。从俄国的民族性看,他受自然环境的支配,宗教的熏陶,形成一种特质:神秘。往往会把外来的哲学体系、政治理论、社会思想转化为宗教,并由思想再变为行动。另一种特质是实用的精神。他们追求的不是真和美,而是用。神秘与实用并不矛盾。将理想与现实配在一起,是农民的特质。他们所重的是"新的"、"前进的"。这就为俄国革命的爆发,提供了丰沃的土壤。

俄国和欧洲文化发生关系时,常表现出"不遇时"。他接受基督教时,是从拜占庭的手中,东罗马的文化反而阻碍了他接近拉丁文化。俄国真正接触欧洲是从伊凡三世(1462~1505)开始的。彼得大帝(1682~1725)才真正使俄国立于欧洲列强之林。但彼得大帝的改革,主要在经济、技术、制度,俄国的精神却依然没有革新。在1547年伊凡四世加冕为第一任沙皇,俄国建立起封建专制制度,并长期保留了残酷的农奴制。因此社会矛盾并没有因为经济的发展而减弱,反而日趋尖锐。近代俄国史就是一部革命史,其复杂远在人们想象之外。最棘手与最重要的问题是土地问题。

俄国最终由列宁领导的社会主义革命获得成功。列宁是一位天才的领导者,他是一位实际行动者,也是一位现实主义者。他所以能够成功是因为他能把握住俄国的核心问题,一方面,他握住国家的生命中心,如工业区、交通线;另一方面,满足人民,特别是农民的基本要求:和平与土地。列宁领导的革命是反资本主义的。自理论言,含有国际性,以马克思的观念故;自事实言,他是国家的,解决了俄国急切的需要,表现出俄国的国民性。

我想,父亲在分析革命为什么能在俄国取得胜利时,特别肯定列宁领导的十月革命解决了俄国急切需要解决的核心问题,我们往深处想,实际也说明了为什么苏联红军能成为二战取得胜利的主力军的原因所在。

除上述文章外,父亲还写了《意大利文化构成》[①]和《西班牙历史上的特性》[②]。这样父亲就对欧洲的主要国家和地区:德国、法国、英国、俄国、意大利、西班牙和巴尔干的文化结合战争进行了深入分析。这些文章中的大部分集结于 1941 年广西建设研究会出版的《近代欧洲文化研究》一书中。这本书在编入《阎宗临作品集·欧洲文化史论》时,我把 1941 年以后发表的几篇有关文章也一并收入了。

关于中国的抗日战争,父亲曾写过一篇《抗战与文化》,这篇文章发表在 1939 年 2 月的《国民公论》第①卷第 7 期上,是我们现在能看到的父亲在桂林发表最早的文章。这篇文章也收于《近代欧洲文化之研究》一书,是最后一篇文章,因为这本书的主旨是讲近代欧洲的文化。

父亲写这篇文章时,"七·七事变"已经过去一年多,正是抗战最艰苦的时候,国内对抗战的前途有各种看法,悲观者认为抗战必败,中国会亡,最后胜利不是中国的;乐观者认为中国很快就能胜利,无须乎费大力气。父亲从文化史观出发,对抗战的前途进行了分析,表达了抗战必胜的信念。他在《近代欧洲文化之研究》的其他文章中也有论及抗战与中国文化的地方。

在《抗战与文化》一文开始,父亲就写道:我们所处的局势,是有史以来未有的严重,我们所遇的敌人,又是有史以来未有的强悍。所以敢与之对抗,并且深信胜利的原因,为着我们确有了民族意识的武器,而这武器,又是近 300 年来,从痛苦与侮辱中所锻炼出来的。

父亲讲"民族意识"的形成是从中国文化出发的。他认为:重家庭,爱自然是中国文化的显著特征。受了这两种基本思想的推动,我们的文化表现出容忍与和平的优点,但也有明显的缺点:重家庭,使我们的一切理智与情感完全交集在褊狭的家族观念内,个人与民族的意识便失掉了,酿成了保守、虚伪、自私等,摧毁了前进的精神。爱自然,我们并不是研究自然,没有发展科学,而是向自然寻求情感与理智的满足。虽然在物我为一中养成了兼容并包的风度,但也养成了言不及义、懦弱退缩的性格。到我们家族与自然的文化发展至极点时,正值西方个人与民族的文化向前迈进,西人已挟着经济与机械逼来,我们还绞卷在家的观念中,士大夫要卫道,官吏要贪污,结果在近百年史上,我们只留下

① 本文章发表在《战时中学生》1940 年第 2 卷第 10 期。
② 本文章发表在《建设研究》1944 年第 9 卷第 4 期。

些惨痛的记录。

我们的民族意识正是从痛苦与侮辱中锻炼出来的,特别是这次抗战,直接的目的是打倒日本的军阀,间接的目的,却在建设我们的文化,当我们的民族意识形成时,我们的文化同时种下新的种子。我们多少人与物的牺牲,换来一个彻底的破坏,破坏家族主义的"私",破坏自然主义的"空",树立我们民族的整个意识。

一年多后,父亲在《近代欧洲思想之悲剧》一文中指出我们的战争是"革命的、自卫的、反侵略的……支持这次战争最伟大的力量,是我们祖先留下的文化"。在父亲的思想中民族意识与文化是同一个概念。他指出:"不妥协,便是我们文化深度的表现,亦即我们的民族意识。"这是我们应付世界幻变唯一的武器。这种文化的深度来自历史的训练和实际生活的纪律。当我们提出"持久"战争时,国际间同情我们的朋友,有几个真能相信呢? 不是不肯相信,乃是不了解我们的深度。现在,三年抵抗暴力的事实,给全世界一个证明。

在《近代德国之研究》一文中,父亲讲了中国与德国比较有三个优越的条件:一是我们有自然的边界,有许多自然区域,每个区域各有特色,又互相联系,不能分割;二是我们是个农业国家,乡土观念、爱地的感情,是我们立国的重要成分;三是我们有悠久的历史,长期的统一和独立,世界上没有任何国家可以比拟。当我们遇到内乱外患时,本能的要求是赓续历史的统一性。近百年来,凡是有心的中国人,没有不求自力更生的。我们从痛苦中滋养成坚强的民族意识,这是我们的武器,也是我们的光明。

从文化史观出发,父亲认为,日本是必败的。它所以失败,重要的因素之一是它的文化是矛盾的。在文化史上,没有比日本更可怜。它们没有创造,只有模仿,而这种模仿,又是何等皮毛。他们自豪的文化,不过是欧洲人的一点余渣:他们没有接受欧洲真正的思想与学术,如宗教与艺术,却只接受一点小规模的机械,就要发动人与人类的斗争,其结果怎么会不失败呢?

父亲从文化史观对战争的分析,自然会与辩证唯物史观的分析有所不同,如,对战争爆发原因的探讨,唯物史观认为是资本主义国家进入帝国主义阶段后,发展不平衡,为重新瓜分世界而引起的。父亲则认为是因近代欧洲机械文化不以人为基调的错误形成的。这两者从根本上说,并不矛盾,可以互为补充,也可以使我们在分析历史时多一些不同的视角,看得更全面一些。当然这两种不同史观的分析,也会有相同之处,如对战争结果的预测,都坚信希特勒德国必败,中国人民的抗战必胜。父亲作为中国的历史学者,在第二次世界大战进行的同时,对战争的分析,是历史研究与现实研究相结合的成果,这些成果在中国世界史学科的学术发展史中值得重视,应该是有重要意义的。

父亲这些对欧洲国家的文化进行探讨的文章,固然与战争的现实环境有关,从更深的层次看,是结合他在欧洲生活多年而作出的对于文化的理论性思考。父亲在他的文章中,运用多元比较的方法,从历史、地理、人种、社会、文化、宗教诸因素上,综合分析,对欧洲文化的整体以及各个国家文化的特征,都有精彩的描述与概括。这种从总体特征来分析的方法充分体现了文化史观研究历史的特点。我们读父亲的这些文章一定会对此有深入的体会,并由此得到教益和启迪。

父亲的这些文章,还有一个显著的特点,他是用文学上写散文的风格来写的,通篇没有一条注释,也没有通常论文写作的规范。但文章内容却很丰富、扎实,既有复杂的历史进程的描述,也有很多的历史文献的引证。所以能够如此,是因为父亲对欧洲的历史和文献熟稔在心,融会贯通,对史料和史实的运用,可以做到信手拈来的洒脱、取舍适度的优雅和分析综合的睿智。加之父亲有良好的文学功底,他的文字表达流畅、简洁又富有文采,因此文章的风格,能做到既有史学的凝重,又有文学的灵动,在内容与形式上达到完美的统一。读这些文章,不仅可以获得知识,也可以得到美的享受。

2　欧洲文化的历史与未来

《近代欧洲文化之研究》出版后3年,1944年桂林的文化供应社出版了父亲的专著《欧洲文化史论要》。前者是从地理上、空间上研究欧洲各国文化的特点,后者是从历史上、时间上研究欧洲各时代文化的变化。这两部著作对欧洲文化一横一纵的研究,可以互为补充,互为发明。前者是一部论文的合集,后者则是一部自成体系的研究著作,共有15章,约12万言,反映了父亲对欧洲文化的形成和发展的总体看法。初版的《欧洲文化史论要》仅在桂林和重庆两地

《欧洲文化史论要》初版本　　　　　　《欧洲文化史论要》再版本

发行。1948年8月,文化供应社曾将其列入《大学用书》再版。列入《大学用书》的还有周伯棣著《租税论》、邓初民著《中国社会史教程》、石兆棠著《科学概论》、张先辰著《自然与自然科学》等,译著有早川二郎著、张荫桐译《日本历史教程》、胡仲持译《文艺鉴赏论》等,但也仅在桂林、重庆、广州、上海四地发行。

　　在《欧洲文化史论要》一书的开始,父亲先明确了两个问题:

　　一个是"文化"与"文明"的异同。父亲对kulture(文化)与civilisation(文明)两个词由拉丁文的演变做了语义学的分析,从他们发展的历史看,文化的使用比文明要早得多。仔细辨析,文化是属于人的,文明是属于社会的,两者虽然有所不同,但他们有共同之点,就是都以"人"为中心。人是脆弱的,也是伟大的,因为他有智慧,能够努力克服自身的困难,不断前进。人还有好群性,可以通过语言和文字,互相交流经验,使个人与社会的生活不断变化发展,这就是我们珍重文化的原因。

　　关于文化的构成,父亲采用他的老师米南克教授的五种因素说:即"控制自然以运用物质一也;致力哲学与科学以有正确知识二也;借文艺与美术使感情高尚三也;不断致力社会事业,福利群众四也;借宗教与伦理以接近真理五也。则五种完美为形成文化之因素,划分野蛮与文明的标准,也是构成人类进步的方式。"由此可见,文化构成因素的内涵是非常丰富的,它包括人类从物质到精神的种种需求,因此,文化和人类的历史一样古老,而人类的历史也可以用文化史来概括。

世界各个民族虽然因时间、空间、种族的不同,各因素的程度有差别,因而文化的形式有不同。就世界文化的形式而言,可以分为三大类型:第一是人与人的关系,代表者为中国文化;第二是人与神的关系,代表者为埃及、中亚与印度文化;第三是人与物的关系,代表者为欧洲文化。在论述中,父亲特别强调的是尽管各个民族和国家的文化有所不同,但这是"形"的不同,不是"质"的不同,因为同是以"人"为出发点,受自然共同的支配,有自然共同的需要,而人心则是文化中唯一的统一线,所以世界文化是具有统一性的。

另一个问题是关于研究欧洲文化史的出发点。学者们对欧洲文化有两种不同的态度:一种视欧洲文化为人类文化的一部分,它不是孤立发展的;另一种以为欧洲文化有它自己的生命,与其他文化不同,它的形成与发展确有它独特的地方。

父亲是赞成后一种观点的。在回顾欧洲地理历史的特点时,父亲认为:尽管欧洲存在地理、民族、语言、宗教等分歧,然而,欧洲仍有它独特而完整的文化。因为,欧洲有悠久的历史,欧洲是历史的产物:第一,欧洲的文化,由希腊、罗马文化蜕变而来;第二,欧洲文化是基督教文化,欧洲人的思想与生活都受基督教思想支配;第三,纵使欧洲国家久暂不同,大小不等,在文化形式上是一样的,经历过相同的阶段,只是深浅有不同;第四,欧洲各国,联系密切,不能孤独。"欧洲是祖国的祖国"。由此可知欧洲有它独立的生命。欧洲是近代历史的作品,可是它的文化却很久远,为此,我们从欧洲的历史来探讨它的文化。

父亲认为:讲到欧洲文化的发端,其实是受东方文化的影响。记得我上高中时,有一次在家里,父亲正在看一本外文书,突然把我叫过去,指着书中一行斜体的外文,告我:这是拉丁文。他念了一遍,又告我:这句话的意思是"光明来自东方"。当时我并不懂父亲这样讲的意思,也没有再问什么。这件事给我的印象却很深,我一直大概记得那句话的拉丁文读音。后来我知道,这是一句古希腊的著名谚语。现在回想起来,应该是父亲读到这句话时,颇有感慨,身边又无人可说,就把我叫过去了。

父亲在分析过研究欧洲文化的出发点后,写了"埃及文化与自然"和"中亚文化略述"两章,介绍了这些地区古代的文化。父亲认为:埃及有四千余年独立的文化,给西方许多贡献,成了希腊、罗马的导师。中亚巴比伦有精确的天文历算,在科学上有特殊贡献。汉谟拉比的法典,影响深远。亚述人勇敢善战,有丰富的军事知识与经验。他们认为每个行星都是神,发展了精湛的占星术,希腊与欧洲的中世纪都受它的影响。希伯来民族虽然弱小,却在西方古代史中占有重要地位,主要是因为它的宗教。希伯来人对耶和华为至尊唯一天神的崇拜,已经孕育着西方文化的大动脉——基督教。埃及和中亚各民族的文化,借腓尼基的航船,由迦太基的协助,一一传到欧洲。波斯的侵略,更促进了古代文化的传播。

欧洲文化的发端虽然受东方文化的影响,但是,它的源头却在希腊、罗马的文化。

古代希腊文化的特点在于视人为一切的中心,而个人又是人的中心,这是彻底的人本主义。希腊均衡地发展人的伟大,追求"人"的完美,以实现灵肉的和谐,并且是先肉而后灵的。希腊人特别重视体育,常过一种竞争的生活,结果形成一种个人主义。希腊给"人"以正确的观念,提出理性,因为理性是人与人的连接线,它不仅是普遍的,而且是自由的与平等的。希腊人爱美,有杰出的艺术,它的艺术特质是形式的、人的、乃至数学的。他们从"形"的美,发现了"和"的价值,这是希腊文化的特点。因为"和"是人性的要求,智慧的最高表现。希腊人讲求美,不仅是艺术的,也是伦理的。他们讲求动机,如果心正,一滴水便可洗净精神的污垢,否则沧海之水是无用的。希腊人爱新奇,喜变幻,由此而导致纯知,建立起哲学和科学。希腊的纯知是数学的,这种思想运用到政治上,希腊人发现了平等。他们很明白,物是难齐的,人以理性故,可以平等。人与人的关系是平等的,因为基于正义,不在他的出身与资产,而在他的理智。希腊人受海洋的影响,爱好自由,"自由人是爱海的",由此也造成没有统一的纪律与组织。希腊还提出了个性,个性的发现是希腊文化的结晶。希腊文化是宝贵的,它给人以正确的价值;平衡地发展人体、灵魂与思想,养成了崇高的个性。希腊文化教欧洲人如何创造,如何致知,使每个人成为独立的人物,因此它成为欧洲文化的源头之一。

　　欧洲文化的另一个源头是罗马文化。概括地说,罗马的文化是意志的,一方面讲求实用,另一方面发明组织。而两者的目的在树立人与人的关系,建立强大的国家,以追求社会的完美。在古罗马,国家与社会没有明确的界限。罗马文化的特点在寻找社会的完美,是指在集体生活上,不分种族与宗教,罗马人能够发现它的共同点,以建立平等的关系。罗马与希腊不同,希腊所重者是个人的完美,以发展个性;罗马所重者在集体的繁荣,以充实国家。罗马帝国的成功,人们以为全由它的军事,其实,不如说是由于政治。罗马政治的特点,在于国家与公民的划分,规定他们各自的权利与义务。国家是至上的,因为它可以保障人民的权利,维护生活的秩序。罗马公民唯一的任务是服从政府与法律。罗马政治机构的职权划分很清楚,这也是罗马精神伟大的表现。罗马思想的中心是国家,做一个好公民与好士兵是罗马人最高的理想。在某种意义下,生命与幸福不能私有,它们完全属于国家。罗马史是一部法律史,罗马的发展,由于它平等的法律。罗马法的特点,首先是与宗教分离;其次,是法官具有独立的职权。由此,加强了法律的威信和法学的研究。罗马的精神在人民服从法律。在罗马人看,法是集体的意志,它是强的、冷酷的,同时也是非常可贵的。经过长期的实践与研究修改,后期罗马帝国的《罗马法》成为中古及近代欧洲的模范法典。罗马与希腊还有一个重要的不同:希腊重在纯知,罗马不是在"知",而是在"用"。它们宁可牺牲真理而不肯牺牲实用。正因为如此,罗马的史学、文学、哲学以及宗教都有自己的特点。罗马精神教欧洲人如何组织,以建立人和人关系的原则。希腊、罗马的文化,虽为埃及与中亚文化的综合,然自欧洲观点言,却是整个的。

　　父亲认为:基督教在欧洲文化中占有重要的地位,它不仅保存了希腊、罗马文化,而且支配着欧洲人的思想与生活。直到今天,我们走遍欧洲,无论是大城或小镇,随处都可以见到教堂,而且是当地最好的建筑,可见基督教在欧洲的重要。

　　基督教形成和发展于欧洲的中世纪(从 476 年西罗马灭亡至 1453 年君士坦丁堡陷落),这个中世纪在我们的印象中是"黑暗的千年",这种认识在西方学者中也有。父亲不同意这种看法,他认为中世纪是一个特殊的时代,这个时代以 10 世纪为标准,划分为两个时期:

　　10世纪以前是欧洲文化的转型期,这个时期表面上是黑暗的,实际上非常重要,以基督教为中心,一种新的文化正在形成。西罗马的灭亡是必然的。社会腐败,军人割据,中产阶级日渐消失,贫富悬殊,蛮人入侵,使经济遭到严重破坏。有人称这个时期是"黑暗的时期",有一定理由,但不能概括整个中世纪。蛮人入侵西欧的结果,使罗马帝国缔造的均势遭到破坏,但也带来了一种创造的活力。蛮人入侵造成的灾难,给基督教的发展带来极好的机会。

　　10世纪之后,进入中古文化的春天。构成中古文化的要素,首先是希腊、罗马文化的遗惠,其次为新兴民族飞跃的活力,最后而最重要的是基督教对物质与精神的支配。这三种动力的接触,互相冲击,经五六百年的锻炼合而为一,产生了新的意识与秩序。基督教从罗马得到一切外形的组织,它整个的哲学与神学,完全建立在希腊哲学的基础上。它还教人互相友爱,没有贫富的分别,给人一种崇高的理想, 让人对未来有种快乐的希望。基督教因而具有一种新的意义,它不受时间与空间的限制,以人类总体为对象,是超时代与超国家的。西方真正的统一,是由基督教开始的。基督教是新旧民族的连接线,在政治上虽然没有造成坚强的统一,在文化上,却发挥了惊人的力量。中世纪初期的文化,虽无特点,然而十分重要,因为它是一个转变时期,基督教在此时打下深厚不拔的基础,开启了一种新的文化,提高了人的尊严,产生出真正的中古文明:追逐灵魂的完美,牺牲现在而不牺牲将来。

　　人们对中古文化有种偏见,总认为它是落后的,是宗教的附庸,其实是不对的。经过10世纪前的转型时期,中古时期产生了一种新的哲学——士林哲学。父亲写了"中古文化及士林哲学"一章,对士林哲学的体系进行了简要的论述,指出:士林哲学认为,人之所以有认识,是因为有"理性",理性的作用,不仅是逻辑的,而且是心理的。从心理观点而言,理性是普遍的,唯个体是实在的。而这种个别实在性之于人,便是"人格",人格为个人的本质。"理性"也是中古文化的基调。从理性出发,建立兼容并包的合乎人性的理论,中古文化的特质,便在它对人的生命与价值的确定,人有不可侵犯的尊严。科学也是理性活动的结果,所以,中古世纪是一个感情激烈同时又是爱好知识的时代。

　　12、13世纪,欧洲进入了中古文化的春天,这个时期,大学林立,西方学子,负笈千里, 形成一种研究高深学问的狂潮。从知识的分类上也达到很高的成就。中古文化是立体的,一般科学居于下,哲学位乎中,神学冠于上。哲学与神学的分离,哲学始有其完整的生命,这就是中古最大的贡献。多少研究欧洲史者,以为希腊、罗马之后,欧洲沉入黑暗时代,至文艺复兴,忽放光明。我们并不否认文艺复兴的重要,但是文艺复兴却是由13世纪文化蜕变出来的。13世纪的哲学著述是《圣经》与希腊、罗马两种遗产的综合。到文艺复兴时,那是中古文化逻辑的结果。从这方面谈"人"的发现,才不致到错误的地步。

父亲认为:近代欧洲文化的变动,始于16世纪,这时进入了一个新时代。从史实看,有这些特点:一、欧洲统一的崩溃;二、国家思想的发展;三、宗教威信的降低;四、个人意识的觉醒;五、世界领域的扩大。这实际是近代史的开始,凝结在文艺复兴与宗教改革上。

16世纪的新文化运动导源于中古,它的实质却与中古完全不同。它的外形是复古运动,其实是人类意识对集体强制力的反抗,是个人意识的觉醒。个人意识的觉醒虽然从中古开始,但中古个人意识的出发点是形而上学的,16世纪的个人意识是由实用出发,形成个人主义,理性与感觉并重,即尊重形式,变为自我的崇拜。16世纪的思想,外表上错综复杂,实质上有一个共同的基点:个人主义所构成的人文主义。人文主义是欧洲统一精神破坏后的产物,要理智与信仰分离,要自己解决自己的问题,自己支配自己的行动。一反中古基督教的思想,不仅要牺牲而且要享受;不仅要服从而且要怀疑;要以自己的意识为人类行为最后的估价。

16世纪的大转变,经济也是强大的动力。中古经济的基础建立在农业和手工业上。由于海外贸易,市场扩大,资本主义应运而生,物质发展的结果,使精神起了剧烈的变化。16世纪欧洲各地方言崛起,替代拉丁语文,构成了一种离心力,使中古的统一局面无法赓续。从政治看,每个民族的方言,就是每个民族团结与自觉的工具,它加强民族的思想与国家的观念。民族观念不是指血缘的关系,而是指具有共同的语言、思想、风俗等,即具有心理的统一,受历史潜力的支配。也只有从民族观点出发,始能说明16世纪的重要,了解文艺复兴何以发生在意大利,宗教改革何以发生在德意志,即是说它取决于历史环境形成的民族性。

文艺复兴发生在意大利,是拉丁民族演变的结果,其傲人的人文主义具体表现在爱哈斯姆身上。他极端地推重理智,并且相信理智的普遍性。因此,理智做了欧洲新精神统一的基础,他们要求智慧的解放,破坏中古传统的精神。宗教改革发生在日耳曼民族,德意志的路德是著名的改革者。路德否认理智的权威,因为真理与命运等基本问题,只有信仰可以解决。可是信仰不是普遍的,而是民族的。路德要建立民族的宗教。宗教改革是国家情感对中古教会欧洲的对抗。文艺复兴与宗教改革的相同点在于他们对时代的反抗,基于个人意识的觉醒;相异处乃在信仰与理智的冲突、分析与综合的失调,日耳曼与欧洲的斗争,国家主义与人文主义的矛盾。

父亲认为:在近代欧洲历史上最重要的事件,当以法国大革命为第一。为了了解法国大革命发生的原因和影响,就要了解法国的有关历史情况。为此,父亲写了"法国旧制度时代的家庭情况"一章。

所谓旧制度是指路易十四即位起(1661)至法国大革命(1789)止。这一百多年,是法国最光荣、最繁荣的时代,思想发展自由,科学进步很快。这是一个彻底转变的时代。许多人误认旧制度为封建制度,这是完全错误的,其性质截然不同。旧制度是由封建社会蜕变出来的,而封建制度是由10世纪中叶旧家庭演变而成。家庭演变为"麦西尼"(意为家族),"麦西尼"变为采邑,小采邑扩充至庄园,由庄园构成诸侯的领地,集许多诸侯而形成王国。在法国大革命之前,法国始终是个家庭的集合,没有国家正确的观念。失掉这个观点,无法了解法国的历史。也是在重理性与爱家庭这两点上法国与中国文化有相通之处。旧制度的社会建立在三种因素上:家庭、传统的习俗、祖业的完整。法国家族制度中,其特点要算"村家"。"村家"是指许多家庭,各出财产,由选举出来的村长主持。村长有特殊的权威。"村家"是法国大革命前农村的中心,有深厚的传统力量,它也是大革命的劲敌。法国家庭的观念是很强的,一人的光荣便是全家的光荣,一人的耻辱就是全家的耻辱。

法国至路易十四以后,社会起了剧烈的变化。黎塞留的政治,使法国走上中央集权的道路,形成强盛与近代化的国家,如果帝王庸弱,不能有所作为,控制时代,民族必然以革命手段,夺取政权,所以法国大革命是由他的帝王与重臣开始的。法国大革命的特征,一方面是国家的,便是说从此以后,人民代替了帝王,国家是至极的权威;另一方面又是社会的,便是说加强农民的所有权,摧毁封建的专利。这便是为什么农民们眷恋革命,拥护革命。

民族发动革命,受理论的赞助和资产阶级的领导。18 世纪的思想家影响大革命到何种程度, 至今史学家尚无确定的解决。18 世纪是新旧两个时代的交替,哲人们的思想是勇敢的,他们的行为却是懦弱的。他们只能破坏,不能建设,可是 1789 年的革命已经发动起来了。哲人们虽不愿如此,而这确是他们的作品。哲人们影响法国大革命者,当以卢梭为最重要,他的《民约论》深入人心。法国大革命是社会主义与唯物论的结合,《民约论》是有力的推动,可是到思想变为事实,形成客观的力量,思想反为事实控制,这便是帝俄接受 18 世纪思想后,产生了 1917 年的革命的原因。

法国大革命后,欧洲陷入波动状态,旧制度虽然推到,新制度尚未产生,而文化随之失掉均衡作用, 社会与政治常在颠荡之中, 革命与社会主义应运而生,逐渐发展,造成一种普遍不安的局面,18 世纪末的人士,深感到一种失望,形成初期浪漫主义的心理。19 世纪初的社会,经济成为一切问题的中心,形成资本主义。工商业的发达,殖民地的扩展,工厂与工人成了社会的骨干,文化重量不重质, 以大众为归宿, 这与浪漫主义的个人思想和自然观念是最不契合的,有时两方处于对立的地位,浪漫主义遂走至末路。

社会主义在法国大革命时,虽肇生萌芽,却尚未形成何种力量。社会主义由法国革命思想形成,但是,它在社会上的地位,却须得英国的机械与工业赞助。约在 1760 年时,英国生产工具改革,特别是机器的运用,工业革命的开展,工厂增多,工人势必随之而增加,其意识也逐渐觉醒,形成社会主义。机械运用后的别一个结果,便是资本主义的产生,形成阶级斗争。所以,社会主义发生在英国并非偶然。社会主义的形成,由于英法两国的思潮。1848 年将社会主义发展史划分为两段。是年以前,由法国思想家领导,如圣西门、傅立叶、蒲鲁东等,他们是情感的,也是浪漫的。是年以后,截至俄国革命,由德国思想家领导,如马克思、恩格斯与贝贝尔,他们是科学的,同时也是唯物的。《资本论》的刊行,使社会主义发展史进入科学阶段。马克思憎恶浪漫的社会主义,可是他充分利用法国 18 世纪的思想,尤其是卢梭的平等观念。他久居伦敦,了解英国工业发展及社会问题,他在《资本论》中,将当时的经济、社会、革命等问题,做了有力的综合,指出资本主义的社会不能支持,必然到崩溃的地步,其演进的方式为革命。马克思对社会主义的影响,与卢梭对法国大革命是一样的。当社会主义有科学理论根据后,便开始组织工人运动,这已是1917年俄国革命的先声。

社会主义是欧洲文化中奇突的一页。从这种学术发生后,文化的动向也改变了面目。就最显著者言,俄国今日的教育、艺术、文学,均须以新事件来研究,其重要性正不亚于机械的发展。这种运动的正确与否,不是理论问题,而是事实问题。各国有它自己的环境、历史与背景,绝对不能将人家的理论当自己的真理。

近代欧洲文化的特征,在它惊人的机械,控制人与自然。将自然所有的活动,人也在内,归纳到知识体系中,体系是一种组织,那里边含有经济的作用,结果知识的目的不是求真,而是求用了。因为能满足人的需要,有用变为一切价值的标准,形成机械文化的特点,影响到整个欧洲近代的思想。所以,从任何方面看,机械文化与经济作用的配合,是近代欧洲文化的特征。构成机械文化的基础,第一是那种抽象的数理精神,第二是经济的组织。这两种精神,运用到自然上,发动了控制自然的欲望,形成辉煌的胜利,同时,也付出了很大的代价。西方古代的文化对自然持有不同的态度,虽然说法不同,但都认为自然是有生命的。将自然视为没有生命,是纯数理发展的结果,完全是近代的一种新精神。理智与经验受数学精神的训练,逐渐改变旧有的观念,"生命"与"灵魂"等概念摒绝到自然科学之外,自然受数学无情的控制,走到精密组织的狭路上,人也逐渐罗入组织自然中。18与19世纪的思想家,以因果关系解释自然,产生了机械论,他们虽将世界分之为物理的与生命的,可是同为"力"所控制是一样的。这种机械论以力为后盾,必将发生一个逻辑的结果:个体为集体所消灭。从人言,人变为物的象征;从社会言,只有大众而没有个体。再往深处想,我们发现近代决定一切问题的经济,他与数学精神配合,控制西方人的生活,情感是第一个牺牲者。以机械统治自然,而日常生活也由机械完成,除实用外,对人已失掉信仰,这是西人近代控制自然所付出的代价。

以上我用相当篇幅对父亲这部专著的主要内容进行了介绍,更为重要的是,父亲在这本书的"结论"中,对欧洲文化的未来提出了自己的见解,他说:欧洲文化将来的演变,我们不能妄加推测。从我们的研究上,所可言者有三:第一,必须恢复"人"的真诚概念,绝对不能视为是"物"的象征;第二,必须与历史衔接,恢复欧洲统一的精神;第三,绝对不能以政治解决社会问题,重犯法国革命的错误。同时,父亲也对欧洲文化未来的发展提出了警告:从欧洲历史言,希腊对人的认识,罗马公平的法律,基督教博爱的精神都是极可宝贵的遗产;如果欧洲人不加以发扬,与机械文化配合,创造新的精神,则欧洲文化将进入灭绝的阶段。

《欧洲文化史论要》一书出版至今,已经过去了近70年,欧洲文化发展的情况说明,父亲当年对未来欧洲文化的三点预测是正确的,正在实现中,而欧洲古代中世纪文化和机械文化配合的新文化也正在创造之中,如"福利国家"的概念和实践就是证明之一。这也说明,父亲是能够鉴往知来的历史学家。

《欧洲文化史论要》的序言是由万仲文写的,他指出这本书有四个特色:一是把握了欧洲文化的特点,探索出欧洲所以为欧洲的原因;二是整然有系统的、探本穷源的研究方法;三是充分表现了科学的历史研究精神,如对近代欧洲机械文化的批评,是站在整个欧洲文化的立场上,与一般人对于欧洲文化主观地加以鄙弃或称颂者不同,亦与站在东方文化立场上来批评欧洲文化者大异其趣;四是本书对于目前大战中正醉心讨论着战后世界和平的欧洲人,实有重大启发,而具有国际的价值。万仲文在总结了这四个特色后,还写了这样一段话:

> 尤使我感佩的是著者学术研究那种艰苦卓绝的精神与平实精详的风度。他在欧洲十几年过的都是苦学的生活,回国以后,正值抗战,六年以来,物价高涨,穷教授的生活,实在清苦之极;而他在五年之内,连生四子,负担更特别加重,虽幸有贤惠的夫人梁佩云女士为其内助,但有时仍不免于饥寒的威胁。然而在此穷苦的生活下,他仍然每天在破陋的房子里,在孩子们的噪闹声中,一笔一笔端端正正地写下他的书稿,真有颜子"人不堪其忧,回也不改其乐"的卓越精神。

这段话,反映了在抗战期间,不仅图书资料匮乏,社会环境不安,而且,学者的生活也很清贫艰苦,父亲在这样的情况下进行学术研究,表明他对学术研究有坚定的信念和顽强的毅力,这也正是中国优秀知识分子所具有的高尚品德。

十 逃难寻踪

　　父亲《欧洲文化史论要》出版的 1944 年初夏,抗日战争已经进入最后阶段。日本侵略者为了挽救即将失败的命运,在战略上争取主动,想集中兵力尽快打通湘桂线,以便与中南半岛、东南亚的日军连接起来,于是,发动了打通大陆干线的战略攻势。5 月下旬,日军打通平汉铁路南段后,直接进攻衡阳,广西震惊。6 月,桂林实行第一次紧急疏散,学校宣布提前放假,许多老师同学纷纷离校,和市民一起逃向安全的地方,桂林社会秩序异常混乱。8 月 8 日衡阳沦陷,桂林更为紧张,常有敌机轰炸,人们不断躲警报。城防司令部发布第二次紧急疏散令,从此,父母亲带着我们五个孩子,开始了一年的艰苦的逃难生涯。

　　小时候,常听父母讲在广西蒙山、昭平一带逃难的经历。"逃难"成为我童年生活中最富魅力的故事。虽然对那段生活一点记忆也没有了,但它以"故事"的形式深深地印在我的脑海中。特别是母亲每次讲到从蒙山古苏冲翻越龙寮岭到昭平仙迴村,总是深有感触地说:"那是太平军曾经走过的地方,那里风景真好,可惜当时没有心情欣赏!"所以,在我心里留下了一个愿望,我一定要去龙寮岭看看,看看它缘何使母亲终生难忘而又留下深深的遗憾。

　　这样的一个心愿,终于在离开蒙山 50 多年后,有了实现的机会。1997 年 5 月 25 日,我参加了在广西蒙山召开的"太平天国与爱国主义国际学术讨论会"。会议结束后,在父亲的学生、广西社科院研究员、75 岁高龄的萧德浩先生和县志办黄兆伦主任的陪同下,我寻访了过去逃难的踪迹。

1 在蒙山

桂林第二次疏散时,我的双胞胎大哥大姐当时 6 岁,二哥 5 岁,我两岁,妹妹刚出生几个月,5 个孩子加起来,还不到 20 岁,由于孩子拖累,不能向贵州等远处转移,父母决定留在广西,和他们任教的无锡国学专科学校的师生一起撤离桂林,向蒙山转移。

无锡国学专科学校(简称国专)是一所以我国传统文化为教学与研究内容的高等学校,创办于"五四运动"后的第二年,创办者国学大师唐文治校长是光绪朝进士,曾任清廷商务部长,上海交通大学校长。由于国专具有传统特色的办学方法,培养出如唐兰、吴其昌、王蘧常、钱仲联、周振甫、冯其庸等一大批知名学者而蜚声海内外。抗战爆发后,无锡沦陷,年过七旬的唐校长率领数十名师生,从沦陷区迁出,途经武汉、长沙等地,边走边上课,历尽艰苦,于 1938 年初迁校于桂林。次年 2 月,唐校长因水土不服,年迈多病,双眼几近失明,返沪治病。由冯振先生代理校长。

冯振字振心,自号"自然室主人",广西北流人。他是唐校长的学生,在国专任教授兼教务主任,所以他义不容辞地接受委托,主持校务。当时,桂林是抗战后方的著名文化城,国专聘请了李一真、蒋庭曜、卢冀野、俞瑞徵、向培良、吕竹园、万仲文、饶宗颐、卜绍周、黄景柏、钟振岳、徐涣、吕方子(集义)、陈千钧、陈一百等为教授,还请梁漱溟、巨赞法师、吴世昌、张世禄、陈笠同、黄际遇等开设学术讲座,父亲受聘为历史学教授,母亲受聘为讲师,讲授教育学。国专一时名师汇集,严谨求学的学风得以继续发扬。1942 年,冯振与梁漱溟商量,成立了国专的董事会,由李济深任董事长,黄绍竑、梁漱溟、李任仁、刘侯武、黄星垣等任董事,董事会成员都是广西政学各界名流,他们运用自己的影响筹集了一大笔办学经费,兴建校舍,扩大招生,学校办得很好,有"国专在广西开一代学风"之誉。

冯振不仅是一位教育家,而且是著名的中国古典文学专家、诗人。冯振的学识渊博,于文、史、哲、经、教乃至农、林、工、数皆有所学,还精通中医,英语也很好。尤其是在人品修为上有口皆碑。对这样一位老大哥,父亲是充分尊敬和信任的,正因为如此,在战乱动荡之中,举目无亲之地,父亲才选择和冯振及国专一起逃难。冯振是广西人,在当地享有极高的声望。所以,冯振准备带领国专部分师生南下蒙山。蒙山是桂东山区,过去这一带是瑶、壮各族聚居的地方,比较偏僻,估计日军不会来侵扰。如果蒙山不安全,再向位于大瑶山深处的冯振的故乡北流转移。

提起蒙山,大概不会有多少人知道。如果说永安州,只要学过中国近代史的人都知道。永安是太平天国金田起义后攻克的第一座州城,太平军在这里住了半年多,办了三件大事:一是创立天朝,分封五王(即东、南、西、北、翼);二是发布诏令,建立各种制度,如官制、圣库制、兵制等;三是颁行天历,刊刻新书。在这里,奠定了太平天国政权建设的基础,因而有"永安建国"之称,这在太平天国历史上是非常重要的一章。蒙山县城就是清代的永安州城。现在县城内还有许多太平天国的遗址,如天王洪秀全发布突围诏令时,他背后的大玉兰树,如今依然枝叶茂盛;太平军修的长墙,东、西炮台等遗迹尚存。

蒙山县城是一座有着光荣革命历史的城市。它悠久的历史,可以上溯到南朝的梁、陈,当时即已设置,称金安。唐代它是蒙州的正义县,到宋太平兴国元年(976年)才改为蒙山县。现在的蒙山县城,既古老又年轻,在城里,可以看到带骑楼的古旧建筑,铺鹅卵石的窄小街道,也可以看到宽敞的柏油马路,有马赛克贴面的高层建筑,镶着蓝色玻璃的铝合金窗在阳光下显得格外亮丽。新旧交错,互相辉映。湄江从县城中心流过,把县城分割成东西两块。湄江上有新建的永安大桥,在新桥南面三四百米处,有一座新中国成立前就有的旧桥长寿桥。新旧两桥,遥遥相望。湄江江水清澈,但流量不大,江水中流处可见沙洲。据说新中国成立前湄江江面宽阔,可以通航,江岸码头常停靠百余只木船,乘船从蒙山向南可到梧州,入西江,再到广州。而现在,水流量减少,已经不能行船了。

国专从桂林向蒙山疏散是分期分批进行的。我们是由家在漓江岸边的学生,开船接送到平乐,再转荔浦的,住在学生廖泽深家。从荔浦换乘木炭汽车到蒙山。据萧德浩回忆,桂林第二次疏散开始,"许多人从桂林逃难来蒙山。一天下午5时许,我怀着探望的心情,走过长寿桥,沿着西街走向汽车站。当我走到西街上段时,就看到阎师和梁佩云师母,他们手提肩扛几个包袱,并携带五个孩子,我赶忙跑前迎接,替他们拿行李,迎接他们的到来。走在街上,我们谈及桂林的形势,疏散的情况。走过长寿大街,拐入光明街,就到我家。这时已近黄昏时刻了。"

我们到萧德浩家后,他们全家动员,给我们烧水洗澡,切菜做饭,一切忙乱过后,已近晚10时了,安排我们住在楼上一间小屋里。当时,暑气未消,甚为闷热。萧德浩的祖父是中医,父亲是中学教师,全家十口人,家境并不富裕。所以,他回忆说:"我家居住生活条件甚为简陋,自己为此感到不安。"其实,在战乱中,我们有个安身之处就很好了。

萧德浩陪我到蒙山县城后,先去看他家的住宅,在光明街42号,这是一所普通的县城民宅。前面是临街的铺面,褐红色的铺面门板还是当年使用的旧物。从铺面进去,是一明两暗3间房,中间的房子里有一架木梯,可上到二层。这里的民居多是复式结构,二层也是3间。我们全家7口人就住在左手一间约12平方米的阁楼里。现在这间屋子已经不再住人,堆满了杂物,光线阴暗,空气浑浊,靠外的一面墙上还有很大的裂缝,可以看到蓝天。一切都是那样破旧,那样陌生,但这的确是50多年前我们住过的房子,是我非常想来看看的房子,想到这些,内心涌起一阵莫名的激动。在后来的寻访中,我才知道,这是50年后我能见到的惟一的一间当年的住房。虽然后来我们住过的房子都比这间好,然而都不存在了,这间房子,正因为它破旧,才得以保存。这种似乎不成因果的道理,使人感到历史的辩证法无处不在。

当年,在萧德浩家住的大约第5天,还经历了一次躲警报。这天,县城拉响警报,萧德浩劝父亲到郊外躲避,父亲分析说,日机不会空袭这个小山城的,只是飞行经过而已。父母亲都不愿去郊外,父亲仍然在屋里读书。当时街上很多人都向郊外跑,在萧德浩的再三要求下,父亲才将年纪大点的大哥、大姐和二哥让他带到郊外。萧德浩带3个孩子,躲在鳌山脚下的一条干涸的水沟里,一会儿,几架日机掠空而过,警报解除了,他们才回来。这次特殊的"郊游",哥哥、姐姐们至今仍然记得。

国专学生黄伟知道我们一家7口,住在萧德浩家的小木楼里,条件不好,又受警报干扰,黄伟家境富裕,食宿条件都好,就提出接我们到他在龙虎村的家中住。

此前,饶宗颐在桂林第一次疏散时来到蒙山,就住在黄伟家在县城开办的书店"三民石印书局",前后约4个月。饶宗颐和父亲都是1943年受聘于无锡国专的。他主要讲授《历代散文》和《文字学》,萧德浩和黄伟都听过《文字学》这门课。黄伟回忆说:"这门课程,不好讲授,因为没有现成课本,但饶老师自己编写,将一些古文字一一讲解,力求深透。"①萧德浩也说:"饶老师讲解词义,清楚明了,举出许多例证,使人触类旁通,有时加入一些小故事,引起学生极大的学习兴趣,他的学问功底深厚,知识渊博,思维敏锐,是我们最敬爱的一位老师。"②饶宗颐在县城居住时,每日都看书、读报,很少闲游。萧德浩喜欢写诗,常常向饶宗颐请教。据萧德浩说,著名的武侠小说作家梁羽生,原名陈文统,也是蒙山人,家在县城,是他中学的同学,当时也向饶宗颐学习诗词写作,后来到香港还常向饶宗颐请教,因此,他写的小说中的诗词都很优雅而有意境。

萧德浩介绍饶宗颐认识了他的族伯萧韶美,萧韶美是清末举人,当时任蒙山县修志局局长。"饶老师从修志局处借来《永安州志》,对蒙山县的历史、地理、政治、经济、民风、习俗作了初步的了解,很感兴趣,于是,就有去金秀瑶区访问之举。"③金秀瑶区访问是在7月中旬,饶宗颐带领学生萧德浩、黄伟、黄水新和凌超荣对金秀的忠良、岭祖两个瑶族乡的风土民情进行了三天深入的考察。在考察中,饶宗颐平易近人、不辞劳苦的态度,联系实际进行科学研究的精神给随从的学生极大的启迪和鼓舞。这次考察,饶宗颐还写有《旱峡》、《金鸡隘》、《岭祖村夜宿》等诗篇,后来汇集成《瑶山诗草》。

在艰苦的岁月和动荡的环境中,依然能潜心读书做学问是一个真正学者的风范。饶宗颐的治学精神自然使学生们感动。我曾经见过饶宗颐两次,一次是1997年我到香港中文大学做访问学者,曾去拜访先生。饶先生对抗战时期在桂东逃难的这段生活印象深刻,谈起当年逃难的事,兴趣盎然,记忆犹新,并且说:"我知道阎先生家孩子多,我见你们的时候,你们还很小。"详细询问了我们现在的情况。另一次是1999年6月,首都师范大学聘请饶宗颐为特聘教授,

---

① 黄伟:《阎、饶两教授避难蒙山追忆》,《无锡国专在广西》,第234~236页,苏州大学出版社,1993年6月。

② 萧德浩:《饶宗颐师避难蒙山追记》,刘海涛主编:《蒙山抗日风云录》,第59页,广西蒙山县史志办公室,2004年印。

③ 同上。

阎守诚与饶宗颐合影

他来学校三天,由我陪同办理具体事宜。先生在首都师大做了学术报告,我还陪他去访问了中国文物研究所。先生的和蔼可亲给我留下了深刻的印象。临别时,我与先生合影留念,他总是拉着我的手,使我感受到长辈的亲切。是啊,在蒙山时,我才两岁,当时一起逃难的长辈,经过近 60 年,如今能见到的也就唯有先生。我知道先生很忙,所以从未去打扰先生,走笔至此,仅遥祝先生健康长寿!

我们在萧德浩家住了大约一个星期,便搬到黄伟家住了。黄伟家住在龙虎村,位于县城西南约 4 公里处,属于西河乡龙幡村的一个自然村,在现在的 321 国道旁边。龙虎村坐落在山脚下,村后的两座山,一名龙山,一名虎山,村名即由此而来。据萧德浩说,是黄伟和他接送我们全家到龙虎村的,当时没有公路,只能沿着田间弯弯曲曲的小路步行,现在乘车走十几分钟的路程,那时要走一个多小时。

我们从县城乘车到龙虎村走访黄伟家。入村后,碰到退休小学教师黄道华。他一头白发,身穿蓝中山装,个子不高,行动利落,一点也不像年近七旬的老人。从黄姓家谱而论,他还是黄伟的侄孙。据他说,黄伟家原有三座很大的青砖瓦房,房屋高大,院落宽敞,土改后都拆掉了,现在全村都是土坯房。他带我们去看黄伟家住房的旧址,在空地上还可以看到两个石灰岩柱础,让人想起当年青砖瓦房的气势,而今却荡然无存了。以后,我到文尔塘、大塘、鹿鸣村,我们住过的房子出于同样的原因,都遭受了相同的命运,只剩下断壁残垣,任人凭吊了。

应该说,龙虎村的自然景色是很优美的,背靠苍翠的青山,掩映于绿树翠竹之间,村前是一片绿油油的稻田,在蓝天白云下,这小小的村落,真是如诗如画。在战乱之中,我们曾在这里住过是一种缘分,似乎父母没有讲过在这段生活,也许在这里太平静。

2 复课文尔村

1944 年 8 月下旬,蒙山局势稍微平静。冯振带领国专师生 20 余位来到蒙山,学校的图书也运来了,并准备在在文尔村复课。我们家也就从龙虎村迁到文尔村。

国专师生借住在文尔村钟府,受到钟文会、钟文海兄弟的热情接待。钟家是以挖石灰石、烧石灰致富的。石灰可做建筑材料,用于盖房,也可以撒在稻田里,促使稻子长得更好,用途广泛,销路很好。钟家致富后,盖起三座大院,青砖瓦房,鳞次栉比。挖石灰石的地方,下雨积水,天长日久,成为水塘,可以养鱼。所以,从小听父母讲这个地方,叫文尔塘,而不叫文尔村。

国专的教师、学生都住在钟府,钟府房间众多,院落宽敞,学生们自己动手打扫房间,借来桌椅和黑板,把钟府小楼上的一间横厅布置成教室,开课时有30 多个学生(包括钟家在外地读书的几位学生,其中,就有后来成为著名的太平天国史专家的钟文典教授,他不仅学习,而且也负责接待)。为了庆祝开课,钟府还举行了一次宴会,宴请国专全体师生。宴会的菜里有生鱼片,就是从水塘捞起的鱼切成的。

冯振曾赋诗一首表达感谢之意,题为《避寇蒙山寄居文尔村钟府仲纯丈暨文海文会诸昆季殷勤接待慰藉备至感谢不足赋此以誌》[①]:

---

① 本节所引冯振诗均出自冯振著《自然室诗稿与诗词杂话》,广西师范大学出版社,1989 年。

蓬飘念我无根蒂,慰藉殷勤比弟兄。

寇至入山同草屋,食悭与我共藜羹。

语言所露皆肝胆,患难真堪托死生。

归告妻孥应感激,乱离犹得酒频倾。

　　我们从龙虎村出来,即驱车前往文尔村探访。吉普车在乡间土路上颠簸了近一个小时才到达。文尔村也是一个坐落在绿树翠竹之中的村庄,景色异常优美。我很惊异于蒙山村庄的美丽,每一个村庄几乎都是一幅精美的国画,即使看一眼,都会使人久久难以忘怀。

　　走进文尔村,钟府的三座大院已经不复存在。现在还保存着两间青砖瓦房,是当年钟府仅存的建筑。其中一间,由钟家十嫂居住,阁楼上精致的雕花窗棂,仍然能让我们想起钟府当年的华丽。在寻访钟府故址时,碰到一位年近七旬的老妪,她一眼就认出萧德浩是国专的学生。询问之下,原来老妪名梁秀英,当年是钟府的丫鬟,才十几岁,曾为国专学生烧洗澡水,由于年小体弱,抱不动柴火,萧德浩帮她抱过柴火。梁秀英说,萧德浩年轻时身材高大,长得英俊,给她留下了深刻的印象。后来,钟府将她嫁给本村人做媳妇,从此她在文尔村住下,生儿育女。萧德浩用蒙山话和她兴高采烈地谈着往事,我们也由衷地为50年后两人的相遇而感到高兴。

　　据萧德浩说,国专在文尔村上课两个多月,学生人数虽不多,学习热情却很高,早上出操,白天上课,晚上自修,课程设置都照旧的规定。教授们生活非常清苦,讲课都很认真,同学们在四周沦陷、烽火连天的日子里,依然勤奋读书,早操后书声琅琅,晚上小楼的教室里灯火莹莹,学生们在艰苦的环境中,依然保持和发扬着国专自强勤奋的学风。冯振校长曾写了一首诗给同学们,题为《蒙山开课示诸生》:

播迁忽已七年余,又向蒙山强托居。

危难久更心转壮,苦甘可共意先舒。

力如未尽休安命,事尚能为早读书。

　　竖起脊梁坚定志,澄清大业看登车。

　　冯振的诗意很明显,就是让学生们在战乱中不要把光阴白白耗费,要认真读书,准备着参加战后的建设,报效国家。这样做,同样需要"竖起脊梁坚定志",要有决心、有勇气才行。

　　冯振还有一首诗写给同事,题为《蒙山文尔村诒国专同人》:

　　　　避寇翻成避世人,桃园四面隔通津。
　　　　山中有酒何妨醉,手里无钱未算穷。
　　　　敢拟郑公安处鲁,休方孔子厄于陈。
　　　　相从简狂二三子,辛苦砻磨养性真。

　　在文尔塘,父亲写完了他的《罗马史》,也算是"辛苦砻磨养性真"吧! 在自序里,他写道:

　　　　长衡战起,如货物疏散至荔浦,以家累不能移动,继而湘战波及桂林,形至仓皇,荔浦又在疏散,不得已退蒙山。经此变更,使我了解许多事实,较读数万卷书,更为有益,所谓历史亦不过此种事实之积累,不断的演变而已。一个读书人,在那离乱之时,外面秩序破坏,如度沙漠中迷路的生活,所可求者,只有设法安定内心的纪律,埋头工作。我运用这种愚蠢的认识,试将所授罗马史整理成书。这并不是一种如何新奇的著述,这只是一个清苦的中国教授,苦守他战时的岗位,养着五个孩子(他们合起尚不到二十岁),对他职责的一种解脱,诚如罗马民族的精神,永远在奋斗着。

　　"自序"记录了父亲在战争中沉重的心情和他对自己职业的执著,以及他意识到的对家庭的责任。这些话写于"(民国)三十三年十月二十日"。父亲的《罗马史》是写在一个笔记本上的,字迹工整,没有涂改,在战乱中能如此平静的写作,该有多大的定力啊! 这本《罗马史》就是父亲"安定内心纪律,埋头工作"的证明，其中，闪烁着的是他"永远在奋斗"的精神。

这部《罗马史》篇幅并不长，我本想将其编入《阎宗临作品·世界古代中世纪史》中，但出版社编辑认为与书中的《希腊罗马史稿》内容有所重复，建议不要收入，我尊重编辑的意见，将其拿下，这是父亲唯一一部没有出版的手稿。这部手稿在逃难的艰苦环境下写的，自有他特殊的意义，我在这里把《罗马史》的目录抄录如下，做个纪念吧！

第一章　罗马史的特点

第二章　意大利的地理与罗马史的关系

第三章　罗马史的开始

第四章　王政时代

第五章　罗马初史与外族关系

第六章　罗马古代的宗教

第七章　罗马的军队

第八章　两种动向

第九章　布匿战争

第十章　东方侵略与精神转变

第十一章　克拉古兄弟改革

第十二章　马留与苏拉

第十三章　贵族与恺撒

第十四章　安东尼与屋大维

第十五章　奥古斯托时代

第十六章　帝国的功绩

第十八掌　基督教的创立

第十九章　后期罗马帝国

第二十章　结论

阅读过这部手稿的学者陈德正和郭小凌认为：这部《罗马史》"在体例上有独到之处，它以专题结合编年的形式论述罗马史上的重大事件和人物，使读者

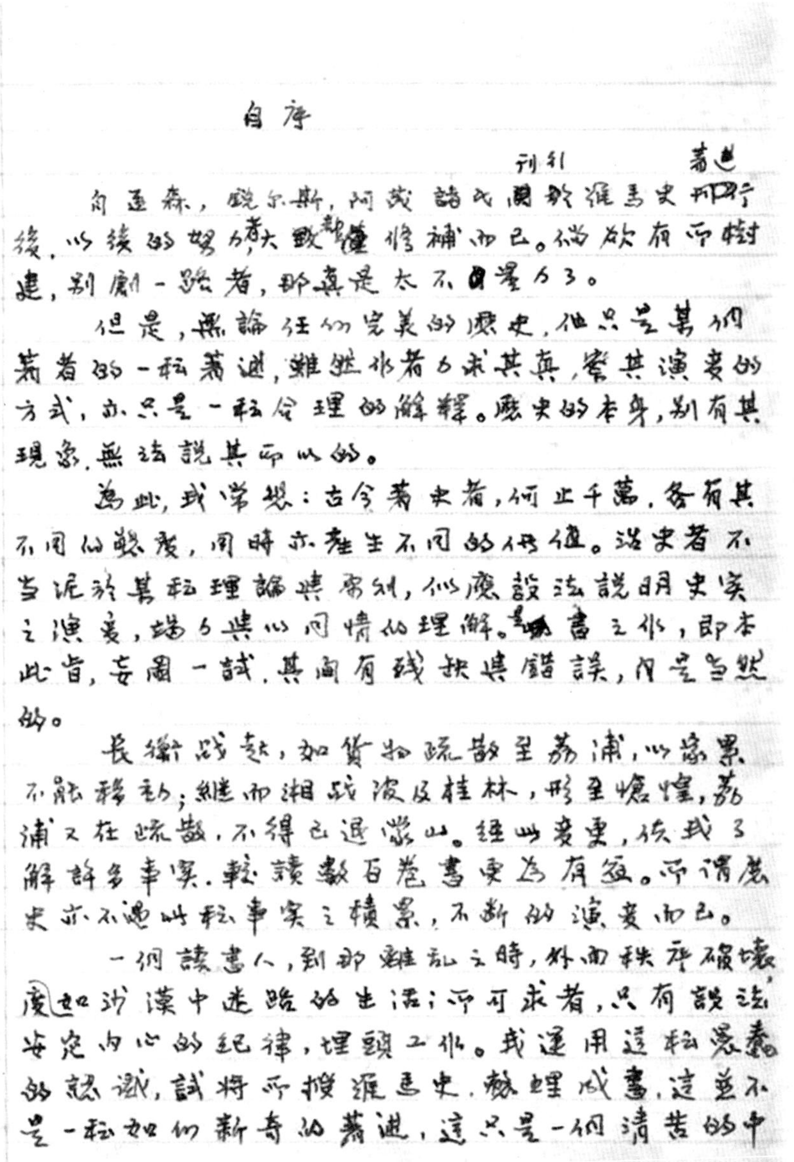

自序

自孟森，魏尔斯，阿诺諸氏關於羅馬史著述刊行後，以後的努力，大都修補而已。倘欲有所樹建，別創一路者，那真是太不自量力了。

但是，無論任何完美的歷史，也只是某個著者的一種著述，雖然作者力求其真，寫其演變的方式，亦只是一種合理的解釋。歷史的本身，則有其現象，無法說其所以的。

為此，我常想：古今著史者，何止千萬，各有其不同的觀點，同時亦產生不同的價值。治史者不當泥於某種理論與原則，似應設法說明史實之演變，給與以同情的理解。是書之作，即本此旨，妄圖一試，其間有殘缺與錯誤，乃是當然的。

長衡戰起，如貨物疏散至荔浦，以家累不能移動；繼而湘戰波及桂林，形至恐惶，荔浦又在疏散，不得已退崇山。經此變更，使我了解許多事實，較讀數百卷書更為有益。所謂歷史亦不過此種事實之積累，不斷的演變而已。

一個讀書人，到那離亂之時，外而秩序破壞，度如沙漠中迷路的生活；所可求者，只有設法安定內心的紀律，埋頭工作。我運用這種憂患的認識，試將所授羅馬史，整理成書，這並不是一種如何新奇的著述，這只是一個清苦的中

阎宗临《罗马史·自序》手稿

园教授，英年他战时的尚位，希为五個孩子，(他们年齡尚不到二十歲，)對他職責的一种解脫，誠如羅馬人祿的精神，永遠在奮鬥著。

我是愛讀羅馬史的，為此我曾去過羅馬七次，看她安詳凝重緩慢的水勢，深感到他的回憶太多。在羅馬，無処不表現這种豐富，使人感到逃難。豐富是生的別名，每塊石頭上，都有他不朽的生命，容十萬人的鬥獸塲，二十二萬四千平方公尺的浴塲，破石顧垣的路識塲，無處不表現他的容易為此，他成了歐洲一切的根源。而今日歐州的形势，也許能羅馬史中發現他们的缺陷。

羅馬史告我们一個真理：奮鬥者生。但是奮鬥須以正義為目的，以群众的祖利為故侬。偏倘一切的行為完全以以自己为主，特徵凌弱，必些淘汰的。羅馬的偉大，不在他的威伯，而在他的絚緣

我利用了許多克拉尼(A. Granier)的資料，特別是關於伊特拉斯的敘述，這是要聲謝的。

宗临内識.
五十三年十月二十日.紫山，
苏塘。

193

既能从宏观上把握古罗马的历史进程,又可在微观上认识重要人物、重大事件在罗马历史进程中的地位"。此外,还有行文简洁、信息量大、覆盖面广、史料丰富、刻画人物生动的优点,并且"注意到了其他同类著作所未予关注的问题,基本上站到了国内罗马史的学术前沿"①。

在文尔村上了两个月课,父亲一边上课,一边写作,到 11 月初,日本侵略军攻占蒙山北境的杜莫乡,县城紧张,本县籍的学生,各自回家避难,在文尔村的国专师生分为两部分,一部分由蒋庭曜、蒋庭荣率领,北上忠良,经大瑶山,过柳州,原计划到贵阳、重庆,但他们走到大瑶山时,柳州已沦陷,西去的路被截断,只好滞留在大瑶山,1945 年又回到北流复课。另一部分由冯振、吕逸卿及父亲率领,由文尔塘经古苏冲转移至大塘乡,住在岑氏兄弟(拔萃、佩奇)家里。岑拔萃民国初年毕业于陆军测绘学堂,后来任柳州测绘局局长。家道殷实,宅地宽阔,分东西两院,国专师生住在岑拔萃家,师生及眷属 20 余人,同住一个大楼,在岑氏兄弟的殷勤招待下,才得以安身。冯振曾写《赠岑拔萃佩奇昆季》一诗:

> 岑家兄弟气和柔,耕读传家进退优。
> 生计稻田兼柚圃,分居东屋更西头。
> 感君子美万间意,卧我元龙百尺楼。
> 更计朋侪安稳住,满天风雨不须愁。

此诗写于农历十一月初二日,当在初到岑家之时。

记得母亲曾经说过,岑佩奇觉得我们家孩子多,生活困难,他特别喜欢二哥守邕,想认为义子留下,所以,守邕到岑佩奇家玩,每次都能抱回又大又甜的柚子。虽然岑佩奇的要求出于善意,但父母亲认为生活再艰苦,也不能将儿子送人,始终没有答应岑家的要求。我想,如果二哥留下,或在我们兄弟姐妹中任何一个被留下,都会走上和今天完全不同的生活道路,从这一点上说,父母决

---

① 陈德正、郭小凌:《阎宗临的世界古代史教学与研究》,《古代文明》,2010 年 7 月第 4 卷第 3 期。

定了我们的一生。

现在的大塘村是西河乡的一个自然村,村中心开有杂货店、理发店、食品店、小饭店,比文尔村热闹。我们在村里找到一位姓覃的老者,当年国专师生往昭平转移时,他曾当过挑夫,他带我们到岑拔萃住宅的旧地,那里只剩一间小小的砖房,岑家宅基地上已经长满了芭蕉树,宽敞的院落早已荡然无存,剩下的是一片荒凉。我想,在这眼前一片荒凉之上曾经矗立的楼房就是我们当年栖身之所,就是那"满天风雨不须愁"的地方。可惜它只存在于想象之中,而不能有像在萧德浩家里那种置身其间的感受。

当年在大塘住了约一个月,1945年1月15日(夏历腊月初二)蒙山县城沦陷,国专师生从大塘向昭平仙迴转移。16日至古苏冲,17日至仙迴鹿鸣村,翻越龙寮岭用了整整一天的时间。

古苏冲是两山之间一块东西向狭长的平地,长约1公里,中间有一条小溪流过。冲的尽头是有"天下铁打第一关"之称的玉龙关,从玉龙关往东是龙寮岭,越过龙寮岭有平、旱、崩三冲,过了三冲就到仙迴,从玉龙关到仙迴有20公里山路。

1852年4月4日太平军在洪秀全的指挥下,从永安突围北上桂林,就是由罗大纲率2000人为先锋,4月5日,在大雨滂沱中,打破了清军在古苏冲设置的三道铜关铁卡,占领玉龙关,使太平军两万多人迅速越过龙寮岭转移到昭平。闻讯追击而来的清军,6日黄昏,在古苏冲与太平军激战,7日,清军占领龙寮岭向平冲进犯,秦日纲率领太平军顽强抵抗,因受地形限制,众寡悬殊,力尽受挫。这时,洪秀全已到达昭平仙迴六内村(今鹿鸣村),听说平冲受挫,立刻布置反击。7日夜,在平、旱、崩三冲布下袋形阵地等候清军自投罗网。8日,挟胜而进的清乌兰泰、向荣军从平冲进入旱、崩二冲,遭到太平军伏击,清军大败,伤亡4000余人,四总兵阵亡,乌兰泰落涧受伤,仅免一死。这就是太平天国文献中大书特书的"仙迴奏捷",胜利给北上的太平军以极大的鼓舞。

我们从县城乘车去探望母亲常说的龙寮岭。车行经甘棠、安富、富豪至母伦村,路程约9公里,开始进入古苏冲。汽车无法通行,只好停在村里。我们沿小溪步行至玉龙关。玉龙关由两座小山交叉构成,交叉处是高约七八米的峭壁,溪水从上流下,形成小小的瀑布,这道自然的屏障,真有一夫当关、万夫莫开的险要。现在,当地人利用玉龙关的天然形势,筑了一条石坝,建成了古苏冲水库。我们登上玉龙关后,只见群山之间绿水荡漾,倒映着四周苍翠的山色,显得格外秀美。站在水库边,向东望去,山峦起伏、云雾缭绕。萧德浩说,那就是龙寮岭,距玉龙关还有十余里路。

由于时间关系,我们无法再走近龙寮岭了。萧德浩说:即使走过去,也无法再翻越龙寮岭,因为 1949 年以后,修筑了通往仙迴的公路,龙寮山道就很少人行走,山路为野草杂树、荆棘丛林所封闭。在新中国成立初期,萧德浩曾两次走过这条路,他在回忆录里对龙寮岭有细致的描写:①

> 古苏冲有三公里长,走到尽头,就开始爬行陡壁狭窄的只有四市尺左右宽的单边路,路的左上方是峻峭壁立的龙寮岭,路的右边是陡壁如削的百丈深涧,涧底是一片苍郁阴森的原始森林,遮天蔽日,幽邃莫测。这条单边路斜行直上龙寮隘顶,约有七八里长。爬过龙寮隘后,就走入三冲地界了(三冲即平冲、旱冲、崩冲),这里是太平天国初期的著名古战场,地形复杂,沟涧山梁纵横交错,怪石嶙峋,古木参天,芒蒿丛生,密茂箭竹,苔滑路隘,四周都是大山峻岭……想当年,阎师携带一家七口,在日军枪炮声中,随着逃难的人流,忍受风餐露宿,饥渴煎熬,忍受逃难的艰苦,走着这样艰难险阻的山路,其艰难困苦之状,难以言表。

父母带我们 5 个孩子翻越龙寮岭,的确是十分艰苦的。听母亲说,翻越龙寮岭时,父亲把小时候背煤的看家本事拿出来,背着我,手里提着那只装着几本书和讲义的小箱子,母亲背着不满一岁的妹妹,五六岁的哥哥、姐姐自己步行,就这样,带我们走过了这段艰苦的路程。

我站在玉龙关,久久地眺望在云雾笼罩下的龙寮岭,默想着当年父母亲翻越龙寮岭的艰辛。父母亲带着我们既要小心翼翼地在崎岖的山路上攀登,又要瞻前顾后,关照着我们的安危,在这样心力交瘁的行程中,哪里顾得上欣赏风

---

① 萧德浩:《缅怀先师阎宗临教授》,《广西文史》,2003 年第 2 期。

景。大约这就是母亲常说的龙寮岭的风景真好，就是没有心情观赏的缘由吧！

　　像母亲这样的感慨，大约当年在战乱中翻越龙寮岭而去寻找生路的人都有，冯振有首诗《龙寮道中》写道：

> 直穷山木杪，听到水声干。
> 频有天然美，能忘行路难。
> 藤蛇盘涧底，石兽怒云端。
> 不是前途远，真宜细细看。

　　遥望龙寮岭而不能重走龙寮道，的确使我深感遗憾。我想，人生总会有大大小小的遗憾，一个毫无遗憾而离开这个世界的人是幸运的，但幸运的人毕竟很少。不然为什么有那么多人把希望寄托于来生，尽管来生也很渺茫。

3　到昭平去

　　如果说，在玉龙关只能遥望龙寮岭，而无法体验一下山路的艰辛和风景的优美，第二天我就得到了补偿，因为当年从蒙山的大塘古苏冲越过龙寮岭就到了昭平的仙迥和北陀。如今，既然龙寮山道不再通行，我们只好先到昭平县城。

　　上午9时，我们驱车去昭平县访问。从蒙山县城出发向南，车行10公里左右，经过黄村，开始上山。在蒙山与昭平之间有一座名叫"九步挨"的大山，此山山高路险，行走艰难，走九步就要"挨"（当地语言，系"休息"的意思）一下，民间谚语有"九步挨，九步挨，走了九步就要挨一挨"之说，故此得名。车沿公路盘旋而上，山路陡峭，坡度大，转弯急，越上越高，车的一边是山崖峭壁，另一边，从车窗向下望去，就是长满杂树野草的深渊，沟壑纵横，令人触目惊心。在这样的单边道上，使我不由得想起"山从人面起，云傍马头生"这两句李白写蜀道的名句，我想龙寮岭的山路大约也是如此险峻吧！难怪母亲要小心翼翼走路而无心去欣赏景色。车到山顶，司机把车停下来，让我们稍事休息，欣赏一下壮丽的山色。放眼望去，蓝天之下，层峦叠嶂，起伏绵延，青绿一片，但这绿色却富有层次、明暗，浅绿、翠绿、深绿、墨绿，变化多端，浓淡相宜，秀色天成，装点得这崇山峻岭既气势雄浑,又仪态万千。当你置身于山间,仔细的用心去体会,你会感到山是有生命的,那一层层起伏的山峦像是大海的浪潮在汹涌奔腾,它展示着一种神奇而伟大的力量,让你的心深深感动。

翻过九步挨,到昭平县城时已是中午时分,昭平城规模虽比蒙山小,但它马路宽阔、楼房林立,更富有现代气息。县人大常委会副主任胡桂华热情地接待了我们,她毕业于广西师大中文系,算是冯振的学生,来昭平工作近30年,原为中学教师,从政已10余年,她将陪同我们访问。

下午,我们乘车去仙迴,车出昭平县城,沿桂江走了一段。桂江其实和漓江是一条江。漓江从桂林向南流,自平乐到昭平一段叫府河,从昭平至梧州叫桂江。昭平是一个山区县,因而有"昭平不平,蒙山不山"的说法,到仙迴的37公里路程基本上都是山路,不过路况较好,山间的景色也很宜人。仙迴是瑶族乡,是一个四面环山的小盆地,我们先到乡政府稍事休息,再到鹿鸣村,因为当年翻过龙寮岭,就住在鹿鸣村。

鹿鸣村离乡政府只有3里路,步行不久就到了。走在田间小路上,田里的水稻绿油油的,长势喜人。鹿鸣村就在山脚下,村后的山脉在晴朗的天空下,轮廓清晰、沟壑分明。快到村口时,碰到小学教师黄福章,当他得知我们去鹿鸣村探访时,便主动充当向导。当年国专师生住在陆省吾家,陆省吾曾给广西省政府主席黄旭初当过秘书,算是个官僚,国专师生投宿他家时,受到很好的接待,冯振在《寇陷蒙山自大塘移居昭平仙迴乡鹿鸣村》一诗的注文特别指出:"鹿鸣村陆省吾先生乃初识面,招待甚周。"陆省吾的住宅在何处,村里人已不太知道了。黄福章请出了他的老父亲黄八公,才带我们找到,那里只留有一段砖墙,是原来住宅的建筑。

据冯振的《自传年表》记:1945年"一月,蒙山沦陷,我与国专留蒙员生迁昭平仙迴乡鹿鸣村。二月,日寇至仙迴搜劫。逃避山上露宿两夜。寇退,仍回鹿鸣村。书籍行李多损失。"[1]这段山上避难的生活,也是母亲常常给我们讲的。听母亲说,上山之后,傍晚时分,大家都准备在小松林里过夜,远处能看得见日本鬼子在烧房子的火光。近处山下先有拿着扁担的村民跑过,后面又有穿一身黄

---

[1]　冯振著:《自然室诗稿与诗词杂话》第310页,广西师范大学出版社,1989年。

皮的拿枪的鬼子追来。躲在山上的人都不能大声说话，我却突然哭喊起来，周围的人都很着急，幸好父亲从上衣口袋里掏出一片红糖，塞在我嘴里一小块，我也就不哭了，安静下来。父亲又把哥哥姐姐们拉到他身边，告诉他们，这糖是学生给的，要留着哄弟弟妹妹用，不能给他们吃，以后会买很多糖给他们吃的。接着父亲又问："你们觉得苦不苦？"谁也没回答，只有大哥茫然不解地反问："什么是苦？"父亲连声说："很好、很好，不知道苦就好。"这真是"小"不更事，成人和儿童对于苦难的感受有时是截然不同的。那天所有的人都在山上过夜，看着星星和月亮睡觉。

躲过日寇，从山上回到村里，逃难时带出来的一点衣物已全被抢光了。全家 7 口人，只有带上山的一条棉被，而当时正是隆冬，真是饥寒交迫，人地生疏，举目无亲，生活陷入最为困苦的境地。父母亲对于今后生活的忧虑自然是当年的我们所无法理解的。但在他们的心目中，一定留下了深深的印象。所以，母亲常常讲到这段上山逃难的经历。

"天无绝人之路"，正当我们家在仙迴的生活陷入困境时，昭平县县长韦瑞霖来到仙迴。韦瑞霖是通过文官考试当上县长的，其人能诗善画、为官清廉、积极抗日。他 1943 年至 1945 年任昭平县县长。在他任县长后，将当地的土匪、惯盗，全部说服、招安，编为一个抗日自卫中队，从而县里治安情况良好，从桂林疏散来的约 3 万多难民，没有一个被抢劫或被杀害的。同时，他也注重发展农业，因地制宜，倡导大量种植木薯。木薯增产，可以充饥，因此，也没有一个难民被饿死。韦瑞林还特别尊重知识分子，到昭平的文化人士，他总是尽力提供良好的条件，并亲自前往拜会，何香凝、梁漱溟、欧阳予倩、千家驹等都曾在昭平居住，使昭平一时成为文化人聚集的地方。

1945 年 1 月 5 日，蒙山县城沦陷后，蒙山黄丽堂率部投敌，成为汉奸，昭平也人心惶惶。我们在山上避难后，回到仙迴时，韦瑞林正在九步挨布防，准备抗击日寇。他接到县政府转来的仙迴乡乡长的紧急电话，说蒙山县自卫大队黎子彬大队长率部 300 余人闯入仙迴乡，并有难民几百名随来。韦瑞林问乡长："黎大队是抗日的吗？"乡长说："是抗日的。"韦瑞林就让乡长好好接待他们，他自己也连忙赶回县城，买酒买肉，再赶往仙迴乡，请黎大队及其部下吃了一顿丰盛的晚餐，并鼓励他们英勇抗日，如果军粮有困难，仙迴可以供应。黎大队表示明天就返回战场杀敌。晚上,韦瑞林回到乡公所休息,问乡长,还有什么重要事要商量,乡长说:"蒙山有几位教授逃难来,生活很困难。"韦瑞林说:"你赶快打灯笼、打伞去接他们来面谈。"当时正在下雨。不一会,冯振、吕竹园和父亲来到乡公所,与韦瑞林围火盆叙谈。冯振介绍了各人的情况,特别讲到我们家孩子多,又遭抢劫,行李尽失,一家7口人只有一张棉被,加之,人生地疏,饥寒交迫,非常困难。

韦瑞霖了解到这些情况时,就安慰大家,不必忧心。他提出在昭平国立中学增加几个编制,如果几位教授愿意的话,可以去国中任教。国中为避免日本飞机轰炸,已迁到北陀乡上课。北陀是产粮区,地方安静,教师每月薪金是稻米100公斤和为数不多的纸币,住房由学校供应。这自然是最为理想的安排,冯振欣然同意。冯振说,等阎、吕两家生活安定后,自己就回北流家乡去。于是韦瑞霖亲笔写了信,明确表示增加国中四个编制,并介绍冯振、吕竹园、阎宗临、梁佩云四人为国中教师,让随行的县政府民政科科长陆武英去具体办理。而他自己,因军情紧急,第二天一早就返回前线了。

阎守诚在北陀中学的玉兰树下

我们家也就由仙迴迁到北陀。父母亲都在中学代课,从此衣食无忧。冯振在把我们家和吕竹园安排好后,才带着几个员工向苍梧戎墟转移,度过日寇沦陷区,沿容苍公路步行8日至容县,再回山围乡间。4月,无锡国专在山围复课。在兵荒马乱、举目无亲之际,冯振的真情关怀和韦瑞林的热情帮助,让父母亲终生难忘。

5月,蒙山县城光复,昭平的威胁解除,6月,韦瑞林下乡视察,还专门到北坨看望了我们家,觉得虽然孩子多,房子挤了点,但生活还是安定的。我们家在北陀一直住到抗日战争胜利。

北陀，是萧德浩带我探访的最后一个地方。它在县城南约 87 公里处。乘车要在山路颠簸大约两个多小时。在车上，胡主任给我们介绍北陀乡这几年来非常重视教育，每年高考升学率都居全县之首，因而北陀在外工作的人多，出的人才多，他们尝到重视教育的甜头，都很支持家乡发展教育，只要是教育集资，大家都很踊跃。在北陀，每个村最好的建筑是学校，教师的住房、生活福利待遇都很好。北陀还通过向集体和个人集资，建立了全县第一个乡级的教育基金，共 20 多万元，用于奖励优秀学生和优秀教师、资助贫困学生，发展与教育有关的事业。当我们快到北陀时，路边一个村庄里有座白色马赛克贴面的大楼，在一片青瓦房中显得格外耀眼，胡主任说，那就是一座学校。北陀人重视教育果然名不虚传。

在北陀乡政府，乡人大主席团主席徐武才和分管教育的副书记邱统安热情地接待了我们。他们都很年轻，也就 30 岁左右，据说还是中学一个班的同学，都是北陀人，正在致力于家乡的建设。他们找来了北陀乡中学校长吴纯英老师，带我们去中学参观。

抗战时的昭平国立中学，就在现在的北陀中学。原来国中的房子现在全部拆除了，学校已经是旧貌换新颜。走进北陀中学的校门，迎面有一个乡教育基金会的纪念亭。再往里走，是新盖的两座教学楼，还有教师宿舍楼。在北陀中学宽敞的院内，有一株高大的玉兰树，据说树龄有 80 多年了。玉兰树每年春天、秋天开花两次，绿叶丛中，洁白的花朵散发着沁人心脾的香气。爱美的小女孩，常将一朵朵玉兰花，用线穿起来，挂在脖子上作项链。这株高大的玉兰树，至今仍然枝繁叶茂、郁郁葱葱。我徘徊在树下，久久沉思。我想，当年父母在教学之余，一定常带我们在这棵玉兰树下休息游戏，玉兰树一定给我们的童年增添了许多乐趣。如果玉兰树有知，应该记得我，它是现在校内仅存的当年我们生活的见证。50 多年后，我又重新来到树下，故人相逢，这点缘分应是非常不易。眼前的玉兰树还生机勃勃，我已经老了，使人深感人生的短暂。岁月如流，往事如烟，对当年逃难行踪的探访，使那些童年时代印在脑海里的"故事"有一个真实的场景，从而，让我比较真切地感到在战乱的年代里，父母带我们四处奔波的艰难困苦。我想，父母赋予我们生命，带我们来到这个世界，父母在经历苦难中呵护着我们,赋予我们生命成长的机会,这些,都是我们应该倍加珍惜而永志不忘的。

1945年8月15日,日本侵略者投降,艰苦卓绝的八年抗战胜利结束,举国欢腾,欢呼声、鞭炮声、歌声不绝于耳。父母亲在历经苦难之后的兴奋、喜悦之情,是可以想见的。胜利后,我们家随国中迁回昭平县城。在县城遇见了在此避难的蔡联欢。劫后相见,分外高兴。蔡联欢写长诗一首,题为《送别宗临先生伉俪》[①]:

> 小聚昭城岂偶然,相逢战后感万千。
> 同是飘零异乡客,对话每爱留书轩。
> 泰然常闻道往事,使我安命不怨天。
> 八年居桂亦天意,十载海外心徒坚。
> 观余瑞士山头雪,竟看卢沟烽火烟。
> 国难更兼儿女累,漓江从此久留连。
> 梁孟相依贫而乐,名利敝屣诲人先。
> 如今桃李遍八桂,不负辛勤亲讲筵。
> 嗟我遭逢与君异,家如月缺何时圆。
> 八年苦心付流水,一家骨肉犹难全。
> 感慨填膺万念灰,愿侍慈闱归林泉。
> 北游惟记别时约,再相逢日是何年。

蔡联欢的诗像是给父母亲的共赴国难以及我们全家抗战时期在桂林的生活画了一幅素描,可见她作诗功力之深。她是位至孝的人,以侍奉慈母和照顾家庭为己任,终身未嫁。诗中所说"嗟我遭逢与君异,家如月缺何时圆"是在感叹自己的遭遇。逃难时,她与母亲、两个弟弟分处四地,不能互相通消息,而我们一家人是始终在一起的。

在昭平时,广西师范学院派人来接我们乘船回桂林,学校已正式复课,韦

---

① 《蔡纫秋诗词文选》(非卖品),倍快印务(香港)有限公司。

瑞林赋诗相送,一年多的逃难生活至此结束。

新中国成立后,韦瑞霖曾任广西壮族自治区政协副主席,1997年我到南宁开会时,去拜会过他,当时他已退休。在我印象中,韦瑞林是一位身体健朗,和蔼可亲的老人,儒雅而善谈。他说,当年他到北坨国中我们家时,我们都还是小孩。我告诉他:新中国成立后,我们又有了个小弟弟,他很高兴地笑了。在亲切的交谈中,他问起我们兄弟姐妹的情况,我详细回答了他的询问,告诉他,我们兄弟姐妹6个,现在有5个教授,1个高级工程师。他很欣慰地说:"一个家庭走出这么多教授,不容易啊!"我说:"全托您的福了。"

据韦瑞霖回忆,新中国成立后,冯振是广西省政协委员,他在政协工作,俩人相见时,冯振对他在抗战时期照顾逃难到昭平的国专老师表示感谢。韦瑞林说:"我应该感谢你,你们教授到昭平中学教书,是昭平的幸福。"1962年春天,他在北京社会主义学院学习,当时,父亲到北京列席全国政协会议,曾请他吃饭。见面时,握住他的手几分钟不放,对他说:"我对在北陀的大半年生活,最有感情,在兵荒马乱的岁月中,不受日本飞机骚扰,不受土匪抢劫,所得工资足以维持全家生活,安居乐业,全家安全,这段生活永远不会忘记。"①父亲讲的这段话,我相信是肺腑之言。在剧烈的动荡年代中,能走出绝境,有这样一段安宁,的确是永志难忘的。

临别时,韦瑞林送我一张他全家的照片,并为我题写了"慎思勇为"四个苍劲有力的大字,上款是"一九九七年八月守诚贤世侄雅属",落款是"永福韦瑞林年方八十有五",真是仁者寿啊!

---

① 参阅韦瑞林:《无锡国专部分老师在昭平》,《无锡国专在广西》第231—233页,苏州大学出版社,1993年6月。

十一　广州风云

抗战胜利刚刚一年,人们还没有从胜利的喜悦中走出来,内战的硝烟就在中国大地上空开始升腾。如果说,抗日战争的硝烟给中华民族带来的是同仇敌忾,团结一致,在艰难困苦中赢得胜利的信念。内战的硝烟带来的却是深深的困惑和巨大的精神压力。在这样的形势下,父亲离开桂林,来到中山大学,在广州度过了风起云涌、动荡不安的四年。

1　在中山大学

父亲从昭平回到桂林师范学院不久,1946 年,王星拱任中山大学校长,诚恳聘请他到历史系任教,夏敬农、吕逸卿也从广州来信希望父亲到中山大学。中山大学曾经多次聘请,父亲都因为孩子多,年纪小,搬家不便,没有应聘。这次父亲决心离开广西,到广东去。

父亲所以决定应聘去中山大学,是因为这时的桂林,已和抗战时不同了。抗战胜利后,许多熟悉的朋友都陆续离开桂林到各地去了,像夏敬农、万仲文、黄艮庸、蔡联欢等都到了中山大学。更重要的是中山大学被称为华南最高学府,它是广东唯一的国立大学,1945 年 10 月刚从粤北连山、仁化,粤东梅县迁回广州石牌,校舍整齐,建筑精美,学科齐全,拥有文、法、理、工、农、医、师范七个学院。当时,抗战时内迁的学校纷纷复原,人才流动性较大,知名学者有多种

选择的机会,中山大学重视吸收教
学与科研方面的人才,各院系积极
延揽了不少知名学者。如"历史系
除了原任的曾纪经、罗香林、杨成
志、郑师许、黄文博等教授外,还延
聘了岑仲勉、刘节、阎宗临、陈守
实、陈锡祺、楼公凯等教授。"[1]父亲
也在新聘之列。中山大学还重视引
进国外先进的科学技术和图书资
料。图书馆馆藏丰富,在全国也是
名列前茅的。中山大学秉承孙中山
提出的校训——博学、审问、慎思、
明辨、笃行,有良好的学风校风。更

阎宗临在中山大学(1947 年)

何况父亲的研究兴趣在中外关系,中大有岑仲勉、朱谦之等可以交流切磋。考
虑到这些,父亲接受了中山大学的聘书,在桂林师范学院教完最后一个学期,
1946 年 8 月离开桂林。行前,父亲去看望了邀请他来广西的李任仁先生,临别,
李先生送父亲一张他的照片,并在照片上用毛笔写了这样一段话:"抗日军兴
之次年,余于桂林始获交宗临先生,一见而知其为品端学粹之士也。倾承过谈,
将赴羊城就中大教授,别后重逢,不知何日,因捡行箧,得十年前在申江小照奉
赠,以为纪念。"

父亲从桂林到广州是走水路,乘船沿风光秀丽的漓江向南,到梧州,入西
江,向东到广州,到码头送行的朋友不少。在桂林上船之后,大哥守胜还记得,
父亲的心情很好,印象最深的是父亲站在船头,一边欣赏秀丽的两岸风光,一
边背诵着中学读过的《西厢记》,很长的篇幅,背诵得流畅自然,记忆力让人赞
叹! 船过九马山时,父亲还带着守胜寻找山中的马匹。上世纪 70 年代,守胜有
机会乘船重游漓江,沿途想起当年的情景,不胜感慨!

石牌距离广州市区 10 余里,人烟稀少,风景宜人。离我们住的地方不远,

---

① 吴宏聪:《从教从学六十年》,《中山大学学报》,2004 年第 6 期。

有一座小山,叫茶山,茶山前有一片湖水,叫茶山湖。湖边长满了青翠的竹丛。登上茶山向远处瞭望,是一望无际的田野。近处则是绿树成荫的校区,教学楼、宿舍区坐落其中,这里有山有水,恬静优美,因此石牌素有广州风景区之称。当时文学院在广州郊区的石牌,我们家住北大营路 12 号,邻居就是在桂林认识的好朋友、法学院教授万仲文一家。

2005 年,我重回广州,到石牌寻找儿时的记忆,那里的田园风光已面目全非了。石牌与广州市区连成一片,成为广州的一个城区,称天河区,是繁华的商业区。茶山湖和一片片的稻田早已无影无踪,代之而起的是一群群高楼大厦。只有茶山还在,儿时的印象它颇有一点高度,现在看来,那真的算不上山,只是个小土丘。自己长大了,印象中的山也就变小。

中山大学是一所富有革命传统的学校,它成立于 1924 年,原名广东大学,是第一次国共合作的产物,也是在孙中山亲自关心下成立的。1925 年 3 月 12 日,孙中山逝世后,为了纪念这位中国民主革命的伟人,广东大学改名为中山

阎宗临全家在中山大学合影

大学,后来又把孙中山的诞辰定为中山大学的校庆日。对于国民党当局推行的发动内战的政策,中山大学的广大师生表示了坚决的反对。从1945年下半年在接受日本侵略军投降的地区,国共两党的武装冲突就开始了。后来,经过美国特使马歇尔的调停,在1946年1月,国共双方达成停战协定,下了停战令。时隔不久,6月,蒋介石集团在美国的支持下就单方面撕毁协定,发动了全面内战,战争的烽火在湖北、河南等地重新燃起。12月,发生了侵华美军强奸北京大学女学生沈崇的暴行,成为中国人民反对美帝国主义支持发动内战的直接导火索。北京、上海等各大城市都发生了大规模的示威游行。中山大学学生联络广州各大、中学学生也于1947年1月7日举行了"声援沈案,抗议美军在华暴行示威游行"。5月20日,南京、上海、苏州、杭州等地16所高校的五千多名学生在南京联合举行反饥饿、反内战、反迫害的示威游行,遭到蒋介石政府的血腥镇压,造成震动全国的"五二〇"惨案。中山大学学生罢课3天,以示声援。

在风起云涌的爱国学生运动面前,父亲作为一名正直的学者、教师,对进步师生的活动总是给予同情和力所能及的帮助。有一次,得知国民党军警要抓捕法学院进步教授梅龚彬(后来才知道是地下党员),他的孩子找我家的邻居万仲文商量营救,后来商定,把梅龚彬接到我家,穿着父亲的蓝大褂,被蒋光鼐接走了。1947年7月23日,国民党军警冲进中山大学校园抓捕了一大批进步教授和学生,父亲作为教授和系主任,当即率先走出家门,积极号召、联络教授们,一起去和国民党的军警理论,营救被捕的师生。听母亲说,当父亲和其他教授走在校园里时,聚集在一起与军警对抗的学生受到极大的鼓舞,他们高呼:"我们的教授来了! 我们的教授来了! "呼声充满了青春的热情。父亲回忆到这一段生活时,曾经说:作为系主任,"我当时是受命于危难艰险之中,坚持到春阳普照之日。对中山大学师友来说,扪心自问,殊堪告慰。"①

战争环境,使国民党统治区内经济危机爆发,物价飞涨,民不聊生。1949年7月国民政府开始的货币改革,以银圆卷代替金圆券,由于硬币储运不足,很快失败,广州依然是港币的天下,银圆卷走上金圆券的老路,通货膨胀,金融混乱,几近崩溃,加剧了百姓生活的困难。我们家的生活,因为孩子多,仅靠父亲

---

① 师道刚:《怀念阎宗临老师》,《山西老年》,1994年第1期。

的工资自然很难维持。虽然父亲的工资上亿,领取时要用口袋去提。但钱不值钱,甚至我们小孩用崭新的纸币,叠成三角形的"元宝",打着玩。领回的钞票需要马上到广州去换成港币,兑换的比率一天数变,早去和晚去相差甚远。为了节省过日子,母亲在屋子周围的空地,种了豆角、西红柿、黄瓜等蔬菜。刮风天气,我们就出去拾柴火,堆起来,煮饭用。就这样,也难免有无钱度日的时候,好在可以向好朋友如詹安泰借钱,发了工资再还,可以想见当时生活的艰难。

国内战争日益扩大,政局的动荡,教学秩序的破坏,生活的艰难,使父亲在中大的四年,内心是非常苦闷和困惑的。在二姨的遗物中,有当时父亲写给她的两封信。这两封信只有写信的日、月,没有年份。根据第二封信的一则附言:"燕生在本月二十七日,在成都病逝,大脑炎,佩云痛哭一场。"燕生即常乃德,与母亲家是世交,和母亲、二姨关系都很密切。他逝世于1947年,由此可知父亲的信,写于这年。从信的内容看,是二姨询问国内的情况,有回来的想法。父亲劝她,即使回来,也先到广州看看再说。父亲回信说:"至于你的行至,可行即行,可止即止。国内的情形,很难说,反正是自己的国家,一切苦痛,必有其因。我们盼你在广州住,并非此地好,实欲你休息一时,使你对相别已久的祖国,有个了解。"这封信写于7月2日。第二封信写于29日,父亲对国内的情况就讲得更直截了当一点了,他说:"国内局势,很难乐观,苦痛仍多。山西成了黑暗世界,五台一县,13万人,外逃者有7万之多。"我想,言外之意是劝二姨暂时别回来。父亲告二姨:他拒绝了厦门大学邀请,也是想留在广州看看国内局势如何发展再说。至于自己的生活与思想。父亲说:"猪肉此间每斤12000元,你可想见其他了。佩云任劳任怨,教养五个孩子。我呢,守着自己生活的原则,为人与治学,无愧于天,无疚于心,安全渡此风浪,只是头上多添了些白发。"即使在这样的情况下,父亲还提出了几本法文的学术专著,请二姨购买寄来。在第二封信中补充说:"上一信,要你寄几本书,国内实在无法找,那种课本式的少寄,费钱没有多大用处。"另外,父亲还告诉二姨:曾觉之要一种给他大儿子治瘫痪的药,"你可以速设法购些,给他寄去,使他解除心疾"。这两封信,是反映父亲当时情况的宝贵资料。

父亲在上世纪50年代初,回忆起在中大这4年的生活,曾写了这样一段话:[①]

在广州四年,心情变得更为苍老,精神很苦闷,终日处在惶惶不安之中。教授已走到绝路,生活变得更为艰难,几亿的薪水换不到几十元港币,抢购米必须去做,那是第一件 大事。现实的压力很大。无聊的时候,想起苏东坡说:"人生到处知何似,应似飞鸿踏雪泥,泥上偶然留指爪,飞鸿那复顾东西。"

尽管父亲内心很苦闷,但在艰难的现实生活中,他依然要带着全家随着历史的发展,继续前行。而且,父亲在中山大学有不少老朋友,也结识了一些新朋友,生活在朋友之中,切磋学问,交流情感,互相关心,互相帮助,共渡难关。真诚的友谊有助于消除内心的苦闷,保持愉悦的心情。

在朋友中,认识最早的是物理系教授夏敬农和他的夫人杨润余。在法国里昂时,他们就很关照在工厂做工的父亲,当时,他们亲切地称父亲为"小阎"。父亲回国后,从山西运城到武汉,从武汉到桂林,以至从桂林到广州,都一直得到他们兄嫂般的关心和爱护,这份情谊是难以言表的。

父亲的朋友,就我印象较深的还有哲学系教授黄艮庸。他是广东人,生于1900年,比父亲大4岁。早年毕业于北京大学哲学系,是梁漱溟的学生,他一生追随梁漱溟。他的夫人梁培昭就是梁漱溟的侄女。黄艮庸1919年曾参加五四运动,1926年参加过北伐战争,任陈铭枢师部秘书。后任广东军事厅政治部主任。1928～1932年任广东一中校长。1933年,李济深、陈铭枢、蔡廷锴去福建组织反蒋民主政府,他任文化委员会委员。1934年他到山东邹平山东乡村建设研究院工作。后来到中山大学哲学系任教授。加入了中国民主同盟,并任民盟中央委员。他社会阅历丰富,实际工作能力强,学问渊博,为人诚信,这样的学者是很难得的。父亲和他的友谊深厚,在广州解放前夕,曾以家眷相托。

朱谦之也是父亲的好朋友。他是福建人,1899年出生于一个中医世家,从小聪慧过人,博览群书,勤于思考,擅长写作。1911年入京师大学堂法预科两年后,转入哲学系,是黄艮庸在北大哲学系的同学,都是梁漱溟的学生,并且关系

---

① 《阎宗临历史自传》,1956年5月15日,山西大学档案馆存。

阎宗临夫妇与黄艮庸夫妇

密切。1932年朱谦之就到了中山大学,曾任历史系主任、文学系主任、文学院院长等职,是一位百科全书式的学者,涉猎学科非常广泛,包括历史、文学、音乐、戏剧、考古、宗教、政治、经济、中外关系等,一生写过42部专著,100多篇文章。他对中外文化交流的研究著作有《中国哲学对欧洲之影响》《中国古代乐律对于希腊之影响》《扶桑国考证》等,他这方面的研究是和父亲的研究方向相同的,能与之进行学术交流、切磋研讨是吸引父亲到中大的重要原因之一。父亲到中大时,正是朱谦之任历史系主任。1948年,朱谦之向中大校长陈可忠推荐父亲接任历史系主任兼历史研究所主任,朱谦之是陈校长的福建同乡,父亲虽推脱再三,但碍于朱谦之的诚挚推荐,最终还是接任了,在新中国成立后才辞掉。1950年朱谦之回北大哲学系任教授,1964年调至中国科学院哲学社会科学学部。父亲每到北京,总会去看望他,直至"文革",也一直保持着联系。在父亲的笔记本中有这样一则记载:"余于病中,接谦之来信,言及王尔德诗,颇多感触。"这大约是在 1970 年左右。朱谦之是 1972 年逝世的。父亲得知,甚为伤感。也是在父亲的笔记本中,于 8 月 5 日写道:夜不成寐,追思谦之,作此以寄绛云:

逝日如驹不可牵,相别已度十年春。

满地残叶随君落,处处传来是秋声。

严谨治学如治身,桃李遍开南国春。

身前身后浮世事,伤心一觉蝴蝶梦。

绛云是朱谦之夫人何绛云,她出生于名门,毕业于中山大学中文系,善诗词,她对朱谦之不辞劳苦的精心呵护,是朱谦之著作等身的重要原因。

1964 年,我初次到北京游览,住在北京大学大哥守胜处,姐姐守和带我去看望了王重民和朱谦之两位长辈。朱谦之当时住在中关村的宿舍,是平房,屋里书很多。朱谦之一头白发,两眼炯炯有神,待人非常亲切,说话平和,只是有点口音,不大好懂。这是我第一次也是最后一次见他。他知道我是学历史的很高兴,三句话不离本行,给我讲了些做学问的事。他的夫人何绛云和姐姐很熟悉,也很喜欢姐姐,因为姐姐能用广东话和她聊天。那天,具体讲了些什么,事过 40 多年,已经记不清了。唯有朱谦之给我们讲的一个小故事却让我难以忘却。他说,他和冯友兰在一个教研室,冯友兰留长胡须,有一次,他问冯友兰:"你晚上睡觉,胡须是在被子里,还是在被子外?"这可把冯友兰问住了。第二天,他们又见面了,冯友兰说:"你的问题让我昨天没有睡好,我把胡须放在被子里,觉得不合适,放在外面也不合适,后来心想胡须在里在外,顺其自然吧!就睡着了。"两个大哲学家的小故事,其中,也有哲理。

中文系的詹安泰,字祝南,是父亲到中大后结识的新朋友。他是广东潮州人,出生在一个老中医家庭,自幼酷爱古典诗词。13 岁就能写诗填词,一生致力于古典诗词的创作和古典文学的研究,用功精勤,贡献良多,著作甚丰,是我国 20 世纪著名的词学家和文学史家,也是著名的诗人、词人、书法艺术家。詹安泰当时是中大文学系主任,住得离我们家不远,他为人热情、爽朗、善良,和父亲

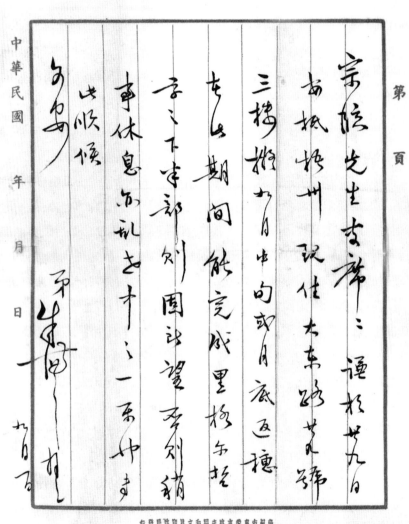

宗临先生文席：谒於世九日
古抵梧州现住太东路芝称
三楼擑此月中旬或月底返穗
去考期間能完成里枯乎替
言下本部刻固试望为刻销
事休息勿乱也十二二系仲寺
此顺候
多多
中華民國　年　月　日

朱谦之致阎宗临信札

212

很谈得来。在我小时候的印象中,他常来家里和父亲聊天,有时就顺便一起吃饭,再聊至深夜。他的孩子也常来叫他回家,主要是有客人来找他,他的朋友很多。因为他是广东人,有时也会带父亲去逛广州城或花市。他在外兼课较多,收入也多,经济状况良好,所以我们家缺钱的时候,也常向他借。虽然是新认识,交情却很深。

詹安泰曾写过一首长诗:《赠阎宗临梁佩云夫妇》,并写成立轴,送给父亲,可惜这件墨宝在"文革"中损失了。所幸这首诗收在他的《鷦鹩巢诗集·卷九》中,全诗如下:[①]

> 阎子至性人,所学穷小大。生世际离乱,肺肠独流霈。
> 交我一载余,脱略形骸外。能容稽生狂,不陋伯夷隘。
> 历险如履常,高谈欲无辈。寒濑漱孤清,黄河钟气派。
> 视彼沟督儒,逢辰束冠带。何殊莿菅丛,因风拜松桧。
> 夕阳下平冈,霞衣映深蔼。行饭或过从,漏夜意不懈。
> 讵有麻姑搔,愈我十年疥。嫂氏本慧贤,日夕事璀碎。
> 小食得时供,群儿欣母爱。青绫不自蔽,辩才亦无碍。
> 世相郁千艰,古今同一嘅。安知天地乐,乃系室家内。
> 金印枉双辉,利剑空百淬。岂如阖其扉,胸无毫发介。
> 虫声和月色,与了眼耳债。亦复胜繁都,行险而炫怪。
> 吁嗟逐逐徒,竟不此之会。我诗写我心,略不资藻缋。
> 异时或相违,庶以慰无奈。

这首长诗写得自然而流畅,生动地描写了詹安泰与父母亲之间的交往和深情厚谊,字里行间充满了丰富的感情和生活气息,也充分体现了他卓越的文思才情。

1950年,父亲回到山西,还有书信往来,他的专著《屈原》出版后,寄赠给父亲。1957年,詹安泰被错误的打成"右派"。从此,他不再来信,断绝了往来。1967

---

①　詹安泰著:《詹安泰诗词集》,翰墨轩出版有限公司,2002年。

年 4 月,詹安泰因癌症,病逝于广州,享年 65 岁。他逝世时,正是"文革"动乱期间,缺乏良好的心境和医疗,应该也是逝世的原因。这个噩耗,是当时大哥守胜到广州才知道的,回来告诉父亲,父亲哀伤良久。直到 1971 年,父亲在笔记本中还写道:

> 在病时,常思念已去世的祝南,他是潮州人,我的好友,告我小重山:容易沉腼醉却难,不如留醒眼,看杯翻。春游天气一身闲。寻芳约,迤逦杜鹃残归。思莫凭栏,故人余一诺,各江关,明朝双燕为谁还。南楼远,更远是南山。

"小重山"是词牌的名字。我查了这首词,作者是夏承焘,写于 1947 年,收在《天风阁诗词集》。经过 20 多年,父亲还记得很准确,只是最后一句,原词是"东楼远,更远是东山。"父亲把"东"写成了"南",我想,父亲这样改,大概是因为他太思念这位故去的南方的好朋友了。

罗忼烈是詹安泰的学生,当时在广州培正中学任教,常来家里和父亲聊天,那时,他还年轻,我们叫他"罗叔叔"。临解放前,父亲一人留在广州,就住在他家里。新中国成立后,罗忼烈到香港,在香港大学、香港中文大学、澳门东亚大学任教授。他是著名的中国古典文学学者,对诗、词、曲和文字学、训诂学、古音学都有精深研究,其著作颇丰,主要有《周邦彦清真集笺》、《两小山斋论文集》和《两小山斋乐府》等。1983 年从港大退休后,仍然指导硕士与博士,其弟子名人颇多。如著名的词

詹安泰手稿

作家黄沾就是他的硕士。罗忼烈不仅学问好,而且极富才华,善写诗词。父亲带我们离开广州时,他在香港写了一首《霜花腴》(收在《两小山斋乐府》)为父亲送行:

　　庚寅八月,闻阎宗临先生自羊城返太原。余方客香江,中秋之夜,依梦窗四声,赋此遥寄。
　　悄阶露白,桂影零,姮娥自古婵娟,牛渚舟虚,曲江涛险,奇情顿减当年。伴愁且眠,任素波清入疏帘。荡风霜败驿凄凉,半庭宵好遣谁看?
　　瘴海岁时归梦,奈寒欺竹榻,苋贡盘餐。逢节思遥,知还身健,应怜人月双圆。莫凭翠阑,恐断鸿声远云间。念琼楼纵有仙槎,祇忧行路难。

1995 年为出版父亲著作的事,我曾致函罗忼烈,看香港是否有出版的机会,他给我回了封长信, 信中说:"令先君宗临先生是我的前辈好友(宗临先生比我大 13 岁),品格学术是我衷心敬佩的,抗战后至解放前,我是你家的常客,说来差不多半个世纪了。"并且说"宗临先生是近代中西史的大师"。后来他联系了一家香港出版社,愿意出父亲的文集, 他也讲了在香港出版的不足之处:一是书的定价高,发行不会多;二是没有稿费,只有版税,发行不多,收入就少;三是排印要用繁体。这时,山西古籍出版社已答应出版父亲的文集,我告知罗忼烈就不在香港出了,并向他

罗忼烈《霜花腴》词手迹

的关怀与推荐表示深深的感谢。罗忼烈在信中还对我的治学做了恳切的指导，他以自己做《周邦彦清真集笺》的亲身体验告诉我："研究学术要注意发掘第一手资料，在这方面，我们比前人幸运得多，因为许多后来出版的古籍，前人是无法一见的。""唯有掌握第一手资料，才能够突破"。多年来我一直谨记先生的教诲并努力践行，受益良多。

另外，中文系的王起也是父亲的好朋友。王起，字季思，以字行，是著名的戏曲史论家、文学史家。他研究戏曲论著颇丰，尤长于《西厢记》的研究，其著作《西厢五记注》在学术界有重要影响。恰好父亲也很喜欢《西厢记》。《西厢记》写张生与崔莺莺的故事就发生在山西永济县的普救寺。新中国成立后，父亲回到山西，50年代初，寄赠给他一幅普救寺内莺莺塔的照片，照片的背景是当地农民正在收割麦子。为此，王季思在他写的一首诗的前记中特别提到这件事，发表在《羊城晚报》上。

父亲也有一些学理科的好朋友，如生物系主任张作人。张作人是我国原生动物细胞学、实验原生动物学的开拓者，著名的动物学家和教育家。大约在1942年，因吕逸卿的介绍，他从广东坪石来桂林，在我家住了四五天，他带着所著《遗传学》书稿，想在桂林出版，但是桂林没有书局承印。张作人1932年就在中山大学任教，是老中大。1948年任训导长，因保护进步学生、教师于1949年7月被捕入狱50天。父亲曾尽力营救，没有起多大作用。新中国成立后，张作人到华东师范大学工作。1960年，他的朋友生物学家冯德培的女儿冯嘉真分配到山西大学生物系任教，他曾托父亲照顾。她两年后调回了上海。父亲和张作人直至"文革"中还有书信来往。

再如吴敬寰，毕业于清华大学，很早就在中大工学院电机系任教，是我国无线电电子学的老前辈。他是山东人，在中大的教授中，北方人很少，因为同是北方人，就算是老乡，有种亲切之感，父亲和他的关系很好，来往也多，有时家里的电灯坏了，也请他来修。吴敬寰为人正派耿直，教学认真，做事很负责任。当他接管中大的水电站后，经常亲自查看水电的情况。有一次，他告诉父亲，他站在一个学生背后，数着这个学生用了17盆水冲凉，他就批评这个学生太浪费水，责问道："你在家里也用这么多水冲凉?！"还有一次，他听出机器声音不对，是汽油中掺上水，避免了一场事故。吴敬寰专攻雷达，和父亲谈过一次，父亲虽然听不懂，但对他的钻研精神却留下了深刻的印象。新中国成立后，吴敬寰任教于成都电讯工程学院。

中科院院士、著名的天文史专家席泽宗当时是中大天文系的学生。席泽宗是山西晋南人，抗战时，晋南沦陷，他跑到西安，又到兰州，在山西同乡的帮助下，中学毕业后，到上海，考到中大。在上海有人介绍他到中大后找吴敬寰，吴敬寰又告他："这里有个你的老乡，"就把他带来我家，这大约是 1948 年秋天的事。从此，席泽宗常来家里，他和自己家联系不上，没有经济来源，生活很艰苦。尽管我们家生活也很困难，父亲总是尽力给他精神上的鼓励，和实际上的一点力所能及的帮助，还介绍他给朱谦之抄写稿子，得点钱，以便维持学业。

1946 年在桂林时认识的蔡联欢，也到中大生物系任教。抗战结束时在昭平县城相逢，蔡联欢曾赋诗一首，最后写道："北游惟记别时约，再相逢日是何年。"想不到一年不到，就在广州重逢了，自然很高兴。蔡联欢赋诗《双十节访宗临先生》：①

为避喧嚣访戴行，西窗话旧快生平。

去年愁里送君日，不信重逢在穗城。

城里笙歌不爱听，独来郊外看山青。

悠悠半日清谈后，风入幽斋月满庭。

蔡联欢在中大任教两年，为便于侍奉老母，辞职到香港，自己开了个诊所，临行前又赋诗一首《留别宗临 一九四八年四月十二日》：

惜别旋重逢，今别何时逢。

石牌茂林里，孤直唯青松。

面壁两寒暑，无言归意浓。

俯首衣上线，密密母亲缝。

① 《蔡纫秋诗词文选》(非卖品)，香港倍快印务有限公司。

蔡联欢到香港,父亲回到太原,这次分别,相逢也就再无时了。但父亲并未忘记这位能赋诗词的医学博士、教授。也是在七十年代初,父亲在病中思念朱谦之、詹安泰等老朋友时,在笔记本中写道:"纫秋姐以诗寄余,全诗已忘,只记两句:石牌茂林里,孤直唯青松。"

当我忆及父亲的朋友时,发现文学、哲学、科学、艺术各界都有,唯独史学界的很少。如王重民(有三),是在法国巴黎认识的。向达(觉民)是在英国认识的。父亲获得博士学位后,1937年初曾在英国剑桥大学访问三个月。恰逢向达也在那里,父亲"曾与向达、潘家询等在英国谒马克思墓"。[①]当然在中山大学时,历史系的教授如岑仲勉、刘节等也和父亲的关系很好。我想,可能是因为父亲的大学本科就是在国外读的,因此他在国内既没有师承,也没有同门师兄弟,所以史学界的朋友也就不多。就拿史学界影响广泛、极受尊崇的"二陈"来说,父亲就与之既无渊源,也无深交,有的只是邂逅。我听父亲说过,大约是1942年或1943年,陈寅恪曾受聘于广西大学。有一次,学校安排父亲与他一起进行学术讲演。父亲见到陈寅恪,表达了对他的敬意,并说:"和陈先生一起讲,实在不敢当。"陈寅恪谦和地说:"没什么,我先讲,你接着讲。"1949年,陈寅恪到广州岭南大学,父亲与文学院院长岑麒祥一起去拜访过他,大概是礼节性的。陈寅恪的学生王永兴和父亲却有一段渊源。这是父亲回山西以后的事。王永兴的原夫人1957年被打成"右派",发配到太原,全家随之也来到太原。王永兴在山西教育学院任教,他和师道刚在一个教研室,常一起来看望父亲。父亲知道他是名师弟子,学问很好,就向山大历史系推荐,希望能调他来教古代史,然而,历史系没有接受父亲的推荐。"文化大革命"中,王永兴被下放到交城县。1973年,高校恢复招生,父亲出任历史系主任,又向学校推荐他来历史系,也没有办成。父亲在病重中,还希望他将来能指导我学习隋唐史。父亲逝世,他亲自执绋送殡。他谈起父亲总是很感念,认为是他在山西唯一有知遇之恩的人。后来,这位经历坎坷的学者调回了北京大学,发扬陈寅恪的学术传承,在隋唐史、

---

① 《山西大学师范学院历史系教授阎宗临》,1950年12月,山西大学档案馆。这份材料是对父亲全面情况的简介。材料最后注明:"一九五〇年十二月填,根据本人登记表,高沐鸿旁证材料,由赵宗复整理。"本书引述这份材料时简称《阎宗临简述》,不再注明。

敦煌学等领域做出了出色的贡献。对我学习隋唐史也多所指教。他曾希望我研究唐代的盐铁问题,并为我列了一个详细的提纲,可惜,当时我手头有其他项目,一直没有能去做。走笔至此,我也向逝去的王永兴表达我的感念之意。

关于陈垣,父亲在做博士论文《杜赫德的著作及其研究·引言》中就写道:"这里要说明一下,我们曾受益于许多前辈的作品,特别是皮诺特先生、陈垣先生的著作。"这里所指的是陈垣考订时日、故宫博物院于 1932 年 3 月编印的《康熙与罗马使节关系文书影印本》,后来父亲在桂林《扫荡报·文史地》发表根据巴黎、罗马、梵蒂冈等处图书馆、档案馆的材料写的一系列文章,对陈垣整理的文书有所考订和补正,这算文字之交吧。真正见到陈垣是在 1953 年,父亲到北京开高教会议时。陈垣送给父亲《辅仁学志》第十三卷和第十四卷,这两卷刊载了《胡注通鉴表微》的上和下,陈垣亲笔题写了两篇文章的题目。这两本杂志父亲一直珍藏,至今犹存。

还有一位史学大家是钱穆,他 1949 年到广州,来家里看望过父亲,并动员父亲去台湾,父亲也曾和文学院院长岑麒祥一起去给他送过历史系的教授聘书。父亲和钱穆并无私交,有这些来往,大概都是因为当时父亲是中大历史系主任的缘故。

2 欧洲的历史

父亲在中山大学时,曾开过"欧洲史"、"希腊罗马史"等课程,留下了《欧洲史稿》①和《希腊罗马史稿》两部手稿,大概是他的讲稿。发表了《欧洲封建时代的献礼》、《欧洲封建时代社会之动向》、《论欧洲封建时代的法律》等论文,在桂林时,还写过《16 世纪经济革命》等,都是讲欧洲史的。父亲在《欧洲史稿》的"绪论"中曾说:"将西方重要的演变,概括在此简短的篇幅内,著者思如登高山,俯察陵谷变迁,江河动向,绘出一个轮廓。"也许因此,他把这部"史稿"称之为"要义"。我想根据这两部手稿和其他一些关于欧洲史的论著,简要地按照父亲的描绘介绍一下他眼中欧洲历史的轮廓。

---

① 父亲原手稿书名为《欧洲史要义》,收入《阎宗临作品》时,编者改为《欧洲史稿》。

首先,介绍一下父亲对欧洲史的总体看法。父亲认为:欧洲是亚洲的半岛,它之所以取得洲的资格,不是天然的,而是人为的。说欧洲不是"洲",证据之一是欧洲东部边界常在变动之中:彼得大帝之前,欧洲人视俄国为亚洲国家,欧洲边界以波兰东界为限;彼得大帝改革之后,欧洲人才视俄国为欧洲国家,欧洲边界进展至乌拉尔山,还包括西伯利亚;俄国十月革命之后,欧洲人又把东界缩到自白海至黑海,有人还提出要革除俄国欧洲的"洲籍"。证据之二是土耳其曾占有巴尔干半岛一大部分,以及黑海和爱琴海,欧洲人视土耳其为亚洲国家,而这个亚洲"病夫"却拥有欧洲重要的领土。证据之三是英国的特殊地位。英国为欧洲国家中最重要者,它的政治、文化、经济等却自成风格,属于超洲的或是国际的缩影。

父亲认为:欧洲的民族问题很复杂,从语言与历史上看,大致可分为拉丁、日耳曼、斯拉夫、盎格鲁·撒克逊等民族,欧洲的历史文化也受这种复杂性的影响。第一,各民族有自己的历史与环境,形成种种不同的典型与心理,造成民族间的对立与隔阂。第二,欧洲有过统一。一次是罗马帝国的统一,另一次是罗马教皇的统一。但这两次统一,并非是民族合作或地理环境造成,完全是人为的。从这种意义上说,欧洲没有统一过,只是"组织"过。

父亲认为,从历史与文化着眼,我们看到有两个不同的欧洲,一个是大陆的欧洲,它的精神是保守的、宗教的、团体的,所以法兰克王国会与教会合作,德国会发生宗教革命;一个是海洋的欧洲,它经商重利,好动,产生了个人主义,绝对相信自己,不允许侵犯自己的自由,这个自由在某种限度内,就是自己的利益。由此可以明白文艺复兴何以发生在意大利,葡萄牙、西班牙人的海外经营何以如此成功,产业革命何以发生在英国。就自然条件而言,全欧洲的国家中,法国是最理想的地方,它具有大陆与海洋的优点,做成两个欧洲的连接线。但通常论欧洲文化者,大半指海洋的欧洲,以地中海为中心,他们忘掉了大陆的欧洲。

父亲非常重视地中海在欧洲历史文化发展中的重要性。他认为地中海介乎欧、亚、非洲之间,是古代西方商业的中心,同时又是西方文化的摇篮,它对西方历史文化发生着特殊与积极的作用:

一是地中海代表一种向心力。西方文化的发生,由埃及起,环绕海岸演进,为西方开化最早的地方，发展成一种特殊的文化，再由南向北,布满整个欧洲；

二是地中海有甬道作用。古代西方历史的发展,文化的传播,全赖地中海的交通作用；

三是地中海有刺激作用。欧洲历史的动向在争夺地中海的霸权，雅典、迦太基、叙拉古、罗马等曾有过的光荣历史，都是他们控制地中海造成的；

四是地中海有发酵的作用。通过沟通各地各种文化，欧洲文化起源于地中海是没有疑问的。

《欧洲史要义》手稿

父亲还认为,西方历史,最初无所谓欧洲,它以地中海为中心,受埃及与中亚的激荡与启导,逐渐演进,构成希腊与罗马的文明。所以在《欧洲史稿绪论》之后第一编是"古代西方帝国",这编分别讲到埃及、加尔地亚、赫梯帝国、亚述帝国、波斯帝国的情况。

从第二编"东地中海城邦"开始,父亲讲述欧洲人为取得"洲"资格的历史。

大约在公元前 20 世纪,爱琴海的克里特岛领导东地中海,而克里特文化是由埃及与中亚经地中海传入的。东地中海历史的演变,由克里特,进而腓尼基,最后集大成者为希腊。古代希腊不是欧洲的,它是亚非欧海上的综合。希腊也不是一个国家,但希腊却是整个的,海水将它组织起来,凡希腊人所至的地方,便将语言、文化、宗教、经济合而为一,故有泛希腊之称。地中海自成一系统,以工商业为中心,形成城邦政治。城市为社会组织中心,扩大家庭,家族成为重要的因素,解放个体,每个人对团体有独特的责任。

公元前 13 世纪初,多利亚人侵入希腊中部和伯罗奔尼撒,毁灭了迈锡尼文化,而多利亚人社会发展落后,使希腊本土的文明出现了长达 3 个世纪的倒退,史称这一时期为"黑暗时代"或"荷马时代"。到公元前 8 世纪,希腊本土诸城邦纷纷再度兴起,进入了城邦时代。在城邦体制下,产生平民与贵族的斗争,希腊社会在斗争中发生演变。在前6世纪,经梭伦、庇希特拉图和克里希提尼的改革,雅典政权渐入公民之手,而城邦式个人主义逐渐发生积极作用。雅典成为希腊诸城邦的中心。希腊城邦的另一个中心是斯巴达,它以贵族和土地为基础,社会形成等级。它的演进与商业城市相反,以故不能统一希腊,然其军事组织严密,保证了200年的优越地位,成为伯罗奔尼撒霸主。雅典与斯巴达的动向,成了地中海一切活动的趋向。

公元前5世纪,发生希腊集团与波斯帝国的战争,这是东西争夺地中海霸权。希腊不毁于波斯之手,实为历史奇迹,希腊有民族意识,所以能度此危机,取得胜利。波希战争后,前5~4世纪,雅典主持提洛同盟,又得伯利克里领导,形成希腊的黄金时代,史称"古典时代",特别是希腊的文化有光辉的成就。苏格拉底、柏拉图、亚里士多德等文化巨匠都产生在这个时代。希腊文化的特点在于他真正是从人性出发,教人如何致知,进化自己的理想,以达到人的完美。

希腊的政治,促成两种特殊的观念,一为偏狭的城邦思想,缔结同盟,如雅典所领导者;一为分裂现象,希腊不能团结,内战频起,互争霸权。伯罗奔尼撒战争就是因雅典与斯巴达争霸而起,战争使希腊陷于内乱,马其顿帝国趁机兴起,成为新的霸主。亚历山大大帝东征,转战十年,在所征服的地区,建立了庞大的帝国。这个大帝国,是联邦制的,各保其传统制度,而亚历山大为联邦主脑的象征。倘论其影响,海陆对峙的局面,从此破裂。西方以海为中心,渐倾独立。帝国不囿于种族国家观念,倡导混合,希腊语逐渐扩张,通行帝国境内,帝王为"神",同时每个城市的执政者,由公民选出,海陆体系政治,也起一种混合,而希腊城邦制为之破裂。史称此为"希腊化时期"。希腊毁灭了古代的束缚,铲其障碍,使智慧再生,哲学与科学趋向新的方向,人类思想开始了一个丰富的时代,执炬火而导人前进者为亚里士多德。

马其顿帝国建立如此迅速,有如狂飙,其分裂也为必然。前323年,亚历山大病逝,帝国陷入内战与混乱之中。自希腊史言,党派斗争,内战不已,民主党与保守党不能合作,造成罗马的优势,宛如马其顿兴起前的局面,仅历史重心移至意大利而已。前147年,罗马毁科林斯,希腊以此灭亡。但希腊的文化却与世长存,有力地支配着西方。

关于罗马史,1944 年父亲在广西逃难到蒙山文尔村时就写过《罗马史》,他在"自序"中写道:

> 我是爱读罗马史的,为此我曾去过罗马七次,看地孛河疲倦缓慢的水势,深感到他的回忆太多。在罗马,无处不表现这种丰富,使人感到迷离。丰富是生的别名,每块石头上,都有他不朽的生命,容十万人的斗兽场;二十二万四千平方公尺的澡堂,破瓦颓垣的政议场,无处不表现他的容量,为此,他成了欧洲一切的根源,而今日欧洲的形势,也许从罗 马史中发现他们的缺陷。

> 罗马史告诉我们一个真理:奋斗者生。但是奋斗须以正义为目的,以群众的福利为皈依,倘使一切的行为完全以"自己"为主,恃强凌弱,必然要淘汰的。罗马的伟大,不在他的武力,而在他的法律。

这段话当然是结合抗战时期的形势说的, 即使当时父亲身处极其困难的生活环境,他从回顾罗马史的经验教训中,深信"倘使一切的行为完全以'自己'为主,恃强凌弱,必然要淘汰的"。也就是说,抗战必然胜利。让我们循着父亲的论述,来看罗马史。

公元前 8 世纪,希腊开拓意大利半岛南部及西西里岛,称大希腊。罗马人也是印欧民族,与希腊人同时进入意大利半岛,以罗马为中心。与希腊人的接触,启发古罗马人的心智,使罗马承受古地中海文化。

自罗马建立至公元前 266 年,罗马史上有两种动向:一种是在政治上有平民与贵族的斗争。元老院为罗马政治组织的特点,开欧洲议会的先河。王政时代,元老院议员只能由贵族担任,平民没有参政权。平民奋起斗争,前 450 年制定了"十二铜表法",这是罗马法的基础,贵族与平民在法律面前是平等的,平民的利益得到一定的保证。平民继续奋斗,又取得了担任执政官和与贵族通婚的权力。另一种动向是在军事上,经过不断的战争,由于罗马军队有纪律,以守为攻,刻苦耐劳,虽然常常失败,却能取得最后胜利,于前 266 年,罗马人统一了全意大利半岛。罗马史转向地中海发展,遂启布匿战争。从前 264 年到前 146 年,经过三次布匿战争,罗马将迦太基消灭,改为行省。从波斯、希腊东西的轴心,转而变为罗马、迦太基南北的斗争,亦即海陆寻觅调和,终于,罗马的胜利,使地中海成为罗马的内湖。西方均势建立,进入新的历史阶段。罗马既非古代西方帝国的蜕变,亦非地中海系统的赓续,其实质是它运用组织才能,兼具两者特有,奠立西方新基础,因此,罗马负荷着创造欧洲的任务。

罗马帝国向外扩张,财富落入贵族之手,造成严重的社会问题,于是有格拉古兄弟的改革,马略的军事改革,两次三头政治的出现,苏拉与恺撒前后任终身独裁官,共和国的体制与基础已动摇。至屋大维称"奥古斯都"时,罗马进入帝国时期,相承者将及 300 年。这时罗马帝国的版图辽阔,全境分 48 个省,有便捷的交通,完善的管理,公平的法律,居民享有平等的权力,凡居留在罗马帝国境内便是罗马的公民。罗马的经济与文化高度繁荣。在罗马帝国时期,欧洲第一次实现了统一。这种统一,并不是像中国封建社会中央专制集权的郡县制的统一。所谓罗马帝国实际是一个联邦政体,是握有实权的皇帝与扩大自由市府的联盟。由于地中海传统的市民团体、城邦及地方强烈的感情尚能维持,因此它并没有陷于专制。

罗马帝国后期,军人支配政治,造成政局紊乱,在 33 年间(235～268)帝王更换者有 23 人,混乱的程度,可谓达到极点。自君士坦丁大帝后,社会经济崩溃,外族入侵,罗马帝国解体更迅速了。395 年,帝国分裂为二。罗马帝国的解体,是西方历史重大的事件。罗马帝国所以分为东西者,缘于地中海为中心,东西长而南北短。继后,恺撒征高卢,逐渐向大陆发展,帝国实质也转变城邦特征,走向集权途路。当时,希腊文化仍有极大的潜力,所以东西分裂,实为必然。

在罗马帝国分裂之前,罗马史潜伏着两种洪流:一为基督教降生,一为日耳曼民族的西迁。前者教西方人如何理解人生与宇宙,结束古代西方文化;后

希臘羅馬史稿

阎宗临述

《希腊罗马史稿》手稿

者造成欧洲历史的主干,开拓大陆,政治中心逐渐向北移动。

4世纪,中国汉代对匈奴的打击,使匈奴越过顿河,向西迁移,进入欧洲中部,在匈奴的压力下,日耳曼人的各部落向西,进入罗马帝国境内,西哥特、汪达尔及东哥特等多次击败罗马军队并洗劫罗马城,476年,西罗马帝国灭亡。

父亲在《希腊罗马史稿》的"绪论"中说:希腊罗马史中所提出的主要问题有二:(一)地中海政权如何趋于统一?(二)希腊罗马文化——特别是伦理思想——与经济结构如何趋于协调?在"结论"中说:希腊罗马的共同点,都是海洋孕育成的。他们集合了许多不同的民族、语言与习惯,以个人为基点,以求与自然与人类配合,如何和谐,如何不损其基本的特质。为此,我们习惯上称"希腊世界",它不是一个国家;称"罗马帝国",它不是一个城邦。自希腊城邦演进到罗马帝国,期间有千年之久,这并非偶然。这些话,是父亲对这段历史的认识,也许会对我们有所启迪。

父亲认为:自西罗马灭亡至神圣罗马日耳曼帝国成立(962),是欧洲的转型时代。所谓"转型",就是由地中海的欧洲,转入大陆的欧洲;由希腊罗马的文化转入基督教的文化。他们演进的程序,基于一种环境的要求,那就是日耳曼人侵入所造成的紊乱局面,皈依基督教造成的新意识。习惯上称这一时期为黑暗时期,所谓"黑暗"是对希腊罗马古代而言,其实这并不是倒退,因为希腊罗马的文化和政治势力始终没有越过莱茵河、多瑙河以北,那里一直是原始的,粗陋与幼稚的。即使是受罗马支配的高卢地区,也只是帝国的边沿,有强烈的离心力。所以,西方政治文化北移后,高卢成为决定欧洲动向的指标,法国作为高卢的中心尤其重要。

西罗马灭亡之后,罗马政治中心东移,君士但丁堡重要性增加。承袭希腊罗马的遗力,东罗马(拜占庭)帝国仍屹立千年,在西欧实力未形成之前,拜占庭成为它东方防守的前哨。因为在西亚阿拉伯半岛随着伊斯兰教的兴起,阿拉伯帝国建立并日益壮大,向西发展,受到拜占庭的阻止,使欧洲免于被毁。

西罗马帝国灭亡前后,日耳曼人的侵入,有重要的历史影响,它使欧洲的历史向大陆移动,造成许多新的国家,给基督教发展的机会,两者配合,形成今日欧洲的基础。

在旧日西罗马境内出现的许多日耳曼"蛮族"国家,在不断的征战中,到

480年,法兰克人占领了高卢北部和东北部,建立了高卢王国(即法兰克王国),次年,克洛维即位,皈依基督教,史称墨洛温王朝,法国国史由此开始。其实,法兰克王国只能说是个较有组织的集团,并非一个国家。到克洛维晚年,法兰克的实力已南伸至比利牛斯山一带。751年,墨洛温王朝最后一位国王被废,加洛林王朝开始,首任国王为"矮子"丕平。丕平之子查理就是著名的查理曼大帝。查理在位45年,继承父志和传统策略,加强与教会的合作。查理曼帝国将西欧绝大部分土地纳入自己的版图,成为罗马帝国以来西欧的主人。800年,教皇给查理举行加冕典礼,群众云集于广场欢呼:"查理奥古斯都万岁!"时人意识上以为是罗马帝国的再现。教会与加洛林王朝的结合,为欧洲史转型中最重大的史实。就教会言,教会的任务发生了本质的转变,成了西方政治的发动力,今后的历史动向,直接或间接都与之有密切的关系。就查理曼大帝言,他之重要,并非因为他是个英雄,而是他能在西方极度紊乱中,抓住教会与政治家的心理,与拜占庭对抗,他是转型中的有力推动。查理曼帝国是新时代的开始,并不是旧时代的尾声,也不是古罗马的复活。严格地说:查理曼帝国并不是一个帝国,那是罗马潜势力,基督教理想实施在新民族身上,创造新欧洲的起点。唯一具体的结果,便是罗马教皇地位的提高。

查理曼死(814)后30年,帝国便分裂了,说明建立帝国的文化与经济条件尚未成熟,缺乏共同的基础。查理曼的三个孙子罗退尔、路易与查理于843年签订《凡尔登条约》,将帝国一分为三,各主一方。到九世纪后期,这三个地区逐渐发展为法兰西、德意志和意大利,成为欧洲大陆的三个主要国家。我想,大概因此,父亲认为:欧洲肇生,虽有不同的认识,大致始于九世纪是无疑的。父亲还认为:欧洲历史,在某种意义下,乃是亚洲向西发展的结果。往昔波斯西进,腓尼基海上开拓,阿拉伯兴起,蒙古西侵,奥斯曼进至中欧,这些史事给欧洲历史重大的推动。

从《凡尔登条约》至十字军结束的427年,欧洲历史进入基督教统一时代。欧洲在基督教的孕育下,逐渐确立了它的面目。这个时期也是封建制度发展的时代。封建臣属关系,开创于墨洛温晚年。在10世纪确立采邑制度,有规定,主臣关系的确立,要举行公开的献礼仪式,献礼是一种契约行为,所确定的权利与义务,必须谨守,有法律的效力。封建时代初期的法律,主要是习惯法的力量最大,支配一切社会生活。到封建时代后期,随着王权加强,罗马法普及,习惯法逐渐失去其支配力,法律的统一又加强了政治的统一。封建制度是形成国家的过渡,罗马政权崩溃后,没有国家,没有官吏,社会混乱,采邑制度的出现,是氏族与土地的结合,是罗马所遗留的社会与日耳曼生活的混合,它是欧洲历史的开始。

在封建制度发展的时代,个人与地方因素特别重要,罗马教皇积极推进精神的统一,使伦理与意识具有确定的标准。当外族入侵罗马后,一片混乱。此时,基督教兴起,教会负起教育外族的任务,也负起被征服者保护的作用。它以爱着手,宣示一种自然的正义,此正义存于每个人心里,它挽救了个人的意识,不是逻辑的而是伦理的。伦理观念并非阶级、种族、宗派所私有,它是普遍的。所以基督教结束了古代的文化,同时保存了古文化最后的部分:集体中不毁个体,实利中不忘正义。

因为圣彼得死在罗马,罗马成为教会的中心。罗马主教享有特殊的地位,其他区主教的决议,须经罗马主教认可,因为教会必须统一,才能有积极作用,担负起安定时局的重任。《凡尔登条约》之后,德国意识觉醒,962年,奥拓一世加冕,形成"神圣罗马日耳曼帝国",教会与日耳曼人的结合,完全是悲剧,从此产生政教的冲突。在教皇与帝王的斗争中,格里高利七世的改革影响最大,而教会的体制,由共和转为专制,在当时视为一种进步。教会与帝国300年的关系中,是理想与现实的决斗,是基督教世界观念与日耳曼封建个人主义的矛盾。

自格里高利七世之后,教会取得政治领导权,成为西方中古国际联盟的盟主,柔化封建与骑士的蛮横,树立崇高的伦理,哥特式的建筑,大学林立,士林哲学奠基,欧罗巴始有了它的生命。从这个意义讲,教皇构成了欧洲第二次统一,其工具乃在给"人"以正确的观念。就是说"人"有相同的精神价值,至为宝贵,其目的不在现世,而在未来。因为人最后的要求,在于至善,至善便是上帝的别名。也是因为这种精神的统一,在教会主导下,全欧参加,在不协调中,可以进行历时175年的十字军东征。十字军东征并非宗教问题,而是新生欧洲统一的表现,也是新生欧洲与世界的第一次会面,他看到了老而更老的中亚,新而更新的蒙古,使它心理上产生剧烈变化。十字军东征在亚洲一无所获,欧洲人顺其自然,转向西与南推进,新航路与新大陆因此发现。

从13世纪中期十字军无结果的结束至15世纪末是欧洲自觉的时代。所谓"自觉",我想,父亲的意思:一是说在这200多年中,欧洲人有了国家意识,认识到每个国家需要有其相称的君主,说自己的语言,脱离旧时代的羁绊,奠定了现代欧洲的基础;二是说欧洲人有了精神的自觉,要从古今思维中,自然与社会内,用自己的意识去理解心理与物理的世界,文艺复兴与宗教改革就是这种自觉的成果。

在十字军东征期间,教会一度使欧洲形成统一。东征的失败,也使教会统一欧洲的企图摧折。在这个过程中,教会世俗化了,奢侈之风盛行,而且,政教冲突再起,和过去不同的是,与教皇对峙者由德国移至法国。在剧烈的政教斗争中,教会进入了黯淡时代,形成大分裂,罗马、亚维农和比沙三地各选教皇。这种分裂,不是信仰消灭,而是教会自身发生问题,走入歧途。教会自身腐化,使人失掉信仰,宗教改革,势在必行。威克里夫与胡斯的改革,就发生在这个时代。中古教会缔造的成绩,必须有一次彻底的澄清,始能发挥它的作用。

从1337年至1453年的英法百年战争,对英法的形成,有重要的意义。不仅解决了英法之间长期存在的领土纷争,而且也确定了两国发展的方向,法国主要推动欧洲大陆的发展,英国则抛弃大陆的领土,转向海洋方面发展,承袭地中海的传统潜力,成为海上的帝国。也是在1453年,君士坦丁堡为奥斯曼帝国军队占领,屹立千年的拜占庭(东罗马)帝国灭亡。

历史进展至13世纪,封建制度崩溃,欧洲开始分化,宛如中央高原,江河从此分流。期间,从拜占庭灭亡至意大利战争开始,短短41年间,欧洲变化至巨,奠定了300年历史的演变,近世国家的政治与结构率皆导源于此。由于空间扩大,往日地中海世界,基督教世界观念率皆击破,由种族团结,经济利益,代替了宗教优越与封建特殊的利益。此国家的统一,成为必要的条件,"法"与"势"成为统一的原动力。所以文化愈高者,国家结构愈坚固,统一的程度愈高。如法兰西、英吉利、西班牙,势力庞大,政治野心也剧烈。只有意大利例外,虽然文物智慧发展,但受罗马教廷政治影响,成为各国争夺之地。

由于十字军东征取道地中海,造成意大利城市复兴,呈现繁荣的局面,宛如古代希腊,光耀夺目。从13世纪开始,出现一种复古运动,至士林哲学确定理性为知识基础后,波罗尼的法学运动,蒙特白耶的医学倡导,形成一种经验的个人主义,这是人文主义的本质,对古代发生一种憧憬。复古运动是夸大怀古与商人实利精神的混合。

复古运动虽然不能复古,却能加强地方的情感。从与复古运动并行的方言的倡导可以看出。但丁(1265～1321)写《方言雄辩论》,说明方言可为文学语言,最适宜表现国民性。他的《神曲》就是证明。方言的倡导是一种民族的自觉,对封建的欧洲是强有力的离心因素。它加强了对自己的认识,要从历史上寻找自己的生命,由是产生以语言定国界,构成国家统一的动力,政治斗争的因素。复古还促进一种收藏的风气,尤其是对古代希腊作品的收集并翻译成各种语言,使欧洲人认识柏拉图、亚里士多德等大师的真面目。欧洲的精神自觉,就是早期的文艺复兴,其由来并非偶然,而是阴暗时代苦痛的产物。一种个人主义的运动,要撤销智慧发展的障碍,是基督教统一西方丧失效力后的结果,思想与文艺独特的发展。

父亲认为:从意大利战争(1494)至《威斯特伐利亚条约》的签订(1648)的一个半世纪是欧洲发轫的时期。所谓"发轫时期",我理解,是说欧洲以新面貌出现的时期。文艺复兴、宗教改革和地理大发现都发生在这个时期,这个时期充满战争与革命。

意大利战争是欧洲近代史的楔子。这次战争使意大利衰落,法国放弃了意大利,推行东北的政策,开启今后的动向。而意大利为西班牙所有。在这个时期,东北欧也在兴起,主要是俄罗斯在伊凡三世时(1462～1505)驱逐了蒙古人,宣告独立,建立君主制,向西扩张,与土耳其、普鲁士争夺波兰。在波罗的海,瑞典、挪威、丹麦日渐强大,尤其是瑞典。

意大利战争表明,政治利益高于宗教利益,国家与民族混而为一,不能分割,民族主义有强大的力量。基督教统一欧洲的幻梦破灭了,欧洲统一不可能,而欧洲在新世界中,实际又是不可分裂的单位,因为有共同的宗教与文化,因此,在欧洲建立均势是必然的途径,这也是欧洲史中新的特征。

发生在15～16世纪的地理大发现,使旧世界观念动摇,许多"新事物"不能以《圣经》来解决。《圣经》是信仰的宝库,并非知识的典籍,这在西方悠久的基督教陶冶下,构成一种坚强的革命。世界整体的发现,经济的变化,推动知识的进步。欧洲人明白欧洲只是世界的一部分,于是有了世界如何支配的问题;基督教只是世界宗教之一,于是有了人类将有何命运的问题。这两个可怕的问题,迫使欧洲人不得不解答。所以经济成为近代支配一切的动力,以轻微的代价换取最大的利益。实用与组织,成为欧洲的新动向,获得灿烂的成绩,为人惊叹。他带来繁荣与福利,也带来革命与战争。这是西方历史演进使然,并非何人与何国的过错。

地理大发现使欧洲的经济进入革命状态,形成资本主义。政治的发展须以经济为前提,政府与金融家的结合,构成近代化的特征之一。经济的转变首先产生的是"信用贷款",金融交易成为主要的商业,与货物的交易分道扬镳,出现了金融交易所。其次,为吸收游资,产生存款制度,银行成为必要的机构。由商业到投资,造成无产者的恐慌,于是,劳资问题发生了。16世纪经济革命,走向资本主义的道路,是由地理大发现促成的,同时,又推向海外发展。争夺原料产地,争取市场,维护国家利益。为加强国家财政,关税设立,成为国与国之间斗争的工具。人为的欧洲,更无法团结了。

16世纪欧洲的宗教改革,是对基督教统一欧洲的反抗,它并非反宗教,而是要恢复原始基督教精神,使宗教更严肃,是基督教的一种复兴。教皇必须退出政治,恢复他伦理与道德的地位。宗教要国家化,每个国家以民族和语言为基础,也就是说,每个人要用他的语言直接向上帝祈祷。1598年法王亨利四世颁布《南特谕》,是法国史上的大事,实行开明政策,保证信仰自由,新旧教平等,结束百年来宗教引起的波动,开启欧洲政治的新动向。宗教改革的本质是民族运动。在宗教口实下发生的30年战争(1618~1648),实质是民族斗争,战争的结果,基本确立了欧洲国家的格局,形成了国与国的均势。30年战争结束了古老的欧洲,它摧毁了封建制度,也摧毁了基督教统一的企图,从此后,国家代替教会,君主代替教皇,建立所谓"典范系统"。

进入17世纪是欧洲集权:旧制度的时代。大陆欧洲,树立均势,法国得天独厚,至路易十一以后,法国走上集权与专制的道路,民族主义披着新教的外衣发展,击破哈布斯堡统一欧洲的野心,缔造了路易十四大时代。路易十四追求如日中天的"光荣",对内,高度集权,"朕即国家";对外,各邦听从,如星拱卫。是时,工商业繁荣,财富增加,军事力量增强,文化与艺术,登峰造极,形成典范时代,无论哪一方面,法国成为安定欧洲的主要力量,它的动向,异常重要。但路易十四晚年,"秩序"变为"专制","光荣"近乎"戏剧",要做欧洲的统治者,却抛弃裁判者的任务,集权一身,自戕其身,结果引起"革命"。革命并非反对集权,而是反对此权集于一人一家之手。假使我们问:谁是旧制度的破坏者,最正确的答复是路易十四。

17 世纪的英国,并非保守,在短短的不到 50 年,有过两次革命,两次内战,一王处死刑,一王被逐走,政体改革,军事独裁,这些事件,在当时至为新奇,影响至巨,促成法国革命。1649 年英国宣布共和,废除专制,其早于法国革命者将近 150 年。英王威廉夫妇接受国家至上原则,与臣民协定,守护信约。英国走向代议制,人民授权内阁,创立新制度,这是历史上的新事件。英国政治进步,以人民实利为皈依,不囿于成见,不泥于新奇,所以他能改善人民生活,使工商业发展,形成"产业革命",文化也迅速成熟。

蒙古势力退出俄国后,罗曼纳夫(1613)掌握政权,侵略与改革并行,形成欧洲的强力,使这个"欧亚"国家,走上欧洲的道路。1689 年,彼得大帝执掌政权,进行改革。彼得改革最成功之处是建立新式军队,他要把俄国建成海军国家,与瑞典发生冲突。他战胜瑞典,成为东北欧问题的主角。彼得改革,使俄国社会趋向极端,贫穷阶级与统治者相去更远,不能融洽,结果俄国的问题,基本是社会问题,而不是政治问题。俄罗斯兴起,就欧洲历史言,是一种离心力。欧洲的发展,从此与俄罗斯有密切关系。它在欧洲大陆的地位,等于英国在海上,此巴尔干问题成了欧洲的烦恼,没有人可以放弃。

中欧局势的变化主要在 18 世纪,当路易十四全盛,俄罗斯兴起时,德国处于诸侯领导、分裂割据的状态。在法、俄的压力下,普鲁士放弃传统政策,"废止特权",实行国库主义,到 1740 年已建立了稳固的军事基础。七年战争起,与英同盟,证明普鲁士为强国,成为日耳曼民族的领导和中心。

世界逐渐扩大,欧洲滨海国家,承袭古地中海传统,葡、西、荷、英、法向外发展,夺取市场,掠夺财富,视为是一种专利。欧洲国家向海外发展,无形中构成欧洲的扩大。殖民地发展,须以国力为后盾,始能控制海上利益,由此,英法矛盾加深。七年战争(1756～1763)法国失败,英国成为海上的霸权,这是古代腓尼基、希腊、迦太基的复活。也是七年战争,英国军费庞大,从殖民地榨取,引发了美洲独立战争。1776年,杰斐逊领导,宣布美洲独立,美洲合众国由是降生。华盛顿领导,法国赞助,终于获得自由,这是第一个海外的欧洲国家。

欧洲历史没有比法国革命更重要的。它的重要性不在于改变政府的形式,而在于在每个人的意识中,因革命引起了对人生与社会的种种新认识,即是说文艺复兴后孕育成的批判精神。法国革命虽然受英国革命刺激,却与英国革命不同。法国革命乃在追求一种理想,取宗教运动形式,宪法中所列之人权,乃人人之权利。英国则反是,其所求者仅不列颠民众,并不要求普遍化。从1795年至1813年,拿破仑统治了欧洲。欧洲国家的形成,实始于拿破仑,他是旧时代的破坏者。美国独立,希腊独立,比利时独立,意大利统一,都受到法国的赞助,它是海陆欧洲的连接线,古代文化的综合。

1815年,德意志同盟代替了神圣罗马帝国,但是两者性质不同:支持德意志同盟的精髓是民族主义,其方法是经济的;而神圣罗马帝国却含有基督教世界观,其方法是伦理的。因此,德国历史的趋势,首在寻找它的"祖国",何处是德意志?凡是说德语的地方便是它的领土。这样在散漫与矛盾中,德意志民众要创造他们的国家。德国的统一是在普鲁士的领导下进行的。先从创设关税同盟开始,到1848年俾斯麦任首相,采用外交与军事结合的方法,经过对丹麦、奥地利、法国的战争,于1871年实现了德国的统一。

法国革命后,一个新欧洲:均势建立的运动成为主潮。法国学者格劳修斯在其《战争与和平法律》(1625)一书中,主张国与国之关系,亦犹人与人之关系,处理国际问题者,悉准是以行。后来的学者认为这是国际公法的滥觞。欧洲的自觉,实际是欧洲人思维的成果,他们将自然当作研究的对象,运用纯理的方法,构成了革命,数学成为一切知识的基础。人不再是神的仆役,也不是自然的俘虏。抽象的数理工作,产生了科学,科学与工业结合,运用在实际中,机械应运而生。在自然科学发展时,应用科学也随之进展,由此,产业革命发生。生产机械化,工厂集中,分工细致,以期达到巨大的产量。工人问题,劳资纠纷,生产与分配,逐渐成为急切的问题。资本主义演进到高度,社会主义步法国革命的后尘,图谋改善劳动者的地位。1867年马克思《资本论》出,确定劳动者的信念,发动无情的斗争,产生1917年的俄国革命。

父亲在"结论"中指出:欧洲历史,其特点不是自然的发展,而是欧人意志的努力。欧洲科学的发展,生活的改进,都有辉煌的成就。这种辉煌的成就,陷人类于苦闷的地步,人统治自然,同时也脱离自然,人与自然脱离所遭的痛苦,远超过鱼脱离水。但那绝不是人类的毁灭,那是一个新时代的降临,旧路已完了,须有正确的目标,踏上新的途程。谁能安定人民,使之康乐,即谁在未来可以生存。未来的努力,乃在破除政治、文化、经济种种偏见,那有待优秀者为国家与人类共同的努力。

以上我简略地介绍了父亲描绘的欧洲史轮廓,描绘的根据主要是父亲留下来的《希腊罗马史稿》和《欧洲史稿》。这两部手稿是十分珍贵的,它反映了父亲对欧洲史的宏观的、体系性的认识。这些认识和1949年以后根据唯物史观编写的高等学校统一教材,显然是有所不同的。父亲回到山西大学之后,不能也没有再按自己的理解去讲欧洲史,所以,他保持了沉默,他在中山大学的讲授就成了"绝唱",所幸的是,父亲"绝唱"的"曲谱"还在,我们可以据此还原当年他的讲授。其实,学术是要多元化才能发展、繁荣的,所谓"百花齐放,百家争鸣"才是学术的春天,只有一种声音是不正常的。如今有父亲的手稿,可以重新听到他沉寂了半个多世纪的声音,为今天的学术繁荣增添一点色彩,所以,我说这两部手稿是十分珍贵的。

3 回归故乡

父亲在任历史系主任,忙于教学与研究期间,1948年,国内战争的形势正在发生着急剧的变化。中国人民解放军由战略防御转入战略进攻,发起了三大战役:9月12日开始的辽沈战役,解放了东北地区;11月16日发起的淮海战役,使长江以北的华东、中原地区得到解放;11月29日发起的平津战役,解放了华北地区。整个战场的形势是中国人民解放军从北向南势如破竹地推进,国民党军队则损兵折将,节节败退,南京国民政府危在旦夕。12月,国民政府行政院拟迁往广州,并以中山大学校园作为院址,要求中山大学搬迁。消息传来,遭到全校广大师生的坚决反对,开展了反迁校斗争,由此揭开了迎接广州解放斗争的序幕。

由于中大师生的反迁校斗争,迫使国民政府行政院1949年2月5日迁来

阎宗临与中山大学历史系同事同学在一起

广州时，院址设在城内。行政院的到来，随之一大批国民党政府的党、政、军要员、富商大贾及其家眷涌入广州城，广州人口骤增，物价飞涨，飙升至全国之冠。中山大学教授在生活无法维持的情况下，多次向教育部请愿，要求改善生活待遇。在请愿未果的情况下，中山大学的教授于3月25日至4月18日举行"活命大罢教"，得到学生和社会的广泛支持，影响所及，广西、南京、上海、四川的多所大学教授也先后罢教。中大还成立了教授联盟会、讲师助教会、职员联谊会、院系联合会和工友会等五大团体，成为迎接广州解放斗争的广泛联合战线。在这段时间里，父亲也积极参加了学校的反迁校等各项斗争，加入了教授会，入会要交港币3元，发一枚铜质的证章。在中山大学的教授中，我们家绝对是属于"贫困户"，既无祖产，也无积蓄，孩子又多，仅靠工资为生，平时尚需借贷度日，遇到解放前夕的特殊时期，真是要为"活命"而斗争了。

1949年3至4月间，阎锡山从太原至南京，从南京至台北，再从台北至广州。6月初，在蒋介石的支持下，他出任国民政府行政院院长兼国防部部长。随同阎锡山到广州的有父亲的两个中学同学，一个是方闻，字彦光；一个是朱点，字异三,他们与父亲同于 1919 年考入阎锡山任校长的川至中学。方闻和朱点长期追随阎锡山,是他的资深幕僚,深得信任。新中国成立前夕,又随同阎锡山到了台湾。还有一个阴纫斋,是赵宗复的朋友,也是阎锡山的幕僚。其实,他是中共地下党员,新中国成立后在国务院工作。当然,当时父亲并不知晓他的真正身份。他们和父亲又都是五台同乡。因为中大所在的石牌是广州的风景区,他们三人到广州后结伴前来游览,同时探望父亲。父亲也尽力招待他们。在交谈中,他们问到中大有几个山西籍的学生?父亲告诉他们一共 4 个,除天文系的席泽宗外,还有农学院的杜肃、张天佑和中文系的侯国宏。父亲还告诉他们,这 4 个学生经济都很困难,经常是赤足行走,连卫生用具如牙膏、肥皂都买不起,希望能给这几个穷学生想点办法。他们建议父亲去见见阎锡山,把这几个学生的情况说说,也许能有点帮助。父亲对见阎锡山有所顾虑。对他们说:"当年我顶撞过校长,后来又是被开除的,校长对我印象不好,我不想去。"他们说:"这是过去的事,现在不同了,你在两广工作多年,又是有名的教授,历史系主任,校长会重视你的话的。我们给你安排。"就这样,父亲到广州见了阎锡山,在谈话中, 也叙述了这 4 个山西学生的困难情况。阎锡山要他们四个人来见见面。后来,他们 4 人去见了阎锡山,每人得到 30 元港币。这是父亲在广州第一次见阎锡山。

　　1949 年秋,驻广州的国民党军队到中山大学砍树,据说拿去卖作燃料,获利丰厚。砍树事件发生后,农学院农艺系主任丁颖和森林系主任侯过一起来找父亲,希望父亲代表中山大学去见见阎锡山,要求出个布告,禁止砍树。因为中大的树木品种繁多,是教学用的标本,非常珍贵。父亲不太想去,在他们再三劝说下,为了学校的教学,父亲又找到方闻和朱点,他们陪父亲去见了阎锡山,反映了学校的要求。不久, 在中大贴了几张以国防部名义发布的禁止砍树的布告,以后再也没有发生砍树事件。这是父亲在广州第二次见阎锡山。

　　1949 年 4 月 21 日,中国人民解放军发起了渡江战役,百万雄师下江南。23日,解放南京,国民政府的总统府被攻占。5 月 17 日解放武汉三镇;27 日解放上海。解放大军迅速南下,8 月已到达江西赣州,准备发动解放广州的战役。这时广州的气氛日益紧张。为了避免广州战火的伤害,黄艮庸建议父亲送家眷到他的家乡番禺新造细墟去避难,让父亲和他一起留在广州"应变",或者说是迎接解放。在这危难的时刻,朋友出手帮助是弥足珍贵的。

细墟距广州约20多公里,是广州的远郊区,乘船可从珠江到那里。大约在8月下旬,母亲带着我们5个孩子来到细墟。我们在这里住了约半年,继续在小学读书。课余时,有人带我们坐船到农场去玩,农场有大片、大片的甘蔗林,颇为壮观。村里的人架着大锅,在熬蔗糖。美丽的甘蔗林给我留下了很深的印象,后来读到郭小川那首著名的诗《甘蔗林——青纱帐》,他写道:"看见了甘蔗林,我怎能不想去青纱帐!""想起了青纱帐,我怎能不迷恋甘蔗林的风光!"我就很理解诗人为什么把南方的甘蔗林和北方的青纱帐并列在一起写。我们也曾到村子附近热闹的集市赶集;在解放广州时,还看到解放军背着枪,排着整齐的队伍从村中走过。这些情景都在我童年的记忆中留下了难忘的印象。

在我童年的记忆里最难忘的还有大哲学家熊十力。细墟全村大都姓黄,黄艮庸在黄姓中辈分高,地位也高。他有一个大宅院,主体建筑是一座名为"观海"的楼房。我们住在观海楼的一层,熊十力就住在二楼,我们和熊十力做了半年多的邻居。

1948年秋天,由于国共战事日趋激烈,国民党节节败退,熊十力由杭州迁来细墟。黄艮庸是熊十力的学生,自然要尽供养老师的义务。所以,熊十力比我们早大约一年到细墟。在我印象中,他留着白色的长胡须,身穿白色的中式衣裤,颇有些仙风道骨的气相。他好像很重视养生,我们住的院墙上扣着许多乌龟壳,据说熊十力爱吃甲鱼。还有,他常让哥哥、姐姐把手搓热,去捂他的肚子,大概这是一种养生的方法吧!我年纪小,才7岁,还没有资格去捂"圣人"的肚子。熊十力性格开朗,颇有童心,对我们兄弟姐妹很亲热。有时,晚饭后,他会从楼上下来给我们讲故事,讲得最多的是鬼的故事。他告诉我们:肮脏的地方鬼最多,比如厕所。吓得我们晚上不敢去厕所,非要妈妈陪伴才敢去。熊十力讲的鬼故事,我大多忘却了,只记住了一个:有一次,他和两个朋友上街,走不远,一个朋友突然放声大笑,他问:"所为何事"?那个朋友说:"有个鬼,来不及避让,被我撞了个跟头,样子很可笑"。熊十力说,他这个朋友是个异人,可以看见鬼。

熊十力很喜欢我妹妹守瑜,守瑜刚5岁多,样子很可爱。开始,熊十力每见到她,总要把她抱起来,用胡须扎她的脸,她自然感觉很不舒服,有些害怕。后来,守瑜只要一见熊十力,就一边连声说:"讨厌!讨厌!"一边往妈妈身后躲。见此情景，熊十力总是哈哈大笑，非常高兴，因此，他给守瑜起了个名字叫"讨厌"。到年底，父亲接我们回广州，临行前，熊十力挥毫写了一张字条，交给父亲，字条是这样写的：

> 己丑，余寓番禺新造细墟黄艮庸家，五台阎宗临教于中大，携眷来乡与老人同住，其小女玉聪明可喜而不肯近老人，老人命之曰讨厌。宗临别去，老人书此付存，俟讨厌长大时示之。己丑十二月六日午后。漆园老人。

漆园老人是熊十力的号。源于1947年他在杭州大学任教时，张其昀、郑石君、谢幼伟共同出资为其筑舍，熊十力名之曰"漆园"，从此自称"漆园老人"。己丑十二月六日是公元1950年1月23日。熊十力的率真童趣跃然字条之上。不仅如此，熊十力回到广州，住在珠江大酒店，父亲带守瑜去看他，他还送守瑜大米一石，在当时物质紧缺的情况下，这份礼物是价值不菲的。承蒙熊十力的厚爱，守瑜成为我们兄弟姐妹中最早有"私有财产"的人。1953年秋，母亲带守瑜到北京探亲，顺便探望了熊十力的女儿熊仲光。熊仲光长于书画，临别时，

熊十力手书字条

送守瑜一幅画,并题"小瑜清玩　辛卯熊仲光"。1962 年守瑜上大学时,父亲认真地将熊十力的字条和熊仲光的画交给她,她一直珍藏至今。1964 年父亲到上海参加高教会议,特地去拜访熊十力,他还关心地询问:"'讨厌'现在怎样了?"当得知守瑜已经升入大学,他很高兴,要父亲一定找机会带"讨厌"去看他。可惜,天不遂人愿,1968 年熊十力在极度痛苦之中逝世。虽然守瑜在上世纪 70 年代调到上海工作,她和熊十力已是天人相隔,无法再见了。一个大哲学家对一个小女孩的关爱是非常感人的,使我们看到他充满情趣的一面。

广州解放前后,很多人都在考虑自己的去留。熊十力与父亲也不例外。熊十力的本意是想回北京大学或家乡湖北,专心治学,由于对共产党不甚了解,又心存疑虑。如果去港台,担心新中国成立后,不能久待。到美国或印度讲学,年纪大了,语言不通,也不可行。因此,开始是很彷徨不安的。10 月 14 日,广州解放。解放后的第十天,他的老朋友董必武、郭沫若即联名来电,邀请他北上,共商国是。熊十力的条件是"不做官,能讲学"。他在写给弟子唐君毅的信中,讲到自己的想法:"吾年已高,何至以风烛余光为衣食二字而尽丧平生之所守?吾中国人也,中共既已统一中国,如不容吾侪教书,只可作夷、齐。如尚容吾侪教书,吾侪无有'自经沟壑'而不去教书之理。"并且说:"艮与宗临亦赞同此意"。① 也就是说,熊十力的态度是同黄艮庸和父亲商量过的。董必武回信表示同意熊十力的要求,并要沿途各级政府热情接待,妥善安排。次年 3 月间,熊十力到北京。

父亲虽然既不是熊十力的弟子,也不是他的同道,年龄还比他小近 20 岁,但熊十力一直对父亲很好, 不仅在去留行止这样重大的问题上征求父亲的意见,而且,新中国成立后,他每出一本书都要寄给父亲,如《新唯识论》、《论张江陵》等,写给父亲的信也不少,可惜在"文革"中都毁掉了。

广州解放前后,父亲也遇到和熊十力同样的问题,即向何处去? 从政治上讲,父亲对国民党的专制、腐败和发动内战是不满的。对共产党也并不了解,更无接触。我想,父亲在当时并不是一个积极参与政治活动的"进步"教授或"左派"教授。他既给国民党办的刊物《民主时代》写过文章,也给进步刊物《论坛》和《时代思潮》写过文章,父亲说:"当时,我并未觉察那是进步的。我对政治不了解,也无主张。如有,就是我觉着政治是少数人所做的事。"② 父亲这种对政治的态度是一贯的,大概和他长期在欧洲生活和受教育有关,而且这种态度对父亲的一生都是有影响的。"文化大革命"中,中山大学曾有人来找父亲调查材料,其中问到父亲对 1947 年发生的罢考事件的态度,当时,中大的中共地下党组织学生进行罢考,以抗议国民党的反动统治。父亲很坦率地告诉他们:他作为系主任,是主张考试的,因为他觉得学生的学习应该有始有终,并没有考虑到罢考的政治背景。当时父亲在去留问题的基本态度与熊十力大致相同,父亲认为,他愿留下来为新中国做教育工作,除非共产党赶他跑。所以,父亲拒绝了钱穆劝他去台湾的邀请。1950 年的山西大学党组织对父亲新中国成立前的政治态度有这样的评述:"抗战时期,他刚回国,有爱国主义情绪,但对国民党腐败统治不满,对中国共产党不了解,以第三种人躲避现实,埋头教书。解放战争时期,对中共抱有希望,但亦恐惧,可是劝其他教授勿随国民党逃跑,他的理论是"为新中国子女做教育工作,除非共产党赶他跑,他必然做人民之一"。[3]这份材料是赵宗复整理的,他对父亲是了解的。

广州解放后,1950 年 2 月,中山大学的军管会扣发了父亲的聘书,理由是让父亲交代和阎锡山的关系。由于父亲姓阎,又是山西五台人,还是教授,在两广的十几年,人们总以为父亲和阎锡山有很深的关系,经常会有人问父亲:"你是不是阎锡山的本家?"父亲总是回答:"我和阎锡山同姓不同宗,同县不同村,不是本家。"对方往往会说:"不用客气。"父亲无奈,只好说:"不敢掠美。"父亲和阎锡山没有任何亲戚关系,只是在南方人们很难相信这一点。如果说有关系,那也仅仅是一点社会关系,阎锡山是父亲的中学校长。而且在阎锡山的印象中,父亲是进步学生。赵宗复曾告诉马作楫:"他在青年时期,有回翻阅他父亲(旧省政府主席赵戴文)的办公桌,有几张纸,记有三、五学生的名字,名字后的括号内写着赤色分子。其中,就有阎宗临。当时,谁都知道,这是进步学生。"[4]我想,

---

①　参阅段伟:《天上地下,唯我独尊:熊十力》,任士英主编《学苑春秋－20 世纪国学大师档案》,河南人民出版社,2006 年。

②　《阎宗临历史自传》,1956 年 5 月 15 日,山西大学档案馆。

③　《山西大学师范学院历史系教授阎宗临》,1950 年 12 月,山西大学档案。

④　马作楫:《缅想阎宗临先生》,《文史月刊》,2003 年第 9 期。

这应该是父亲在川至中学参加赶校长而被开除之后的事。这次军管会领导问父亲和阎锡山的关系,并非泛泛地问,而是针对广州解放前父亲见阎锡山的事,父亲详细讲述了两次见阎锡山的原因和经过。好在当事人还都在,组织上经过了解,和父亲讲的并无出入,于是就发给了聘书。这件事却是促使父亲下定决心离开中大的重要因素之一。

离开中山大学向何处去呢? 父亲面临着三个具体的选择:一是陆侃如邀请他到山东大学;一是焦菊隐时任北京师范大学文学院院长,邀请他到历史系并担任系主任;还有一个就是时任山西大学副校长的赵宗复和北京市副市长的张友渔联名写信邀请他到山西大学。学法律出身的张友渔是父亲1925年在北京朝阳大学时认识的老乡、老朋友。父亲最终选择了山西大学,回故乡去。

父亲的选择,据我所知,大概有几个原因:

一是父亲在两广12年,语言不通,生活也不习惯,所以希望回到北方,回到故乡,或者说,思乡情切吧!

二是我的哥哥、姐姐面临着上中学,留在广州就要到城里住校,经济上负担不起,回到北方好安排些。

三是考虑到和阎锡山的关系这样一个敏感问题,走到别的地方都会遇到,难以说清楚。只有回到山西才最容易说清楚。山西人应该了解,父亲离开山西24年没有回去过,能和阎锡山有什么关系呢? 历史证明,父亲的这一考虑是明智的,在新中国成立后历次政治风浪中,父亲从来没有因为和阎锡山的关系受到责难。"文化大革命"开始,有学生贴大字报责问父亲:"阎锡山在逃离大陆前,秘密接见你,有什么阴谋?"这种气势汹汹的责问,似乎也没有什么反响。从后来关于父亲历史问题的审查结论看,虽然有和阎锡山的关系,但并没有什么新的材料,也不是问题。

父亲接到中大聘书后,就向校委会主任刘渠提出了到山西大学工作,为家乡服务的要求。刘渠劝父亲留在中大,父亲去意已定,答应继续上课,教完这个学期,再回山西。7月,山西大学寄来聘书、旅费及路条,父亲工作到31日,学年结束,出好招生题目,并找好代课老师,8月5日离开广州,动身回归故乡。

十二　在山西大学

山西大学是一所历史悠久的大学,它开办于 1902 年 5 月 8 日,是国内创办得最早的三所大学之一,另两所是京师大学堂(北京大学的前身)和北洋大学堂(天津大学的前身)。开办者为英国人李提摩太和山西巡抚岑春煊,最初称山西大学堂,设中学专斋和西学专斋,校址就在太原市。山西大学堂悠久的文脉可以追溯到明代的三立书院及清代的晋阳书院、令德书院。早期的山西大学堂中西合璧,文理并重,办学思路开阔,育人理念先进,是我国高等教育的发祥地之一。1918 年 7 月,改称山西大学校,被列为国立,称国立第三大学校。1931年以后,改称山西大学,是一所综合大学,解放初有文、理、医、工、法 5 个学院。

说起来,父亲与山西大学的确有缘,不仅因为它是故乡的大学,也不仅因为父亲在这里度过了后半生,更为难得的是父亲在 1937 年抗战爆发回国,首先就回到山西,在山西大学任历史系教授兼系主任;1950 年全国解放,又回到山西大学,受聘于文学院历史系任教授兼系主任。1973 年,在"文化大革命"中,大学恢复招生,以推荐选拔的方式招收工农兵学员,这时又任命父亲为历史系主任,直至他逝世。在漫长的 40 多年中,一个人在同一个学校、同一个系,每隔十几或二十几年,在重要时刻就出任一次系主任,大概这在中国的高等教育史上也是绝无仅有的吧?

1 情系教师

1950年8月5日,父亲带我们全家乘火车从广州出发,北上回太原。我们兄弟姐妹都是小孩,在火车上的新鲜之感和热闹的情景,让我们兴奋不已,毫无惜别的悲情。途中,在武汉停留了3天,这时正是一年最热的时候,武汉素称长江沿岸三大"火炉"之一,闷热的气候给我留下了难忘的印象。住在旅馆里,晚上睡在床上,半夜躺在地板上,清晨居然睡在了沙发上,就这样热得滚来滚去,找不到凉快的地方。从武汉再乘火车到石家庄,作短暂的停留,需要在这里换乘窄轨的火车,才能进入山西境内。民国时期,山西的铁路用窄轨,与中原地区不同,这是使山西能够保持封建割据、易守难攻的重要原因之一。终于,我们回到了太原。太原当时还有高高的城墙,山西大学位于离城南门不远的侯家巷。我们就住在山西大学北门附近的一个平房小院里。

父亲在历史系,从教学上讲,依然是讲授世界古代中世纪史。同时承担着全系的教学组织和行政工作,包括为历史系聘请教师、安排教学、学生教育等。1953年冬,教育部派人来山西大学检查工作,历史系也是被检查对象。作为系主任,父亲作了全面、综合性的汇报,其中特别讲到从工农速成中学接受了4名学生来学习。教育部来的人,参加了系务会,听取汇报后,对历史系的工作表示肯定,对父亲也讲了些鼓励的话,同时指出要学习苏联,不只在教材内容上,而且,在教学组织和教学方法上,也要好好学习。

实际上,从1952年秋天,教育部就在全国开始了以苏联的教育制度为模式的高等院校大调整,建立了高度集中的教育体制,把教育纳入计划经济的轨道,以培养国家需要的专业人才为目的,许多综合性的大学都被拆分为各种专门学院,山西也不例外。山西大学被拆分了:文学院和理学院合并,成立了山西师范学院;医学院和工学院相继独立建院。法学院改成财经学院,不久划归中国人民大学。1954年山西师范学院从侯家巷迁至太原南郊许坦村附近的新校址。

机构调整,人事必然变动。有一天,副校长赵宗复找父亲谈话,告诉父亲山西大学要分校了,分校后安排父亲做师范学院的副教务长,管理全院的教务工作。父亲表示推辞,觉得现在做系主任已经超过自己的能力,做副教务长责任

重大,很难胜任。赵宗复想了想,给父亲交了个底,他说:"梁园东是院长,他要许预甲做总务长,许不肯,梁要许做历史系主任,省委对师院的人事安排,也同意梁的意见。"也就是说,历史系主任已另有安排。父亲问赵宗复:"你觉得这样安排合适吗?"赵说:"反正会有困难,尽力克服,克服不了,你找(苏)贯之(当时师范学院的副院长、党组书记),他会解决的。你记住,多请示,多汇报,就会少犯错误。"其实,父亲内心并不愿意去做这个看起来比系主任更重要的副教务长,既然这位梁院长对系主任已有自己的人选,父亲也不好说什么,何况父亲是很尊重赵宗复的,认为他艰苦朴素,平易近

1951年,阎宗临于太原

人,兴趣多端,才华横溢,知识渊博,了解山西新旧时代的许多事情。父亲和他的私交也很好,很能谈得来,有时,晚饭后,赵宗复会来家里聊天,聊到很晚。而这次工作安排是一次正式的谈话,父亲也就接受了新的工作。

　　父亲从历史系转到教务处工作,初次做教学行政工作,连如何批公事,都要从头学起。父亲本着一贯的认真态度,努力做好自己的分内工作。开始,父亲还在历史系兼课,并没有完全离开历史系。到1958年,苏贯之让父亲完全离开历史系,专职做教务工作。对父亲的工作,学校有这样的评价:"行政能力细致,善谈话鼓励说服,对工作负责,群众关系似朋友关系,师生关系搞得最好,魄力气派不够大,温和善良是其特点。学者气息深厚,正派老实,对是非分别甚严,批评精神也够。"[①]这样的评价,我想,大致是中肯的。父亲做了7年的副教务长,在师范学院的教职员工中留下了很好的影响,所以,师范学院的老人,一直都习惯称呼父亲为"教务长"。

---

　　① 《山西大学师范学院历史系教授阎宗临》,现存山西大学档案馆。

1959 年中共山西省委决定再度重建山西大学,在新的校址没有建成前,先寄居在山西师范学院内。1960 年,我国进入经济困难时期,1961 年,省委又决定停建山西大学的新校址,将山西大学与师范学院合并,名称为山西大学,这是老山西大学的复归。次年, 将山西体育学院和山西艺术学院合并入山西大学。山西大学校址就是原师范学院的校址。

机构设置的变动,再一次改变了父亲的工作。山西大学设立了一个新的部门,名称是研究部,主要负责提高全校青年教师的业务水平,各系可以选送有培养前途的青年教师,制定研究计划,进入研究部,在老教授的指导下,脱产进修一段时间。所以,人们也戏称研究部为"秀才馆"。父亲被任命为研究部主任,这里的工作比教务处的工作要轻松得多, 他就有更多的时间到办公室读书。"文化大革命"开始后,研究部作为培养资产阶级接班人的"黑染缸"被砸烂,父亲也就"失业"了。

父亲一生所从事的唯一的职业就是教师,从青年时代起,他所钟爱的职业就是教师,对这份职业的追求和执著,影响了他的一生,我们可以做一个简单的回顾:

1924 年,父亲高中毕业,乔老师问他:"将来想做什么?"他回答:"想当教师。"乔老师劝他到北京报考高等师范学校,并给了 10 元路费,于是,他从山西走到北京,迈出了人生关键的一步;

1925 年,父亲在《国风报》社当校对,遇到华林,华林问父亲将来想做什么?父亲说:"想当老师,准备报考师范大学"。华林帮助他到法国勤工俭学,于是,他从中国走到了欧洲;

1929 年,父亲进入瑞士弗里堡大学文学哲学学院,因为想当老师,选修了教育学,于是,有缘遇到了岱梧教授,在岱梧的帮助下,他完成了自己的学业;

1934 年,父亲回国后,在北平中法大学伏尔德学院任教授,这是他初登大学讲坛,奠定了一生职业的基础;

1937 年,抗战爆发,父亲回国到山西,当时有两种工作,供他选择:一是到阎锡山那里任外文秘书,一是到山西大学历史系教书,他毫不犹豫地选择了后者。这一选择,影响了他的后半生;

1938 年,到广西大学任教以后,由于抗战时期,物价高涨,我们家孩子多,生活困难,有一次和万仲文谈到改行的问题,因为改行做其他工作比当教师待遇好,生活问题好解决。父亲说:"改行?那只能解决我们的腹子问题,而我们的精神与灵魂必因之而死灭,这还是解决不了我们的生活问题。"[1]父亲不愿因收入的多少而改变职业,是把职业和自己的精神与灵魂联系在一起,可见他对教师职业的专注与重视;

1944 年,在逃难中,无锡国专在文尔村复课,父亲讲"罗马史",并写了讲义,他在《罗马史自序》中写道:"这并不是一种如何新奇的著作,这只是一个清苦的中国教授,苦守着他战时的岗位,养着五个孩子(他们合起来尚不到 20 岁),对他职责的一种解脱,诚如罗马民族的精神,永远在奋斗着。"即使在逃难的艰苦环境中,也要上好课,写好讲义,可见父亲是把教师这一职业和人生的态度与责任联系在一起的;

1949 年,广州解放前后,父亲对自己去留的基本想法是:愿留下来为新中国做教育工作,除非共产党赶他跑。所以,拒绝了钱穆对他去台湾的邀请,最终选择了回山西大学;

1958 年,父亲离开历史系,专职做教务工作,不再给本科生上课,只指导两名研究生,就是为这两名研究生父亲还编写了一份世界中世纪的讲义;

1977 年,粉碎"四人帮"以后,11 月,山西省政协第四次委员会召开,当时,父亲左腿骨折,已经不能去开会了,他还是写了封信给主席团,表示:"我一定积极治疗,求早日康复,用我有限的余年,为祖国再培养一些又红又专的人才。"[2]再过不到一年,父亲就逝世了。也可以说,继续当教师是他临终前的愿望。

那么,为什么父亲如此热爱教师这个职业呢?当我们强调教师的重要性时,往往会说:"教师是人类灵魂的工程师";"太阳底下最美好的职业是教师"等等,把教师这份职业讲得很重要,很崇高。社会上也有人鄙视教师这一职业,认为教师是"教书匠","家有三斗粮,不当孩子王";"面对黑板,前途黑暗",也是广为流传的俗语。还有一种悲情的说法:"教师像红烛,照亮了别人,毁灭了

① 万仲文:《欧洲文化史论要·序》,广西建设研究会,1944 年。

② 师道刚:《阎宗临传略》,晋阳学刊编辑部编:《中国现代社会科学家传略》第三辑,山西人民出版社,1983 年。

自己",如此等等。父亲在《历史自传》里对这个问题的回答却很实在,他说:

> 在桂林八年的工作,经过许多事实,坚定地树立了终身做教师的志愿。我喜欢这种职业,自觉着它比较单纯,比较自由,自觉量才度能,也只能做这种所谓"清高"的工作。尽管别人看不起,而我却珍视它。①

父亲这段朴实无华的回答,没有讲大道理,我想,他从自身出发,说明了三点:一是如果说他年轻时想当教师,只是内心的一种爱好,一种感性的选择,在桂林坚定了终身做教师的志愿,就不单纯是一种爱好,而是一种理性的选择,因为他认识到教师的职业是自己的精神、灵魂所在,是自己对家庭、对社会的责任所在,也就是说,他对教师的职业是以身相许的;二是他从主客观两个方面,讲清楚喜欢做教师的原因:客观上,教师这一职业"比较单纯,比较自由",主观上,"量才度能"也适合自己,也就是说教师这份职业适合他的"精神与灵魂";三是他并不在意世人如何看待这份职业。可见,父亲的人生理想,既不是追逐名利,也不是贪恋权力,而是做一个好教师。其实,世上的职业虽然不同,并无高低贵贱之分。能够选择一种自己喜欢又适合自己的职业,并且与之终身相伴,以认真从事这种职业为幸福,就是很高的境界。

父亲一生以极大的热忱从事教学工作和教学组织工作,尽管他教学经验很丰富,但每次讲课,不论学生多少,总要认真备课,不断补充新的资料和相关研究的进展情况,写成讲稿,再去讲课。他曾告诫一位即将走上讲台的青年教师:"一个教师登台,就像一个演员登舞台一样,一定要严肃认真,有板有眼,一丝不苟,切不可随心所欲。"就是说,一个教师首要的是要有敬业的精神。父亲的教学情况,可以从他的学生的回忆略知一二:

1943 年,父亲在无锡国专给二、三年级的学生讲授外国史及西洋文化史,听课的学生萧德浩在回忆中写道:②

---

① 《阎宗临历史自传》,山西大学档案馆。
② 萧德浩:《先师阎宗临》,《广西文史》,2003 年第 2 期。

当时使用的是普通高中的外国史课本。阎师上课时,并不是照本宣科,以他的博学多才和在国外多年研究的成果,结合课本内容,先举一历史事例来讲述,然后才提高到理论 上来分析、论述,使学生对外国史先有一个感性认识,而后再提升到理性认识。旁征博引,向学生传知解惑。通过生动活泼的课堂教学,使学生获得丰富的外国史知识。过去,我们对外国历史文化是一无所知,经阎师在课堂上的讲授,打开了我们的视野,洞开脑中的知识大门,对巴比伦、埃及、古罗马、拜占庭等历史文化,有了初步的理解,冲破孤陋寡闻的黑圈,懂得人类历史文化的发展是多元性的。同学们每听完阎师的一堂课,就如享受一顿丰盛的营养大餐,同学们十分欢迎阎师的讲课。阎师已成为同学们非常佩服的老师。

1954 年秋入学山西大学(当时刚改成山西师范学院)历史系的孙英对半个世纪前父亲给他们上课的情景,依然有鲜活的印象,他写道:①

　　阎先生给我们讲世界古代及中世纪史。他中等身材,有一双明亮睿智的眼睛,操一口浓重的五台乡音,常穿一身银灰色的中山装。他讲课不急不缓,侃侃而谈,不时闪出亲切幽默的微笑,气质恬淡斯文,一派学者风度。他上课前把讲义发给学生,讲课时从不看讲稿,仿佛他的头脑就是一个取之不尽的知识和智慧的宝库, 要讲的一切都有序地装在里面,随时取用,是绝对不会出差错的。他先是用漂亮规整的板书,写下要讲的章、节标题和一个中心句,然后就按照中心句的内容开讲了。接下来,又写一个中心句,再写一个中心句,课就这样一句一句展开来,层次分明,重点突出,富有历史逻辑的内在魅力,引领我们这些青年学子在世界古代及中世纪的历史中遨游。听先生侃侃而谈,酣畅淋漓,似饮甘泉,如食珍馐,真是一种享受。一堂课讲完了,

---

①　孙英:《追念我的老师阎宗临先生》,任茂棠、行龙、李书吉编:《阎宗临先生诞辰百周年纪念文集》,山西人民出版社,2004 年。

把中心句连起来,就是这堂课严密的讲授提纲,使我们很容易就抓住了整堂课的内容和重点。听先生讲课,不仅使我们学到了历史知识,也学到了他论从史出、史论结合、剖析本质、探索历史内在发展规律的思想方法和研究方法,这对学生是很有影响的。在这方面,我也是深深受益的。

孙英还深入分析了父亲授课内容的特点,如在介绍世界古代各种文明时,重视中华文明对人类进步的影响;注意联系现实阐述历史的复杂性;对宗教不仅剖析其产生的背景和原因,而且,注重说明其发展的一些规律性问题等。

父亲在教学上是认真的,对学生的要求也是严格的。他在中山大学教过的老学生们,不少人现在已是名教授了,他们还都记得:"当年想在阎先生的课程上混学分,是办不到的事。"看着学生的成长,是他最大的欢欣。在山西大学主持研究部期间,培养了一批中青年教师,谆谆教导他们在 40 岁以前,一定要扎扎实实读点书,打好做学问的基础。这些教师后来都成为学校的教学骨干力量。

说到研究部,我一直保存着一张剪报,是 1968 年 11 月 30 日的山西大学《斗批改》报上的一篇大批判文章,题目是《砸烂山大的黑染缸——研究部》,作

阎宗临与学生在一起

者是"中文系反修兵",文章说"刘梅之流为了培养修正主义黑苗苗,私自开办
'研究部',把大权拱手让给资产阶级反动'权威'、阎匪教官阎宗临"。所谓"刘
梅之流"是指当时山西大学的领导,"私自开办"是不实之词,所谓"阎匪教官"
是凭空捏造。接下来的一段"奇文"引述如下:

　　　阎宗临丧心病狂地大谈研究生要注意人生三件大事:一曰政治
上不犯错误;二曰选个好专业;三曰找个好爱人。根本不提如何学习
毛泽东思想。他一再鼓吹要学好基本理论、基本知识、基本技能;要闯
过两关:古文关、外语关。为了引诱青年走成名成家的道路,以讲师为
诱饵,胡说什么:"不懂外文不能当讲师。"为了进一步毒害青年,刘梅
伙同阎宗临把汉奸、反动学术"权威"容庚等请到学校,让研究生把这
些牛鬼蛇神当做偶像崇拜,并宣扬研究生学得好可以到全国拜访专
家、学者,瞻仰各地的反动学术"权威"。

　　现在的中青年读了这段"奇文"大概会感到莫名其妙或啼笑皆非吧？文章
揭发的父亲在研究部的所说所为,就其本身,并无错误,是正常的、正确的,怎
么就"丧心病狂"了呢?！这就是"文化大革命"中的大批判文章,不仅颠倒黑白、
混淆是非,而且把中国语言中最恶毒、最粗野、最霸道、最血腥的词汇用尽了,
极大地败坏了中国文化。我之所以保留了这张剪报,是因为当时我正和山大历
史系的同学在天津4568部队农场接受再教育,准备开展清理阶级队伍。报纸
传来,有位"左派"的同学就散布:"阎守诚的父亲报上点名了,问题肯定很严
重,他得揭发问题,划清界限。"后来部队以正面教育为主,并没有整到我头上。
可见在那个非正常的时代,这种批判文章是能伤人、甚至杀人的。好在我有惊
无险,当时就找了张报纸,把这篇文章剪下来,保存至今。

　　这篇批判文章里讲的父亲谈的"人生三件大事",是一位中文系在研究部
进修的青年教师,过年回家之前,找父亲谈话,问父亲自己应该注意些什么?父
亲给他讲了三点:一是政治上不要犯错误;二是在专业上一定要有所专长;三
是在生活上要找一个能相互理解的爱人。后来,"文革"一开始,这位仁兄就把
父亲私下和他谈的三条,写成大字报揭发出来,质问为什么不提学习马列主

义、毛泽东思想？要把青年引向何方？把父亲的谈话作为毒害青年的罪证加以揭发，也就为"中文系反修兵"的批判文章提供了一颗炮弹。如果当年写这份大字报的这位仁兄还健在，不知如今会如何想父亲给他讲的这三条呢？

在上个世纪的五六十年代，虽然提倡"又红又专"，实际上是只"红"不"专"，在一个又一个政治运动不断涌来的现实中，教师们普遍的轻视业务学习和学术研究，生怕被扣上只"专"不"红"的政治帽子挨批评。这种不正常的现象，父亲看在眼里，也无可奈何，只有在具体工作中，在和教师们谈话中，想方设法启发、诱导大家加强业务学习，提高教学质量。任茂棠在题为《怀念我的老师——阎宗临教授》①一文中谈到这一点时说，年轻时，自己做社会工作多，教学也可以，受到表扬，就沾沾自喜。当他第一次在学术刊物发表文章后，父亲把他叫到家中，第一句话就是"见到你有成绩，很高兴噢"。接着讲了文章的优缺点，然后就语重心长地对他说：你要清楚自己，能写出文章，主要是靠你比较聪明，不是靠你的功底。你是教师，不是干部，在业务和社会工作上要分清主次。一个教师如果在学术上没有造诣，就不能成为好教师。父亲的话，对他的震动很大。他说："同时，我发现，像我这样受到阎先生教导的，还有好些人。"

父亲对青年教师总是从培养、爱护出发，善待他们。有位青年教师，当时因为有点错误，被下放农村，很苦恼。在父亲心目中，这位教师是非常有才华的年轻人，很有培养前途。当父亲知道这个情况后，就托另一位教师去看望他，给他转达一个希腊神话"潘多拉盒子的故事"，父亲通过这个故事告诉他：尽管在生活中受到磨难，心中总要留有美好的希望，才能自我激励。这位青年教师听了故事后，非常感动。后来他也真的成为一位很有成就的学者。

我想，父亲自己就是一个苦学生出身，在他成长的过程中，比那些富家子弟、世家子弟更能体会求学的不易，生活的艰难，所以他无论在教学、业务上，或者在思想、生活上关心和帮助人的时候，也就会很自然、很细致。而且，父亲待人宽厚，不论是教师、学生，还是职员、工人，他都同等看待。这方面的事例很多，就我所知，讲几个：

萧德浩在回忆中说：1946年，他从蒙山到桂林看望父亲，回蒙山时，父亲知

---

① 《阎宗临先生诞辰百周年纪念文集》，山西人民出版社，2004年。

道他经济困难,就带他到附近一座福音堂,和一位外国神父联系,并告诉他这位神父要开车去荔浦,你可以乘他的车回去,不用买车票了。萧德浩说:"当时我非常感动,阎师这样厚爱,我眼含热泪,紧紧握着阎师的手,告别了。"①

我记得,在上世纪50年代初,我们还在侯家巷住,有一天,家里来了一个很漂亮的女学生,找父亲谈话,先是哭了一会,走的时候,又笑了。后来,母亲告诉我,这个女孩子是因为班上两个男孩子都追求她,她不知道该找谁,很苦恼。父亲劝她,不要苦恼,让她回去,好好睡一觉,第二天醒来,第一个想到谁,就找谁。我不知道这位女生是不是按父亲的办法去取舍的,但她来找父亲谈和父亲出的主意我却很难忘记。

大概是上世纪60年代初,有一次父亲乘公交车进城,在车上碰到生物系的赵老师,大着肚子,提着行李。父亲问她去什么地方?她说,回保定生孩子,她爱人在河北大学。父亲见她行动不便,下公交车到火车站也还有段距离,就帮她提行李,一直把她送上车。后来,赵老师的爱人冯老师也调到山大,与父亲并无来往。"文化大革命"开始,父亲第一次被拉去戴高帽、陪斗。第二天晚上,冯老师就来家里看望父亲,他说:"我是赵老师的爱人,当年赵老师回家生孩子,一见我就说,是教务长送我上车的,非常感动。所以,我知道教务长是好人,好人不会有事的,家里有什么事找我。"说起来,才知道,冯老师是个"红小鬼",参加革命很早。父亲送赵老师的事,他自己已经忘却了,但在危难的时候,有心人却记得。后来,冯老师也常来看望父亲,这给父亲很大的安慰。

尽管我们家的经济状况不算好,父亲还总是尽力帮助身边有困难的人,包括司机、电工等。这样的事例也不少。例如,妹妹守瑜在化学系读书时,由于身体不好,父亲允许她住在家里。妹妹的一位女同学常来家里,父亲有时也和这位女同学聊几句。知道她家在农村,生活困难,就让妹妹每个月给她5元钱,当时的5元钱还是很能解决点问题的。父亲说:女孩子总有些钱要花。父亲还特别嘱咐妹妹,这件事不要告诉其他人。就这样,父亲一直资助她到"文革"开始。我也是40多年后,才知道这件事。

---

① 萧德浩:《先师阎宗临》,《广西文史》,2003年第2期。

2 《谈独立思考》

1962 年 9 月,学校领导让父亲在新生开学典礼上做一次讲话。父亲为这次讲话做了认真的准备,写了一个 2000 多字的题为《谈独立思考》的讲话稿。开完会后,这个稿子发表在山西大学的校报上,因此保存下来。当年,大哥守胜寒假从北京大学回到太原家中,那时他已经是北京大学物理系的老师,看到父亲这篇讲话,觉得很好,很有启发,就全文抄在他的笔记本上,在以后从事教学的岁月里,大哥常读这篇文章,他说:"常读常新,受益良多。"

在父亲的论著中,有史学的、有文学的,只有这一篇是关于教育的,它反映了父亲的教育思想。今天能看到这篇讲稿的人已经很少了。我想用点篇幅,结合我自己的体会,比较详细地介绍一下这个讲话,相信对今天的教学工作也还有一定的积极作用。

在介绍这个讲话之前,还是要简单回顾一下讲话的时代背景。我们知道在 1958 年曾发动了一场"教育大革命"。这一年 9 月,党提出的教育方针是:"教育为无产阶级政治服务,教育与劳动生产相结合"。在这个方针指导下的教育大革命,坚持以阶级斗争为主课,学习毛泽东思想和革命大批判成为主要的教育内容,增加了实践性教育的活动,降低了学科教学、理论教学和基础教学的地位。学生花大量时间学工、学农、学军,参加生产劳动。学生可以给教师贴大字报,也可以自己编教材。这场大革命至 1960 年结束,它是当年举国"大跃进"运动的一个重要部分。1961 年,颁布了《高教六十条》(全称《中华人民共和国教育部直属高等学校暂行工作条例(草案)》),其中,关于培养大学生的目标,在专业方面提出了具体的要求:包括掌握本专业的基础理论、专业知识和实际技能,尽可能了解本专业范围内科学的新发展。这对于刚结束的教育大革命轻视专业教育来说是一个很大的转折。可惜好景不长,1963 年,随着"千万不要忘记阶级斗争"口号的提出,高校教育突出政治的倾向愈演愈烈,专业知识又被压缩到最低程度。父亲的讲话恰好是在《高教六十条》颁布后发表的。

父亲在讲话的开始,就告诉新入学的大学生大学阶段的重要性,他说:

同学们在大学的几年,学校所能教给你们的仅只是少数清楚的、准确的、有系统的基础知识,说得形象一点,学校 所能给你们的,仅只是打开知识宝库的几把钥匙;或者是一个指南针,在长途旅行中不使迷失方向;或者是一把尺子,在大是大非面前衡量它的界限。总的来说,学校能给同学们的是有限的,但却是极为重要的,因为每个同学一生的事业与学问,主要在这几年内打好基础。

父亲认为:大学阶段是一个人一生事业与学问打好基础的重要时期,并且精辟地用"钥匙"、"指南针"和"尺子"三个具体形象的词来诠释"基础知识",含义是非常丰富的,这里不仅是对学生的学习而言,大学的教师也应该思考是否把这样的基础知识教给了学生。那么学生怎样去学习,才能把基础知识学好?才能掌握好"钥匙"、"指南针"和"尺子"这三种工具并能加以灵活运用呢? 对于这样一个重要的问题,父亲说:

学生在学习的时候,要眼到、手到、心到,把课堂与课外所学的知识与理论,在自己的心智中,形成一结构,逐 年累月,能够容纳与吸收新的知识与理论,学问也便健康地成长起来。所以,学生毕业后在工作中,遇到许多意想不到的问题,或光怪陆离的事情,只有配置在学校养成的心智结构中,即刻便同所学的知识联系起来,形成一种新的知识,能够发现问题,解决问题,敢于提出自己的主张,这样的知识才是真正的知识。

这里讲的"心智结构"和后面讲的"心智能量"都是指思维方式和能力,或者说独立思考。我们古人认为心是思维器官,心的含义中包括脑的功能。《孟子·告子上》就说:"心之官则思。"因此,通过学习,养成独立思考的能力是最为重要的。

就在这次讲话前不久,因为姐姐守和考上了北京大学生物系的研究生,父亲告诫她一定要学好英语,并送给她一本《英华大辞典》,在扉页上写了这样一段话:

　　守和：学问是慢慢积累的。多动手,多思考,健康的成长,逐步达
到:从一点知道一切,又从一切知道一点。

爸爸　62.8.30

　　这段充满哲理的题词和上面的讲话精神是一致的。就是说学生在读书时,切不可只满足于死记硬背书本上的知识,更不要以考高分、拿文凭为目的,而是要在读书的过程中认真思考,逐渐形成和丰富自己的心智结构,提高独立思考的能力,逐步做到:"从一点知道一切,从一切知道一点,"这样才能具备创新、创造的能力。学生能否养成独立思考的能力,是由教与学双方决定的,教师的引导起重要的作用。因此,父亲对教师也提出了希望,他说:

　　从教的方面说,不在于学生"博闻强记",记忆多少知识,而在于学生的心智能量的强弱,能"独立思考"。所以在教学中,培养学生的心智能量,使他们的心智永远是活跃 的,使他们由简单到复杂,由凌乱到系统,正确地理解知识,牢固地掌握知识,永远能吸收新的知识。用希腊史学家普鲁塔克的话说:"一个人的智慧,不是一个器皿,有待教师去填满。而是一块可燃烧的东西,有待教师去点燃。"

　　1960 年,大哥守胜从北京大学物理系提前毕业,留校任教,开始了教师生涯。父亲马上写信鼓励他安心做好教学工作,同时为他抄录了普鲁塔克上述那段话。可见父亲认为一个好的教师,应该把培养学生独立思考的能力放在首位,每个教师对此要有足够的认识。我想,至于具体的教学方法,那是因人而异的,教学是一门艺术,它和每个教师的学识、涵养、性格息息相关,在三尺讲台上,每个优秀的教师都可以有独具风采的教学,也就是说,每个教师可以有自己的个性,但作为教师的共性,应该是去点燃学生的智慧。

　　在教与学双方,固然教师起主导作用,父亲还认为,外因是要通过内因起作用的,教师的引导,能否起作用,关键还在学生自己。学生怎么去增强自己独立思考的能力呢? 父亲说:

　　从学的方面说,同学们要想得到真正的知识,首先要放弃学习一切的幻想,有勇气说:"我不知道"。每天无计划与无目的的学习,美其名曰:"开卷有益",结果必然是心疲力竭,得到些不消化的知识,徒然加重了心灵的负担,把思维能力摧毁殆尽了。这是很值得惋惜的。其次,同学们在学习中,要有合理的安排,在急躁中以突击方式的学习,所得的知识不是自己的知识,因为没有经过思考,极不稳固。脑力劳动是复杂的,又是细致的。脑力劳动凭借着抽象的能力,它的反复性很强,持续性很长,可以说没有休息的时候。所以,读一本书,必须有充分的时间,同时,还要反复考虑,真像傅山先生所说:"此实笨事,有何巧妙,专精下苦,久久自近古人矣。"

父亲对学生怎样通过读书培养独立思考的能力,提出了上述两点具体的建议,是值得大学生们认真思考的。接下来,父亲对学生们的学习态度,也讲了两点:

　　古今成大事业大学问的,都是勤学苦练得来的。事例很多,我只举白居易读书的情况。在元和十年(公元八一五年)白居易四十四岁了,从九江写信给他的好友元微之说:"二十年来,昼课赋,夜读书,间又课诗,不遑寝息矣。以至口舌成疮,手肘成胝。既壮而肤革不盈,未老而齿发早衰白……盖以苦学力出所至,又自悲矣。"同学们正在青年有为的时代,当然没有白居易的悲伤。但是,同学们能否如白居易这样苦学,却是值得考虑的,这是一方面。

　　另一方面,同学们常怨自己不够聪明,意在言外,以为记忆力不好,方记的东西,马上就忘掉了,失掉学习的信心,这是要不得的。明末黄梨洲给他的学生万季野作《补历代史表》序中说:"忆予十九、二十时,读二十一史,迟明而起,鸡鸣方止。然禀性愚钝,一传未终,已迷其姓氏者往往有之。"这可见黄宗羲的记忆多么不好,而他却是一代的大师。

255

父亲在这篇讲话里,告诫大学生在校期间,不仅要有正确的学习方法和学习态度,更重要的是要有正确的学习目的,就是要把培养自己独立思考的能力放在首位。我想,如今的大学生们,往往把学习的目的放在得高分,拿文凭上,于是就出现了成绩好,学历高,未必能力强,学历与能力不相符的情况。关键就在于学习目的不明确。父亲在讲话结束时,仍然是谆谆告诫同学们要脚踏实地地努力,培养自己独立思考的能力,以不辜负这个伟大的时代。并且说:我和同学们互相勉励,我的话有不正确的地方请指正。

当年,听父亲讲话的新生,现在都已是七旬左右的老人了。父亲作为老教师,这篇讲话,经过 50 年的漫长岁月,现在的青年学子听了,尤其是在应试教育中成长的学子,我想,应该也会有所启迪吧!

十三　史学之难

父亲一生都以史学为教学与研究的专业，在我们兄弟姐妹六个高考选择专业时，他却从来不赞成我们以史学为专业。父亲常讲的理由是："学历史太难，历史是个无底洞，不如学理科实际一点。"所以我们都学了理科，只有我是从理科转为文科，学了历史，父亲也无可奈何。期间的变化，我在后面还要讲到。父亲在 1949 年以后的科研情况如何？他又为什么不愿意我们继承他的专业学历史？在这里，我想做一点简单的介绍和探讨。

1　西北史地

广州解放前，在一次饭局中，父亲见到教育部的督学张北海，他们在桂林时就认识，而且，当年父亲的《近代欧洲文化之研究》出版后，张北海认为写得很好，请父亲送他几本。这次在广州见面，张北海很关注地问父亲现在研究的兴趣在哪里？父亲告诉他："西北史地。"并且说："广东古有李文田，今有岑仲勉，都是治西北史地的大家。"岑仲勉为当今著名的历史学家，当时是中山大学历史系教授。李文田（1834～1895）广东顺德人，清咸丰九年（1859）进士。词章书翰俱佳，为晚清书法大家。学问渊博，尤精于辽、金、元史，对西北史地的考证很有贡献。所以父亲有此一说。父亲离开广州时，岑仲勉送给他一些有关研究蒙古、元朝的书籍，这些都说明父亲对以后研究方向的选择。

西北史地之学，发端于清初至嘉庆前期，到道光咸丰时期成为一门显学，名家辈出，如徐松、龚自珍、魏源、张穆、沈垚等。当时研究的西北地域大致相当于今天所谓狭义的"西域"，即玉门关、阳关以西，葱岭、帕米尔以东，阿尔泰山以南，昆仑山以北的区域。清末，随着蒙元史研究的发展，传统的西北史地研究地域也扩大了，包括玉门关、阳关以西的广大地区，即今天的中国西北、中亚、南亚、西亚乃至欧洲的部分地区，亦就是今天所谓广义的"西域"①。父亲从事世界史的教学与研究，他所说的"西北史地"研究，自然是指广义的西域。父亲认为：这个地区在世界古代曾经发挥过重要的作用，是中国和世界衔接的重要地区，也是父亲关于中西交通史研究的重要部分，值得很好研究。这从他回到山西大学后写的论文、笺注中可以看出来。

父亲在新中国成立后的论文主要有：1958 年在《山西师范学院学报》第一期发表《关于赫梯——军事奴隶所有者》。这篇论文简述了赫梯的历史。赫梯是远古游牧民族之一，约在公元前 2000 年由古俄罗斯南部经里海北，越高加索，进入中亚阿利斯河流域。这个地区，不宜发展农业，赫梯人以战争为生产基础，掠夺奴隶与牲畜，成为军事奴隶社会。公元前 1535 年，经铁列平改革，赫梯完成了形成国家的过程，成为中亚的强国。因受亚述的威胁，与埃及签订友好条约，这是国际法上最古老的文献。到公元前 8 世纪，赫梯为亚述人所灭，结束了它的历史。

也是在这年《山西师范学院学报》第二期发表了父亲的长篇论文《古代波斯及其与中国的关系》。论文概括地论述了波斯历经阿黑内尼德、安息和萨珊王朝长达千余年的历史。父亲认为波斯曾经建立了庞大的帝国，纵使它的经济基础脆弱，缺乏内在联系，发展不平衡，但它曾经树立起强大的专制政权和行政组织，在世界古代史上发挥过重要的作用。特别是它继承了两河流域的遗产，在联系东西方国家，扩大人类文化，多有贡献。父亲细致地梳理了从汉代至唐初，波斯与中国的关系，对一些具体问题，如我国古籍中波斯名称的使用；祆教和摩尼教在我国的流行等，进行了深入的考证与辨析，提出了自己的见解。父亲还从《册府元龟》中择录了 29 次波斯遣使来华的记载，从《本草纲目》中择

---

① 参阅贾建飞：《清代西北史地学研究》，新疆人民出版社，2010 年。

录了 32 种由波斯输入我国的物品,这些都有力地佐证了波斯与中国的关系。

1962 年,父亲在《学术通讯》上发表了《匈奴西迁与西罗马帝国的灭亡》。蛮族入侵是西罗马帝国灭亡的外部原因,匈奴西迁作为蛮族大迁移的主要推动力,在这场影响世界历史变革的事件中发挥了重要作用,对此,常为中外学者所忽视。这篇文章就是用我国典籍中的相关资料探索这一问题。父亲指出:汉朝对匈奴的打击主要有两次,一次在西汉宣帝时;一次在东汉光武帝时。这两次打击,使匈奴不得不向西迁移。汉代关于西域的知识,偏重在新疆,对匈奴西迁后的情况,不是沉默无言,就是说不知所在。父亲根据《魏书》等中国史籍和西方史实,对匈奴西迁的具体路线进行了考察。由于奄蔡是匈奴西迁的关键,因此,重点对奄蔡在不同朝代名称的变化和移动情况进行了考辨,指出法国学者沙畹、日本学者白鸟库吉的错误。父亲认为:匈奴西迁是由巴尔喀什湖进入哈萨克草原,再向西越过顿河,经乌克兰草原进入匈牙利草原。4 世纪中叶,匈奴战胜东哥特,迫使西哥特人进入罗马帝国境内,这就是民族大迁移的开始,也是西罗马帝国灭亡的开始。

1963 年,父亲在《学术研究》上发表了《关于巴克特里亚古代的历史》。巴克特里亚的历史最早可以上溯到前 13 世纪,其民为土著,居住于阿姆河上游,即今之阿富汗北部和帕米尔山地。前 5 ~ 4 世纪曾先后被波斯和希腊占领。巴克特里亚于前 3 世纪宣布独立,我国古籍称之为大夏,亦即吐火罗的异称。大夏与大月氏同为我国西北部的游牧民族,亦即古所称之赤狄。大夏人原居甘肃一带,后向西移动,前 174 年左右,大夏经于阗、伊犁进入巴克特里亚。大夏统治巴克特里亚时,曾分裂为五翕侯。大月氏也随之进入这一地区,逐渐发展,至公元 45 年丘就郤时,大月氏强大,建立贵霜王国,巴克特里亚进入繁荣时代,中国、印度、波斯及希腊文化都汇集与此,贵霜王国成为国际中心。公元 3 世纪时,贵霜已处于衰落的境地,在 356 年前被波斯萨珊王朝所灭亡,巴克特里亚的古代历史也就结束了。

父亲有一篇未刊稿《大月氏西移与贵霜王国的建立》,于 1998 年发表于《学术集林》卷 13。这篇文章论述了月氏的古史,考证了月氏西移的具体时间与过程,以及贵霜王国的建立与灭亡。其中,对日本学者藤田丰八、桑原骘藏的观点有所驳正。

父亲还有一篇未刊稿《拜占庭与中国的关系》,我将其编入了 1998 年出版的《阎宗临史学文集》。文章开始,对我国史籍中拜占庭的不同名称,如黎轩、大秦与拂菻做了解释。接着指出汉代中国与大秦就有海陆两路交通。汉以后,中国与拜占庭关系密切,特别是在隋唐时期,自贞观十七年(642)至天宝元年(742)百年之间,拜占庭遣使来华就有七次。两汉时,大秦人东来,首先传入中土的是幻术,在唐贞观年间景教(基督教的聂斯脱利派)传入中国,明末发现的"大秦景教流行中国碑"记述了这一事实。父亲还在文中列举了我国史籍中记载的拜占庭传入我国的 21 种珍奇物品。张政烺、齐思和均认为《宋史·神宗纪》元丰四年(1081)"拂菻国来贡"之语有误,父亲觉得这种说法值得研究,经过辨析,父亲认为《宋史》所言的拂菻就是拜占庭。1435 年,拜占庭为土耳其灭亡,由此结束了它与中国的关系。①

父亲写这些文章的用意在于强调中亚细亚在世界古代史上所起的重要作用。父亲认为:这个地区是亚洲大陆的中心,有农业与畜牧两种不同的经济类型,牧民的流动与农民的定居,各民族的交往常受东西方实力的影响而变动。这个地区也是东西方文化汇聚与交流的地方。我们所知甚少,需要深入研究,以弥补世界古代史上的缺陷。

关于古籍笺注,我认为父亲在选择笺注的古籍时,有两条基本的原则:一是和中西交通、西北史地有关的,一是和山西地方史有关的。这样,他就把自己的学术专长和对故乡的热爱结合起来了。父亲很重视山西地方史的研究,他常说:"爱国先从爱自己的家乡做起,爱家乡先从了解自己的家乡做起,封建时代的读书人还懂得恭敬桑梓,社会主义时代的史学工作者不是更应该热爱自己的故乡吗?"②父亲自己也身体力行,首先重新修订了樊守义的《身见录》的校注,发表于《山西师范学院学报》1959 年第 2 期,在《后记》中写道:"平阳时出名人,晋时有涉绝幕的法显,清初又有度重洋的樊守义,两人的记述,幸完整传于今日,在山西乡土文献说是有特殊意义的。"

1962 年,父亲在《山西地方史研究》第二辑③上发表了《〈北使记〉笺注》和《〈西使记〉笺注》。《北史记》作者刘祁(1202~1250)是山西浑源人,金朝名士。兴定四年(1220)金主完颜珣派遣礼部侍郎吾(亦作乌)古孙仲端出使北朝(金人称蒙古为北朝),以求两国和好。乌古孙独往西域,涉流沙,逾葱岭,觐见成吉思汗于西域。成吉思汗拒绝和好,乌古孙无果而还。刘祁是乌古孙好友,根据乌古孙讲述的出使经过和见闻,写成《北史记》,收在刘祁所著《归潜志》第十三卷内。《北史记》记述了西域、中亚各地的地形地貌、人种、物产、衣食风俗等,可补正史的不足。

《西使记》的作者刘郁是刘祁的弟弟。元宪宗二年(1252)旭烈兀受命西征,消灭波斯的木乃奚。此后即进兵两河流域,征服报达帝国(即黑衣大食,首都在巴格达),结束了阿巴斯王朝,再向西进军,占领叙利亚,到达地中海滨,建立起伊儿汗国。宪宗九年(1259),常德奉命西行,出使慰问,次年返回,历时一年又两个月。中统四年(1263)三月,刘郁记录常德出使情况,写成《西使记》,成为研究蒙古向外扩张的重要资料。《西使记》刊于王恽《玉堂嘉话》中④。由于《西使记》中有关于中亚的重要历史资料,一直受中外学者重视,在清代即有英文和法文的译本。

在《西使记》笺注的绪言中,父亲曾说明笺注这两部文献的原因,他写道:"《中州集》内,元遗山简介刘从益时说:'从益有二子,祁字京叔,郁字文季,俱有名于时'。(《中州集》卷六)刘祁笔录乌古孙出使北朝的经过,刘郁又记述常德出使的经过,真是兄弟比美了。从山西地方文献而言,两种记述,弥足珍贵。故就所知者为笺注,作为研究中亚历史的资料。"

山西人中最早走向世界并有专著的是东晋的僧人法显。法显俗姓龚,平阳武阳(今山西临汾)人,从小出家为僧,东晋安帝隆安三年(399)从长安(今西安)出发,西行求法,当时他已60多岁了。法显大致是沿古代丝绸之路,经西域到中亚,再到南亚,至印度,是经陆路出国,而回国则是义熙八年(412)经海道回来的。前后凡14年,游历了29个国家,其中包括今印度、巴基斯坦、斯里兰卡及印度尼西亚的爪哇岛等地。他以舍生忘死的大无畏精神,克服了千难万

---

① 对上述论文的评价,可参阅陈德正、郭小凌:《阎宗临的世界古代史教学与研究》,《古代文明》第4卷第3期,2010年7月。

② 师道刚:《阎宗临传略》,晋阳学刊编辑部编:《中国现代社会科学家传略》第3辑,第130页,山西人民出版社,1983年。

③ 山西大学历史系古代史教研室编:《山西地方史研究》,山西人民出版社,1962年。

④ 《秋涧大全集》卷九十四。

险,完成了这次伟大的旅行。他是汉唐时期中国走得最远的人。他带回了大量梵文的佛教经典,翻译了戒律经典 6 部 63 卷,为中国佛教的系统化和正规化作出了贡献。他还根据游历中自己的所见所闻写成了《佛国记》,详细地记录了中亚、南亚、南洋诸国的地理、历史、宗教和风俗。因此,《佛国记》成为今天研究这些地区古代史地的重要资料,也是一部世界名著,有法文、英文、日文等多种译本。父亲在 1965 年完成了《佛国记笺注》,笺注使用的底本是向达赠送的,所以父亲在《后记》中写道:"前搜集中亚与南海资料时,得向觉明先生的帮助,以南京四学院所刻《历游天竺记传》为底本,参照《宋云行记》、《西域记》、《佛游天竺记考释》及《法显传考证》等,试为笺注,对山西地方史料或有补于万一。"但这个笺注在他生前并没有能发表,只有一个手稿。我把这个手稿编入了 1998 年山西古籍出版社出版的《阎宗临史学文集》和 2007 年广西师范大学出版社出版的《阎宗临作品·中西交通史》中。

父亲逝世后,我在整理他的遗物时,发现他在笔记本上做过一个简略的徐继畬年谱,写作的具体时间不知道了,大约是上世纪 60 年代,"文革"前夕。历史学者研究一个人物,往往先从编年谱入手,他为徐继畬作年谱,是在为研究徐继畬做准备。可惜,由于"文革"的缘故,打断了他的研究进程,没有能对徐继畬作进一步的研究。法显和樊守义同是平阳人,而父亲和徐继畬不仅同是五台人,也同是面向世界的山西人。他们相隔一个世纪,经历和际遇都不一样,他们对世界的了解和研究也不一样。徐继畬生活在中国近代史的开端,中国开始面向并走进世界,然而中国人并不了解世界,所以魏源的《海国图志》和徐继畬的《瀛寰志略》对世界的介绍和研究在当时有很大影响。梁启超说:"此两书在今日诚为刍狗,然中国士大夫之稍有世界地理知识,实自此始。"①上世纪 90 年代初,我写了《徐继畬》一文②,介绍了徐继畬的生平事迹、《瀛寰志略》的内容和影响、徐继畬的抗英策略以及他在近代史上的地位和影响,也算完成父亲未竟的研究和心愿吧!

笺注之学是学问的基础,要有扎实的古文献的功底,父亲选择的这些古籍

---

① 梁启超:《中国近三百年学术史》,第 324 页。
② 李元庆、孙安邦主编:《三晋一百名人评传》,山西人民出版社,1992 年。

都是与中外交通有关的,因此,还需要有丰富的世界史知识和渊博的语言知识。父亲的古籍笺注,是要说明一个观点,即山西并不绝对闭塞。事实上,山西是一个内陆省份,而且东、西、南三面是山,北靠蒙古高原,在古代,山西是一个汉族与少数民族混合居住的地方,也是一个军事要地,居高临下,易守难攻。由于地理环境的缘故,山西与外界的交往相对困难,也就比较闭塞。但即使这样,历史上也有许多山西人克服了种种艰难困苦,面向世界,走向世界,做出了杰出的贡献。父亲曾说:"山西虽是内陆地区,但并不绝对闭塞。第一个去巴基斯坦与印度,取道

《巴斯加尔传略》

海上返回中国的是晋时临汾人法显,著有《佛国记》。金朝浑源人刘郁著《西使记》,叙述了报达帝国的灭亡和旭烈兀的西征。他的兄弟刘祁著《北使记》,记录了元初西北的风土、景物。我国第一部欧洲游记是清初平阳人樊守义的《身见录》。这些史迹都值得我们研究。"[1]他为这些古文献作了笺注,来证实这个观点,在山西地方史研究上,开辟了一个新的领域,也表达了他对故乡的一片真情。

在太原时期,父亲对一些旧作进行了改写。如:1962 年商务印书馆出版的《巴斯加尔传略》[2]。这本书出版的缘由是 1962 年适逢巴斯加尔逝世 300 周年,世界和平理事会决定纪念这位法国的世界文化名人,以表彰他对科学与文化的杰出贡献。商务印书馆想出版一本书以示纪念。时任人民出版社副社长的郑效洵是父亲当年在北京参加"狂飙社"的朋友,他和父亲是社中年龄最小的两

---

[1]　师道刚:《阎宗临传略》,晋阳学刊编辑部编:《中国现代社会科学家传略》第 3 辑,第 130 页,山西人民出版社,1983 年。

[2]　巴斯加尔(Pascal)现通用译名为帕斯卡,《阎宗临作品集·欧洲文化史论》已改作《帕斯卡传略》,但此处为便于引述历史文献,仍然用"巴斯加尔"为译名,特此说明。

个,感情也很好。郑效洵知道父亲曾研究过巴斯加尔,便向商务印书馆推荐了父亲,促成了这本书的出版。父亲在《中法大学月刊》发表的《巴斯加尔的生活》一文的基础上,写了《巴斯加尔传略》,简明扼要地介绍了巴斯加尔的生平、贡献与思想。父亲这本5万多字的《巴斯加尔传略》,除第一章"巴斯加尔思想发生的历史条件"有较大的改动外,其余部分内容变化不大,只是论述更为简洁,清晰,生动。父亲删去了过去所有的注释,最后附以参考书举要,共八本书,全部为法文书籍。

大约写于1962年的《十七、十八世纪中国与欧洲的关系》是一份未刊稿[①]。这份文稿就是在博士论文《杜赫德及其著作研究》的基础上,补充了一些新的材料改写而成的。父亲的恩师岱梧教授在他的博士论文评议书中最后指出,这篇论文的题目没有很好的概括论文的特点,论文的"实质是17世纪末18世纪初中法知识分子合作史"。我想,父亲并没有忘记恩师的指点,所以在新的思考下,写了这篇未刊稿。和博士论文相比,首先是两篇文章的着眼点不同。博士论文是以论述17、18世纪传教士来华的历史和他们向欧洲介绍中国所做的工作为主线展开的,而这篇文章的视野更开阔一些,是从这个时期中国与欧洲的关系着眼的。文章开始部分简明扼要地回顾了16世纪前欧洲与中国的接触和对中国的了解。接着讲到随着新航路的开辟,西欧国家对东方的扩张,以及由此引起欧洲经济生活的变化。这些内容是博士论文很少论及的。其次,这份未刊稿,增加了新的内容。在讲传教士来华活动时,特别介绍了法国派遣耶稣会士及"礼俗问题"。关于欧人对中国的研究,文章将其分为三个阶段:一是16世纪末至17世纪前期,开始对中国的研究;二是17世纪至18世纪前期对中国的研究;三是18世纪对中国研究的发展。这个部分的内容较博士论文涉及面广,如最后一个阶段,不仅重点介绍了杜赫德,还介绍了服尔蒙、吉尼、拉谬沙和克拉普洛特,并概括地论述了17世纪以来欧人对中国的研究。两篇文章的最后部分,中国对18世纪法国的影响,大致相同,都是通过对孟德斯鸠、伏尔泰和魁奈三个思想家的分析,说明传教士介绍的中国为法国启蒙思想家所利用,成为他们攻击封建制度和宗教的武器,从而推动了法国大革命的发生。这份手稿

---

① 刊于《阎宗临史学论集》,山西人民出版社,1998年。

我编入了《阎宗临史学文集》。

1957年,父亲利用过去出版的小说《大雾》的一部分,改写成短篇小说《朴围村》,发表在山西的文艺刊物《火花》第九期。

1963年,在老教师上第一线的号召下,父亲给山西大学历史系的本科生讲授"世界古代史"。父亲多年没有登讲台了,他还像过去一样,认真备课,并且写了一份《世界古代史参考资料》,由教材科铅印,写一章,印一章,讲一章,发一章。新中国成立后,高等学校都有统一教材。上世纪五十年代,主要使用前苏联教材的中译本,如阿甫基耶夫的《古代东方史》、科瓦略夫的《古罗马史》等,60年代有了教育部统一的教材,即周一良等编的《世界通史》。所以父亲写的这份讲义叫《参考资料》。父亲告诉我,他写这份讲义,主要是反对"欧洲中心论"的。当时,我也在历史系读书,可惜没有去听他讲课。现在回想起来,应该是他对通行的统一教材有些不同的想法,借写这份讲义讲出来。我把这份讲义收在《阎宗临作品·世界古代中世纪史》中,题目是《世界古代史讲稿》,大约10万字,也算父亲多年教学的一个小结,或者,一个纪念吧!

1966年"文化大革命"开始后,父亲受到冲击,身体和心灵备受痛苦的煎熬,自然没有心情去读书写作。但在1968年之后,因患脑血栓、肺气肿等多种疾病,健康状况不良,在家休养,运动的影响也小了,父亲以学术为生命的本性使他在治学之路上不会停步,他在思考如何前行。这时他曾写了首诗:

> 史业今生未许休,病床长欲写春秋。
> 残阳愿照非洲土,俯首甘为孺子牛。

当时,亚非拉是正在兴起的第三世界,父亲觉得既然不能按过去做学问的路子走,而现在我们对第三世界,尤其是非洲的了解很少,他想做点介绍非洲的工作,以帮助年轻的史学工作者进一步研究非洲。这就是"残阳愿照非洲土,俯首甘为孺子牛"的含义。他把自己的想法告诉在巴黎的二姨梁佩贞,请她挑选并寄一点介绍非洲的书来,用以翻译。法国大学出版社出版了一套以法国思想家、散文家蒙田的名言"我知道什么"为题目的丛书,这套丛书,已出1000多册,每册8万字左右。丛书颇据权威,内容又很丰富,包括哲学、社会学、经济

阎宗临晚年在写作

学、文学、历史、地理、艺术等类。二姨从这套丛书的历史类中,选择了有关非洲、拉丁美洲的 20 多本书陆续寄来,父亲又从中选择翻译了四本,即:

《白非洲的历史》

《阿尔及利亚近代史》

《黑非洲政治组织》

《拉丁美洲》

翻译工作一直持续到 1973 年父亲股骨颈骨折,卧床不起,才不得不停止。这些写得工工整整的译稿尚存,在当时是无法出版的。

新中国成立后的上述作品,以收在《阎宗临作品》中的为据,有四点值得注意:一是论文、笺注和讲稿总计大约是 26 万字,其中未刊稿有 17 万字,也就是65%是父亲生前没有发表过的,或者说大部分是没有发表过的;二是发表的时间有两个集中点,一个是 1958 年,当时正在号召"向科学进军"。一个是 1962～1963 年,也是学术气氛较浓的时候;三是这些涉及中外关系的文章,主要史料大多来自我国古代文献,直接对外文资料的引述很少,这种状况,对于精通多种外语的父亲而言,由于看不到外文资料,也就无可奈何了;四是从发表的刊物看,《山西师范学院学报》《山西地方史研究》是正式出版物,而《学术通讯》是山西省社会科学研究所的内部刊物。这些刊物的影响自然不能和全国性的大刊物相比。所以,父亲这些为数不多的发表的研究成果,其影响就很小,难为学术界所知,更何况,当时大的氛围就是不重视学术研究。

应该说明的是:父亲从来没有向外投稿的习惯,一般都是约稿才给。即使是上述刊物,也同样是编辑来约的稿。记得有一次《学术通讯》寄来稿费,恰巧我在家,父亲让我去取,并笑着说:"写篇稿子,换几包烟抽。"我想,父亲做研究,并不是为了名利,而只是一种爱好,一种自觉的责任,至于写好之后,发表不发表,在哪里发表,他并不在意,泰然处之。

2　艰难之路

马克思有句名言:"在科学上面是没有平坦的大路可走的, 只有那在崎岖小路的攀登上不畏劳苦的人,有希望达到光辉的顶点。"这是说科学研究之路本身就是艰难的。我们这里要探讨的是父亲所说:"学历史太难,是个无底洞,不如学理科,实际一点。"他为什么要发这样的感慨呢?

首先来回顾一下父亲所走的治学之路。他在 1924 年到北京时是一个文学青年,后来到瑞士弗里堡大学学习,注册的是文学哲学院。在 30 年代,他写了不少文学作品,包括小说、散文和文艺评论。他在弗里堡大学写博士论文时,是以传教士的活动为切入点,研究中国与欧洲的文化交流,这一研究延续到桂林时期。1937 年回国后,在桂林时,他主要是结合抗日战争和第二次世界大战的发生与进程,从纵横两个方向,研究欧洲文化。到广州后,进入了世界古代中世纪史和欧洲史的教学。回到山西太原,父亲的研究虽然还是中西交通史,但主要限定在西北史地和山西地方史。大致说来,父亲是由文学而文化,由文化而历史,由历史而西北史地,最后落脚于翻译。可见研究的范围是越来越窄了。从研究成果数量来看,以《阎宗临作品》三卷为据,共约 90 多万字。以 1949 年为界,从 1936 年开始,至 1949 年的 13 年间,有 64 万字;从 1949 年开始至 1978 年的 29 年间有 26 万字。在全部作品中,1949 年前的时间虽短,却占了 70%,

1949 年后,时间虽长,却只占 30%。这些情况,父亲自然是有切身感受的。再具体来讲,我认为父亲的"史学之难"可以从下面三个方面来理解:

一是学术思想的巨大转变。父亲在弗里堡大学将近 10 年,从大学本科读到取得博士学位,长期受西方的高等教育,他所形成的历史观,是文化史观。文化史观的形成可以追溯到 18 世纪的启蒙思想时期。伏尔泰是启蒙时期最有影响的文化大师,以至有人称 18 世纪为伏尔泰的世纪。伏尔泰在历史研究方面也作出了巨大的贡献。他"把文化视作历史长河中的主流,说明文化发达的原因,自然也就探讨了历史前进与倒退的原因。伏尔泰立足于从文化内部寻求历史演变的某种兴衰规律。"①伏尔泰在提出文化史理论的同时,写作了《路易十四时代》和《风俗论》(也译为《论世界各国的风俗与精神》)这两部史学名著,都是近代文化史研究的开山之作。伏尔泰对文化史的提倡和实践,不仅使历史研究从中世纪的神学束缚下解放出来,而且也大大拓宽了历史研究的视野,使历史研究不仅仅局限于传统的政治史、军事史、民族史,而是从整体上来研究文化发展的历史,因为唯有文化的成就构成了人类历史的精神或灵魂。也正因为如此,伏尔泰被称为"文化史之父"。父亲在写作博士论文时,曾写了"伏尔泰与中国"一节,他是认真研究了伏尔泰的著作的,受伏尔泰的影响,也就不言而喻。

父亲在他写的《欧洲文化史论要》一书的扉页上择录了雅各布·布克哈特这样一段话作为全书的导语:

> 伟大文化精神的轮廓,以观察者之不同,常得到各异的印象。倘如论到接近我们的文化,影响犹存,即主观的判断与情绪,必然时时渗透进来,这是绝对不可避免的。在我们冒险的大海上,有许多方向与道路。所以,同样的研究,在别个研究者手中,非特可以有不同的解释与运用,并且还可以得到完全相反的结论。②

---

① 王晴佳:《西方的历史观念——从古希腊到现代》,第 107 页,华东师范大学出版社,2002 年 8 月。

② 这段话出自雅各布·布克哈特的《意大利文艺复兴时期的文化·绪论》,商务印书馆,1983 年,由何新译,马香雪校,这段文字是父亲翻译的。

布克哈特(1818—1897)是德国 19 世纪影响最大的历史学家兰克的学生,也是瑞士最著名的文化史家。他从 1843 年起在巴塞尔大学执教 50 多年,他的三本文化史著作:《希腊文化史》、《君士坦丁大帝时代》和《意大利文艺复兴时期的文化》都很知名,尤其是《意大利文艺复兴时期的文化》被公认为世界史学要籍。布克哈特也因此被西方学者誉为"最卓越的文化史家","欧洲文化史的导游人"。布克哈特和他的老师兰克不同。兰克认为,历史的主题主要是政治史,政治又集中在国家、人物和事件上,历史学家要依据原始的文献进行研究,历史是怎样发生的,历史书就怎样叙述,历史学家"照实录来"即可,不必作价值判断。布克哈特却是主张文化史观的,他认为"在通常情况下,文化史就是从整体上来考察的世界史"。①历史学家不仅要弄清历史事实, 也要做出价值判断,他强调"历史就是解释"、"历史就是判断",布克哈特不仅强调治史者要弄清史实,更强调要表达自己对史实的理解和诠释,即使是同样的历史事实,治史者也可以做出不同甚至相反的解释和判断。也就是说,这和兰克主张的客观主义的史学理论是完全不同的。兰克去世之后,柏林大学邀请布克哈特接任兰克的讲席,这是很高的荣誉,布克哈特拒绝了,仍然留在巴塞尔大学。布克哈特在史学上的杰出成就和对故乡教育的贡献,受到故乡人民的肯定和热爱,布克哈特的故居在巴塞尔市至今犹存,故居前的大街就以布克哈特的名字命名,以示对他的尊敬。

父亲引述布克哈特的话,并且放在扉页上,表明父亲不仅同意布克哈特的观点,而且强调自己的著作也是一家之言。后来,父亲在广州写《欧洲史稿》时,在《绪论》中用生动的文字写了一段自己的历史观,他说:

> 历史如巨大河流,顺自然流去,它在行程中,有时遇岩礁激起怒涛,有时在峡谷中曲折迂回,失其固定的方向。时而枯竭,时而泛滥,但是不舍昼夜逝去,幻变中永远不变的。治史者,有如沿河而行,须明其总动向,然后观势察变,始明主力之所在。

---

① 张广智、张广勇:《史学:文化中的文化》第 12 页,上海社科院出版社,2003 年 8 月。

这里既讲了历史发展是客观的自然历史,曲折多变,也讲了历史发展是有规律的,"幻变中永远不变的",还讲了治史者,也就是历史学者在考察历史事实时,要有高屋建瓴的眼光,才能真正了解历史发展趋势、主流及动因。所以,父亲在《绪论》的最后说,这部欧洲史稿是根据自己的观察,将西方重要的演变描绘一个轮廓,"那里面有他的好恶,也有他的曲直,这只是著者的看法,妄加一种解释,并不敢必言如此的。"就是说,这部书稿中,有对欧洲历史的叙述,也有自己感情好恶的表达和是非曲直的判断,也就是说,父亲是把对历史发展事实的客观认识和自己主观直觉的感受结合在一起的,是把历史学的科学性和治史者的人性结合在一起的,说明父亲是受布克哈特影响的。

父亲的文化史观也受他的老师米南克(Prof.de Munnynck)教授的影响。米南克(1871~1945)是比利时人,出生于贵族家庭,天主教神父。他曾在比利时鲁汶大学学习自然科学和宗教教义学。1905年至1945年在伏利堡大学任哲学教授,并曾担任过大学校长。米南克对文化史的理论是很有研究和见解的。父亲在他写的《欧洲文化史论要绪论》中,引述了米南克关于文化构成因素的论述,来说明文化史的内容,表明父亲是认同米南克的观点的。父亲在《绪论》总结文化衰落共守的四条原则时,第一条就说:米南克所言构成文化的五种因素,如果有一两种特别发达,或特别落后,失掉平衡,即文化必然衰落。

由于父亲的历史观是文化史观,他认为历史的中心问题就是文化,而文化的中心是人。"有人类便有文化,人类有精神物质种种的'需要',以维持生存,适应环境。所以文化的起源,乃是由于人类的'需要'。"因此,人类的历史,也就是文化的历史。在这种观念之下,对历史进行具体研究时,很自然的就是运用整体分析、多元比较的方法,从地理环境、历史传统、民族性格、社会文化、宗教感情、群众心理等因素,进行综合分析,多元比较,从政治、文化、经济、军事等相互影响中,阐明历史的发展演变。在历史材料的运用上,也不拘一格,广采博取。不仅运用传统的文献、档案、碑文铭刻,而且还从文学作品、艺术作品、民间歌谣、神话传说等取材,极大地丰富了史料的来源。以上这些,在前面介绍他的作品时,已经具体讲到。

1949年之后的新中国,马克思主义的唯物史观成为历史研究唯一正确的主流历史观。唯物史观的基本观点认为,社会发展的基本规律,是生产力与生产关系、经济基础与上层建筑的矛盾运动,人民群众是历史的创造者,阶级斗争是历史发展的直接动力,历史发展经历五种社会形态等等。这和父亲过去所学完全不同。显然,父亲的文化史观是属于"唯心史观",是要受到批判的。

在唯物史观指导下,史学界盛开了"五朵金花"(即研究集中在以下五个问题:古代史分期问题,历代土地制度问题,封建社会农民战争问题,资本主义萌芽问题,汉民族形成问题),也出现了许多"禁区",例如父亲所熟悉的传教士研究、文化史研究都在"禁区"之列。父亲过去所讲授的欧洲历史与文化,又与唯物史观解读下的大相径庭。所以,父亲研究的方向选择在"西北史地",这里既不是"显学",也不是"禁区",他也就在这片偏僻的土地上悠悠的耕种着。这就是父亲研究的路越走越窄的原因。

从文化史观到唯物史观,对父亲而言,无疑是一个巨大的转变,一切都要从头学起。史学观的转变成为父亲思想改造的主要内容之一。作为一个学者,父亲是认真地、刻苦地学习马克思主义,努力以历史唯物主义的观点指导自己的学术研究。在这方面,父亲的努力也是有所成效的。

例如,父亲在上世纪 60 年代写的未刊稿《十七、十八世纪中国与欧洲的关系》,虽然是在其博士论文《杜赫德及其著作研究》的基础上补充、改写而成,但论点已有了重大的改变,父亲不再单纯地从文化的角度来论述传教士的活动了,而是把以传教士为中介的东西方文化交流放在社会形态变革的背景下分析研究。过去对"礼仪问题"的认识,只限于传教策略的纷争,而在这篇文章他指出:"'礼仪问题'是初期殖民主义者侵略的组成部分,它企图否定中国传统的文化,奴役中国的精神,这是中国绝对不能容忍的"。①对传教士来华活动的政治背景和目的有所批判和揭露。应该指出的是,当时普遍认为传教士就是帝国主义侵华的爪牙,父亲却仍然肯定了传教士在中国传播西方文化的贡献。在介绍了利玛窦来华传播科学知识,使士大夫感到中国文化虽发达,科学技术是落后的。在"科学技术的发展上,传教士介绍的'西学'起了一定有益的作用,扩大了当时知识界的视野"。②在讲到清初传教士介绍了哥白尼、梯戈、伽利略、开

---

① 《阎宗临史学文集》第 34 页,山西古籍出版社,1998 年。
② 《阎宗临史学文集》第 22 页,山西古籍出版社,1988 年。

普来等人的学术时,父亲认为:"这些是值得纪念的"。父亲在当时的政治环境下,能做出这些论断,表现了他作为学者的独立精神和内心对文化的信念。

父亲在学习了唯物史观的理论后,是否就放弃了原来的文化史观呢?我认为没有。作为一个追求真理的学者,学术思想的转变,是一个通过独立思考择善而从的复杂过程,也是一个使自己的历史观扩大和丰富的过程。不是一个接受一种理论,放弃另一种理论,非此即彼的简单过程,而是在两种理论间,选择或坚持正确的,拒绝或放弃错误的复杂过程。例如父亲从文化史观出发,一直很重视地理环境对历史文化的影响,他过去在论及德国、俄国、意大利等国的文化时都谈到这一点。后来,关于地理环境对历史的影响被斯大林错误的归纳为"地理环境决定论",并作为著名的资产阶级理论而加以批判。1949 年以后的历史论著中,关于地理环境就无人提及,讳莫如深了。父亲在《世界古代史讲稿》中讲到埃及、两河流域国家、伊朗、印度等国时,首先就介绍了这些地区的地理环境,讲到地理环境对这些国家历史的影响,这在当时是罕见的。我在历史系读书期间,父亲留给我唯一记忆深刻的指教,就是要重视地中海的作用,不了解这一点,就无法了解欧洲的历史。再如父亲有一个基本的观点,他认为世界文化是一个有生命的整体,如果没有别的国家或民族的文化来补充,任何国家或民族的文化都不可能是健康的、进步的。他在《世界古代史讲稿》中也继续阐述了这一观点。他在讲到亚述时说:"公元前 7 世纪,由于军事与商业的需要,亚述成为公路网的中心。公路干线,用石铺成,有坚固的桥梁,路旁有井,设专人保护。这种筑路技术给波斯与罗马很深影响。"在讲到犍陀罗艺术时,他说:"犍陀罗艺术是贵霜人民智慧的表现,它既受到印度的影响,也受到波斯与希腊的影响,而不是像西方学者主张只受希腊的影响。"在这些事例中,都强调了文化间的相互影响。

史学思想的转变是一个漫长而矛盾的过程,如果是在学术自由、多元化的情况下,这种转变对学者来说是正常的。但是在极"左"思潮下,历史唯物论(且不说当时的历史唯物论是否符合马克思的原意)成为绝对真理,接受不接受历史唯物论就不单纯是理论问题、学术问题,而且是政治态度、政治立场问题,这就给知识分子,特别是高级知识分子造成很大的政治压力和风险。在这种情况下的学术思想转变,在父亲的思想深处一定留下了困惑。我想,这就是他说"学历史太难"的来源之一。

二是客观环境的影响。父亲回国后,经历了抗日战争时期和解放战争时期,在战乱的环境中,时局动荡不安,图书资料缺乏,生活清贫艰苦,自然会对父亲的教学与研究发生不良的影响。

1949 年回到太原,战乱结束了,社会安定了,生活也越来越好了。然而,政治运动却一个接一个来了。知识成了"原罪",思想改造没完没了。再加上"极左"的理论日益风行,具体来说,就是突出政治,狠抓意识形态领域的阶级斗争,其理论依据是我国社会主义和资本主义之间在意识形态方面谁胜谁负的斗争,需要一个相当长的时间才能解决。所以,阶级斗争必须年年讲、月月讲、天天讲。在这样的氛围下,本来应该是"百花齐放、百家争鸣"的多元化的学术园地,变成荆棘遍地的危险地区,知识分子讲话和写文章,动辄被上纲上线,挨批挨斗。父亲自然也不能幸免。我想,这也许是父亲觉得"学历史太难",不如学理科实际的另一个思想来源。

关于这一点,我们可以从父亲的《巴斯加尔传略》出版后遭受的批判看出来。

父亲的《巴斯加尔传略》(《传略》)和 30 年代写的《巴斯加尔的生活》(《生活》)相比,我认为,已经运用了他所学到的历史唯物主义的思想来分析问题,例如,《生活》在写"巴斯加尔与其时代"一节时,主要是从文学、宗教和科学三个方面进行了分析,也就是只分析了那个时代的文化背景。在《传略》的第一章"巴斯加尔思想发生的历史条件"就从社会形态的变化进行分析,并指出社会形态变化对巴斯加尔产生的影响,《传略》的视野和深度都有了提升。对巴斯加尔的思想的分析,也增加了一些唯物史观的理论,虽然运用得还不那么老练。

即使这样,在《传略》出版一年后,一份全国性的刊物《新建设》,在 1964 年第 7 期发表了署名德侠和昌曙两位作者的题为《应该用马克思主义观点撰写科学家传记——评阎宗临著〈巴斯加尔传略〉》的书评,文章洋洋万言,批评父亲写的《传略》"在基本观点上存在许多原则性的缺点"。可笑的是这两位批评者首先在巴斯加尔的定位上就搞错了。他们说巴斯加尔"固然在法国哲学史和文学史上也有一定地位,但从其历史作用看,他主要是一位杰出的数学家和物理学家。"怎么从历史作用看呢? 批评者说:"一部世界科学史不能不记载巴斯加尔的科学成就,直到今天,在数学和物理课程中仍要讲授巴斯加尔的重大发现,许多中学生都知道巴斯加尔的名字。"巴斯加尔在其他方面的影响"远低于他在科学史上的作用"。果真是这样吗？要知道,巴斯加尔的《思想录》①是世界思想文化史上的经典著作,对后世有深远的影响,世界有文化修养的人都知道。这又该怎样评价其历史作用呢？其实,比较不同学科杰出贡献的历史作用是荒唐的,因为他们没有可比性,就像你要问乒乓球冠军和长跑冠军那个对体育贡献大是一样的荒唐。所以,当年世界和平理事会是把巴斯加尔作为"世界文化名人"来纪念的,并没有指明他是科学家。

批评者还认为:"《传略》在介绍巴斯加尔的科学贡献时离开了实践的观点"是错误的。他们指出《传略》认为"由于资本主义的发展,对远程的航行,采矿冶铁的需要,科学技术的发展成为发展生产的决定条件。"我觉得父亲这个论述,旨在说明科学技术发展对生产发展的重要性,多年后,邓小平不是也说"科学技术是第一生产力"吗？批评者却说:"《传略》指出了科学对实践的作用,而没有强调实践对科学的作用。"批评者强调:"科学发展的根本动力和基础是社会实践,离开这一点,既不能说明科学何以发展,也不能说明科学对实践的反作用。"这样的批评,就像你说:"鸡蛋是鸡生的",批评者就说:"不对,为什么不说鸡是鸡蛋孵化的？"如此偷换概念,强词夺理,就有些胡搅蛮缠了。

父亲在《传略》里介绍"巴斯加尔的家庭是古老封建的,受到地方的敬重。"批评者指谪"不分析是受那个阶级的人敬重,也是很不恰当的。"《传略》介绍巴斯加尔的亲属,讲到他的曾祖父"以经商为业,为人十分正直";父亲"为人勤慎,善于经营,积累了约有六十万法郎的资产";母亲"仪表很庄严,虔诚而仁慈。"批评者据此责问:"旧社会的上层人物就这样值得称道吗？"并且认为《传略》对这些人物的错误介绍,"总的来说,就是无分析地沿用资产阶级学者所提供的文献,背离了马克思列宁主义的阶级分析方法。"批评者说到"阶级分析方法",就使我联想起一段难忘的记忆:1964 年秋天,我到山西定襄县参加农村社会主义教育运动,进村之前,在县委党校集训,一位"领导"给我们讲当前农村阶级斗争的形势,其中,"教导"我们看问题要用阶级分析方法,他举了一个例子:"贫下中农到集体地里掰了一个玉茭子拿回家里, 是小偷小摸, 要批评教

---

① 帕斯卡尔著,何兆武译《帕斯卡尔思想录》,陕西师范大学出版社,2003 年。

育；地主富农到集体地里掰了一个玉茭子拿回家里，是破坏生产，要批判斗争。"这个例子带有那个时代的特点，也让我茅塞顿开，原来阶级分析是这样简单粗暴，不讲道理，无线上纲。从这个例子可以理解批评者讲的"背离了阶级分析的方法"。

在当时，像这类恶劣的批判文章不少，而且，这篇文章也不是特别恶劣的。不多说了。让我们看看 30 多年后，一位学者是怎样评论《传略》的："具体到对巴斯加尔生活的描述和分析，我们看到的是流畅鲜活的文字，全面而生动地刻画了一个思想家的形象，从中可以感受到作者对传记主人公是有真正的理解和深深的热爱的。巴斯加尔打动了阎宗临，阎宗临打动了我们。而这一切都缘于先生的文化情结。"①两位批评者和这位学者为什么会对《传略》有如此不同的评论呢？除了他们的学识文品有不同外，我想，更重要的是时代不同了。

三是研究资料的极其缺乏。父亲在欧洲期间曾经购置大量图书资料，回国时，运至上海，适逢上海战事，全部毁于战火。抗战时，在广西逃难，又丢失了随身携带的书籍。上世纪五六十年代，我们对国外的学术动态及外文的历史资料原本就了解、掌握甚少，更何况父亲僻处山西，耳目分外闭塞，能见到的外文资料就更少了。尽管他精通法文、拉丁文、英文，日文，德文和意大利文也懂一点，有很好的语言知识，可惜几乎无用武之地。50 年代末，他曾对一位中年教师说："连《圣经》都见不到，不能读，还学什么中世纪史？！"表达了他对资料贫乏、禁区重重的愤慨。这种状况，使父亲很难对他所擅长和关心的研究领域深入研究。我想，他内心一定有"曾经沧海难为水"的感触，后来才转向依据中国古代典籍来研究西北史地。

虽然父亲治学之路很艰难，虽然父亲不愿让我们学历史专业，但他自己在这条艰苦的路上，却从来没有停止攀登的脚步，即使在晚年，年老体衰，疾病缠身的时候，他也在顽强地踽踽前行，体现了一个真正的学者以学术为生命的高尚情怀，这种精神是十分感人的。师道刚去探望病中的父亲，曾有一段生动的描写：②

①　黄春高：《史业今生未许休——阎宗临先生的文化史研究论略》，《山西大学学报》2000 年 2 月，第 23 卷第 1 期。

②　师道刚：《怀念阎宗临老师》，《山西老年》，1994 年第 1 期。

当时他已不能料理自己的起居了，但仍念念不忘自己的岗位工作，关怀着史学领域的建设。有一天我去看望他，他很吃力地依偎在床上，靠在一张安置在床上的小条几旁，翻阅着一本厚厚的法文字典，右手颤抖着还在写字。我问他在做什么，师母低声说："他想翻译一本关于非洲的小书。"他大约听见了师母的话，便接着说："我们对世界的了解太少了，特别是非洲的知识太贫乏了，其水平和我们的国际地位是不相称的。我请孩子们的二姨梁渭华女士从巴黎大学给我寄来一些法文的非洲史料，想把它翻译出来，提供给研究非洲的同志们使用，我自己不能进行研究了，能帮别人一些忙，也是有用的。"我半开玩笑地说："您不怕再飞来一顶影射史学的大帽子吗？"他听到我的话，有些生气，大声说："'四人帮'的影射史学是一条肮脏的棍子，我是嗤之以鼻的。史学界就是被这一帮人搅乱了，他们不懂得文化的力量。但水闸门一旦打开，就再也甭想关上了。让他们疯狂叫去吧！"歇了一会，他诙谐而有深意地说："文化是有根的东西，它深入泥土、岩石，扎根在地心，生机是常新的，靠几张吹鼓手的嘴，怎么能吹倒大树呢？"窗外的秋风刮得很强劲，震动得窗上的玻璃嘎嘎作响，他伏在被子上，昂着满头蓬松的乱发，像一头狮子的雕塑一样。我恍若看见雄狮老去，仍风振山林的风貌。那个形象给我留下了一个坚强不屈、永生难以磨灭的印象。

父亲所说的"文化是有根的，它深入泥土、岩石，扎根在地心"这句话，恰恰是他文化史观最核心的思想，因为父亲认为，文化是以人为出发点的，人心是历史中唯一的统一线，这种理念，父亲到晚年依然坚持。

1973年10月初，父亲在家中不慎跌倒，股骨颈骨折，同时并发肺部感染，发高烧，只好送到山西医学院第二附属医院住院治疗。由母亲和我轮流日夜看护。住院之初，父亲情绪极不稳定，烦躁不安，总希望早点出院，继续他未完的翻译工作，为此，我曾写了《劝父安心养病诗二首》：

其一

出世本自穷山庄,艰苦求学渡重洋。

生当乱世几安危,学富中外著文章。

传道授业遍南北,花开满园桃李香。

辛勤一生病需治,将息几天又何妨?

其二

祸福相依情理在,风云不测那堪防。

寒来暑往难相违,老至病多易成双。

揠苗助长千古笑,欲速不达徒悲伤。

莫道卧床是休息,也如红梅斗冰霜。

　　两首诗的水平不高,但出于真情。在病床前,我念这两首诗给父亲,并告他:"第一首是动之以情,第二首是晓之以理。"父亲笑笑,也没有说什么,随着时间的流逝,情绪也就逐渐平稳了。

　　还有一件事让我难忘。父亲在病床上翻译非洲资料时,大概由于长时间的脑血栓形成,脑有点软化,他原本很优美的中文文字表达变得有点不通顺了,他自己也有所觉察,所以,有时会给我讲法文的意思,让我帮他看看中文的表达。有一次,我们工作了一段,我看他有点疲倦了,就劝他,我说:"爸爸,你不行了,别再做这个翻译了,先把病养好,再做。"我是随便说的,并没有在意。晚上,母亲问我:"下午你和你爸说什么了? 他很不高兴。"我说:"我劝他别再搞翻译了。"并把那句话重复了一遍。母亲说:"哦,就是那句'你不行了'让他不高兴,明天解释一下,人老了,和小孩一样,哄哄他。"第二天,我主动要求做点翻译工作,并且对父亲说:"我说你不行了,不是说你的能力不行,而是说你的身体不行,养好身体,再好好工作。我还要向你学世界史呢!"父亲瞪了我一眼,说:"你看得起我吗?"就这样我们断断续续工作到父亲因白内障视力衰退,不能看书才停止。

　　父亲瞪我的一眼,让我很难过,久久不能忘怀。因为我无意间让父亲的自尊心受到伤害,也使我懂得了:即使是说真话,也要看对象,有分寸。这次为父亲写传记,我想把介绍他的学术成果作为重要内容。为了准确地表述他的基本观点,我在三本《阎宗临作品》的扉页上都写了这样两句话:"认真地向父亲的作品学习;虔诚地同父亲的心灵对话。"一个真正的学者,虽然他的生命逝去,他的思想却与他的作品与世长存。我在反复阅读父亲的作品时,仿佛父亲就在我身旁,我努力通过他的文章探索他的思想。我想,如果有一天,在天堂见到父亲,可以告诉父亲:"我实现了当年向你学习世界史的承诺,深切地体会到你的学问博大精深,见解新颖精辟,文字优美精练,也许我学得不好,也许我介绍你的论著有不妥的地方,但是,我尽力了。"

十四　在政治运动中

新中国成立,标志着中国的历史进入了一个全新的时代,人们将生活在一个全新的环境之中。这个新时代的一个显著的特点就是政治运动一个接一个,没有停歇的时候,就像一股强劲的、无形的力量,推动着人们往前走,弄不好就会被卷入深渊。对于这一点,父亲在广州解放后,并没有真正理解解放的意义与实质性的变化,更不会想到这种变化会给他今后的生活、工作带来何等的影响。父亲既然选择了留在大陆,不久回到山西,也就和周边的人一起走进了新的历史时代,开始接受政治运动的洗礼。

1　思想的变化

广州解放初期,父亲仍然是以旁观者的态度,对待身边发生的新变化,新事物。他有点勉强地跟着大家参加游行,敲锣打鼓,欢呼"天亮了"、"解放了"、"新中国万岁"、"毛主席万岁"等口号,毕竟他从来没有这样过,也很不习惯。跟着大家开会、听报告,慢慢地也就适应了。眼见着解放军及工作人员踏实、诚恳的工作态度,生活逐渐安定,特别是在广州取缔了港币的流行,金融秩序恢复了正常,物价稳定,不要再为抢着兑换港币着急,表明国家真正行使了主权,使多年来困扰百姓的问题得到了解决,这是令人愉快的。但是,也就在这时,父亲感到许多新的问题出现了,如"为谁服务"的问题;"怎样教育自己的孩子"的问题,等等。这些在过去不成问题的问题,而今却变得难以解决。

有一次,杜国庠来中山大学作报告。杜国庠,字守素,广东澄海人。是著名的马克思主义哲学家、历史学家。广州解放后,他任中南军政委员会委员,中共广东省委委员,广东省人民政府委员兼文教厅厅长。由于他有很高的学术声望和谦和细致的工作作风,在知识分子中有良好的影响。他在报告中,从思想改造说到旧知识分子,要求旧知识分子要学习马克思列宁主义,同时要接触现实,思想改造是可以的,但不要着急,必须要自觉自愿。父亲觉得,杜国庠的报告,讲得很好,入情入理,很有启发。细细想来,也有不少问题,如,在教学上,强调联系实际,可是自己教的世界古代史与实际联系并不显著,怎么联系呢? 再如,杜国庠提到要开展批评与自我批评,父亲觉得这也很困难,古人也倡导劝善规过,说自己容易,说别人却难了。还有,说到旧知识分子是为反动统治者服务的,也很难令人折服。因为父亲觉得反动统治者并没有给自己什么好处,自己以教师为职业,说到底,就是为了教育学生,养家活口而已,并没有想过为统治者服务。就这样,1950 年秋,父亲带着新鲜、兴奋的感觉,带着疑问、矛盾的心情,带着全家人从广东回到自己的故乡山西。

故乡张开热情的臂膀欢迎游子的归来。和广州不一样,山西是革命老区,从 1937 年抗日战争开始,先后创建了晋冀鲁豫边区、晋察冀边区和晋绥边区三大抗日根据地,这些根据地的人民政权直到 1949 年没有间断过。老区不仅存在的时间长,而且地域遍布全省,按 2000 年的行政区划 118 个县(市、区)中,有 109 个是老区,占 92%。山西老区在抗日战争时期,是坚持华北敌后抗战的战略支点,在解放战争时期是全国解放战争的战略后方,为中国革命做出了巨大贡献,同时也锻炼成长了一大批富有政治斗争经验的老干部。太原是 1949 年 4 月 24 日解放的。父亲带我们回来,已经是解放后一年多了,政权巩固,社会安定,一派全新的气象。山西大学妥善地安排了父亲的住房与生活,我们兄弟姐妹也各自进入了适当的学校学习。可以说,父亲回到山西,就从旧社会步入了一个比较成熟的新社会,他的思想也在不断地与时俱进,发生变化。

当时,山西大学的校长是邓初民,一位著名的民主人士。副校长、党组书记是赵宗复。赵宗复常来家里和父亲聊天,对我们兄弟姐妹也很亲切。一听说"赵校长来了!"哥哥、姐姐们也会和他聊几句,问点问题,或请他在纪念册上题个字。回太原后，父亲在和赵宗复等老干部的接触过程中，听了许多老区的传说，了解了许多革命斗争的情况，父亲说："我仿佛面临一座高山，那样壮丽，那样沉静，不知如何攀登才好。"①这说明父亲从深入了解中国共产党领导的革命斗争中，对共产党有了一种景仰的心情。对比于过去对共产党的不了解，显然在思想感情上发生了变化，有所进步了，而且是重要的进步。

赵宗复还帮助父亲做了一件事。他知道父亲信仰天主教，父亲同他谈了信教的缘由，以及回国后，在汉口、桂林等地同传教士的接触，深感与自己在欧洲时接触的教会人士不同，国内的外国传教士对中国人往往有种高高在上的、歧视的态度，因此，父亲对他们渐起厌恶之心。赵宗复鼓励父亲继续改造思想，他安排父亲协助太原市公安局做有关天主教的工作，除翻译一些教会的信件外，还参与了审讯意大利女修道院的院长，审讯了三、四次，父亲一边做翻译，一边也帮助提问。由于修道院的育婴堂死亡率太高，父亲用拉丁语向女修道院院长指出她这种对婴儿的罪恶，在欧洲任何国家都找不到。修道院院长低头承认错误，以至落泪。父亲经过刻苦学习掌握的拉丁语知识，这是最后一次实际的运用。正是由于有赵宗复的这种安排，使父亲从行动上和教会划清了界限，在以后的历次政治运动中，都没有因宗教问题受过责难。

父亲是 1931 年在弗里堡大学时加入天主教的，他在《历史自传》中讲过信教只是当时一种内心的精神寄托，是一种理性的选择，不是迷信，也不是政治选择，信仰是在心中而不形于外的，所以，父亲在平时的言谈举止、生活习惯等方面并没有因为信教而有所变化，许多和父亲接触过的人，并不知道他入过天主教。我们 5 个在解放前出生的孩子，每人有一个教名，父母亲从来没有对我们讲过，只是到我写这本传记时，看了他们写给岱梧的信，才知道自己还有个教名。可见，父母亲对这样的事，只是"照章办理"，并没有看得很重，所以，也从来不和我们讲信教的事。虽然说，父亲和天主教划清了界限，但我相信，对于像岱梧主教这样的宗教人士的关爱，父亲是不会忘记的，我们兄弟姐妹从小就知道有位岱梧主教对父母亲很好。另外，天主教的文化，如博爱精神、平等观念等，也一直深深影响着父亲的思想与人生，不会随着政治形势的变化而消失。

---

① 《阎宗临历史自传》，存山西大学档案馆。

1952 年暑假期间，山西大学开始了思想改造运动，对父亲的思想触动还是很大的。这次运动主要在学校教职员工和高中以上的学生中开展。号召他们认真学习马列主义、毛泽东思想，联系实际，开展批评与自我批评，进行自我改造和自我教育，目的是要分清革命与反革命，树立为人民服务的思想。同时，还有一项任务，就是对从旧社会过来的干部、知识分子，在自己交代的基础上，由组织进行审查，这叫"审干"。

思想改造运动大概进行得还是和风细雨的，通过学习讨论，在小组会上，父亲也谈了自己在旧社会的经历和自己的认识，他认识到随着社会制度的改变，资产阶级思想的经济基础基本消灭，这使知识分子必须改变，同时也有了改变的可能。联系自己，父亲在 1956 年写的《历史自传》中谈到思想改造运动时，写了这样一段话：

> 特别是思想改造运动受到深刻的阶级教育，也就是为了使思想具体到行动上，考虑问题时是从自己出发呢？还是从集体出发呢？这样，自以为身心健康而突然发现疮点满身，百无一是，往昔的自负变为自卑。现在看起来实质是一个东西，个人主义作怪。这时的心情，有时苦闷，有时焦急，又有时自信，总觉得思想改造是长期的，谁也有优点，有缺点，问题不在此，而在行动是为了谁，也就是那些缥缈的人生观，更具体一些，更踏实些。在座谈会上，我也敢发言了，不怕错误了。往昔学的东西并非完全无用，问题是如何提高自己的思想觉悟，深入实际工作中，不负党对我的信任，不负自己的一生。也就是说确立了自己正确的人生观与宇宙观。

我想，这段话表明，通过这次运动，父亲发现了自己的"个人主义"，知道问题"在行动是为了谁，也就是那些缥缈的人生观，更具体一些，更踏实些。"有了"为了谁"的认识，大体上接受了知识分子思想需要改造的理论。认识到"问题是如何提高自己的思想觉悟，深入实际工作中，不负党对我的信任，不负自己的一生。"把党的信任和自己的一生联系在一起，这就是正确的人生观、宇宙观，这就是思想进步的表现。

　　当时任中共山西省委宣传部教育处处长的王铭三曾到山西大学参加思想改造运动，和父亲多次促膝长谈，对父亲思想的转变很有帮助。20多年后，1973年，王铭三已经是地委书记了，他的儿子王雅安被推荐保送到山西大学中文系学习，临行前，他告诉雅安："山西大学有个老教授阎宗临，是我在解放初思想改造运动中认识的朋友，你到学校后，代我去看望他。"雅安到校后，到我们家看望父亲，父亲当时已卧病在床，见了雅安很高兴，拉着他的手说："你爸爸是我学习马列主义的启蒙老师。"从这件小事，可见当时在运动中，革命干部和知识分子之间关系还是很融洽的。

　　从1950年10月，中国人民志愿军高唱"雄赳赳，气昂昂，跨过鸭绿江"，赴朝参加与美国为首的联合国军战斗的抗美援朝战争，到1953年取得战争的胜利。抗美援朝战争的胜利极大地鼓舞了中国人民，也使知识分子在精神上受到很大的激励，父亲自然也不例外。他在《历史自传》中写道：

　　　　回想起在国外居住的时候，国家衰弱，受人轻视，任人欺凌。现在，由于党领导的革命，祖国站起来了，我们的方针政策，受到全世界人民的尊重。在抗美援朝的时候，我们的志愿军以及爱国的人民，团结在一起，保卫亚洲与世界的和平。在抗日战争胜利后，大米白面也由外国输入，成了美帝货物倾销的市场。而今，我们不只提高生产，物价稳定，还能制造机器，用自己的器材修建铁路。百年梦寐以求的都实现了，这是党给我们子孙万代奠定了幸福的基础。因而我常想，别人流了多少血，难道自己不应当流点汗吗？言念及此，心不安者久之。

　　从这段话可以看出，抗美援朝的胜利，使父亲的思想有进一步的变化。他从自己在国内外的亲身感受，认识到：旧中国近百年来饱受帝国主义列强的侵略与凌辱，总是被动挨打，割地赔款，没有一件事情是鼓舞人心的。因此，中国的先进分子，知识精英，最大的诉求和努力，就是改变这种屈辱的地位，使国家富强，民族兴旺。这种传统的家国情怀，在新中国实现了。在中国共产党领导下的革命，经过艰苦奋斗，祖国站起来了，受到全世界人民的尊重。对外，打败了美帝国主义,国内,荡涤了旧社会的污泥浊水,呈现出一派新气象,物价稳定,生活安定,生产不断发展,这是历史上从来没有的。正是这些客观的事实,使父亲对共产党由过去的不了解,到现在认识到"是党给我们子孙万代奠定了幸福的基础。"联系自己,认识到:"别人流了多少血,自己不应该流点汗吗? 言念及此,心不安者久之。"这种对共产党的热爱,对革命先烈的崇敬,对新政权的拥护,对自己要好好工作的要求,都是发自内心的,真诚的。正是在这样的思想认识的基础上,父亲有了加入共产党的愿望。

保留至今的父亲写的这份《历史自传》,其实,也可以说是他写的一份入党申请书,而且是至今唯一能见到的一份。在讲述了自己的历史和思想变化之后,父亲表达了争取做一个共产党员的愿望,这个愿望的由来,父亲讲了三点:

一是向老朋友学习。父亲说:"当我的熟人和朋友,如欧阳予倩、吕逸卿等(申请)加入共产党,得到党的批准。见贤思齐,深感自己进步太慢了。因为他们比我年岁大,而能有这种高贵的觉悟,我为何不能向他们学习呢?"

二是为教孩子。父亲说:"我三个孩子是团员,两个是队员,如果我自己的政治觉悟不能踏实提高,在家中逐渐孤立起来,那将如何教他们呢?"

三是为做好工作。父亲说:"我一生的志愿在教学工作,我很爱这个专业,如果我不能继续进步,或只在口头上进步,那我如何做好工作呢?"

父亲最后总结说:"为此,我需要彻底改造,争取做一个共产党员,更好地为祖国社会主义教育事业服务。"

父亲入党申请的理由,并没有从理论上讲自己对党的宗旨、党章、党的历史等方面的认识,而是很实际、很朴素地谈了自己的想法,看来有点简单,但态度是真实、真诚的。

父亲申请入党的真诚,还可以从另外一件事看出来。也就是在父亲申请入党之后不久,中国民主建国促进会(简称"民进")的领导人、父亲在桂林时认识的朋友杨东蓴来信,希望父亲能担任民进在太原的负责人,省委统战部也同父亲谈过此事,父亲拒绝了。父亲说:"解放前我没有参加过任何党派,解放后除了申请加入共产党外,我也不会参加其他任何党派。"

父亲提出申请入党后,党组织却没有人同他谈话。父亲问过学校组织部,组织部回答,父亲的入党问题由党组书记苏贯之负责,苏贯之也从来没有和父亲谈过这个问题,就像石沉大海,其中原因,到"文革"中才知道,这是后话。

1953 年 9 月上旬,梁漱溟在全国政协常委扩大会上,发表了一番工人与农民生活有差别的言论,并与毛泽东发生了争论。毛泽东严厉地批评了梁漱溟,随之全国思想文化界掀起了批判梁漱溟的热潮。9 月下旬,父亲到北京看望了梁漱溟,这一天是 26 日。父亲与梁漱溟自从 1944 年桂林一别,第一次再见老师。当时,适逢在这样的气氛中,去探望老师,就有种特别的意义。散木在研究了《梁漱溟日记》后,写了这样一段话①:

　　26 日,阎先生却进了梁先生的客厅,他们说了些什么? 今天无人能知, 不过那天梁先生日记中却记了一条陆象山的语录:"要当轩昂奋发,莫恁地埋藏在鄙陋凡下处。"以及他的体会:"重担子须是硬脊梁汉方担得。"(后来,梁先生过世,有人持有"中国的脊梁"的旗帜覆盖在先生的遗体之上,这似乎在当时还惹出了麻烦,因为在某些人看来,不是谁都可以称为"中国的脊梁"的)这年 10 月 15 日,阎先生又访梁宅,显然这使孤立、寂寞中的梁先生十分欣慰,他还叫公子梁培恕去看阎先生。又一年,1954 年新春,阎先生托人送给梁先生两瓶山西名酒,让梁先生十分感念。

后来,父亲曾对我说:"我从来没有写过批判太老师的文章。"我想,这不仅说明父亲对老师的尊重和对这场批判有不同的看法,而且,也说明父亲在政治运动中,是有自己的原则的,不会跟风而上。

1955 年发端于对"胡风反党集团"的批判,在各单位开展了肃清反革命(简称"肃反")运动。在五人小组领导下,父亲当时在历史系当小组长,和群众一起,反复学习肃反的规定和各项政策,顺利完成任务,没有发生偏差。

紧接着,就是反右运动。运动开始时,我们楼上住的一位老教授,和父亲关系不错,他在系里受批判,和父亲谈起这些,神情很激动,情绪不正常,父亲担心他精神过于紧张,会出问题,就找党组反映这一情况,希望注意他的承受能

① 散木:《"新儒家"的梁漱溟与阎宗临先生》,《博览群书》,2004 年第 5 期。

力,不要搞得压力太大,避免出问题。党组采纳了父亲的意见,父亲为朋友仗义执言,自己却被批评为"温情主义"。尽管如此,这位教授后来还是被错误的划为"右派",而父亲和他的交往依然如故。在整个反右运动中,父亲的发言,现在能看到的仅有《山西师院院刊》1958年1月1日刊登的《对×××院长反党反社会主义言论的认识》,同一版还有另一位教授写的批判文章,题目是《一贯反党的×××》。其实,这位院长和父亲的关系一般,当时是运动后期,人们批判他都已是直呼其名,父亲还称之为"院长",保持了起码的尊重;父亲的发言是从自己的认识谈起的,也没有居高临下的强势。文章内容,虽然也有一些当时通行的语言,从总体上看,还是语气平和的。联系后来"文革"中父亲在工宣队办的"学习班"中拒不"认罪",发言很少,批判不力,被评为表现"差",说明父亲始终也没有学会用革命的、攻击性的政治语言来说话。

"反右"之后,就是"大跃进"。在教育方面,主要是贯彻党的"教育为无产阶级政治服务,教育与生产劳动相结合"方针,破除迷信,踢开旧教育制度闹革命。学生给父亲贴大字报,批评父亲在教学上的保守倾向,父亲以有则改之、无则加勉的态度欣然接受。

1962年9月,中共八届十中全会召开,毛泽东发展了他在1957年"反右"斗争后提出的无产阶级同资产阶级的矛盾仍然是我国社会的主要矛盾的理论,进一步断言在整个社会主义阶段资产阶级将仍然存在,并企图复辟,为此,他强调"千万不要忘记阶级斗争",要以阶级斗争为纲。正是在这种思想的指导下,1963年2月,中共中央在北京布置在全国开展社会主义教育运动。

社会主义教育运动开始在城市叫"五反"(反对贪污盗窃、反对投机倒把、反对铺张浪费、反对分散主义、反对官僚主义),在农村叫"四清"(清账目、清仓库、清财物、清工分),以后社会主义教育运动在城乡统称"四清运动"。山西大学自然也不例外,开展了五反运动,成立了五反办公室。教职员工对照文件的要求,自觉的检查自己,交代并认识自己的问题,这叫"洗手洗澡"。父亲也进行了当众"洗澡"。保留至今的一份山西大学五反办公室的《五反简报》第20期(1963年10月10日),刊登了父亲的《我的初步检查》(简称《检查》)。

据《五反简报》开头说:"我校研究部主任阎宗临,于八日下午在有各系正副主任、党总支书记和教务处、图书馆、研究部、教学设备科领导干部参加的会上'洗澡'。"

父亲的《检查》大意是说：自己的问题，有认识方面的，也有思想方面的。认识方面的，如社会主义过渡时期有没有阶级斗争？资产阶级能不能复辟？自己从来没有考虑过，学了党的八届十中全会的文件，才有点初步认识。这个检查，主要谈思想方面的毛病，便是说检查自己的官僚主义。在研究部的具体工作中，在强调师资培养的重要时，忽略了具体的安排，如与各系及教研室联系不够，对老教师的学识情况了解不够，对离职教师的具体指导和检查不够等，都是官僚主义的表现。这些表现来源于个人主义思想。一是依赖思想，事事请示领导，具体工作不积极去做，怕给领导添麻烦；二是片面强调业务的重要，红与专的关系摆得不够恰当。这些问题，和自己学习不努力，改造不刻苦是分不开的。今后要在校党委领导下，和各系与教研室一道，共同努力，为建设好我们学校又红又专的师资队伍而奋斗。

父亲在《检查》中还谈到自己在生活作风上也有不健康的地方，如1961年曾用12斤粗粮换过8斤大米；曾托人在晋南买过2斤烟叶；在迎泽宾馆买过一条牡丹烟；向学校借过两个灯泡，没有打借条。还有自己不大管家务，家中生活开支没有计划，没有积蓄，过一天算一天。身为人民教师，这种不艰苦朴素的作风对青年没有好影响。

我之所以简述了这份将近3000字的《检查》，是因为我相信，在新中国成立以后至"文革"之前的历次运动中，父亲一定会写过许多的检查、思想小结或学习心得之类的东西，至今我能见到的只有这一份，因此，它有一定的历史资料的意义，可以使我们知道父亲或者像父亲这样的知识分子，在运动中，是如何自我批评的。而且，更值得注意的是，这样的检查和"文革"中的检查相比，还是有很大区别的。

就在这次检查之后，中国科学院哲学社会科学部学部委员在北京召开第四次扩大会议，父亲作为山西唯一的社会科学工作者和省委宣传部的领导一起出席了这次会议。这次会议是中苏两党在国际共产主义运动路线展开大论战的背景下召开的，会议的主旨是动员全国的社会科学工作者积极投入反对苏联修正主义路线的斗争，周扬作了题为《哲学社会科学工作者的战斗任务》的主题报告。我之所以提到父亲到北京去开这次会，是因为父亲在这次会议上见到了许多老朋友。父亲一生在大学教书,朋友也多是教师和学者,"文革"之前,全国性的学术会议很少,父亲也没有机会出去开会,甚至到北京也很少,因此,见到老朋友的机会几乎没有。这次开会提供了一个极好的机会。父亲晚年曾对我说过:"我在学术上没有什么成就,在这里连个聊天的人都没有。"他说话时抑郁的神情,深深地印在我的脑海中。我想父亲说的"在学术上没有什么成就,"是相对于他自己本该达到和期望达到的水平而言,并不是说他已经达到的水平。至于"在这里连个聊天的人都没有",我想是一次又一次的政治运动把人与人之间的距离拉开了,那种朋友间推心置腹、真诚相待的氛围荡然无存,使他内心有一种孤独之感。这次开会,他和朋友见面的情况,在开会的日记里,有简要的记载:

　　10月24日　到北京,同行有李慰、高雨亭。

　　10月25日　见到王季思、漆琪生、吕澂、滕维藻诸位。

　　10月26日　遇到侯外庐、杜任之。

　　10月27日　千家驹来,谈了许多事情。

　　10月28日　晚上(郑)效洵①来,谈了些他在尼泊尔的情况,他提到扬州发现有觉贤的碑,系同法显翻译律藏者。

　　10月29日　午饭时遇蔡尚思、周予同。晚上到(王)季思处,谈了些情况。遇杨荣国。

　　10月30日　下午,遇汪三辅、赵仲池。

　　11月1日　艾毅根来,至中山公园。

　　11月2日　(王)季思来,谈了很久。

　　11月3日　下午,去看(曾)觉之,知渭华在法安好。晚,(艾)毅根来,约在他家,很热情。

　　11月5日　上午小组会,遇周谷城、张稼夫,甚欢。

　　11月7日　上午,去看高嵩,他入疗养院。随后看到(李)又然。

　　11月8日　下午休会,去看(黄)艮庸与梁(漱溟)先生。

———————

　① 括号内的字,为作者所加。

11 月 9 日,晚艾毅根来。

11 月 10 日 到东安市场看旧书,遇叶企孙先生。

11 月 13 日 会后,遇李四光先生,谈了约五分钟。晚上,内蒙古大学史筠来,谈了些有关蒙古历史情况。

11 月 14 日 午间,叶企孙先生来。

11 月 15 日 上午 8 点到巨赞上人那里,谈了许多事,并 提到甘肃发现的法显事迹。午饭时,向(达)党明来,共桌而食。下午去北大看朱(谦之)先生夫妇。晚饭时,与周谷城先生谈。饭后,去看尹曦,甚欢。谈了许多桂林往事。

11 月 16 日 晚,巨赞来。(郑)效洵来电话。

11 月 17 日 晚上,8 时 17 分乘车回太原。

这次在北京开会,父亲遇到和看望了许多老朋友,心情是愉快的。因为父亲是一个很重感情的人,他一直很怀念过去的朋友,这次开会,是一个空前绝后的机缘。父亲日记中会见的朋友,有的我并不知晓。当时,他正在为《佛国记》作笺注,所以,和郑效洵、巨赞法师都谈到法显的情况。

1964 年 5 至 6 月,中共中央在北京召开工作会议,会议把当前阶级斗争的形势看得很严重,认为许多单位烂掉了,领导权不在共产党手里。不断强调反右倾,强调大兵团作战,开展夺权斗争,使"四清运动"以更大的规模和力度展开。10 月,山西大学师生作为工作队到定襄县参加四清运动。父亲响应党的号召,也到了定襄,不过,他不是工作队的正式队员,只是随队锻炼的老教师。对于这一段的生活经历,父亲也留有简短的日记,可以从中了解他当时的情况。

从 10 月 15 日至 11 月 25 日,父亲在定襄县委党校住了 40 天,和学校师生一起参加了下乡前的培训。包括学习有关农村社教运动的文件,如《双十条》;听了许多关于农村当前阶级斗争情况的报告,了解阶级斗争的复杂与严重;学习如何划分阶级,联系实际,试划了自己的阶级,属于中农。同时,也在会上放包袱,谈思想,提高认识。26 日,父亲被分到南王公社南王村参加四清。南王村是公社和工作分团机关所在地,也是个千年古村,宋代就已存在,这个村子是全公社最大的村子,东西长 5 华里,有近千户人家。父亲住在老乡家里,睡在火炕上,当时,天气已很冷,他在《日记》中写道:"将近41年,第一次睡火炕。"①这真是久违了的农村生活。

入村后,父亲没有什么具体的工作,有时随工作队队长去看看村里的饲养场或参加生产队的会议,有时队长安排他去访贫问苦,访问过贫农王连富、王富生、张迷等六七户,了解村里的情况。后来父亲想,自己最了解的是教育,主动提出去了解南王初级农业中学的情况,于是用了5天的时间,去和中学校长谈话,并分别和部分教师与学生座谈,在深入了解的基础上,写了一份关于这个学校情况的汇报,"分四个部分:简史,现状,教师思想,存在问题"。学校也提交了一份整改的计划,一并交给分团党委。11月中旬,定襄的气候已经很冷了,父亲患有肺气肿、支气管哮喘和高血压等病,咳嗽很厉害,并且头痛失眠。分团领导非常关心父亲的健康,再三动员他回学校去过冬,等春暖花开再来。分团政委还专门给学校领导写了封信:"阎宗临同志因年老体弱,不宜在此坚持过冬,特介绍回校分配工作。"写这样的信,在当时也是必要的,不致引起误会,以为是有问题遣返回校的。15日,清晨起来,打扫了房间和院子,与房东告别,父亲动身回太原。这次下乡,在南王住了20天。在定襄则整整两个月。"往返两个月,真是难忘的两个月。"

过年之后,天气渐暖,父亲于1965年3月30日重返定襄南王村。这次下乡,工作队分给他的任务是负责为南王村写村史,父亲很高兴地接受了这个任务。当时,正在提倡写"四史"(家史、村史、公社史和工厂史),因为编写"四史"能够提供大量关于旧社会的阶级、阶级矛盾和阶级斗争的感性材料,是进行阶级教育和革命传统教育的活教材,尤其是对青年人。

父亲抱着非常严肃认真的态度去做这件事。他查阅了很多资料,又深入群众,通过开座谈会、访贫问苦等方式了解情况,收集材料。还发动南王中学与小学的师生访问贫下中农,编写家史。父亲自己也亲自撰写了《模范饲养员银富元家史》、《陈利娃的家史》、《吉来时家史》等素材。在基本摸清情况的基础上,和参加写村史的几个教师,共同拟定了写作提纲,并听取了有关领导的意见,经过近三个月的时间,由父亲执笔写成、并经多次修改的《南王村史》终于完

---

① 引自父亲手写《日记》,这一节凡带引号处,不加说明,均引自《日记》,不一一注出。

阎宗临与阎守诚在定襄县南王村戏台前

稿,村史分七章,22000多字。据《日记》记载6月6日补写《村史》的附记与结语后,父亲心有所感,还写了一首小诗:"光阴如箭不可追,两鬓霜雪重入帷。写罢村史与家史,搁笔犹余三春晖。"

　　这本《村史》,经过评审,工作队、村党支部和群众都认为资料翔实,叙事得当,观点正确,是一本很好的村史。父亲自己也很满意。父亲曾说:"我们的历史,写到人民的地方太少了。我们需要一部以人民为主人翁的通史,属于人民的通史。过去帝王有《实录》,我们为什么不能编一部《中国人民实录》呢?"①他认为:为劳动人民写历史是史学工作者分内的事,写村史使他有机会实现直接为劳动人民写历史的愿望,这是一件很高兴、很有意义的事,所以有"搁笔犹余三春晖"的诗句。父亲曾写过不少学术专著和论文,这本村史是他科研成果中很特别的一种,所以,他一直珍藏着这本打印的村史。但是,在"文化大革命"中这本村史被造反派抄家作为"黑材料"抄走,再也没有找回来,父亲为此深感惋

---

　　① 师道刚:《阎宗临传略》,《中国现代社会科学家传略》(第三辑),晋阳学刊编辑部编,山西人民出版社,1983年。

惜。

父亲能对写村史这样的工作有如此认真的态度和认识，我想和父亲是从山村走出来的学者有关。他从小生活在农村，参加过农业劳动，对土地和农民有天然的感情。虽然后来离家出走，甚至远渡重洋，到海外求学，在城市高等学校任教，长期脱离农村，但这种感情是融化在血液中的，因此，父亲主动申请到农村参加社教运动，希望接触农村的实际生活，了解农村的现实情况，以利于改造自我，自觉革命，为农民做一点实际的事情。这种愿望是发自内心的，也是迫切的。父亲到农村后，和农民在一起生活、劳动、开会，心情是愉快的。这从父亲《日记》的片段记载可以得到印证。如："5月24日：田间小麦已出穗，雨后新景，心很爽朗，农村就是好。""5月30日：来南王整两个月，不觉就过去了，一生也容易过去。生活的问题不在时间，而在意义与性质。能为人做点有益的事，就是好的。改村史。晚仍头痛，吃安乃近。""5月31日：到十六队，奎星底送粪，劳动两小时。回来洗完后，心情很愉快。"

孙英在《追念我的老师阎宗临先生》一文中讲到父亲在南王的两件事。当时，孙英也在南王工作队，而且工作队撤离后，他还留在南王党支部任书记一年，在最基层的工作中积累了丰富的政治经验。一件是父亲住过的房东贫农连科老人是个孤苦老人，父亲常和她拉家常，关照她的生活，相处很融洽。工作队离开后，老人见到孙英，还常谈起父亲，对他十分怀念和感谢。另一件是孙英有一次早晨外出开会，正好遇到父亲背个粪筐在拾粪，父亲笑着对孙英说：睡不着，起早拾点粪，积少成多啊。朴实的语言，起伏的身影，给孙英留下了深刻的印象。

孙英1958年从山西大学（当时是山西师范学院）历史系毕业后，留校工作，下乡前任山大团委副书记。后来担任过中共甘肃省委书记、中共中央党史研究室主任等重要职务。孙英在山西大学期间，和父亲长期相处，从师生到同事，逐渐加深了对父亲的了解。他在这篇回忆文章中讲到父亲的一生，对于父亲的为人处世，写了这样一段感人而中肯的话：

　　在我的记忆中，阎先生从来都是那么平实、敦厚、正直，从来都是外在和内在都质朴无华，从来都是那么平易近人、与人为善、埋头做事、淡泊名利。终其一生,可以说阎先生始终是一位穿上知识分子服装的普通劳动者。

也许正因为如此,党组织在政治上还是关心父亲的,刚回山西不久,就当选为太原市人民代表,后来又是山西省政协委员,山西省人民代表,1958年成为山西省人民委员会委员。在工作上,一直在学校担任一定的领导职务。在生活上也给予了很好的照顾,我们家的住房,搬过三次,都是当时校内条件最好的。

2 在"文革"中的遭遇

1965年7月11日,父亲随一起下乡的师生回到学校。这时全国笼罩在极"左"的气氛之中,已经是山雨欲来风满楼了。年初,中央制定了《农村社会主义教育运动中目前提出的一些问题》(即二十三条),强调运动的重点是"整党内走资本主义道路的当权派";强调突出政治,狠抓阶级斗争;强调学习毛泽东著作。这就为"文革"的发动做了重要的理论和实践的准备。

11月10日,上海《文汇报》发表了姚文元的《评新编历史剧〈海瑞罢官〉》后,全国展开讨论,当时,父亲在贪官与清官问题的认识上,总觉得清官要比贪官好。随着讨论的深入,逐步揭露,才知道原来海瑞罢官和彭德怀问题有关,不是一个学术问题,而是政治问题。姚文元的这篇文章正是引发"文化大革命"的导火线。

1966年4月间,父亲从《人民日报》上读到郭沫若在人大常委会上的发言,说自己的作品没有高举毛泽东思想红旗,统统应该烧掉。父亲想:郭老尚且如此,把自己当做革命对象,自己也一定要自觉接受群众的帮助。

5月,中共中央政治局扩大会议通过《五·一六通知》,决定开展无产阶级"文化大革命",成立中央文革领导小组。红卫兵运动开始出现。紧接着,8月,中共八届十一中全会在京召开,通过关于"文化大革命"的《十六条》,毛泽东在会上写了《炮打司令部——我的一张大字报》,矛头直指刘少奇、邓小平。会后,红卫兵运动迅猛发展,席卷全国。最初是破"四旧"(旧思想、旧文化、旧风俗、旧习

阎宗临在山西大学校外田间(1965年)

惯),横扫一切牛鬼蛇神。接着就是揪党内走资本主义道路当权派,踢开党委闹革命,造反狂潮从学校、机关扩展到工厂、农村,国家陷入空前的混乱之中。

1966年6月1日,中央播发了北京大学出现的第一张炮轰校党委的所谓"马列主义"的大字报,就像"忽如一夜春风来,千树万树梨花开",全国各学校、机关的大字报铺天盖地的贴出来了。山西大学也不例外。虽然在1949年以后的一次又一次的政治运动中,父亲基本上处于有惊无险、安然无恙的状况,这一次却未能幸免。在大字报中,也有给父亲贴的。标题是"向反动权威阎宗临开火"、"剥开学者阎宗临的画皮"、"阎宗临是怎样攻击无产阶级专政的"、"阎宗临企图把我们引到哪里去"等等。父亲虽然对此有一定的思想准备,但对这次史无前例的运动却很不理解,不知道为什么要用这种方式进行。给他贴的这些大字报他感到与事实不符,又无法辩论,心情很苦闷。心想,自己没有改造好,有错误是难免的,但是,问题有多大?错误的性质如何?自己考虑不来,考虑也没有用,心情是忐忑不安的。

有一天,父亲看到历史系同学的大字报,揭发校党委布置"在历史系组织十个同学来搞阎宗临的材料",这才明白自己是被"抛出来"的,这给父亲精神上很大的压力,因为在父亲的观念中,"校党委"是权威机构,它决定把自己"抛出来",就不同于学生贴几张大字报了。思虑及此,有种恐惧的心理油然而生,坐卧不安。在思想上做好了挨整的准备,行动上采取闭门思过的方式,格外注意自己的言行,总希望不要节外生枝,予人口实。到 8 月 22 日,父亲的问题和顾虑终于发生了。在斗争历史系党总支书记的会快要结束时,父亲被"揪出来",挂上"臭权威"的牌子,登台陪斗,会后游了校园,从此成为专政对象。对于这种侮辱性的折磨,父亲深感痛苦,想到自己虽然离开历史系多年,总算是教历史的教授,何况又有校党委的"布置",事情的发生也是必然的。当天晚上,父亲挂着牌子回家已经很晚、很疲惫了。我刚 10 岁的小弟弟守扶在惊恐中等待,还没有睡。父亲见到他,亲切地摸了摸他的头,平静地说:"不要怕,没关系的,睡吧!"这充满父爱的安慰,让弟弟终生难忘。

就在父亲被"揪出来"的一两天后,省外事部门通知,我的二姨梁佩贞从法国回来,从 25 日至 9 月 3 日到太原,要住在我家。

二姨出国后,选择了她喜爱的文学,在法国里昂大学获得法国文学、比较文学和英国文学三张文凭。抗战时期,她还在学习,留在法国,没有回国。后来到巴黎大学攻读法国文学,专门研究法国诗歌。她的博士论文《瓦莱里与诗》,不仅内容丰富,而且见解独到,法国导师和教授为这位才华横溢、勤奋刻苦的中国学生的杰出论文赞叹不已,给以很高的评价,二姨因此以优异的成绩获得法国文学博士学位。从 1952 年开始,她在法国国立东方语言专门学校(即今巴黎第三大学东方语言文化学院)和巴黎第七大学担任中文系讲师。二姨虽然在法国多年,却一直没有加入法国籍,始终是拿着长期居留证,所以得不到教授的职位。新中国成立后,她感到无比欢欣,时刻关心国内的变化和进步,自费在国内订购新的书刊,从中挑选材料作为教材,向法国青年介绍新中国的情况。她还积极参加巴黎华侨的联谊活动。二姨学养深厚,文史皆通,擅长诗词。她的主要法文译著有郭沫若的历史剧《屈原》(1957 年,巴黎,Gallemard),《李清照诗词赋全集》(1977 年,巴黎,Gallemard)等。另外,也曾在巴黎出版的《新中国》杂志上发表毛主席诗词译文和介绍中国文化的文章。这次回国参观访问是受郭沫若的邀请,也是她出国 31 年后第一次回国。根据有关领导的安排,二姨住在我家时不得谈"文革"中的事情,当然也包括父亲自己的遭遇,而有关领导也保证在此期间运动不冲击父亲和我家。父亲严格遵守了规定,在家里安静地过了几天。二姨一走,一切照旧。

父亲是专政对象,就要参加劳动改造。对于从事这种惩罚性的劳动,父亲遇到两方面的问题:一方面是心理的,感觉是一种羞辱,开始,总想在僻静和人少的地方劳动,不愿碰到熟人。后来,想通了,在哪都一样。另一方面是体力的。父亲有病在身,年老体弱,平时又缺乏劳动锻炼,在最初一周的劳动,确实感到困难。在毫无办法的情况下,也只有咬紧牙关,努力跟上,做自己力所能及的。9月的一天,到山大的附属中学劳动,附中距离山大有三四里路,父亲走去就已经很累了。劳动是拔草、抱草,父亲的行动就很迟缓。这时,一个中学生走过来,气势汹汹地质问父亲:"你吃饭了没有?"父亲回答:"吃了。"他照父亲的胸部就打了一拳。父亲告他:"我有肺气肿。"他照父亲的胸部又打了一拳,并说:"有肺气肿更应该多劳动。"然后,扬长而去。这两拳打得父亲几乎连路都走不动,还是同去的马作楫搀扶着父亲,才勉强回到家里。在路上父亲还对马作楫说:"不要说这件事了,不能和孩子一般见识。"回来后,父亲到校医室检查,肺气肿有新的发展,两肺都出现问题。从此,遵照医生的嘱咐,父亲不去劳动了,在家里休养。长期不参加劳动,父亲心里又很不安。10月间,有一天,父亲勉强去劳动,结果,身体承受不了,气憋、腰弯、直不起来,走不动了。最后由任茂棠、王尚宾两位把父亲送回家。以后,就再没有去劳动。

到 11 月中旬,冬季来临,父亲的病情加重,左肋很疼,左半边头痛,耳鸣,手颤抖,腿也无力,走路不稳,经常摔倒,有一次摔倒后,还摔掉了一个牙齿。经过到医院透视和全面的检查,医生认为,除肺气肿、高血压外,还有神经官能症(我想,就是现在说的脑血栓形成的后遗症),这种病,没有什么特效药,只能针对性的服药控制,安心静养。在当时的情况下,养病又谈何容易呢?病情的变化给父亲的思想和心情都带来很大的波动。病情好时,比较有信心;病情加重时,又会陷入悲观。好在有母亲的细心呵护,家人的耐心劝解,特别是父亲的学生和同事,也会在白天碰到母亲时,让母亲转达对父亲的问候,或者在晚上来家里探视父亲,和父亲聊天。如梁鸿飞当时在烧锅炉,锅炉房离我家不远,他常来看望父亲,曾经很诚恳地对父亲说:"你过去是我的老师,现在也是我的老师,将来还是我的老师。"这使父亲深为感动。我觉得,在 20 多年的漫长岁月中,父亲以自己真诚、善良、朴实的人格力量,已经深深植根于故乡的土地,即使在整个"文化大革命"中,这里熟悉父亲的老学生、老同事、老职工始终对他有一种难得的、温暖的情谊,他们用不同的方式表达了对父亲的关心和善意,支持着父亲渡过难关。也正因为如此,病情给父亲带来的思想波动,渐渐平静。父亲想,养病不能急,就是现在的处境也不能急,要相信群众,相信党,也要相信自己,自己的问题终究会有一个正确的解决。就是在这样一个新的境界中,历史要记住的 1966 年过去了。

1967 年 1 月,上海造反派夺了上海党政领导大权,全国掀起了夺权的狂潮,由夺权而引发了武斗,"文攻武卫"的号召,致使到处一片混乱。在这种情况下,为了恢复秩序,中央决定中国人民解放军介入"文化大革命",实行三支(支工、支农、支左)两军(军管、军训)。3 月 17 日,4642 部队进驻山西大学。过了一周,管干部的陈连长,通知父亲从历史系回教务系统学习,因为按行政编制,父亲是属于教学行政系统的,早已脱离历史系,只是"文革"开始后,被历史系的学生"揪出来",就被他们管制了,有谁去管这些呢? 军代表的安排,意味着父亲得到解放了,恢复了干部的身份,不再是历史系的专政对象,父亲"心情很激动,也很振奋,彻夜未眠"。第二天就到新的学习小组报道,被编在五连二排,和中文系的同学在一起。父亲这种心情在当时的环境下,是可以理解的。然而,这并不意味着厄运的结束。生活似乎又恢复了正常,其实是动荡中的正常和正常中的动荡吧!

8 月发生的一件事,说明父亲的处境并没有好转。这就是本书一开始提及的"红山大战斗队"的抄家事件,把父亲全部学术著作、手稿和书信当作"黑材料"抄走了。这件事说明父亲仍然是人身得不到保障,处境并不安全。

1968 年 3 月 8 日至 4 月 27 日,父亲参加了解放军领导的毛泽东思想学习班(简称"学习班"),前后 51 天,自己感觉还颇有收获,心情也好一些。"学习班"是"文化大革命"中的一大创造,在这个堂而皇之的名义下,可以包容不同的方针政策、内容和方式。这次学习班的方针是高举毛泽东思想红旗,以斗私批修为纲,以自我教育为主,搞好思想革命化。并且明确宣布"四不":不搞重点批判;不抓辫子;不开斗争会;不装档案。到 1969 年父亲参加工人毛泽东思想宣传队(简称"工宣队")办的学习班,就完全不一样了。

9月中旬,工宣队进驻山西大学,成为运动的领导者。11月15日下午,在学校大操场,召开全校师生批斗学校当权派的大会,父亲被拉去陪斗,学生把他反拧胳膊成喷气式,和其他陪斗者一起,站在主席台前的跑道上,脖子上还挂着"反动学术权威"的大牌子。父亲有严重的肺气肿,学生把他压着向下弯腰,呼吸就很困难,两腿无力,会议结束,学生们还要押着他绕场示众,父亲这时已经不能走路,摔倒了,磕掉了两个牙齿,脸上是血,身上是土,就这样两个学生还硬拖着他跑了一段,裤子和鞋都拖掉了。会场气氛骤然紧张起来,不少人急得站了起来。后来,学生们就近把父亲扔到体育馆的地板上。这时,母亲和妹妹守瑜还在家门口焦急地等待父亲回来。散会走过的人们,看到她们都静默无言,低头而过。这使母亲有种不祥的感觉。有人跑过来,通知母亲去体育馆接人。过了好一会,母亲才搀扶着父亲步履蹒跚地回到家里,身上还挂着那块"反动学术权威"的牌子,摘下牌子,脖子上都勒出了红血印。母亲轻轻地脱去了父亲沾满泥土的衣裤,用温水擦去了脸上和脖子上的尘土和血迹,又让父亲用温水漱了漱口,然后扶父亲躺在床上。母亲到厨房熬稀饭,同时,让守瑜和守扶把家里除前后门外,所有门上的插销都卸掉。因为她怕父亲承受不了这样的羞辱而自寻短见。母亲给父亲喂了些稀饭后就让他休息了。这一夜,家里静悄悄的。

守瑜因为第二天早上5点就要去忻定农场接受再教育,只能晚上去与父亲道别。走进父亲的房间,听到的是沉重而嘶哑的呼吸声,看到的是一张煞白而苍老的脸。守瑜对父亲说:"你一定要好好养病,我会尽快地回来看你,你一定要等我啊!"父亲微睁着眼,低沉而坚定地说:"你放心地去吧!为了你妈妈和6个孩子,我不会死的。"母亲在旁边也听到了这个承诺,惶惶不安的心才落下来。为家庭负责,大概这就是父亲在悬崖边做出承诺的心理底线吧!多么好的父亲啊!

后来,父亲在笔记本上曾写过这样一段话:

余病后,思虑一切:
凭满脸的汗珠,
免除家人生活的贫苦,
还要工作及受折磨。

　　永无悲哀，

　　悲哀是死人的事情。

　　这件事后，有人告诉母亲，那次批斗会对父亲这样德高望重、年老体弱的老教师施虐，影响极坏，许多教职员工都对此表示愤慨。也许是相关当局了解到这样的情绪，从此，父亲再没有被拉去陪斗，也不用去劳动了。1970年1月底，全校师生到昔阳县继续搞运动，父亲也因为身体的原因，免于下去，避过了这一"劫"。而数学系主任郑广盛，在1969年10月就确诊为癌症，还要到昔阳县去。父亲的这位朋友下乡两个多月就逝世了。听到这一消息，父亲"心甚悲伤。他去时，我未见他，只看到他的背影"。

　　这件事也改变了守瑜的命运。守瑜是学化学的，父亲希望她将来能到中学当个化学老师。她目睹了父亲当天的惨状，决心彻底告别这个"太阳底下最美好的职业"。到毕业分配时，父母亲仍然希望她到中学去教书，她却想方设法到了工厂，成为"工人阶级"的一员。父母亲也无可奈何，默认了。从此，她成为我们家唯一一个在工厂工作的人。守瑜退休后，回忆过去，对没有听从父母的劝告，追悔莫及。

　　1969年3月，父亲参加了由工宣队主办的学习班，这个学习班从3月到11月还是抓得较紧的，后来一直拖到1970年的5月才正式解散。参加这个学习班的人员，主要是机关大联委下属的教务系统、研究部、图书馆等单位有"问题"的人，大约近30人，分成3个小组，有时也开大组会。主管人员是工宣队的赵师傅和杨师傅，这个学习班的领导组叫"管教组"。现在一说"管教"，很容易联想到监狱的公安人员，当时，虽然没有这样明确的法制观念，但这个学习班实际也是把学员当犯人的。学习班的目的就是让学员交代自己的罪行，"认罪服罪，检举揭发别人"。政策是"对自己要检查批判，对别人要分析批判。坦白从宽，抗拒从严。争取到教育面"。这些都是当时父亲记在笔记本上的原话。到不了"教育面"的，自然就是"打击面"或"专政面"。参加学习班的人除了互相揭发批判外，最后还要根据对自己问题的认罪态度、对别人问题的揭发批判、对专政制度纪律遵守的情况分为五类：好的、较好的、一般的、差的、不好的，由学员共同评议。在学习班还要参加劳动改造，父亲因身体不好的缘故，就免了。

按照学习班的要求,父亲的检查主要是两方面,一是对自己历史和现实主要问题的交待;二是对主要问题的认识。父亲交待的主要历史问题在中共山西大学委员会 1972 年 1 月 27 日作出的《关于阎宗临问题审查结论》(一下简称《结论》)中都有提及,这个《结论》中说:

> 据肃反前和肃反中揭发材料称:阎宗临一九四六年以后,在原中山大学任教时,曾与广东省政府社会处处长、军统特务头子陶林英、两广特派员 C.C 分子张北海、中国籍反动天主教头子于斌、特务陈启潜等人发生关系;解放前夕,阎锡山逃往广州,阎宗临曾与阎匪多次往来,阎宗临是国民党员和 C.C 分子。为此,在肃反和反右中,曾对阎宗临的问题进行审查,但"当时除陶林英已故外,其余大多逃亡海外,故无法查清"。因此未做过结论,原山西师范学院党委曾于一九五七年九月二十五日决定:"只有保留,以待长期考察,逐步澄清。"(见《山西师范学院关于阎宗临的材料》)

至此,我们可以明白为什么父亲在 1956 年提出入党申请,并没有人理会此事。一个连政治历史都没有搞清楚的人,怎么能考虑入党问题呢?

《结论》接着写道:

> 文化大革命据新的揭发材料称:阎宗临一九四二年在原广西大学任教时,曾向国民党中央党组织履行特别入党手续(见证明材料第 34、35 页),阎宗临有特务嫌疑(见证明材料第 26、29 页)。根据上述线索,此次清理阶级队伍中,对阎宗临的政治历史进行了全面的审查,而重点审查了其特嫌问题。现经查证,阎宗临曾给陶林英创办的《民主时代》写过学术性文章(见证明材料 6、19、20、38、39 页,本人交待第 22 页);同于斌有较深的交往,受过于经济上的接济(见证明材料第 13、16、31 页,本人交待第 22、23 页);阎宗临曾通过阎匪锡山给中山大学的几个山西籍学生解决经济困难;并曾请求阎匪出布告禁止驻军到中山大学伐树(见证明材料 6、7 页,本人交待第 3 页);曾同

张北海发生过一般关系(见证明材料18、19页);此外,未发现阎宗临与以上诸人有政治方面的联系,也未发现阎宗临有特务身份和特务活动。因此,其特嫌的构成是缺乏依据的(见证明材料15、25、30、33、40页);其加入国民党问题也属查无实据(见证明材料41至51页,本人交待21页)。

此外,经审查落实,阎宗临于一九三八年二月至六月,曾在汉口任国民党军委会战时工作干部训练团上校政治教官,担任近代史的教学(见证明材料2至5页,本人交待5、6、20页)。对此问题,阎宗临在解放后基本上作了交待,只是隐瞒了上校军衔。

《结论》最后的决定是:

> 根据党的政策和群众的意见决定对阎宗临的特嫌予以释疑,对其担任战干团上校政治教官问题定为一般历史问题。

从《结论》中可以知道,构成父亲有特务身份嫌疑的原因是与陶林英、陈启潜、于斌、张北海等人有过接触。父亲和这些人的来往,我在前面已有所陈述。其中,陶林英其人,父亲根本就没有见过。在中山大学时,我们家与万仲文家住同一幢西式平房,有一天,门前停了一辆卧车,车走之后,万仲文告父亲,来看望他的客人陶林英,是他海南岛的同乡,他们办了个杂志《民主时代》,要约些稿子。所谓"特务"陈启潜是这个杂志的青年编辑,万仲文的学生,来家里约过稿子,也和父亲聊天,父亲为这个刊物写了两篇学术文章。1978年父亲逝世后,我们家突然接到从美国寄来的一封信,是陈启潜写的,信中说:从中山大学来美国的朋友处听说父亲逝世,他对父亲的人品和学问都很敬仰,并寄了100美元,表示悼念。于斌和父亲认识多年,对父亲也很好,具体的来往并不多。至于张北海也只是在桂林和广州见过两次,他的政治背景,父亲一无所知。就因为在旧社会和这些人有过点接触,就构成了"特嫌",而且,20多年后才"释嫌",这也有点匪夷所思了。

这份《结论》的征求意见稿,对父亲的"国民党员"、"特嫌"都予以否定。但把"上校政治教官"定为"一般历史问题",我代表父亲去面见学校主管此事的书记张念先时,对此提出异议。张书记刚调到山大,是位老干部,一头白发,人很和蔼。我们提的意见是:一、要求把"隐瞒上校军衔"去掉。因为父亲早就交待过:在战干团 3 个月,月薪 120 元,同上校。就是说他是教授,发工资的数额与军队的上校相同。要说有军衔,首先应该有军籍吧!父亲从未参军,一天军装也没有穿过,何来军衔呢?即使有,又何必隐瞒呢?当时是从事抗日工作啊。二是不应该把这个问题定为"一般历史问题"。因为当时是国共合作时期,战干团受国民党军委政治部第三厅领导,政治部的副部长是周恩来,第三厅的厅长是郭沫若,学员都是准备参加抗战工作的青年,父亲在为抗战做工作,怎么就成了"一般历史问题"呢?!

张书记听了我的申诉,点了点头,收下我写的书面材料,说:"好的,我们再研究一下。问你父亲好。"后来,组织让父亲看了新的《结论》,认定父亲没有任何历史问题。对父亲的一贯表现也做了肯定,指出:

> 阎宗临同志解放以来,拥护党和社会主义,历次运动中 表现较好,工作上一贯积极负责,勤勤恳恳。此次文化革命中,能够主动接受教育和审查,做到了三个正确对待,表现是好的。

父亲看了新的结论,自然很高兴。于是写了如下一段话:

> 感谢党对我的审查,同意组织对我的结论。今后我要努力改造自己的世界观,为社会主义的祖国和世界革命做力所能及的贡献。

阎宗临 1972,5,15

我曾到山西大学查阅父亲的档案,心想解放后那么多运动,父亲的档案总要有厚厚的几袋吧!应该都是很好的历史资料。结果,出乎意料,见到的只有薄薄的一袋,内装四五份材料,什么《结论》、揭发材料、证明材料、交待材料都没有了,大概都当"黑材料"销毁了吧!这让我颇为失望。当我面对家里抄存的这份《结论》时,40多年过去了,历史环境(包括政治的、语言的、个体心境的等)有了很大的变化,再读《结论》,回忆往事,却无论如何高兴不起来。试想,从1949年以来,在一个又一个政治运动中,父亲不断地交待"问题"、认识"问题",最后是什么"问题"都没有。这种说不清、道不明的"问题",让父亲深受其害,"文化大革命"揪他出来的罪名,其中就有一个就是"国民党上校政治教官"。这些"问题",也让我们作为子女的深受其害,在那个年代,父亲的"问题",就是子女的"原罪",使我们在出国、参军、学习或从事机密专业都受到影响。想到这些,内心就有种莫名的悲哀,啼笑皆非的感觉。就像历史认认真真和你开了个玩笑,你还无可奈何。大概这是现在年轻人无法理解的。

1972年《结论》中的问题,在1969年工宣队办的学习班是要作为"罪行"交待的。例如:父亲是不是国民党员? 事情是这样的:1943年春,在广西大学的同事苏芗雨告诉父亲:"陈纯粹(国民党中央通讯社桂林分社的主任)希望我、盛成和你加入国民党。"父亲表示对此不感兴趣,拒绝了。由于没有政治经验,也没有追究这件事。新中国成立后,父亲也一直没有重视这个问题。在1960年再次申请入党时,认真回想自己的历史和社会关系,想到这件事,因为苏芗雨和盛成在解放前夕,都去了台湾,他们可能入了国民党,苏芗雨很熟悉父亲的情况,是不是当年他们入国民党时,把自己的名字也填进去了呢? 为此,父亲找山西师范学院党委组织部部长讲了这件事,并且说明:"我自己没有填过加入国民党的表,没有见过党证,没有参加过国民党内部的任何会议,也从来不认为自己是国民党员。希望组织澄清此事。"父亲在学习班交待此事时,工宣队的杨师傅厉声批判道:"你说不感兴趣,不能解释你的立场,不能掩盖你是国民党员,你顽固抵赖,就在危险的边缘!"

工宣队的两个师傅,赵师傅比较平和,通情达理;杨师傅却很霸道,蛮不讲理。他认为父亲发言不多,而且总为自己的"问题"辩解,认罪不好,所以,杨师傅常常对父亲出言不逊,破口大骂,或恶语威逼。父亲《日记》里,常有"杨,不礼";"晚,杨因不发言,骂";"杨,骂"等记载。有一次记:"晚,杨招去,必须交待,否则不谈话,会上见面。我实在想不起有什么不交待的。"后来开会才知道,是揭发材料说,新中国成立前,中山大学教授中有个封建帮会组织叫"八大兄弟",其中有父亲。杨师傅说了其他7个人的名字,让父亲交待。父亲说:这7个人中，只有詹安泰和我很熟，其余6个的年龄、家庭情况、经历、政治面目我都不清楚，也没有来往，更没有一起开过会。其实，这个揭发本身就是很荒诞的，堂堂中山大学的不同系科的8个教授，结成一个封建帮会做什么呢?! 可能吗?! 如果真有，岂不是中国高教史上的奇迹吗?! 就是这样一个荒诞的揭发，在那个荒诞的年代使父亲遭到谩骂和批判。这个杨师傅，因为自己也有点问题，学习班还没有结束，就被撤回工厂斗私批修去了。父亲记:"晚，听杨走，披衣而起。"从父亲的兴奋，可见他对父亲伤害之深。且不说杨本身如何吧! 一个粗野的工人对一批教授学者进行管理教育，这种荒诞的事情，也只能发生在那个荒诞的年代。

其实，现在回想起来，这种荒诞的事情发生并不奇怪，因为有个荒诞的理论在"文革"前的17年都当做真理在奉行。这就是关于知识分子的属性问题。简单地说，解放后，对于从旧社会过来的知识分子，尤其是高级知识分子，认为他们是资产阶级知识分子，是依附在剥削阶级这张皮上的毛。剥削阶级的统治推翻了，"皮之不存，毛将焉附"。这些"毛"就有个找新的"皮"依附的问题，因此，新中国成立后对知识分子的政策是执行"团结、教育、改造、利用"的方针，这就要求知识分子改造思想，转变立场，要参加劳动、社会实践，向工农兵学习等等，随着"左"倾思潮的泛滥，经过"反右"斗争、教育革命等运动，知识分子作为无产阶级专政的"异己"力量不断受到冲击，以至在"文化大革命"中沦落到"臭老九"的地位，排位在地、富、反、坏、右、叛徒、特务、走资派之后。在这种情况下，一位工人去教训一群教授就不足为奇了。只有在改革开放的新时代，邓小平讲:"知识分子是工人阶级的一部分"，这才真正明确了知识分子的阶级属性。他的深远意义就在于明确了知识分子也是劳动者，脑力劳动也是劳动，知识分子不是"毛"，而是"皮"的一部分。这样，也就把知识分子头上的"紧箍咒"解除了。

其实，如果不是从政治地位的歧视出发，不是从阶级属性的改造出发，对知识分子而言，有机会走出书斋，到社会实践中去，到广大群众中去，开阔眼界，丰富生活，对自己人生观、世界观的正确树立，对自己专业研究(特别是对哲学社会科学工作者)的深入发展，都是有好处、有必要的，值得肯定和提倡。

父亲在学习班对主要问题的检查和认识，讲了四点:

　　我所走的为成名成家而"个人奋斗"的道路,使我背叛了劳动人民,成为为国民党反动派服务,附属于资产阶级的知识分子。

　　在旧社会,我以为自己埋头业务,不问政治,但实际上并没有离开政治。

　　在刘少奇修正主义路线下,我没有得到脱胎换骨的改造,反过来,又积极推行了修正主义教育路线。

　　在教学与研究工作中,我所宣扬的唯心主义历史观必须彻底批判。

　　这种今天看起来这些属于"自贬"、"自虐"式的思想检查,从新中国成立后到"文化大革命",在"改造思想"的裹胁下,父亲那一代的知识分子普遍都做过,只是在相同概念里,装的具体内容略有不同而已。在语言上,"文化大革命"中使用的是最严重的。

　　到10月份,学习班告一段落时,父亲由于对自己的问题,认罪服罪的态度不好,揭发批判别人,又发言不多,即使发言,也不够尖锐,被评为四类,即属于表现差的。父亲年轻时在弗里堡大学所有的考试,都评定为"特优",晚年在山西大学的这个学习班却评定为"差",对照评定标准,这个"四类"的评定,恰恰说明在当时恶劣的政治氛围下,父亲坚持了讲真话、实事求是的原则,保持了一个优秀教师和真正学者的本色。当年的"差",今天看来应该也是"特优"吧!

　　自从"文化大革命"开始以来,一次又一次的冲击,父亲的内心是痛苦而压抑的。这在他的《日记》有所反映,如在学习班时记有:"上、下午劳动,我在家,心上还是不愉快,何时可了";"杨提到八大兄弟事,心上很不愉快"。还有一种方式,就是在父亲的笔记本中,大部分是抄录的语录、文件要点,或者记录的开会发言等,但偶尔有他自己写的一小段话,可以看到他的内心世界,我集中起来抄录几段如下:

　　1969年,余病时想普希金的诗,大意为:
　　　有情人,萦怀往事,

往事如幽灵，

对一切都成幻影，

记忆有如毒蛇，

咬着悔恨的深心。

病中，想起莎士比亚的"暴风雨"中：

我们的宴乐已完毕了，

这些演员，我曾对你说：

都是些幽灵，在稀薄的氛围中融冶，

像无实质的幻象，

这高耸入云的塔，

这华丽的宫殿，

这庄严的庙宇，

这泛大的宇宙。

它的一切，都要消灭于无形，

像这样空虚的宴乐一样。

在病时，想到浮士德的话：

为了这理想，

我忠心耿耿，

我没有虚度年华。

我明白，

全世界最后的结论：

只有每天为生命和自由战斗的人

才配得到自由和生命。

　　父亲是一个很有文学情怀的历史学者，他凭记忆写的普希金等人的作品是否准确？出自何处？我没有查考，因为我想他是借用这些作品来表达自己矛盾而复杂的内心感受。重要的是它是一种"心声"，这些话是否准确、出自何处

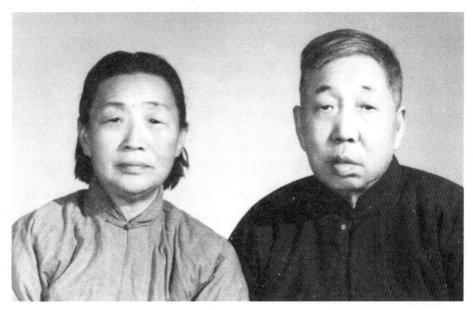

阎宗临夫妇合影（1970 年）

并不重要。

1970 年是以战备为工作重点的,仿佛世界大战即将爆发,要"备战、备荒、为人民",要挖防空洞,要疏散群众。9 月 4 日,学校通知父亲,作为安置干部要疏散到清徐县集义公社集义大队。第二天,光荣榜上就有名了。对于举家迁往农村,父亲心理上还是能接受的。他出自农村,本来就对农村有种天然的感情。在 1966 年"文化大革命"开始后,学校里乱哄哄的,大喇叭整天呐喊不断,或者播放语录歌曲,不时还会敲锣打鼓,庆祝新的"最高指示"发表,或者抓人游街。有一天,父亲颇有感慨地对我说:"要是农村有房子搬去住,就好了。"现在这个愿望就要实现了。父亲唯一担心的就是年方 14 岁的小弟弟守扶不愿去,所以,他竭力给守扶讲农村的好处。我们家要离开山大迁往农村的消息传开,山大的熟人纷纷表达了善意。例如,集义村是山大附中校长张键的老家,光荣榜一出,当晚他就来看父亲,让父亲不必担心,到了村里,他的亲属会很好地关照父亲的。司机张国兴师傅也来家里说:他会开车送我们家到村里。行前,有事用车,他都可以帮助。可是母亲和我商量,父亲毕竟年纪大了,身体又不好。当时有政策,安置干部可以住在县城,县城的医疗条件毕竟要比农村好。父亲最好是能安置到清徐县城。于是,我到山西大学留守处办公室说明我们的要求,留守处给开具了一份介绍信,信是这样写的:"清徐县革委会:兹证明,我校教师阎宗临为安置干部,因本人年老多病,希望能够予以照顾。"我拿到介绍信后,就到清徐县,找到负责安置工作的县武装部政委,说明父亲的情况,希望能安置在县城,政委点了点头,让人查一下安置干部的名单,却找不到父亲的名字。政委想了一下,对我说:"山大一定搞错了,把你父亲放在疏散群众的名单里了。你回去找学校吧!"我回来后,母亲去找了负责疏散工作的领导。不久,通知父亲:今冬可以不走,以后再说。这已经是 11 月的事了。当然,以后也没有再提疏散到农村的事。只是,学校明明认定父亲是"安置干部",怎么就当一般群众疏散了呢?问题出在哪里,就不得而知了。不过,这件事情至少说明:不论学校领导是不是把父亲作为"安置干部",起码是作为"人民群众"了,不再是有"问题"需要审查的人,否则,不会让父亲离开学校的。

从 1970 年到 1973 年 10 月父亲股骨颈骨折之前,这 3 年多,在整个"文化大革命"期间,是父亲生活比较平静的时期。

在这 3 年多的时间里,父亲得以认真的治病,主要是到省中医研究所进行针灸治疗。父亲当时的病就是现在所说的脑血栓形成后遗症,左侧有点偏瘫,行动不便。没有什么特效药。除针灸、服用常规药品外,经常在母亲的搀扶之下,到户外散步,进行恢复功能的锻炼。作家韩石山在他那篇动人的散文《薄暮中远逝的身影——回忆阎宗临先生》一文中,描述了他在大操场看到父母亲相互搀扶着散步的情景:"初冬天气,凉风乍起,薄薄的暮霭中,远远地看到两位老人互相搀扶着,依偎着,沿着跑道,如同一人似地踽踽而行。我是从操场北半部穿过的,纵然视力不好,还是一眼就认出这两位老人,是阎先生和阎师母。"韩石山说:"在我看来,这是人世间最美的一幅画面。我一面走,一面看,直到他们的身影在越来越浓的暮色中,消失在操场的那头。"父母亲搀扶着散步,在那个肃杀的年代里,也是山西大学校园里的一道风景线吧!

父亲在处境稍微好转之后,就写信问候他经常惦念的恩师梁漱溟。"文革"前,父亲只要去北京,就会去看望梁漱溟。1963 年梁漱溟作为全国政协委员到太原视察,父亲带我到迎泽宾馆看望他,并请梁漱溟来家里吃便饭。1972 年3 月 5 日,父亲写了从"文化大革命"开始以来给梁漱溟的第一封信,致以问候,并讲了自己的情况。梁漱溟很快回信,写道:"数年不见,得手书甚欣,弟等情况

都好为慰。"信中还详述了自己
家庭的情况,其中写道:

> 愚于六六年八月
> 经红卫兵抄家,书物尽
> 失。七〇年至七一年,
> 承领导代为寻找,前后
> 三次有所发还,特别是
> 我手稿、日记、笔记、亲
> 友信函均得归还,最为
> 满意。

梁漱溟信中还告诉父亲,在
"文革"初期被赶回老家广东乡
下的黄艮庸夫妇现已回京,他们
"居乡七年,生活清苦,健康却
佳",父亲听到这个消息,很高

阎宗临与冯振合影

兴,父亲与黄艮庸是患难之交,在广州解放前后,我们全家寄住在他的家乡,渡
过了战争的难关。在给梁漱溟的回信中,父亲说想给黄艮庸"寄点微款(后来寄
了 100 元——作者),使他生活稍有安定,以表我的微心",请梁漱溟转交。同
时,也请转达在黄艮庸夫妇方便时来太原小住的邀请。

这年 10 月 5 日,广西师范大学的冯振漫游大江南北,从北京来到太原,住
在儿子冯郅仲家。冯振在北京时,曾与梁漱溟"晤会三度,同饭同游"。8 日,他带
着孙女来山西大学看望我们全家,父亲见到冯振也非常高兴。抗战时期,我们
在广西逃难时,父亲的这位老大哥,对我们全家多所关照。冯振为这次会见还
写了一首诗:

太原晤阎宗临

意外逢君到太原，卅年回首总销魂。

蒙山夜走仙迴道，烂漫诸雏已抱孙。

抗日战争时期，蒙山沦陷，我与君全家仓促避难昭平仙迴乡。君子女五人，

总共年龄不满十五岁，现俱已婚嫁，且抱孙矣。

　　父亲告诉梁漱溟，在太原见到冯振，"冯公来，大出意外；冯公去，大为追念"。这一年，父亲恢复了和老师、老朋友的联系与交往，真诚的友谊，在浩劫之中并未磨灭，这是圣洁而与天地长存的。

　　1972年，北大、清华通过推荐选拔从工农兵中招收学员的方法在全国各高校推广，山西大学也迎来了第一批工农兵大学生，校园里又热闹起来。1973年5月14日，学校领导到家里告知父亲，经研究，任命父亲为历史系系主任，父亲没有推辞，欣然接受这项职务，一直担任到父亲逝世。这是父亲在历史系第三次出任系主任了。

　　"天有不测之风云，人有旦夕之祸福。"1973年10月初，父亲在家中不慎跌倒，股骨颈骨折。当时，气候寒冷，暖气还没有来，骨折同时并发肺部感染，发高烧，只好送到山西医学院第二附属医院住院治疗。骨科主任胡世保是我二嫂的表姐夫，医术高明，人也很好，又有点亲戚关系，对父亲还是很关照的。住了一个单间的病房。本来股骨颈骨折是可以通过手术治疗的，由于父亲的身体状况不宜手术，重点是要消炎，把高烧退下去，骨折处只能是牵引固定。住进医院，主要是由母亲和我看护，母亲全天在医院，我每天值夜班，让母亲休息，白天我回家休息。

　　父亲大概住了将近两个月医院，骨折处由于没有手术，逐渐形成一个假关节，即软组织把骨折的地方包裹起来，不再疼痛，但也不能吃力，行动必须挂双拐，而且由于左侧偏瘫，还要有人扶持，进行功能恢复的锻炼。出院回家以后，父亲主要的任务就是与疾病作斗争。每天，我们把他从床上扶起来，转身座在藤圈椅上，进餐，读书，挂双拐锻炼，精神好的时候，还搞点翻译。从此，父亲再也没有出过家门。

　　虽然"文革"还没有结束，父亲在政治上的处境已经好多了，但由于股骨颈

宗临弟：数年不见，得
手书甚欣，弟等情况都好为慰、
冯公到京照看三段、同饭同游凡
我身体精神既见之为欣转告
于弟、无烦为说、内人不免年老
有病盖廿我三岁、点七十有七矣。

弟共结活动理家次见培此在
党中央国际联络部工作、媳及
育一子女甚婦原为一同居者、
今同在五七干校、为东同京大兄
培宽去婦暨孙辈　雏在京因

今同在五七干校、为东同京大兄
培宽去婦暨孙辈　雏在京因
工作關係在西郊住、东得与我同

住、民庸培昭去婦居乡七年矣、
生活清苦、使康却佳、望上進、用
答錦溪马于六年八月經红街
兵拢家書载道失七○年五七一年
承領导上前後三次書所發還、特
别是我于稿、日记、筆记、就友信函
均得婦還、最为滿意甚好不盡、
爱問双安、犹辈社念、 漱冥　同叩

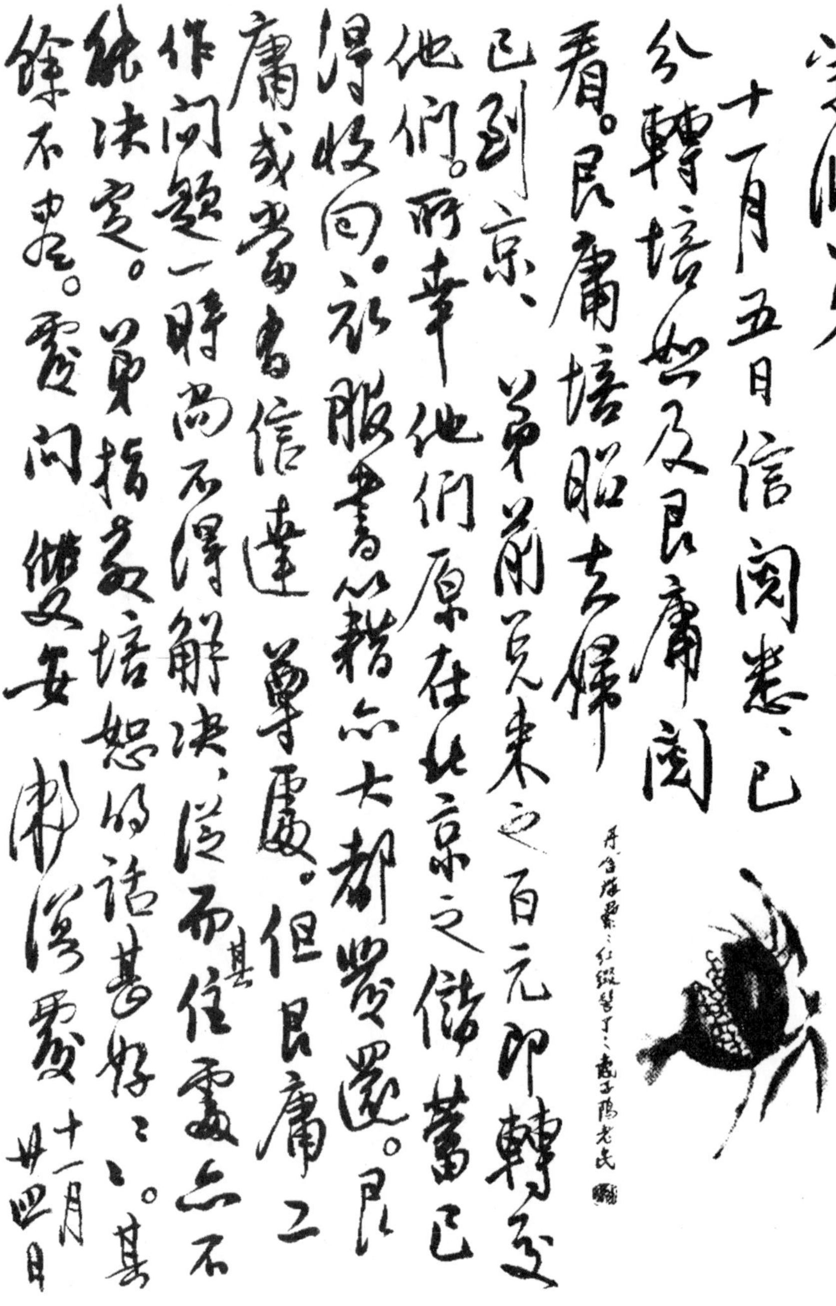

宗临弟：

十月五日信阅悉，已分转培恕及艮庸阅看。艮庸培昭去归已到京，弟前寄来之百元即转交他们。所幸他们原在北京之储蓄已得收回，衣服书籍亦大都买还。艮庸或当有信达弟处。但艮庸之工作问题一时尚不得解决，從而甚住处亦不能决定。弟指教培恕的话甚好甚好。其余不尽。霞问

双安

漱溟 十一月廿四日

梁漱溟致阎宗临书信之二

宗临弟：来信因误投、收读甚迟。

三月十日信收读、相片

亦皆收得。民庸问题全

解决、送一月份起工资照全

发、唯现费住民兰级

部宿舍内尚未觅浮固

定住址。莫来信容即

转彼作覆。恕先势者

来辛废、南游沪、苏、

杭、转同河南干校、临行

时勇刘我说"阎兄生信不

好答覆"云云。其实不然、即

便安！颂

继辈均好 ０月十日

渐渐树长呈上

梁漱溟致阎宗临书信之三

313

骨折带来的病痛的折磨却加重了。这时,邻居家的一个名叫王立新的小女孩,常来家里帮母亲做点事,和父亲说说话,父亲很喜欢她的天真与善良,在她过生日时,送给她一本世界地图作为礼物,并且在扉页上写了这样一段话:

> 立新小朋友,在你的生日,送你一册世界地图册。你看我们的世界多可爱,我们的朋友遍天下。你要好好学习,天天向上,做个新中国的好儿童。赠王立新
>
> 阎宗临,1974 年 11 月 17 日

转眼间,40 年过去了,立新一直珍藏着这本地图,现在已是一名优秀的中学化学老师。她说:"我要做一个像阎伯伯那样正直的人,不怕困难,永远努力学习。"从父亲的题词中,我们可以看出,他相信这个世界是美好的,祖国是美好的,青少年的前途也是美好的。我想,一个坚强而有信念的人,精神世界是广阔的,即使他在经历艰苦的磨难和痛苦熬煎时,也不会丧失对美好的感受和对未来的希望,父亲就是这样的人。

阎宗临坐在藤椅上读书

1976年10月,"四人帮"被粉碎,父亲和全国人民一样,欢庆这伟大的十月的胜利,"文化大革命"至此也就收场了。父亲的身体状况却并未好转,视力越来越差,经检查,是白内障造成的。现在白内障并不是大问题。40年前,还是个不好解决的问题,要等到白内障完全成熟,也就是完全失明,才能进行手术。而且,对于父亲这样的身体状况,手术是有一定风险的。1977年5月间,父亲第二次住进山医二院,做白内障手术,这次手术持续了两个多小时,医生说,手术很困难,因为父亲的头总在不由自主地晃动。手术的效果还是好的,出院时,父亲已经重见光明了。11月,政协山西省第四届委员会第一次全体会议召开,父亲接到会议通知,已不能出席,只能请梁鸿飞代笔致信会议,表示祝贺。

大概白内障的手术使父亲的健康状况受到影响,在1978年8月底,父亲因肺部感染又发高烧,第三次住进二院,还是母亲和我日夜陪护。国庆节之前,父亲一再要求出院,经医生检查,身体各项指标正常,唯有白细胞数量偏高。医生的意见是再观察一段,父亲坚持要出院回家。回到家里不久,就失语了,不能说话,视力也不行。父亲有时用笔在纸上写字,很难辨认,有些话可以看明白,给我们印象最深的就是他写道:"我要做一个有用的人。"父亲逝世是10月5日上午10时左右。临终时,我在床边,父亲最后一个动作,是用手指了指窗户,开始我以为是让我把窗帘拉上,我还没有行动,父亲就不行了。父亲这个动作的意思是什么?我始终不明白。

3 父亲逝世之后

父亲逝世后,学校领导到家里来,表示慰问和悼念,并告知,父亲的追悼会在历史系教室举行,由校革委第三把手(一位工宣队干部)致悼词,并让家属有什么要求可以提出。当时,我的两个哥哥、嫂子和姐姐都回来了,大家一商量,觉得父亲的后半生都贡献给山西大学了,他的后事就这样草草办理,有点说不过去。二哥刚从西安过来,他说:"听说西安军医大学一位教授,逝世之后,被追认为共产党员。父亲在1956年就申请入党,既然让我们提要求,我们就要求追认父亲为共产党员。"二哥的这个提议,得到大家的赞同,于是,我写了一份关于要求追认父亲为共产党员的书面材料,交给校党委。校党委在讨论时认为,父亲一贯表现很好,德高望重,够共产党员的标准,问题在于雷锋、王杰可以追认,知识分子也可以追认吗? 有这样的疑虑,不难理解,因为"四人帮"虽然粉碎,"文革"已经结束,但还在"两个凡是"期间,对知识分子的歧视依然存在。因此,校党委难以决定,就打报告向上级请示。据说,第一次请示报告送到省委文教部部长那里,他的批示是四个字:"按党章办。"山大党委又讨论,认为党章也没有讲知识分子能不能追认啊。于是,又一次打报告请示,这次报告递到主管文教的省委书记王大任那里。据我所知,大任书记批示了三点:一、根据我对阎宗临的了解和他在知识分子中的影响,我个人同意追认;二、他的追悼会要在双塔寺烈士陵园召开;三、要由学校的一把手致悼词。省委书记表态了,追认党员的事就不成问题了,"阎宗临先生"也就改成"阎宗临同志"了。在双塔寺烈士陵园召开的追悼会规格很高,省委、省政府、省人大、省政协都有领导参加并送了花圈,山西大学的教职员工对此也很满意。会后,父亲的骨灰盒安放在烈士陵园。

父亲逝世后被追认为共产党员,在当时是一件很有影响的事。《山西日报》1979年1月5日刊发了题为《经中共山西省委文教部批准阎宗临同志被追认为中共党员》的近千字的报道,对父亲有很好的评价。其实,父亲已逝,这件事更重要的是对知识分子的态度。有不少人问我:"你父亲临终前提过入党的要求吗?"我可以明确说:"没有。"我们在父亲逝世后提出"追认"的要求,直接的出发点就是对学校关于父亲后事安排的不满,给领导出个难题。这种草率的安排,反映了对知识分子的漠视。但我们的要求并不违背父亲的意愿,我现在能见到的是1956年父亲写的《历史自传》,最后确实提出了入党的申请。据说1960年还提过一次,但我没有见到他的申请书。此后,组织上没有人同他谈此事,他也就不再提了。纵观父亲一生,他是真诚的拥护共产党,拥护社会主义的,尽管他在"文革"中受到冲击,饱尝痛苦,这种政治态度并没有改变。

父亲逝世时的省委书记王大任是我非常敬重的领导干部,也是父亲多年的朋友。王大任1937年参加革命,抗战时期和解放战争时期都在军队工作。解放初,曾任中共太原市委宣传部长、市委书记兼市长,父亲当时是太原市人民代表,大概是开会时认识的。1958年后,王大任任山西省委书记处书记、常务书记,一直分管宣传、文教方面的工作。王大任有很好的学养,思维敏捷细致,待人态度和蔼,和知识分子的关系很好。我第一次见到王大任,是在 60 年代初,他曾到我们家里,也许是要看看父亲的居住条件,到了各个房间,我的房间里有一个很大的壁橱,他走进来时,顺手拉开壁橱的门看了看。一般人不会这样的,这一点,给我留下了深刻的印象。他走后,父亲才告我,他是王大任。1962年,《巴斯加尔传略》出版后,父亲让我到邮局给王大任寄一本。我问父亲:"你怎么不自己送去呢?"父亲说:"我不能去啊!前些时候,我去看大任,聊了一会。回来,刚进校门,就碰到学校的一个领导,问我:'宗临,去哪了?'我告他,去看了看大任。他马上很严肃地问:'大任说什么了?'我说:'没说什么,随便聊了几句。'所以,我想,我以后也不能再去大任那里了,他要问起我学校的情况,我也不知道该说什么好。"从这件事我知道父亲和王大任是有点私交的。

我第二次见到王大任,大概是上世纪七三、七四年,当时我在省委政策调查研究室(简称调研室)工作。"文化大革命"开始,山西省被打倒的走资派主要是卫(恒)、王(谦)、王(大任),王大任也是父亲在病中常惦念的朋友之一。父亲和我说过:"不知道大任现在怎么了。"70 年代初,王大任复出任省委书记。有一次,省委在迎泽宾馆开会,调研室一位和王大任很熟的老同志带我去见他,我转达了父亲对他的惦念之情,他在详细地询问了父亲的情况后说:"你父亲是一个很好的学者,我们认识多年,代我问候他。"我回家告诉父亲,父亲很高兴。王大任在群众中的威信很高,大家都亲切地称他为"大任书记"。父亲逝世后,我在向山西大学党委提出要求追认父亲为党员的同时,也给大任书记写了一封信,告知此事,托调研室的同志转达。第二天,大任书记就派调研室的同志乘吉普车到山西大学给我送来了他的回信,回信是这样写的:

守诚同志:

　　昨知宗临同志不幸病故,不胜怀念,谨致吊唁,并请代向你母亲致以诚挚的慰问。

　　由于大家熟知的原因,几年来未能完全恢复"文革"前和你们家庭的情谊。你父亲病重我又不在家,也未得知,加之近年来省委工作繁忙,自己也不会调整工作时间,老朋友的病故,我未能尽应尽之谊,实为遗憾,特致歉意。

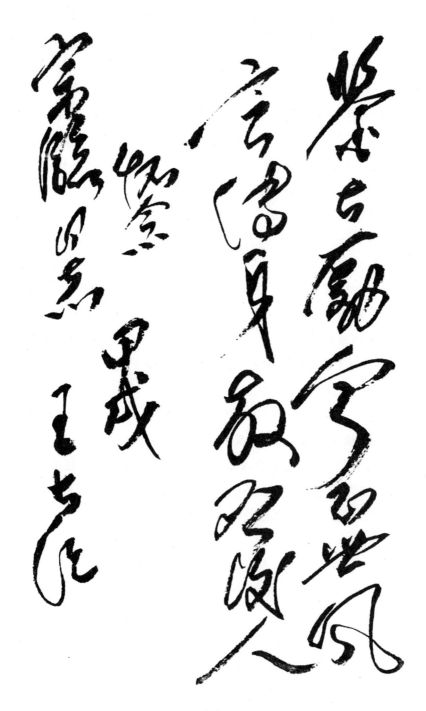

王大任题词

你们兄弟姐妹的申请与心意，我深为理解并愿支持，已将原信转给组织上郑重议处。望你们朝气蓬勃、健康成长！

　　谨此

　　　　　　　　王大任　78.10.8 夜

　　大任书记这封情真意切的回信，使我们全家都深为感动。后来就有了他在请示报告上的三点批示。其中第一点批示表明大任书记同意追认是从如何看待知识分子的高度来考虑这个问题的，反映出他独到的政治眼光和高超的政策水平。

　　1979 年底，大任书记调到吉林省任省委第二书记，后来是吉林省顾问委员会主任。大任书记到吉林后，我们还有书信联系，现在我还珍藏着他写给我的 6 封信。姐姐守和到吉林帮助做人参糖浆，也去看望过他，给他留下了很好的印象。1988 年，父亲逝世十周年时，大任书记给我写了封信：

守诚：

　　十月令尊逝世十周年，送上一幅挽词，并候令堂及阖家康泰。

　　他过世十年，音容笑貌犹如昨日，一生治学为人，值得永铭。盼你们承志向前，奋发有为。守和归否？久未信息，念念。

　　　　　　　　王大任　八月廿八日

大任书记的题词是：

　　　　鉴古励今正世风
　　　　言传身教启后人
　　　　　　怀念
　　　　　宗临同志
　　　　　　甲戌　王大任

上世纪 90 年代,父亲的《阎宗临史学文集》出版,能够得到三晋文化研究会的资助,也是因为有大任书记的支持,他是研究会的顾问。大任书记在给我的信中说:"为父出书是件好事。看到目录和后记,很赞赏,希望成功。"他给我的信中还说过:"我与令尊从一九五三年起相识,友情甚笃。"一位老干部和一位老学者之间的真诚友谊,没有受到极"左"思潮的干扰而保持了数十年,这是很珍贵的,也是令人感动的。

父亲逝世后,他的恩师梁漱溟写来一封吊唁的信,全文如下:

> 顷接讣告,惊悉好友宗临兄竟先我而去世,曷胜悼念之至。宗临早年一度从我于山东曹州高中,末后同处桂林国专校内,又后则与黄艮庸同在广州中山大学。今艮庸亦已故去两年多,独余老朽于此。吾今八旬有六,脑力体力俱衰,十分健忘。知承关念,附告。复问佩云贤嫂守胜诸侄节哀顺变,一切平安!
>
> 梁漱溟敬复 一九七八年十月十六日

1978 年 12 月,我到北京,看望过梁漱溟,他待我很亲切,给我讲了一些治学的道理,并送我他写的《中国文化史要义》,在书上题写:"守诚贤侄存念 漱溟持赠。"这本书是 1949 年 11 月的初版,非常珍贵。80 年代初,我在北京时,也去看望过太老师几次。1980 年,太老师给我写过一张"淡泊明志,宁静致远"的条幅;1984 年,又写了一幅"静以修身,俭以养德"的条幅,这些话都出自诸葛亮写给儿子诸葛瞻的"诫子书",太老师借用来给我以教诲,是把我当作子侄辈来关心的,我一直铭记在心,不断完

梁漱溟送阎守诚《中国文化史要义》

善自己。

父亲后事办完之后，我曾写信禀告巨赞法师。法师寄来了他写的一首诗：

悼阎宗临教授

桂林旧友半凋零，噩耗传来不忍听。

何事天公仍愤愤，我为文化哭君灵。

盖棺论定在生平，入党追崇事理明。

立懦廉顽人所望，应教遗著列争鸣。

巨赞呈稿

一九七九、五、廿四日于北京

抗战胜利后，父亲和巨赞法师在桂林分别，巨赞回到杭州灵隐寺。父亲到了中山大学。大约 1948 年，巨赞从香港来广州，在我们家住了一晚上。他说：在香港，进步人士称他为"民主和尚"。大约他正在为国家的和平、民主而奔忙。解放后，巨赞在北京，是全国政协委员，中国佛教协会副会长，常住西四广济寺。巨赞一直和父亲有密切的联系。1952 年，他到太原传达有关赴朝鲜慰问志愿军的情况，期间，就抽空到山西大学看望父亲。以后，由于他向山西中医研究所的周潜川大夫学习气功，常来太原，每次来，都要看望父亲。法师常来家里，为人又很平和，性格开朗，很健谈，所以，我们兄弟姐妹和法师都很熟。记得上世纪50 年代末，我上中学，星期六坐公交车回家，在车上就碰到法师去看父亲，我们一起往家走的。我印象，法师和一般僧人不同之处当然首先是气度不凡，其次，他穿的僧衣是用灰色薄呢子做的，显得更高雅一点。新中国成立后，父亲每次到北京，也必定到广济寺看望法师。法师常常陪父亲去看望桂林相识的朋友，如欧阳予倩、李任仁、陈绍先等。在"文化大革命"中，法师也难逃劫数，坐了几年牢，不过法师毕竟不同于常人，在狱中继续练气功，功力有很大的长进。

上个世纪 80 年代初，我在北京时，常去看望法师，他总是很高兴地接待。我印象最深的一次是 1982 年 10 月间，我刚参加完中国唐史学会组织的"河东

悼阎宗临教授

桂林舊友半彫零 噩耗傳來不忍听何事

天公仍憤之我為文化哭君靈

蓋棺論定在生平入党追崇事理明立懦

廉頑人所望立教遺著列争鳴

巨赞呈稿

一九七九·五·廿四日于北京

巨赞法师手迹

两京历史考察",在陕西、山西、河南三省走了许多地方。我告诉法师,我们沿途看了许多庙宇,法师笑着说:"你快成行脚僧了。"法师问我对哪里印象最深,我说:"山西的玄中寺。我们乘车在交城山中行走,沿途青山绿水,风景宜人。车行至一个石壁前停止,下车后,只见四面环山,不见寺院。但沿石壁小道迂回上行不久,眼前忽然开朗,玄中寺就坐落在山谷之中,大有'深山藏古寺'的妙趣。玄中寺是净土宗的祖庭,寺院依山而建,庭院不大,但很精致、清净。"法师点了点头。那天,我问了法师一个问题:"真的有西方极乐世界吗?"法师没有正面回答,只是笑了笑,反问道:"现代科学不是证明地球外还有生物吗?"离开法师后,我想,我问了法师一个冒傻气的问题。同样冒傻气的问题,我还问过饶宗颐。我陪先生去中国文物研究所的路上,在车里闲聊,我问:"人的命运是不是有定数?"先生也没有正面回答,只说了一句:"我是有信仰的。"问这些问题时,我虽然过了"知天命"之年,但生性愚钝,没有能知天命,所以遇到大师级的人物总想问一问。后来我明白了,这些问题的答案,不需问别人,全在你自己,信其有则有,信其无则无。唯物主义的回答是"无",如果你回答"有",未必就错。因为信其"有",至少在你顺利时、得意时,会有所戒惧;在你痛苦时、失意时会有所解脱。

我最后一次见法师,是他病重住在友谊医院。他住的病房很大,有位小和尚陪侍。法师已经不大说话了。巨赞法师对我们两代人都很好,在我心目中,他既是一位得道的高僧,也是一位亲切的长辈,我深深地怀念他。而今,法师早已圆寂,而他"应教遗著列争鸣"的期望,已经实现,这是可以告慰法师的。

父亲逝世之后,在春节前,母亲大病一场,是多年来积劳成疾,也是失去父亲感情上的重创所致。好在有惊无险,过了春节,随着春天的来临,母亲的身体也渐渐康复。

母亲自1945年抗战胜利后,辞去了无锡国专的讲师职务,一直没有工作,主要是相夫教子,成为专职的家庭主妇。抗战时期,特别是逃难中,母亲经历了种种苦难。在广州时,自己种菜,补贴家用,母亲独立承担起繁重的家务劳动,在清贫的生活中,任劳任怨、含辛茹苦地把我们兄弟姐妹抚育成人,也使父亲得以安心工作。新中国成立后,虽然我们都已上了中小学,母亲也没有再参加工作。母亲除了做家务以外,还很关心公益事业,她在很长时期,担任山西大学家属委员会的成员和主任,上世纪 50 年代初,还当选为太原市南城区的人民代表。我记得,当时学校的小报上有人写了一首赞扬母亲的诗,可惜找不到了。母亲也很好学,也是在上世纪 50 年代,母亲曾参加学校组织的俄语夜校,她的口语和笔试成绩都比年轻教师好,大家很奇怪,后来老师才知道她有很好的法语和英语的基础,再学俄语,自然轻松多了。1958 年"大跃进"时,母亲发挥自己的专长,带领山大的家属办起了托儿所,她亲手制作了许多布玩具,如布娃娃、兔子、狗熊等,制作玩具的纸样,有的还是当年她从国外带回来的。托儿所办得很好,许多教职员工都把孩子放在这个非正式的托儿所。当然这个托儿所不过是"大跃进"中的昙花一现吧!但它却显示了母亲杰出的才能。

母亲为人真诚、善良、宽厚,有很好的涵养和见识,因此不论到哪里,她的群众关系都很好。母亲也很有才华,特别是绘画,可能是来自遗传吧!由于操持家务和带孩子,她没有可能发挥这一特长。我们小时候,在美术课上留的绘画作业,只要母亲给改上几笔,就能得好分数,这给我们留下了深刻的印象。母亲最大的爱好是看小说,她也很会讲故事,小时候生病,特别难受时,母亲就给我们讲《七侠五义》等小说里的故事,讲得特别生动,痛苦也就忘了。母亲实际是家里的主心骨,特别是在"文化大革命"中,母亲在家里的作用更加凸显出来。一方面,母亲要帮助父亲应对各种政治风浪。如,许多外调的人员来家里找父亲询问有关材料,母亲往往在一边陪同。母亲和父亲结婚后,一直在一起,父亲经历的人和事,母亲都很清楚,有时母亲会对父亲的回答加以补充和说明。而当有个别的调查人员非分诱导、态度恶劣时,母亲也会协助父亲据理力争,辨明是非。另一方面,父亲年老、体弱、多病,母亲无微不至地在生活上关照父亲,饮食起居,事事都考虑周全。父亲身体不适时,就陪同就医看病,父亲三次住院,都是母亲细心护理。而当父亲情绪不好时,母亲还会尽力劝解疏导。就这样,父亲在晚年,不论是"文化大革命"带来的痛苦,还是长期卧病所受的折磨,母亲的坚定、开朗、温柔、体贴都给父亲极大的安慰和支持。我常想,以母亲的学历和智慧,才华和能力,她原本是可以成就一番事业的,但为了这个家,她默默地、无私地奉献了自己的一切。母亲给予这个家的爱,给予我们的爱是博大而深沉的。在我们心目中,母亲是平凡的,也是伟大的。

1978 年,父亲逝世后,二姨从巴黎赶回来,和父亲的遗体告别。父亲的后事处理完后，由我陪同，二姨带母亲通过华侨旅行社到西安、成都、重庆，在重庆与姐姐守和汇合，再乘船过长江三峡到武汉，从武汉回到太原，旅游了一圈，以舒缓母亲悲痛的心情。

1981 年，在大哥守胜和大嫂童利泰的推荐介绍、具体联系下，北京大学西语系决定聘请二姨回来，做法语专业的教授，给了蔚秀园一套两居室的住房。这样，二姨结束了近半个世纪的海外生活，回国定居，并且邀请母亲来京与她同住。

也许因为我是学文科的，和二姨很能聊得来，接触是比较多的，特别是上世纪 80 年代初，母亲来京和她同住，我又在京参加隋唐经济史资料的编写，常去蔚秀园看望她们。据我所知，二姨在巴黎的生活并不富裕，特别是退休之后。由于二姨没有入法国籍，不能得到教授的职位，原本工资就不高，退休金是原工资的 40%，大约 1000 法郎左右，此外，还有所得税，每年占所得工资的十二分之一，也就是说，每年只领 11 个月的工资。在巴黎，她租住在两间小房子内，房租约占工资的十分之一。在家要自己做饭、自己洗衣服，出门要坐地铁，所以，她幽默地称自己是"地铁阶级"。退休后，她还在巴黎第七大学兼课，以增加收入。她在 1966 年、1975 年、1978 年回来过 3 次，每次回来的旅费，都是平时省吃俭用积攒下来的。在这次回国定居之前，她还把自己积蓄的 10000 法郎捐赠给北大西语系法语教研室，以购置教学与科研需要的图书资料。回来后，她有在法国的退休金，又有国内发的教授工资，生活自然比在巴黎滋润多了，我开玩笑说："二姨，你从地铁阶级变成'富婆'了。"她也很高兴。

二姨在教学和科研上，无论在巴黎还是回到北大都是很严肃认真的。在北大西语系她先后为本科生、硕士研究生开设法国报刊选读、法国诗歌、法国 20世纪诗歌、笔译等课程，并指导硕士生。二姨对学生既能严格要求，又善于谆谆教导；她细心指导研究生读书、掌握材料，不仅把自己的书籍提供给学生使用，并且设法从国外为学生寻找必要的参考书。在此期间，二姨还和青年教师一起从事中国古诗的翻译工作，通过翻译实践，帮助和指导青年教师在业务上成长和提高。二姨一丝不苟的治学精神，勤勤恳恳的教学态度，给青年教师和学生以深刻的影响，也赢得了他们的尊敬和爱戴。

我到蔚秀园二姨那里，常能碰到有学生在请教问题，就先和母亲说说话，等来人走后再和二姨聊天。有一次，二姨笑嘻嘻地拿出巨赞法师手书送她的一首诗稿让我看，并说："我和了一首，和法师开了个小玩笑，法师还不够彻底。肩轻何必再担愁呢？"前一天，母亲和二姨到广济寺去看巨赞法师，法师知道二姨擅长诗词，就写了这首诗①：

> 不婚不宦情如洗，独来独往无所求。
>
> 收拾乾坤归眼底，一肩担却古今愁。

二姨和的诗是：

> 庸庸万物心难洗，碌碌众生各有求。
>
> 过眼乾坤皆虚幻，肩轻何必再担愁。

看了诗以后，我说："二姨，你的诗前两句很好，尤其是'庸庸万物心难洗'，的确如此。后两句就个人而言，也很好。但你与法师不同，你管好自己就行了，法师却要超度众生，所以他的诗，不是说他自己，而是说作为僧人，要为天下人分忧解愁，才有'一肩担却古今愁'的诗句，法师有点'为人民服务'的思想呢！"二姨连声说："有理，有理。"

还有一次，我和二姨说起父亲在工宣队办的学习班中挨整情况，二姨说："工、农是人的两只手，知识分子是人的大脑，我就不明白了，怎么总有人要指挥自己的两手去打自己的大脑呢？！"二姨虽然在国外生活多年，对国内的政治运动并没有亲身感受，她的这个比喻，生动、形象，却也有深度，让我一直不能忘记。

1987年，母亲从北京二姨那里回到山西大学，那个她抚育6个子女成人的地方，那个陪父亲居住了28年并送他走完最后一段艰难岁月的地方。在那里她也亲眼看到最疼爱的小儿子娶妻成家，并和小夫妻俩住在一起。因弟媳宋若云学中文的缘故，所以常跟弟媳聊在广西时文艺界的朋友，如冯振的诗，尹曦

---

① 这首诗是巨赞法师《还斋吟草》中的一首，题为《一九七五年出狱后书稿》。

的戏,及与欧阳予倩、焦菊隐等人的交往,讲她在欧洲的经历和看过的老电影,其乐融融。还为弟弟未来的孩子起好了名字,叫海。她说,无论生的是男孩还是女孩,一定要有大海的胸怀。起名之后不到一年,小侄女阎海出生,18 年后考入父亲当年工作过的中山大学攻读生物技术专业,最近将负笈海外,这是后话。1989 年 6 月 5 日,母亲因骨折卧床导致肺心病加重而辞世,享年 81 岁。这一年是父亲逝世后的第 11 年,她骨折的部位和父亲当年一样。

1989 年底,二姨因病住在北大三院,两年多后,于 1992 年 2 月 6 日病逝,享年 87 岁。二姨晚年,主要由大哥、大嫂辛勤照料,虽然她一直未婚,长期漂泊海外,孤独地度过了大半生,但她最终还是回到祖国,得到了亲人的照顾,应该说,二姨安度了一个幸福的晚年。

二姨逝世后,我和弟弟守扶在太原永安公墓购买了两块墓地,把二姨的骨灰送回太原,将她和父母并排安葬在一起,让他们常相为伴,不再寂寞。遥想 1934 年,他们 3 人一起乘船远赴欧洲留学,50 多年后,他们 3 人又一起长眠于故乡的土地,这真是一个无言而颇富传奇的结局。在安放 3 人骨灰时出现了奇特的一幕场景。据弟媳描述,当他们夫妇带着小女儿——父母唯一的孙女,在陵园挖开预留的水泥墓穴时,发现一只碧绿的青蛙守护在空穴角落,同时飞来一只艳红的粉蝶,在墓边绕飞一圈后,款款飞走,令挖墓工人啧啧称奇。

父母亲和二姨安葬在太原后,我们兄弟姐妹和亲属,常常会回去给他们扫墓。20 年后,2012 年 12 月,扫墓的人里增加了一位瑞士弗里堡来的女孩,她就是我们访问弗里堡时接待过我们的弗里堡大学历史系的柯莱特小姐。她的博士论文写的是 20 世纪弗里堡大学的中国留学生,在 100 多位留学生中,父亲是她掌握材料最多、最佩服的一个。她为研究父亲下了很大功夫,收集了不少材料。我在写父亲的传记时,也常常通过电子邮件和她交换材料,讨论问题。外国学者研究一个人,总希望到这个人的出生地和去世的地方看看。柯莱特也不例外。经过一段努力和安排,她的愿望终于实现了。

12 月 15 日,我们陪同柯莱特回到了父亲出生的五台县中庄(座)村。前一天刚下了一场雪,车过五台县城后,高峻巍峨的五台山为皑皑白雪覆盖,车沿山间公路盘旋上行,壮丽的景色和紧张的情绪,时刻在眼前和心头缭绕,柯莱特很有感慨地说:"这里很像瑞士雄伟壮观的雪山风景。"到了村里,这个偏僻

柯莱特在阎宗临夫妇和梁佩贞的墓地

的山村大概从来没有来过外国人，大人小孩都跑出来围观，争着和她照相。柯莱特看到了父亲出生的小院，也看到了整个村子的情况，她深有感触地对我说："来到这个村庄，我就更能理解你爸爸的人生和他写的《大雾》了。"在太原时，住在山西大学，我们带她看了我们家曾经住过的地方，并和历史系的研究生、年轻教师进行了座谈，她介绍了父亲在弗里堡大学读书、工作的情况。我们还同她一起去永安公墓为父母亲和二姨扫墓。柯莱特是个细心的女孩，特地从瑞士带来了弗里堡薄基莹教堂的红烛，这个教堂是父母亲举行婚礼的教堂，她说：点燃这个教堂的红烛，在红烛前许的愿都能实现。我们给父母亲和二姨的墓碑挂上了红色的杜鹃花环。杜鹃花在瑞士很多，也是父亲生前最喜欢的花，点燃了柯莱特带来的红蜡烛，她庄重的合掌低头用法语念念有词地许愿。我虽然听不懂，但我相信，父母亲在天之灵一定能听懂。再想一想，父母亲生前很想念他们的第二故乡弗里堡，很想回去看看，这个愿望始终无法实现。而在他们逝世20多年后，一位在弗里堡出生和长大、并且在弗里堡大学学历史的女孩，她既是父亲的"乡亲"，也是父亲的校友，还是父亲的"粉丝"，带着弗里堡的红烛和风尘，不远万里，来为他们许愿、扫墓，有这样的奇缘，父母亲和二姨的在天之灵都会感到欣慰。

十五　我的兄弟姐妹

　　1943 年,万仲文在给父亲的专著《欧洲文化史论要》写的序言中,讲到父亲对于学术研究那种坚苦卓绝的精神与平实精详的风度时,还讲了这样一件事:"记得有一次我和他闲谈,自然又谈到米价的高涨,小孩子的多产,谈到我们生活的困苦。而他却很幽默地笑着说:'怕什么?人家囤积米,我们囤积人,看将来是米吃人还是人吃米?'一时传为侪辈间笑谈的佳话。"万仲文讲这个话之后,不到一年,我们家又添了一个小妹妹。我最小的弟弟是 1956 年 8 月出生的,因此我的兄弟姐妹加上我一共是 6 个。

　　记得 1988 年,大哥守胜在北大物理系晋升为教授,写信告诉母亲,我去山大看望母亲时,母亲很高兴的拿出大哥的信让我看,并且深有感慨地对我说:"要是你爸爸在,听到这个消息不知道该有多高兴!"子女身上寄托着父母的期望,父母总是为子女的成就由衷地高兴,子女的成就中也包含着父母的艰辛和奉献。古今中外,概莫能外。我想起法国作家小仲马写出《茶花女》后,名声大振,他的父亲、法国著名作家大仲马高兴地对他说了一句笑话:"我最好的作品就是你。"这句笑话也有一定的道理,它说明,子女是父母生命延续的一部分。

　　时光荏苒,父母双亲离我们而去已经二三十年了,我的兄弟姐妹,除弟弟守扶还在工作岗位上,其余都已退休,步入老年。我想在这里把他们的情况做一个简单的介绍,以告慰父母双亲的在天之灵,同时,回忆一下父母亲对我们

329

的教育。

1 兄弟姐妹

大哥守胜,1938年4月生于武汉。他是北京大学物理系教授,博士生导师,享受国务院颁发的政府特殊津贴。从1999年至2007年兼任中国物理学会《物理》杂志主编。从2003年起兼任物理学名词委员会主任。

守胜从小学到中学学习一直都很优秀。由于抗战的原因,小学是到广州石牌中山大学后从三年级起上的。父亲细心地保存了守胜的一本用毛笔写的寒假日记。老师的评语是:"你的日记写得很好。小学生有此国文程度,的确应该嘉奖。甲+";守胜还被临时指派,代表附小参加过中山大学的校务会议。当主持人点到附小时,看到站起来的是个稚气小学生,大家都善意地笑了。与会的父亲(历史系主任)既高兴也十分意外。守胜1956年毕业于太原五中,以全省第一的成绩考入北京大学物理系。这里有个小小的插曲:高考阅卷后,有位老师核对高考总分时,意外地发现一个学生各科成绩都很优秀,只有物理得了百分制的2分,他感到奇怪,于是查阅了考卷,原来这张考卷只扣了2分,得分应为98。这个考生就是守胜。这点失误,差点使守胜与北大物理系擦肩而过。守胜选择了物理,物理也选择了他,与之终身相伴。

1960年,由于物理系发展的需要,守胜被选中提前毕业,留在系里当老师。系里交给他的任务是筹建低温物理实验室。他和同事们在三间平房里安装低温实验室用的氢液化气。一天,由于阀门漏气,氢气中混入了空气,压缩机的三级盘管连带水箱爆炸,站在水箱前面的守胜,从爆炸声中清醒过来时,只见对面墙上布满了子弹大的碎铁块,他才知道死亡已经和他擦肩而过,他站的位置恰好使他幸免于难。他觉得大概上天留下他,是让他继续从事低温物理的实验。经过3年的努力,实验室已经开始取得一些成绩。但"文化大革命"的爆发,打断了刚刚走上轨道的实验工作。1969年,守胜到江西鲤鱼洲干校劳动,染上血吸虫病,经过认真治疗,才得以安然无恙。

1974年学校开始有了一些教学活动,守胜编写了油印本的《低温物理实验技术》讲义。他清楚地记得当了一辈子大学教授的父亲拿到后高兴的样子,可惜后来子女们的正式出版物父亲都无缘看到了。

粉碎"四人帮"之后,在改革开放的新时代里,有了出国工作进修的机会。1978年秋,父亲病重,家信中附有父亲用铅笔写的"叫守胜回来"的字条。为陪伴父亲,守胜错过了第一批出国的机会。也许是父亲的护佑,晚了一些出国的守胜,1980年3月到了当时世界上最好的美国康奈尔大学的低温物理实验室。守胜一直重视英语的学习,即使在"文革"的动乱中也没有放弃过,因此,到出国时,他在语言方面的障碍相对较少,这是难能可贵的。在研究工作方面,守胜加入了著名物理学家D.M. 李教授领导的小组从事超流液体氦–3方面的研究工作,主要是在很低的温度下对超流氦–3高磁场下相图的测量,这是一项基础性的研究工作,要亲自下金工车间,车钳铣刨,从零件制作到搭建获得极低温的实验装置开始。康奈尔大学的低温组当时是国际上最强、最活跃的研究组,D.M. 李教授因氦–3超流新相的发现,1996年获诺贝尔物理奖。在康奈尔大学的经历,守胜认为对自己的研究和治学有重要影响,一是在极低温的实验技术上得到锤炼,有了本质上的提高;二是身处顶级的实验室,在研究的选题和品位上,有了切身的体验和感受。

虽然守胜知道在康奈尔大学这个实验室工作过的人,留在美国并不难,D.M. 李教授也告诉过他:"让你的夫人来吧,她是学物理的,我们可以给她安排工作。"但守胜却于1981年8月,在实验工作告一段落后,提前回国了。有人不理解,他平静地说:"那儿不是我的国家,待在那里我将不会快乐。把在那里的所学用于国内的科研与教学,才是我应该做的。"30年后,2012年10月,一位在美国的中国留学生,趁休假期间,专程从杭州家中到北京看望守胜,为的是受D.M 李教授之托,转达对守胜的问候。可见守胜在这位年过八旬的老教授心目中留下了多么深刻的印象。

回国后,在晶态材料铁锰铝合金中一个偶然的发现:低温下温度升高时,电阻率却反常地下降的测量结果,让守胜把研究的领域集中在无序对固体材料运输性质的影响上。尽管实验室的条件不如国外,他依然取得了丰硕的成果。守胜崇尚"总要有所作为"的精神,即使在条件很差的情况下,也要尽其所能,作出贡献。1982年至1984年的一批研究成果,就是在仅有一般教学实验室都具备的旋钮式电位差计和计算器的情况下做出的。其次,在勤奋努力的基础上，他崇尚独特新颖的想法。这样才能在差的条件下，或在竞争激烈的热门课题中做出有特色的工作。1985年，他在原有讲义的基础上写了《低温物理实验的原理与方法》一书（合作者陆果）。这本书出版时，正是国内低温物理发展的初期，由于有在康奈尔大学得到的最新、最具体实用的知识和经验的充实，以及著名低温物理学家洪朝生院士极为认真的审阅，这本书因此成为这一学科经典的教科书和参考读物，低温界有人称之为低温实验技术的圣经。1986年高温超导热兴起，守胜在多方面做了大量的研究工作，其中最突出的是有关高温超导材料正常态反常输运性质和低频噪声涨落(1/f噪声)随样品尺寸变化的研究，他的小组集中于国际上相对研究较少的方面，用独特的思路做出了很好的结果，多次获奖。

上世纪90年代初期，守胜又投入到国内刚刚起步的介观物理研究中，主要负责组织了1992年国内首次介观物理讲习班。他是国家基础研究攀登计划的专家组成员，多次应邀在物理学会理事会及其他场合做有关介观物理的通俗报告，并主编了国内第一本介绍介观物理的书籍。这些活动对推动国内介观物理的研究起了非常积极的作用。在介观物理的研究方面，守胜的小组主要关注超薄金属膜的弱局域电性和量子输运。2000年又开始涉足于锰氧化物巨磁阻材料电噪声涨落方面的研究，这些研究都得到很好的结果。1980年以来，守胜和他的合作者在国内外核心刊物和重要国际学术会议上发表论文百余篇，主持了多个国家自然科学基金项目。

在教学上，守胜长期讲授《固体物理学》、《低温物理学》、《低温物理实验技术》、《现代固体物理》等课程。他讲课清晰生动，体系新颖，富于启发，深受学生爱戴。这些年来，还为国家培养了近30名研究生。为了适应"教材必须现代化"的要求，守胜编写了《固体物理基础》一书。这本书的体例和内容都有很多创新之处，如，为了反映近30年来固体物理的新发展，他用无序、尺度、维度和关联四章来概括，就很有创见。这本书不仅获得2002年教育部优秀教材奖，而且著名物理学家冯端先生和金国均教授在他们的新著《凝聚态物理学》(2003年)中，把它与1960年代谢希德、1970年代黄昆两位先生的著作并列为国内这方面最重要的三本教科书之一，成为经典。2008年还出版了新作《现代固体物理学导论》，作为《固体物理基础》一书的补充和延伸。

阎守胜、阎守邕和阎守和摄于北京大学

　　除教学、科研外,守胜还积极推动国内低温物理的开展,并服务于物理学界。从 1983 年开始,他和中国科学技术大学及南京大学的同事一起,发起并组织了国内低温物理方面的系列学术会议。他参加的前 10 届会议中,有 7 次是他做的闭幕演讲。同行们反映,阎老师的演讲非常精彩,已经成为一个品牌,每次大家都很期待。

　　1999 年守胜出任中国物理学会《物理》杂志新一任主编,在他和编委会、编辑部全体的努力下,短短一两年,杂志面貌发生了很大的变化,成为在国内物理界很有影响的、深受读者欢迎的杂志。2012 年《物理》杂志创刊 40 周年,守胜获得了特别的荣誉证书,获奖词是:"阎守胜主编:您在任期内对《物理》定位、宗旨和风格的把握以及根据时事所做出的相应调整,对杂志今天在物理科技期刊的地位具有举足轻重之功,荣获特别贡献奖。"

　　现在,守胜虽然退休多年,已经年过七旬,作为物理学名词委主任,他还在为名词的修订辛勤工作,奔忙于两岸之间。

守胜兴趣广泛，多才多艺。他认为物理与绘画、书法、音乐等美的东西和创造性的工作，都是相通的，他常常会从艺术的作品中得到科研上的灵感。

大姐守和与守胜是孪生兄妹，守和是比利时鲁汶天主教大学营养及生物化学研究室研究员，山西大学和安徽农业大学的兼职教授。

守和毕业于太原六中，1957 年高考时，全校 200 多名考生，只有 3 人被北大、清华录取，守和是其中之一，就读北京大学生物系微生物化学专业。6 年的本科学习后，又师从沈同教授和张龙翔教授继续了 4 年多研究生的学习。在北京大学 10 年的学习，受到了很好的实验操作技术和分析与解决问题能力的训练，奠定了一个很坚实的自然科学基础，也深受爱国、进步、民主、科学的北大校风和勤奋、严谨、求实、创新的北大精神的熏陶，这些都给了她深刻的影响。

1967 年，守和告别北大，到上海工业微生物研究所工作，主要从事纤维开发和应用于新食品原料和纺织行业用橡子淀粉上浆后，剩余淀粉的利用问题，也就是说要筛选耐高温、耐高单宁度的菌种，以便于剩余淀粉转化成糖和酒精。这些工作都达到工业投产和通过鉴定的水平。1978 年上海成立食品工业研究所，守和改做新型饮料和保健饮料的研究工作。当时外贸部和中国茶叶进出口总公司为适应中美关系改善的要求，在上海试制中国速溶茶，守和是上海试点的主要负责人之一，与上海茶叶进出口公司、梅林罐头厂合作，试制了中国速溶红茶、绿茶、山楂补茶等产品，达到了外销水平。由于她出色的工作成绩，时任国务院副总理的姚依林亲笔给她写了表彰信。在此期间，为了帮助边疆贫困地区发展经济，提高农民收入，解决就业，特别是女青年的就业问题，应吉林省集安市的邀请，守和去那里工作了 3 年，根据当地特有的资源，开发和完成了"清音茶"(一种高效嗓音保护茶)、"人参糖浆"、"参芪袋泡茶"等项目，并投入生产。这些产品经过疗效鉴定，完全符合各项标准的要求，有很好的社会效果和经济效益。由于对当地经济发展做出的贡献，守和获得了吉林省科学奖。

守和在不断从事新科研项目和产品研究、开发的同时，将自己 15 年来茶叶研究和生产试制积累的丰富经验，加以理论上的概括和提高，写成《速溶茶生物化学》一书，1990 年由北京大学出版社出版。上海茶叶学会名誉会长、著名遗传学家谈家桢院士为这本书写了序言。序言说："该书不仅涵盖了茶的发展历史、加工方法，还着重总结了她 10 年来从事有关研究工作的心得体会，论述了速溶茶及冰茶制造的理论问题和研究与分析方法。我认为,我们的科学研究工作者除了要着眼于经济效益,做出新产品外,还应同时注意在理论方面有所发现,有所创新"。这本书是国内外关于速溶茶理论研究和指导生产实践的第一本专著,从此,守和与茶的研究结下了不解之缘。

1984年,北京大学校长张龙翔推荐守和到比利时鲁汶天主教大学留学,守和抱着去找一个能和国外同行公平竞争的领域,和他们比比看的思想,接受了校长的美意。但首先必须通过国家统一的法语考试。为此,守和参加了上海外国语学院办的为期三个月的出国留学生法语培训班。虽然她迟去了一个月,又是和一批比她小10到20岁的人一起学习,但是,守和凭着拼命的学习精神和天赋的良好记忆力,居然考试成绩比年轻人都好,通过了出国考试,并且得到鲁汶大学的奖学金。

到鲁汶大学后,守和在营养及生物化学研究室工作,果然找到了她梦寐以求的、国外上世纪80年代刚开始的近红外光谱应用工作领域,同时在德高望重的 M.Vanbelle 教授指导下攻读博士学位,成为教授的第一个中国博士生。教授希望她的博士论文以中国茶为题材,这个充满东方文化气息的论文恰好和她在北京大学读研究生时选的"单核苷酸"方面的典型的西方题目相映成趣,这正说明"科学的,也就是国际的",不必再分东方和西方。

守和的博士论文题目为:《用化学和近红外光谱(NIRS)法研究中国茶的品质》。中国传统上区分茶品质的好坏、等级,主要是靠审评师、专家、教授的感官审评。守和的研究则是要通过化学分析、近红外光谱分析及其计算机相关数据的程序处理,使茶叶品质的审评指标成为一个可以测定的数量,并证明测量结果的可靠性。1988年,她成功地通过了博士论文的答辩,获得博士学位。1989年,在日本召开的第二届国际近红外光谱学会上,她报告了自己的研究成果,受到普遍的好评,从而使她在1990年和1991年相继举行的第三和第四次国际近红外光谱学会上成为17位该领域国际大会的常务理事之一。

博士学位取得后,由于孩子受教育的原因,也由于她出色的研究成果,使她可以继续留在研究室从事研究工作,守和没有回国,成为兄弟姐妹中唯一的海外学人。

上世纪90年代以后,守和还在继续茶的研究,包括合成茶氨酸的工作。她和 Dufour 教授合作,取得了世界上产量最高、纯度最好、茶内特有的茶氨酸棱柱型有丝光的结晶。此外,她还从事有关啤酒行业方面的研究工作。一方面,集中在啤酒原料和分析的 NIR 光谱检测法,另一方面集中在低度啤酒的研制新方法。她应 5 卷本《近红外光谱百科全书》主编的邀请,写了《近红外光谱在啤酒行业的应用》一章。该书于 2002 年在伦敦出版。守和也用 NIR 和放射呼吸仪检测人的乳腺癌与非癌组织,区分癌变的低、中、高程度,她是这一研究工作的核心与发起人,与她合作的有三所大学的四位教授和一个病理检测研究站。这项研究的成果,守和写成英文专著《人乳癌近红外及放射检测研究》(Idetification of Human Breast Cancer by NIR Spectroscopy and Radiorespirometry),2009 年在伦敦出版。近几年来,守和常回国讲学和参加学术会议,并受聘为山西大学和安徽农业大学的兼职教授,为沟通这两所大学与鲁汶大学的学术交流作出了有益的贡献。2005 年,她担任了鲁汶大学与首都体育学院用中英文对照合作编写的《运动饮食肥胖病》一书的主要撰稿人。这本书,2013 年 7 月由北京体育大学出版社出版。

守和在国内外学术刊物上发表论文近 70 篇,此外还有文学作品《培养爱子成长的苦乐年华——三代人留欧际遇》,2009 年在中国华侨出版社出版。

二哥守邕,1939 年 12 月生于广西桂林,广西有条邕江,故以名之。他是中国科学院遥感应用研究所研究员、博士生导师,国家遥感应用工程技术研究中心总工程师。享受国务院颁发的政府特殊津贴。1986 年至 1998 年,先后被推选为中国区域科学协会常务理事、中国地理信息系统协会常务理事及其资源环境信息系统专业委员会主任委员。

守邕生性好动、话少,亲和大自然。小时候,在广州石牌中山大学校园里,经常在小山上、湖水里、树丛中、竹林间游玩,上树摘果、下水嬉戏、林中挖笋、设套捕蛇,还打得一手好弹弓,时不时能带三五只麻雀回家,让大家改善改善生活。1950 年,举家随父亲回到了山西太原。由于学制转接和调整,二哥在小学跳级半年、在中学又跳级半年。父亲从他的秉性、爱好出发,希望他在大学读地质专业。1956 年,他毕业于太原五中,和大哥同期考入北京大学,就读于地质地理系,实现了父亲的期望。进入北大时,他还未满 17 岁。守邕听父亲的话,特别注意基础知识学习、基本功训练,尤其重视对自己思维方法的锻炼。他除了读恩格斯的《自然辩证法》外,还反复学习毛主席的《实践论》和《矛盾论》。这些都为他日后的发展奠定了坚实的基础。

守邕学习成绩优异、表现良好,1960年提前毕业留校任教,开设河流动力地貌学课。1962年调到中国科学院地理研究所从事河流地貌学研究,1980年转到遥感应用研究所工作,直至2000年退休时为止。他深受父亲自我奋斗精神的鼓舞,不断超越自己、不失时机地转向新的研究领域。上世纪60年代末,他趁科学院体制改革之机,与同事研制气象卫星云图接收机,成功地收到了云图相片,促使从宇宙空间研究地球的方向,首次写入科学院的地学发展规划;70年代初,他和同事在国内率先开展遥感技术及其应用研究,创造了中国字典里的"遥感"这个新术语,引入了首批美国陆地卫星的相片,组织航空多光谱相机研制及其飞行试验,进行野外光谱仪研制和地物光谱特性测量,研发遥感图像相关掩模判读技术及其应用。1981至1983年,守邕访问美国康奈尔大学,进入了遥感影像数字处理和地理信息系统领域。1994年,他再次访问康奈尔大学,进入了空间决策支持系统和国家空间信息基础设施领域,回国后又开拓了人地系统科学新领域。在这40多年时间里,他完成了学科领域里的一个完整的螺旋式上升周期。在1983年以来的4个五年计划期间,他作为国家遥感重点科技攻关项目的主要构思和起草人,对推动我国这个领域的健康发展,做出了自己积极的贡献。

在"文化大革命"中期,守邕用二姨从美国订购来的《地球资源技术卫星用户手册》等资料,编译出版了自己的第一本书。当时,他们老小四代人住在用锅炉房运煤过道隔成的小房子里。那里,地面倾斜、潮湿阴暗、灯光微弱。他顶着"极左"思潮的压力,每天下班回来,就坐在小板凳上,用架起的擀面板当书桌,夜以继日工作,以至眼睛累得直抽筋、疼得无法忍受,只好由二嫂庞汝彦搀扶去医院看病。他在做研究室主任的时候,上班时不是所内、所外开会,就是各种杂事缠身,根本坐不下来。学术论文和出版物,都是在被逼无奈的情况下,见缝插针、用下班和节假日赶写出来的。在此期间,他在国内、外发表论文、报告130多篇,出版书籍15部。2000年,在他做科研工作刚刚做出点味道来的时候,却因所里的决定,不得不戛然止步,离开了一线。面对这种变故,他很快调整了心态,给自己提出了写10本书的计划。时至今日,他已经完成了8本书的写作出版任务。其中,《国家空间信息基础设施及其理论与方法》(2003)、《遥感影像群判读理论与方法》(2007)和《现代遥感科学技术体系及其理论方法》(2013),都是很有创新特色和影响力的著作。我想,父亲在任何情况下,手不释卷、笔不辍耕、一丝不苟做学问的精神,看来已经融化在守邕的血液里了。

在守邕家里,二嫂有北京医学院医学学士、北京协和医院新生儿硕士和美国埃默里大学流行病学硕士的学位证书,侄儿阎磊有首都医科大学医学学士、菲律宾大学流行病学硕士和中国科学院博士的学位证书,惟独他连个正规的大学毕业证书都没有。每当提起这个话题时,他都会说:你们学位多,我的奖状多。事实上,守邕的获奖证书要比家里的任何人都多。他作为第六完成人,因"防汛遥感应用试验成果",1990年获水利部科学技术进步奖一等奖、1992年获国家科学技术进步奖一等奖;作为第四完成人,因"基于网络的洪涝灾情遥感速报系统",1999年获中国科学院科技进步奖一等奖;作为第一完成人,因"资源环境和区域经济空间信息共享应用网络",2004年获国家科技进步奖二等奖;作为第一完成人,因"我国遥感技术系统的软科学研究"(1991)、"资源与环境信息系统中的一些重要软件"(1992)和"中国农业统计地理信息系统和中国农业状况电子图集"(1997)、"遥感影像群判读系统"(2006),分别获国家科委、中国科学院以及北京市的科学技术进步奖三等奖。这些奖励不仅显示了他理论与实践结合的能力,也反映出父亲对他潜移默化影响的威力所在。

守邕尽管先后负责执行了中国与意大利双边以及欧共体多国,在遥感、地理信息系统领域的国际合作项目,还多次参加国家科委、国家计委组团出国访问,去过20多个国家,观览了许多异国的名胜古迹,但是除了公事公办的写作而外,我还没见过他写其他方面的任何作品。然而,在他卸掉肩上的责任和公务上的负担之后,开始变得颇有闲情逸致,展现出人们所不熟悉的侧面。他陪伴在世界卫生组织亚太区域办事处任职的二嫂,先后去澳大利亚、温瓦图、斐济、图瓦卢、日本、柬埔寨、老挝、泰国、缅甸、瑞士、马来西亚、新加坡、印度、美国和所罗门群岛等国家和地区出差、休假,还在菲律宾居住了近10年。每次离开马尼拉出访回来,他都要写"出差报告",供亲朋好友分享。日积月累,这些报告就汇集成了游记《浪迹天涯》,在香港出版。他通过文字说明、彩色地图和大量精美的照片,介绍了这些国家的地理状况、自然景观、历史遗存、风土人情、

阎守瑜(右一)、阎守扶与阎宗临摄于家中

公共卫生等方面的情况以及自己触景生情的各种感受和思考，也包括他在寻踪觅迹时,面对物是人非的伤感以及对父母的深切思念。守邕写的游记,不仅具有内容丰富、图文并茂、文笔流畅、情真意切的特点,也显示了他深厚的地学底蕴、良好的摄影技术以及与众不同的观察角度和写作风格。

妹妹守瑜,1944年生于广西桂林。她是上海石油化工总厂环境保护研究所水处理室高级工程师,上海金山区侨联委员。

守瑜童年时,深受大哲学家熊十力钟爱。1962年毕业于山西大学附中,考入山西大学化学系。守瑜大学毕业后,到了太原溶剂厂工作,她是兄弟姐妹中唯一一直在工厂从事科研、技术工作的。

在太原溶剂厂时,守瑜从糖精车间分析工、锅炉房软化水工序工人到仪表修理工,一切服从组织的安排,干一行,专一行,曾代表厂方与中科院燃化所、遗传分所协作完成科研项目。

1979年调入上海石油化工总厂环境保护研究所水处理室工作,1994年任高级工程师。曾在多个项目组承担和主持分析工作。这些项目大都为石化总厂和中国石油化工总公司的重点项目,其中"多极表曝型纯氧活性污泥法处理石化混合废水工业应用探索实验",获上海石化总厂科研三等奖。"生物膜法 A/0

系统处理腈纶水中间实验",1988年获上海石化总厂科技二等奖,同年,还获得中国石化总公司科技进步三等奖;"生物膜法A/0系统处理腈纶废水工业性实验装置",1997年获中国石化总公司科技进步三等奖。由于工作努力,完成任务好,她还获得过"巾帼奖"。

1993年环保所科研机制改革,通过双向选择,守瑜调入环境工程设计室,该室是按市场经济的模式来运作的。她主要负责环境评价工作和为工程项目培训分析人员。她主持完成了近10个评价项目,如《上海石油化工股份有限公司化工码头扩建工程环境影响报告书》、《"联合号"水上石油中转库工程环境影响报告书》、《张家港市石油化工供销公司油库、码头一、二期工程环境影响报告书》等,还为余姚市提供了《余姚市城区污水综合整治可行性研究最终报告》。这些工作为改善项目所在地的环境治理和管理部门制度决策提供了科学依据。

守瑜退休后,主要从事金山区侨联的工作,做一些力所能及的社会活动。

兄弟姐妹中唯一出生在故乡山西的小弟弟守扶,现在已经是首都体育学院的教授,博士生导师。1956年在大哥、二哥拿到北京大学录取通知书的时候,他呱呱坠地,小名毛毛。在哥哥姐姐们先后考上大学,飞出了这个既给他们源源不断的精神滋养,又在"文革"中给他们带来无形压力的家之后,守扶陪伴父母度过了那些艰难的日子,成了父亲去世之后尚能给母亲带来生活乐趣的一个重要因素。对于曾在天主教堂举行过婚礼的父母亲来说,姗姗来迟的守扶大概是上帝所赐的珍贵礼物吧!

"文革"开始时守扶上小学三年级,到1966年底,因文革派性斗争,附小陷入瘫痪状态,和其他山大子弟一样,他被迫辍学回家。父亲那时已是批斗对象,精神和肉体都遭到极大损害,健康状况不断恶化,行动也不自由了,全靠母亲照顾。于是10岁的守扶开始替母亲分担家务,买菜、买粮、拉煤、打煤糕、给父亲抓药等。守扶现在还记得当年为下肢浮肿的父亲在太原城到处寻找购买大号布鞋的情景。这种情形持续了3年,直到1969年秋天,山西大学附属小学复课并增设初中班,守扶才重新入校学习。因为当时大学尚未复课,也没有学生,所以山西大学选派各系派性小的20几位中青年骨干教师到初中班任教,其中不少老师后来成为著名的学者,如宋史专家李裕民教授就是守扶的初中老师。

也正是这两年半的良好初中教育为守扶以后的发展打下较为扎实的文化基础。

上世纪 60 年代末到 70 年代初期，年轻人的理想是中学毕业后当兵或进工厂当工人。而文艺或体育特长又是除"关系"和红色出身之外，能够当兵或者进工厂的敲门砖，拥有文艺和体育特长就等于拥有光明未来。当时山大子弟踢足球的最多，一到下午足球场总是满满的。大一些的孩子还经常约球比赛。受这个风气的影响，守扶从帮人拿衣服、捡球，到当替补，最后逐渐上场比赛，成了出色的守门员。1972 年进入山西大学附属中学读高中。当时附中不仅有良好的教师资源和办学环境，而且还是全山西省足球项目开展最好的中学，守扶以足球特长入选校队，第二年代表太原市参加了全省中学生比赛并获得冠军。高中毕业后，守扶和同龄人一样，响应上山下乡的号召到农村接受贫下中农再教育。他插队的地方位于山西中北部的原平县和宁武县交界处，是一个十分贫瘠落后的小山村。冬季他和村民一起冒着严寒背粪上山、平田整地、开挖沟渠，夏季顶着酷暑浇水锄地、筑路修坝，如此往复，经过整整三年半脱胎换骨般的艰苦劳作，得到老乡的尊重和认可，先后被评为县劳动模范和优秀知青。守扶说，经过了这段磨炼，以后不论在学习、工作和生活中遇到什么艰难困苦，都能坦然应对。

1978 年 3 月，守扶以插队地区第一名的成绩顺利考入山西大学，成为高考制度改革后的第一批大学生，学习他从小就喜欢的体育专业。守扶十分珍惜来之不易的学习机会，刻苦用功，每门功课都很优秀。大三时选择体育保健康复作为专业方向，学习重心转向理论。毕业留校后，被选派参加了教育部举办的第二届全国运动生物化学教师培训班，当时为这个培训班上课的老师都是运动生物化学界最知名的专家，包括北京体育大学的冯炜权教授、华东师范大学的许豪文教授和杭州大学的华明教授等。也正是这次学习，促使守扶进入运动生物化学领域并开始了近 30 年的教学与科研工作。

六兄妹中，唯有守扶和父亲一样，做过山西大学的教授。许多父亲的同事、学生、邻里街坊都是看着守扶长大的，在他留校当老师很长时间以后，大家见了守扶，都还是亲切地叫他小名"毛毛"，以至于守扶的学生也跟着叫他"毛老师"。也正因为如此，守扶十分注重自己的言行，知道只有自己加倍努力，才能给父亲增光添彩,才能使自己发展得更好。

上世纪 90 年代初,守扶开始担任体育系基础理论教研室和实验室的负责人,1996 年成为体育学院主管教学的副院长。为了做好管理工作,守扶不仅阅读了大量的教育类专著,还查阅了管理、心理和哲学类文献。受父亲和兄长们的影响,他勤于思考、研究,工作认真、踏实,笔耕不辍。1997 年在福建召开的体育专业方案研讨会上,基于调查结果的分析,守扶最早提出了用体育教师资格证书作为体育教师准入标准的概念,他所撰写的山西省体育传统学校调研报告发表后被许多学者引用。2001 年守扶主持的科研项目获得山西省政府教学成果二等奖,2002 年参加编写的《体育科学研究方法》获得教育部优秀教材二等奖。此外,守扶还担任了山西省侨联常委,山西运动医学学会副主席等社会职务。

因弟媳 2000 年获得北师大文学博士学位后留京工作,守扶为与爱人团聚,于 2002 年 6 月调入首都体育学院。他朴实的做人方式、扎实的教学功底和厚实的科研基础很快得到学校和同事们的认同,年底开始担任理论学科部总支书记兼副主任,主管党务工作和运动人体科学学科建设工作,被评为 2002 年优秀教师,2003 年成为学院运动人体科学学科带头人,2006 年担任北京市体育科学学会第六届运动医学分会理事,2008 年他所领导的运动人体科学学科获北京学科评估优秀,2010 年被评为北京市运动生物化学优秀教学团队负责人。

守扶善于琢磨。在教学中他常常会把哲学思想和国学文化与人体运动时各种化学变化结合起来给学生讲课,积极倡导通识教育,在学生中拥有很高的美誉度;在学术研究上,他选择了运动生理和运动心理各自都非常关注的运动性疲劳作为自己研究方向的切入点。守扶说,这是他最得意的地方:一是方向选对了路会越走越宽;二是这个方向正是生理与心理的交接点,在研究上属于灰色地带,因此研究空间十分大;三是可以扬长避短,最大限度地发挥自己的优势。守扶 2006 年以来获得北京市教委和北京市科委的科研项目、教改项目十余项,2009 年获得"国家体育总局 2008 年北京奥运会科技服务一等奖",中国体育科学学会科学技术二等奖。他参加编写的《北京市少年儿童健康指南》读本,在 2012 年发行了 120 万册,覆盖了全北京市的中小学,几乎人手一册。

他的研究论文先后入选北京奥运会科学大会、伦敦奥运会科学大会、广州亚运会科学大会、全运会科学论文报告会和美国运动医学年会。

2　父母的教育

我的兄弟姐妹中,没有富豪,没有高官,也没有院士,但他们都学有专攻,业有所成,各自在自己的工作岗位上做出了优异的成绩,成为对社会有贡献的人。

父亲晚年很喜欢屈原的诗句:"路漫漫其修远兮,吾将上下而求索。"他请人写在自己的扇面上。我想,这反映了父亲内心的一种信念。父亲一生,经磨历劫,坎坷艰难,他并没有因此消沉,他相信,人生的真谛就是要不断求索,不懈地追求真理,光明就在前方。这种信念,对我们是有影响的。不断追求真理的精神,体现在人生的各个方面,是我们人生观的核心,有这种精神,非常重要,因为他会使你的人生积极向上,充满活力。

多年前,有一次和大哥守胜闲聊,他说:"我常翻阅说禅的书,希望有一天能顿悟,读了许多,都没有触动。后来读到一个故事,忽有所悟。故事讲的是一个小和尚,扫了两年地,实在忍不住,就问师傅,什么时候才能教他真经。师傅喝道:该扫地时就好好扫地,该吃饭时就好好吃饭,该睡觉时就好好睡觉。小和尚听了顿悟,后来成为一代宗师。我也忽然有所顿悟,生活的真谛不就是该做什么就好好去做,尽到自己的责任吗? 重要的是要好好去做,要出自内心的、踏踏实实的、带着喜悦的心情去做,不要有杂念,去掉浮躁。这确实是很高的人生境界,要一辈子去修炼。"大哥顿悟的道理,正是在人生中追求真理的具体体现,我的兄弟姐妹大概也都会有同感。

我的兄弟姐妹在各自的人生道路上,有着不同的经历和际遇,品尝过不同的喜怒哀乐。也有共同的特点,就是做事认真严谨,淡泊名利,为人善良真诚,仁爱宽厚。这一切,源于父母的言传身教,潜移默化。

父母亲和我们的关系像朋友一样,我们很幸运,从小没有挨过打,没有受过体罚。不是说我们从小不犯"错误",是说我们有"错误"时,最严重的也就是父亲的训诫,母亲的哭诉,他们绝不动手打骂。例如,1949 年广州刚解放不久的一天下午，当时我 7 岁，一个 10 多岁的大孩子，让我和他一起去离家十几里的广州城，答应一路给我讲故事，于是，我抵不住诱惑，就私自出走了。到天黑时，还没有回家，这可急坏了父母亲，他们带着哥哥姐姐到处找我，直至我回到家中。这样大的"错误"，受到的是母亲的哭诉，母亲讲了当时社会治安不好，怕我被人拐走的焦急心情，告诫我以后要外出，一定要告诉父母。我虽然没有挨打，母亲的哭诉却让我终生难忘。

父母对子女的这种态度，饱含着他们对子女的信任、尊重和爱护。他们在处理子女的问题时，会考虑保护子女的自信心、自尊心，以及自己的责任，不会一股脑把所有问题都推给孩子。我在广州中山大学附小上一年级时，刚入学不久，就突发奇想，和父亲说："我不想去学校上学，我可以在家里自学。"父亲想了一下，说："好吧！我告诉校长杨老师，你明天就不要去上学了。"开始几天，我还能在家里看点书，后来就不行了，毕竟在家里太寂寞，常跑到学校看同学们玩。父亲发现了，就问我："你去不去上学？"我说："去。"第二天，父亲就把我送到学校。这件事很平稳地就过去了，父亲也没有再提起。后来我想，当初父亲就知道我在家里待不了几天吧！他尊重我的意愿，也让我在实践中改变自己的意愿，而且，他不认为我这样的意愿是错误。所以，他既没有责备我，后来也没有再提起过，就这样"淡化"了，我却对此事记忆深刻。妹妹守瑜上高二时，父亲无意中发现她课堂笔记的字写得一塌糊涂，很难看，就和颜悦色地对她说："爸爸工作忙，疏忽了你的写字的问题，对不起。以后你每天练半个小时的毛笔字，我给你纠正你写的字。"这样，经过半年，守瑜写字有很大的进步，而父亲的"对不起"三个字，让她终生难忘。

在我的印象中，父亲并不多过问我们的学习情况，问得多一点的是外语学的怎样？父亲偶有闲暇，或者兴之所至，也会给我们讲点古文或古诗词。记得在初中时，有一次，父亲把我叫过去，给我讲了一次欧阳修的《醉翁亭记》，他特别指出："野芳发而幽香，佳木秀而繁阴，风霜高洁，水落而石出者，山间之四时也。"欧阳修用四句话就把山间春夏秋冬四时的自然景观写出来了，这就是大家的手笔，用词简洁准确，形象生动。文章结尾时的那句话："然而禽鸟知山林之乐，而不知人之乐；人之从太守游而乐，而不知太守之乐其乐也。"父亲说："这最后一句话体现了欧阳修的高尚品格。"我不太明白，问："为什么？"他说：

"欧阳修为大家的快乐而快乐啊。"

　　比较起对我们学习情况的过问,我觉得父亲对个人品德的培养更重视些。1954年山西师范学院迁往太原市南郊新校址,守瑜刚升入小学五年级,要就近择校。师院的家长大多数都把自己的孩子送到师资条件和校舍条件都较好的干部子弟小学"九一小学",而父母亲则毫不犹豫地将守瑜送到邻近的许坦村的小学"许坦完小",他们认为,在艰苦一点的环境中,和农村的孩子一起念书,对她的成长有好处。我是从初一开始就在太原一中住校的,当时12岁。初二时,有一天,我们班一位姓郝的年龄比较大的同学,在宿舍里哭,我问他怎么了?他说:父亲去世了,他家在晋中的一个县里,没有钱,回不去。于是,我就把身上的钱全给他了,真的是倾囊相助。星期六回家,没有钱坐公交车,只好步行,回去晚了,父亲问我原因,我说明了情况。父亲说:"你做得很对,对有困难的人就应该出手帮助。"我很少受父亲表扬,这次受到表扬,自然很高兴。

　　1960年我考入山西大学地质系,入学之初,父亲和我谈话,严肃地告诉我:不要在家里住,要和同学们一起住在宿舍,在食堂吃饭,不能搞特殊化。在系里的资料室和学校的图书馆,要遵守规则,要按规定先查目录,再写借书条,不能因为和管理人员熟就直接进书库挑书。我在上学期间,一一遵照执行。我印象最深的是:1963年,梁漱溟作为全国政协委员来太原视察,住在迎泽宾馆,父亲要带我去看太老师,向学校要了一辆小车,却不让我坐,让我先去校门口乘公交车到终点站五一广场,在那里等他,他的小车路过广场时再接上我,去迎泽宾馆。因为乘小车可以直接进宾馆,个人进手续很麻烦。看完太老师出来,又把我放在广场,让我乘公交车回家。我明白,在父亲心目中,公私是很分明的。他出行可以向学校要小车,比如到省里开会。但出去办私事,父亲自己也从来都是坐公交车的。

　　我们兄弟姐妹成长的方式是"散养"的,从中学到大学都住在学校,只有星期日或寒暑假回到家里,而且,学校有事就不回去,兄弟姐妹也很难凑齐。所以,我们家只有唯一的一张全家合影,是在1960年暑假拍摄的。我们都成长于上世纪五六十年代,从小受的是五爱(爱祖国、爱人民、爱劳动、爱学习、爱护公共财物)教育,树立的理想是到祖国最需要的地方去,把一切献给党。当时的社会也很纯净,没有黄、赌、毒等社会问题,也少有贪污盗窃、诈骗抢劫等丑恶现

全家合影，1960年摄于太原

象。电视、电脑、网络游戏等带有诱惑性的、分散精力的东西还没有出现。在学校，谁的品学兼优，谁的威信就高。同学的家长是做什么的，彼此并不关心，也不重视，不像现在，官二代、富二代、N二代都写在脑门上，作为自己地位优劣的重要条件。这些家庭教育之外的客观环境和条件，对我们的成长是有益的。

我们家孩子多，有位青年教师问父亲："你最喜欢哪一个？"父亲告诉他："都喜欢，我不会厚此薄彼的。有三种情况，可以多给一点父爱：一是年纪小的、身体不好的孩子；二是长时间不在家里的孩子；三是功课不好的孩子。"父亲特别解释了第三种情况，他说："功课不好的孩子，在学校老师、同学都不喜欢，回到家里父母再讨厌，孩子该多难受啊！"妹妹守瑜，考上山西大学化学系以后，由于她体弱多病，根据她的情况，父亲允许她食宿在家里，和我有别，这就是对"身体不好的孩子"多一点父爱吧！

当我们兄弟姐妹不在家时，父亲常常会给我们写信。我接到父亲的第一封信，是在高考之前，因为住在学校，复习很紧张，好几个星期不回家了。父亲的信，写得很简单，大意是：再过几天就考试了，这几天，好好休息，一定不要紧张，你会考好的。虽然短短数语，却给我很大的安慰，我知道，父亲一直在惦记着我。可惜父亲写给我们的信，至今几乎全都散失了，只有大哥守胜保存着父

亲 1957 年暑假写给他和守和、守邕的一封信。暑假期间,他们三人都没有回家,父亲写了这封信。父亲在信的开头说:

> 接到你们的信,喜邕邕胜利回学校了。想他现在已去实习。只要你们专心工作,不回来,也没有什么。当然父母有时总是想念孩子们的。邕邕回来,你们的钱一定不够了,你们需要多少,写信来说明。这一个月,家中是紧一点。

父亲在信中说"喜邕邕胜利回校了",是因为在大学期间,最让父亲放不下心的是,守邕参加了国家体委举办的登山训练班,先要去爬祁连山主峰"七一冰峰",还准备再去爬珠穆朗玛峰。知道守邕从"七一冰峰"安全回来,很高兴。紧接着,父亲用了主要的篇幅,介绍家里几个人的情况。他说:"妈妈接上居委会的工作,真是够忙。忙也好,因为革命就是忙。"讲完妈妈,就讲刚一岁多的小弟弟守扶:"小扶会说许多话,和你做简短的谈话,如:大姐姐—北京;买什么—手表。"然后讲妹妹守瑜,说她"假期劳动很好,在家帮忙也不少"等。最后介绍我的情况,写得最多,说守诚"那就不简单了,带 80 多个少先队员过了两周,还余下十几元,开了不用一文钱过夏令营的办法,他们的总结可能在山西要通报一下"等等。当时我在学校当少先队辅导员,带初中的队员们以劳动为内容过夏令营,不仅没有花钱,还赚了点钱。信中甚至连整团时对我的鉴定,也告知他们。父亲写得这样详细,是因为他知道哥哥、姐姐们没有回来,也一定很关心家里的情况。

在信的最后,父亲写道:

> 我给邕邕往酒泉寄过两封信,不知他收到没有。最后一次信,是我看了十四日人民日报,关于登山报道①,填词一首:
> 云天茫茫冰流去,冰流知我是何处? 红日照琼渊,琼渊在云边。直上七一峰,红旗满山转,相见祁连时,昆仑信有期。(菩萨蛮)

---

① 《人民日报》有关于国家登山队登上七一冰峰的报道。

我从不填词，也没有填的兴趣。这是偶然作的，不必让人看。就这样，要守胜写信。

爸爸 8.26

当父亲看到《人民日报》关于胜利攀登"七一冰峰"的消息，特别高兴，填了首词"菩萨蛮"。也就是因为有这首词，大哥保留了这封信。后来，父亲收到守邕回校后马上去太行地质队实习的信，终于长长地松了口气，所以在信的开头写道"想他现在已去实习"的话。

这封珍贵的家书，文字平平淡淡，以叙事为主，没有讲大道理，字里行间却充满思念之情，和对远离家中的孩子的浓浓父爱。

40多年后，2000年，大哥守胜的《固体物理基础》出版，他在"作者前言"中写了这样一段话：

在本书的写作中，我常常想到我的父亲。抗战期间，作为热血青年，他毅然回国，投身于祖国的教育事业。记得他在广西乡下，晚上就着昏暗的油灯，一面应付我们这些在他身上爬来爬去的小孩，一面用毛笔写他的讲义；也常常想到他对教育事业和教师职业的献身和热爱，以及他的许多富有哲理的见解。父亲在潜移默化中对我人生的指引是不可估量的。

我想：守胜的这段话，也是我和兄弟姐妹们的共同心声。

十六　我与父亲

听母亲说,我们兄弟姐妹在童年时代,父亲带我的时间最多。广西的冬夜是寒冷的,睡觉时,我总是用手抓着父亲身上的毛背心领口,冬季过去,领口都被我扯破了。也许,就是在那漫长的冬夜里,在父亲温暖的身旁,他把一个美好的梦留给了我。我青少年时代的梦想就是像父亲那样成为教师。这个梦想是如此的五彩斑斓,令我神往,以至任何其他选择都显得黯然失色。在经历了许多艰难曲折之后,在我年近半百时,这个青少年时代的梦想才成为真实。

1944 年在广西逃难时,我刚两岁多,父亲背着我,手提着那只装满他的论著和手稿的小提箱,艰苦地跋涉在翻越龙寮岭的险峻山路上,从蒙山到昭平,带领全家走向更为安全的地方。也许,就是在那时,命运已经把我和那只小箱子紧紧地联系在一起。

我的梦想成真的"许多艰难曲折"开始于高考。上中学时,我也像父亲的青年时代一样,最初的爱好是文学,特别是诗歌和散文。我在初三写的一首题为《竹诵》的小诗发表在学校一个油印文学刊物上,赢得不少好评。父亲也说,写得不错。上高中时,和我们班一位很有音乐天赋的同学一起,我写词,他谱曲,共同创作了以朗诵词为连接的组歌《向秀丽大合唱》,向秀丽是当时宣传的一位为保护工厂、舍身救火而牺牲的女工。我们班同学合唱这个组歌在学校歌咏比赛中还得过奖。高三时,我写的一篇题为《春蚕说》的散文,在《山西日报》发表,得了 5 元钱的稿费,这是自己的文章第一次变成铅字并且有了稿费,非常高兴。

在 1960 年高考报志愿时,我想文学只是个爱好,还是应该以史学为专业。我打算报文科,学历史。回到家里,向父亲表达了这个愿望,父亲却不同意,父亲说:"学历史太难,是个无底洞,不如学理科,实际一点。"学理科是父亲指导子女们选专业的一贯思想。我还是坚持要学历史,父亲想了想说:"你一定想学历史,就学考古吧,既可以在家里读书,也可以到野外跑跑,接触点实际。"我虽然没有想过学考古,父亲的提议,离我的愿望不远,也可以接受。姐姐在北京大学生物系读书,我知道她的高中同学张文彬在历史系考古专业,于是我写了封信,让姐姐转给他,询问学考古的情况,张文彬给我回了封信,鼓励我报考古。我和张文彬初次见面,是在 20 多年后,1982 年参加河东两京历史考察,到郑州。他当时是郑州大学历史系副主任,负责接待我们。说起当年我写信给他谈学考古的事,他还有印象。张文彬在上世纪 90 年代曾任国家文物局局长,这是后话了。

正当我准备报考古时,回到家里,又和父亲谈起报志愿的事,父亲说:"你想学考古,很好。你要学考古,我建议你先学地质,有了地质学的基础,再转考古,一定会学得更好。"父亲还告诉我:"你小的时候,太老师常抱你,他说过,这个孩子长大了,是学科学的。"我想父亲讲得也有道理,连太老师都说我应该学理科,我二哥就在北大地质地理系,那我就报地质吧!在父亲的再三动员下,在高考报志愿前不久,我才把报文科的想法改成报理科。我讲这一段报志愿的经历,是想说,父亲作为一个历史学者,却不愿让自己的子女选择历史专业,认为"学历史太难,是个无底洞"。这一点当时我并不理解,以后很长时间也不理解,直到我从事了历史教学与研究,整理了父亲的遗著,我才真正理解了父亲所说的史学之难。

高考的结果是我被录取到山西大学地质系,这个系是新成立的,第一届招生。然而,命运总有说不清楚的变化。1962 年国家进入经济困难时期,由于地质系新成立,师资、设备等办学条件都不够成熟,省委决定撤销地质系,已招的两届学生可以根据自己的意愿,选择省内的高校和专业转学,学习年限视具体情况而定,但资历不变,仍然按 1965 年毕业计工龄。我们班有一小半同学转到医学院,一大半转到化学系,我也就随大流转到化学系。两个月后,山西大学常务副校长李铁生对父亲说："让你的孩子到历史系跟你学历史吧！"父亲推脱了一下，说："他已经到化学系了。"李校长说："没有关系，手续我给他办。"父亲无奈，回到家里问我："你愿意去历史系吗？"我说："愿意。"于是我就从化学系转到历史系六一级，虽然仍然保持六五年毕业的资历，实际却退了一级，我们班转到医学院的同学，退了两级。

从高考报志愿想学历史，到父亲的一再劝阻，再到两年后从地质系转到历史系，绕了个大圈子，又回到史学专业的原点，父亲无可奈何，我也为此付出了代价。我是1960年上的大学，因为转这个圈子，迟毕业了一年，1966年赶上"文化大革命"，没有能分配工作，一直到1970年才有了一份工作，迟工作了五年，在这个大学整整待了10年。不仅如此，这个圈子也为我以后的生活经历奠定了基础。每当回忆起这段经历，就会有种莫名其妙的感觉。我知道，历史上也好，生活里也好，发生了的事，既成的事实就是结果，对"结果"，只能讲"因果"，很难讲"如果"，因为"如果"无助于改变既成事实。我转这个圈子的因果是清楚的，但又总觉得因果中还有一些说不清、道不明的偶然因素在起作用，所以，有的时候，难免会想这个"如果"，以及"如果"带来的"后果"，我想，这种偶然因素就是我们俗话说的"缘分"或者"命运"吧！最近，初次读到父亲60多年前写的《论偶然》(《民主时代》1947年第二期)一文，其中说："偶然是'命运'的具体化。"这句话言简意赅地说明了我心中所想，确实如此。

1962年9月，我转到历史系时，正是国家处于三年困难时期，大讲阶级斗争的极"左"之风愈演愈烈。当时高校文科强调"以社会为工厂"，学生要积极参加社会实践，与工农兵相结合。所以，我到历史系后，在学校读书上课的时间并不多。1963年10月到繁峙县，宣讲"双十条"，下乡一个学期。紧接着，1964年10月，又到定襄县搞"四清"，直到1965年夏天回来。1966年春节过后，到原平县搞"四清"复查，回到学校"文化大革命"就开始了。算起来，4年中，在校读书的时间也就一年多一点。

在历史系我开始感觉政治上有压力了。由于大讲阶级斗争，一个人的阶级成分和出身以及社会关系就成为在政治上衡量人的重要标准。对我而言，父亲是资产阶级知识分子，有一个伯父成分是富农，一个叔叔是脱帽"右派"，还有个姨姨在法国，算有海外关系。这样的出身和社会关系自然使我的改造任务要比别的根红苗正的同学大得多。我在班里是学习成绩好的,很自然地就成为只"专"不"红"的典型。我递了入党申请书,连积极分子都当不上。党员和我谈话,让我首先要和家庭划清界限。这使我很为难,拿现在的话说是很"纠结",因为在我心目中,父亲对我的教育并没有什么不好的。他教我为人要正派、诚实、善良、宽厚,要公私分明,要有事业心,做一个有益于社会的人。但是,既然申请入党,总要说点什么,经过再三考虑,我只能这样写:父亲虽然出身于劳动人民家庭,但在旧社会,一心想成名成家,走了一条个人奋斗的道路,使自己成为资产阶级知识分子。新中国成立后,虽然努力改造自己,但阶级观点薄弱,看人对事重品德、重业务,轻政治的倾向还是很明显的,对我也是有影响的。我一定要克服家庭的不良影响,认真学习马列主义、毛泽东思想,努力使自己成为无产阶级的知识分子。等等。

1964年10月,学校组织我们到定襄县参加农村社会主义教育运动。在定襄县党校集训了一段后,我被分到南王公社小南邢大队。这是一个不大的村庄,约200百多户人家,距父亲在的南王村不到10里地。小南邢的工作队长是县里一个姓李的干部,指导员是我们班的班主任张克保老师,工作队员还有河曲县来的两个干部,我们系的3个同学,加上我一共是8个人。张克保是比我们高一级的学长,为人正派谦和,我们并不叫他"老师",总是直呼其名,称之为"克保"。进村后,我抱着认真改造自己的态度,和贫下中农实行三同(同吃、同住、同劳动),在扎根串联,组织阶级队伍,清查账目等工作中,都有良好的表现,甚至过春节都没有回家,留在村里和贫下中农一起过了个革命化的春节。我的努力得到了肯定,1965年春天,工作队党支部(小南邢和附近一个大村留晖的工作队合为一个支部)决定给我解决组织问题,谈了话,填了表,也开了支部大会,上报到南王分团党委时,管组织的干事看到我填的成分是"中农",他有点怀疑:阎守诚的父亲是教授,在旧社会留过洋,怎么可能出自中农家庭呢?需要调查一下,于是向五台县发了一封外调函,恰好赶上五台也在搞社教,回函迟迟未来,而不久我们的社教工作结束,分团党委解散,据说我的入党审批也就转回山西大学党委组织部了。

1966年初,我们到原平县搞了几个月的"四清"复查。四五月间,回到学校,克保告诉我两个信息,一是我的成分问题调查有结果了,由于老家那个村也在搞"四清",回函延误了一年多,经"四清"划定成分,父亲家的确是中农,我的入党问题可以研究了。另一个是毕业的工作分配,系里准备留我从事世界史的教学。一个多月后,"文革"开始,父亲被打成"资产阶级反动学术权威",我自然也被打入另册,入党也好,留在系里当老师也好,都无望了,一风吹了。这是我第一次和山大历史系教师的职业擦肩而过。从此进入了我一生中最黑暗、最压抑的时期。

在"文革"初始的大字报狂潮中,有给父亲贴的,也有给我的,就贴在我的宿舍门口,主要是敦促我揭发父亲的罪行。我告诉父亲,父亲只说了一句:"你不要乱说。"我说"好的。"心想:我是不能乱说,别人可以给父亲乱扣帽子,乱说,我不能,因为我说的内容,即使乱说,别人也一定认为是真的,因为我是他的儿子。我沉默了几天后,报纸上发表了一篇社论,标题大概是"正确对待可以教育好的子女","可教子女"是当时像我们这样的"黑五类"(地、富、反、坏、右)或"黑帮"子女的通称,社论中有这样一段话,大意是:对可教子女,要允许他们有个思考的过程,认识问题的过程,不能操之过急,云云。于是,我写了张大字报,抄录了"社论"中的这段话,并表示一定认真考虑父亲的问题,表了个态,同学们也没有再穷追猛打,就应付过去了。虽然如此,我的处境依然不好。有的大字报,把克保打成历史系最小的走资本主义道路的当权派,企图发展我入党,就是他错误组织路线的证据之一。"文革"初期,扣发了父亲的工资,竟至使我交不出伙食费。我只好回家把读地质系时买的书收拾了一提包,准备卖点钱,交伙食费。看着装书的提包,想到自己沦落到卖书过日子的地步,心中有种莫名的苍凉。好在过了两天,大哥守胜从北大给我寄来15元钱(大哥当时的月工资也就38元),大概他想到了我会有这样的困难,解了我断食之危。大哥总是这样,常为弟妹们着想。

开始大串联了,同学们奔赴各地,我因为是可教子女,不让出去。回到家里,父亲安慰我说:"等安定以后,爸爸给你钱,让你到想去的地方。"我也安慰父亲:"现在这样乱,我也不想出去,我在家陪你。"到10月份,学校没什么人了,两个平时和我关系不错的同学,拉我去串联,我们乘车到柳林县,从军渡乘船过黄河,到对岸的吴堡。我第一次见识了黄河的惊涛骇浪,当时毫无畏惧,并没有想到船是会翻的。从吴堡以后,我们徒步走到革命圣地延安。陕北那像大海波涛一样的黄土高原,使我的心灵受到震撼,印象极深。从延安,到西安,再到成都。虽然串联在外,心却一直挂牵着家里,11月底,大串联结束,我也就匆匆赶回太原。

说实在的,从小学到中学,我一直是好学生,初中就加入了共青团,高中时当过少先队辅导员,带领初中生进行各种活动。我的成长是一帆风顺的,没有经历过什么坎坷、挫折,所以,我总觉得世界是美好的,人是美好的,人与人很和谐,没有什么矛盾。"文革"前虽然感到在政治上有压力,也有想不通的问题,但总觉得问题在自己,需要自己努力去克服。当"文化大革命"的风浪把我打到最底层,归入另册时,我再去看社会,感觉就不一样了。首先,我知道人的脸是会变的。个别过去对我笑脸相迎、好言相加的老师,现在见了我则脸若冰霜,似不相识。其次,对人要听其言、观其行,才能知其言的真正含义,不能轻信。运动刚开始,班上还分组在宿舍讨论,我们组有次讨论系主任许教授是不是走资派?大多数同学都认为是,我认为不是。因为许主任是老教授,改造得不错,才入了党,怎么会是走资派呢?会后,小组长找我谈话,鼓励我在处于少数的时候,要敢于坚持自己的意见,这才是正确的态度。我当时还很感动。第二天,讨论休息时,同学们都出去了,我一个人留在宿舍,组长的笔记本就放在桌子上,我想看看他如何记我的发言,不经意间,却看到他笔记本上有个小组同学划分为左、中、右的名单,其中,我是右派。这才使我真正明白他前一天和我谈话的用意。后来,有一个为运动初期打成右派的学生平反的程序。克保找我谈话,他说:"当初划你为右派,我也知道不对,但没有坚持自己的意见,现在向你道歉。"我说:"不必,我能理解。发展我入党,也给你添了麻烦,你自身都难保,还能为我说什么呢?"还有,系里有位女同学,在我印象中是很文静、朴实的,有个同学告诉我,在串联时她带了把剪刀,在火车上,一定要把外校的一位女生的长头发剪掉,两人辩论了很久,她也没有能达到剪人家头发的目的。因为当时认为妇女留长头发影响革命,这个现在看来十分荒谬的理论,在"文革"初期却甚为风行,以至传说马玉涛的两条长辫子要由周总理出面才保下来。这位女同学的行动和我平时对她的印象相差甚远,让我大为吃惊,同时,我也明白了一个道理:在一种强大的潮流或者氛围的裹挟之下,人内心的热情或者邪恶就会迸发出来,使他(她)表现出与平时完全不同的另一面。由此可知:真正认识一个人并不容易，而一个人认识并和一种潮流或氛围保持距离也并不是一件容易的事。还有一次，我在看一张批判父亲的大字报，说父亲如何如何毒害青年。身旁正好有位我很熟悉的系里的老师，我就问他："你觉得我父亲是这样坏吗？"他说："不是。你父亲是个很好的人。我现在不能说。我要说他好，就连我也批了。"我很感谢他真诚的回答，这使我明白，说真话也要看环境和时机。从这些事情中，我看到了自己的单纯和幼稚，开始"懂事"了。

在"文革"中的遭遇，使我懂得了人的一生，一帆风顺不一定是幸运，遭遇一些坎坷磨难也未必是不幸。古语说"生于忧患，死于安乐"是有道理的。因为在身处逆境时，才能真正磨炼你的意志，让你领悟人生的哲理，懂得人性中正直、真诚、善良的可贵。我在处于困境时，也有许多老师、同学对我很好，他们的善意，像漫漫寒夜中的篝火，让我感到温暖，永世不忘。

1968 年 10 月，我们班要去天津部队农场接受解放军的再教育，工宣队却宣布，因为父亲的问题，我不能去。当时，这就是政治上的一种歧视。回到家里，我有点沮丧，说了这件事，父亲沉默无言，回到自己的房间。后来母亲告诉我，父亲非常生气，说："他们欺负我不说，还欺负到我孩子头上。"为此，父亲的病情更严重了。母亲去找了一位掌权的山大的干部，反映了这一情况，这位干部还是很尊重父亲的，他出面去和工宣队进行了沟通，最终同意我和班里的同学一起去部队农场。在"文革"中，每当遇到问题，母亲总是以她的智慧和勇气去解决。可以说母亲是我们家的"守护神"。

我们到的 4568 部队农场在天津军粮城，这里是著名的小站水稻的产地。在农场种了两年水稻，从挖渠、插秧、挠秧到割稻、背稻、打稻，劳动的强度和艰难程度都很大。我曾写过一首题为《挖渠》的小诗："三月冰未消，天寒风似刀。脱鞋下水去，挖渠挥大锹。农民穿长靴，学生赤双脚。力尽方知热，汗水浇禾苗。"这诗是说，三月挖水渠，不远的田地里，农民挖渠都穿着长筒雨靴，而我们在"一不怕死，二不怕苦"的号召下，在冰冷的泥水中赤脚挖渠，可见其艰难，男同学还好，女同学就更艰难了。好在当时年轻，不管多苦多累，一天下来，筋疲力尽，睡一晚，第二天又精力充沛。正如老百姓说的："没有吃不了的苦，只有享不了的福。"部队里以正面教育为主，我也就没有挨整之虞。只是没有行动的自由，连写信连部也要检查，这时才真正感到自由的可贵。到 1970 年初，给我们分配工作了,由于当时战备紧张,太原、大同、阳泉等城市不留人,我被分到岢岚县,这是晋西北一个很偏僻、贫穷的小县,当地人开玩笑说:"岢岚县是可怜县。"

1970年3月底,我动身到岢岚报到。临行前,父亲看我有点迷茫,就很亲切地对我说:"没关系的,你去吧!时间一长,人们就会认识到你的价值。"父亲很少表扬我,在他处境不好的情况下,还夸奖我一句,这对我是很大的鼓励。到岢岚后,当时的大学毕业生大都选择到工厂、公社,甚至当售货员,也不愿当老师,因为知识分子是"臭老九"嘛。我从自己的爱好出发,选择了当老师,在岢岚中学教语文(没有历史课)。这所中学是这个7万人的小县唯一一所县城中学,学生主要来自农村。农村学生的纯朴、刻苦是令人感动的。除上课外,还带他们参加劳动,如上山种树,修水库,秋收时刨土豆等等。有时要住在村里,这让我见识了农村真正的贫困,有次住在老乡家,真是家徒四壁,土炕破席,人在炕上吃饭,猪在地上吃食,使人感触颇多。由于我对教师职业的热爱和突出的工作表现,被评为县级模范教师,并参加了省教育厅召开的座谈会。1972年6月,我还被批准入党。父亲知道了也很高兴。在后来的整党运动中,要求党员端正入党动机,批判"入党做官论",我在检查中说:"我没有受入党做官论的影响,因为我并不想做官,只想清清白白做人。如果说入党动机有不端正的地方,就是我有入党不受欺负,不做二等公民,不要再苦思冥想地和家庭划清界限的思想。"这些话是我的真心话。

在岢岚中学工作了将近4年,和在山大、在部队农场相比,这4年是平静、宽松而充实的。这个偏远、贫穷的小县的生活,在我的记忆中留下了美好的印象。

1973年10月,父亲在家里,不慎跌倒,股骨颈骨折,被送到山西医学院第二附属医院骨科治疗。当时妹妹在工厂工作,弟弟在中学读书,家中只有母亲一人,我只好请假,回到太原,和母亲一起在医院里照顾父亲。父亲出院后,回到家里,失去了自理的能力,大部分时间只能卧床休息,这就使母亲的负担加重了不少。这时我才感到在县里工作不行,得想办法调回太原,照顾年迈多病的父亲和母亲。

怎么才能调回太原呢?我想到去找时任省革委政治部主任的史纪言帮助。

史纪言是 1937 年参加革命的老干部,长期从事党的宣传、新闻工作,是《山西日报》的创始人。"文革"前,任省委常委兼秘书长。"文革"中曾在山西大学革委会任副主任,就住在我们家楼上。史纪言平易近人,爽朗健谈,是一位受大家喜爱、尊重的老干部。他有时会下楼和父亲聊天,或者查阅史籍。我也和他很熟,常把自己过去写的下乡总结、读书心得、论文请他指正。有时他不想出去理发,就把我叫到楼上给他理发,理得好坏,他并不在意。父亲出院后,春节前,我到省委院内看望他,这是我生平第一次求人办事,内心很忐忑。我记得很清楚,在他家门口犹豫了一会,鼓足勇气,才敲门进去。史纪言还像过去那样很随和地接待了我,询问了我父母的情况。我也讲了父亲的病情,并乘此机会,提出请他帮助我调回来。史纪言笑了笑说:"一人得病,全家着忙。"他让我留下简历。就这样,1974 年 2 月中旬,我被借调到省委批林批孔写作组。这个大批判组归省委办公厅政策调查研究室管。负责人是调研室副主任张恩慈,大约有十几个人。其中,有后来成为著名文化学者的刘梦溪,经济学家的刘树成等。

也就在这时候,从 1972 年开始,大学通过推荐选拔招收工农兵学员。父亲骨折后,山大历史系也在努力调我回系里,一方面可以充实教学力量,另一方面可以照顾家里。1974 年 10 月,省教育厅的调令发到岢岚县。我拿到回山大的调动手续时,有一天,在楼道里碰到省委副秘书长兼调研室主任吴象,他问我:"小阎,听说你要回山大了,手续办得怎样?"我说:"刚拿到。"他说:"我看看。"于是我把调动的材料交给他,他看了看说:"这样吧,我给你办,你就不要管了。"说完,他把材料装在手提兜里就走了。我有点莫名其妙,后来才知道,吴象把我的调动手续交给一位副主任,让他到省干部办公室重新给我办了一下,把我改派至调研室。就在我拿到回山大的调令之前,调研室已决定从写作组中留几个人,第一个要留的就是我。这样,我就第二次和山大历史系擦肩而过,不过这次也不是我主动不去的。

调研室隶属于省委办公厅,作为省委的耳目、助手,工作的重要性是不言而喻的。调研室除办公室外,分工业、农业、综合三个组。我被分在综合组,主要的业务工作是编辑省委的内部刊物《山西通讯》(月刊),同时,根据需要,也为省委各种会议作会务、写简报,或者完成省委交办的写作任务或调查研究任务。后来我又被调整到新成立的文教组。1976 年粉碎"四人帮"后,调研室解散,我被借到省委办公室综合组，主要是写报送中央的简报。1978年2月，办公厅成立写作组，准备恢复调研室，我又回归写作组。调研室这样的工作对一个想走仕途的人而言，是一个很好的起点。从我心里说，并不认同、或者说并不喜欢这份工作，因为它和我的梦想距离遥远，有时候，我会不自觉地问自己：你应该在校园，怎么就跑到省委大院里了?! 当我再次回到写作组时，父亲逝世，家里的负担没有了，科学的春天来了，我想，是离开省委大院的时候了。1979年，我向写作组领导提出了业务归队的要求。领导一再挽留我，我也一再坚持要走。领导只好去请示分管我们的省委书记王大任。大任书记说："守诚想去研究历史就让他去吧，子承父业嘛。"我离开省委的事就这样定了，到什么单位由我选择。去哪里呢? 首先想到的自然是回山大历史系，这时，我却犹豫了，因为我考虑到经过"文化大革命"，历史系教师间的派性仍然存在，从内心讲，我不愿卷入无谓的人事斗争，更何况系里都是我的老师，如果回去，时间一长，难免卷入其中，不仅自己不好办，连父亲的好名声也要受损。我了解到还有一个刚恢复的山西省社会科学研究所，那里有个历史研究室，刚成立，也需要人。我想到个新地方，人少，安静点，可以好好念点书。于是我提出去省社科所。这是我第三次和山大历史系擦肩而过，和前两次不同，这次是我主动不去的。

回想调研室对我的"截留"，其结果是我在省委大院一待就待了近七年，这段时间，足可以读4年的本科和3年的研究生。在省委的7年，我的确学到了不少的东西，不仅提高了理论水平和写作能力，而且，开阔了眼界，丰富了阅历，增进了对社会、对人的了解，这对于一个从事历史研究的人来说，是一笔宝贵的财富。更何况，调研室的领导和同事，对我这个"孝子"照顾生病的老父亲表现了最大的理解、宽容和帮助，我在调研室期间，父亲住过三次医院，我陪护父亲耽误了不少时间，从未受批评，这是使我深为感动的。

1979年6月，我到省社会科学研究所报到，在历史研究室就见到了室主任张海瀛。对于海瀛，我是到社科所报到后，才知道他的名字，关于他的学历与来历，事前一点也不知道，遇到海瀛有一定的偶然性。我们说过一些初次见面该说的话以后，他问我："你愿意搞那一段历史?"这个问题，之前我并没有认真想过，但不难回答，因为我不能搞世界史，只能搞中国史；我不想搞近现代史，只能搞古代史。古代史搞那一段呢?我说："我喜欢唐诗，所以，我愿意搞隋唐史。"

海瀛说:"那很好。我们刚在太原开了个经济史会,决定要编一套中国古代经济史的资料,隋唐部分是由北京师范学院宁可教授主持,等筹备工作做好了,你可以去北京协助宁先生编资料。"说实话,我当时并不懂什么经济史,但宁先生的大名我是知道的,我在历史系读书时就读过他写的《论历史主义与阶级观点》《论马克思主义的历史主义》两篇文章,文章高屋建瓴的分析,逻辑严谨的论述和简洁流畅的文采,真是史学大家的手笔,给我留下了深刻的印象。我在省委时,宁先生主持《历史研究》杂志社,到山西调研,在省委宣传部开座谈会,调研室是我和刘梦溪去的。梦溪在会上发了言,我则见识了宁先生的风采,也就觉得不虚此行了。现在,居然有机会协助宁先生工作,自然是喜出望外。

后来,我才知道:海瀛本科就是在北京师范学院(现在的首都师范大学)读的,毕业后留校,担任过历史系团委书记,并师从明史著名学者吴晗做研究生,也是宁先生最看重的学生。在"文革"中,因为和执行极"左"路线的工人师傅意见不合,愤而离开师院,回到山西,先在阳泉,后调到山西社会科学研究所。我和海瀛的偶遇,成为后来调到北京的契机,当然,当时并不知道。

1980年3月,我到北京,就住在历史系的一间办公室里,在宁先生指导下编隋唐经济史资料,开始认真读隋唐的史料,同时听宁先生的《中国古代经济史》《历史理论》等课程,宁先生的教诲,使我获益良多。同时,我也到北大历史系听王永兴、田余庆、张广达、吴宗国等先生的课,大概有3年多,这算是我重新、认真学习史学的开始。此外,我还随宁先生进行了丝绸之路、河东两京、唐宋运河等大型的历史考察,不仅开阔了眼界,而且还认识了一批学术上的朋友,结下了深厚的友谊。

1984年社科所改为社科院,海瀛任副院长兼历史所所长,我担任了副所长(正处级),不常去北京了,我们一同策划了编写山西经济史资料等科研项目,我也组织、参加了《山西经济开发史》一书的编写。1987年,我晋升为副研究员。夏天,在太原开武则天的研讨会,宁先生来参加。会议期间,宁先生找我谈话,他说:"我想调你到我那里工作,我们系缺你这样年龄的老师。有些问题,你要考虑:一是你现在是副所长,正处级的干部,去了,是普通老师;二是你现在有三室一厅的住房,去了,暂时只能给你一间;还有,你在山西多年,一切都熟悉,去了,要重新开始。"我知道,人一生会遇到很多选择,有的是主动的,有的是被动的,无论什么样的选择,同时都意味着放弃,你只能要主要的,你最想要的,而不能什么都要,没有放弃就没有选择。到北京的大学去当老师,实在是我实现梦想的一个最好机会,所以,我当时就告诉宁先生:"我愿意去。"调动的过程是漫长的,又经过了 1989 年那次政治风波,直到 1991 年 3 月,我才到了北师院,开始在东方文化研究所,挂靠在图书馆,1993 年底,转到历史系。我第一次登讲台是 1994 年春天,讲的是选修课《隋唐经济史》,教的是毕业班 90 级。到现在,这个班的一些同学还和我有联系。

我的专业是中国古代史,研究方向主要是隋唐五代史和中国古代经济史。1989 年三秦出版社出版了我和吴宗国合著的《唐玄宗》,吴老师学问精深,为人宽厚,于我是亦师亦友,我们常在一起"闲坐说玄宗",就写了这本书。由于《唐玄宗》深入论述了开元盛世的形成和客观评价了唐玄宗的历史地位,在不少问题上提出了新的见解,而且,兼具学术性和可读性,受到唐史学界的好评。韩国庆北大学将此书译成韩文,作为辅助教材出版。2009 年,北京大学出版社再版,书名改为《唐玄宗的真相》;2010 年台湾联经出版社以书名《唐恨——唐玄宗的真相》出版。这本小书,经历了 20 年的漫长岁月,在海峡两岸又先后再版,说明人们没有忘记,是值得庆幸的。

我在中国古代经济史方面的研究,也是以隋唐五代为中心的。这方面的工作:一是对中国古代人口的研究。从人口发展与社会经济变化的相互影响着眼撰写了专著《中国人口史》,1997 年由台湾文津出版社出版,并获北京市社会科学优秀成果二等奖。二是对古代商品经济的研究。在《历史研究》上发表的论文《重农抑商试析》,重点论述了古代商品经济与自然经济的同一性,受到学术界的重视。还为宁可主编的《中国经济发展史》、《中国封建社会经济史·隋唐五代卷》、吴慧主编的《中国商业通史》撰写了隋唐五代的农业、商业、区域经济等部分。

1999 年,在二哥守邕的建议和宁先生的支持下,我把研究方向转向古代自然灾害。我和我所指导的博士生、硕士生,从研制中国古代自然灾害数据库系统入手,探索一条文理结合、多学科交叉的路径,对人和自然的关系进行研究,侧重点是自然灾害与社会经济发展的关系,并把课题研究和培养研究生结合起来。经过两年多的努力,数据库初步建成,我们编写了《中国古代灾荒数据库的设计与说明》、《中国古代灾荒数据库的技术报告》等文件。在做数据库的过程中，我深感我们的物力人力有限，不如把研究重点放在唐代，才有可能深入下去。2001 年，我拟定了《自然灾害与唐代社会》的研究提纲，分别由我指导的博士、硕士研究生作为学位论文去完成。2004 年，我申请到国家社科基金项目《危机与应对——自然灾害与唐代社会》，经过前后 6 年多的努力，我和我的研究生共同完成了这一项目。项目成果是一部同名的 40 多万字的专著，于 2008 年由人民出版社出版。这本书出版后，受到学界的好评，著名学者李文海教授在 2009 年 4 月 25 日的《光明日报》上发表了题为《从人与自然关系的视角观察历史》的书评加以评介，认为"对于唐史研究来说，本书提供了一个观察唐代社会的新视角；对于灾荒史来说，本书对一个特定的时期作了具体的标本解剖。这应该是这部著作的新的学术贡献所在"。我在这本和研究生合作撰写的专著"后记"里写道："当它出版时，我已经退休，这本书就算是结束我所钟爱的教师生涯的一个小结吧！"

前些年我回太原，有的朋友还说："如果你不离开山西，起码也是厅局级干部了。"我总是笑笑说："现在这样就很好。"这是我的心里话，在经历了许多艰难曲折之后，在我年近半百之时，实现了自己青少年时代的梦想，像父亲一样，在大学做历史教师，有这样一份自己喜欢的职业，做着自己想做的事情，过着普普通通的生活，内心平静而充实，这就无怨无悔、心满意足了。

后记

我在这里想讲的是这本传记写作的缘起,以及我的感想和感谢。

大概是 2009 年的一次兄弟们聚会,大哥提议我给父亲写本传记,大家都赞成。因为我与父亲一起生活的时间最长,近年整理出版父亲著作的"贡献"最大,再给父亲写本传记也是情理中的事。然而我却有点犯难,因为父亲为人低调,很少讲自己过去的事,父亲晚年和我在一起的时候,我想得最多的是如何应对迎面袭来的政治风浪,如何解决现实中出现的具体问题,并没有心情去了解父亲一生经历的丰富内容,所以许多具体的人和事我都不清楚,怎么给他写传记呢?可是我又想,我们学历史的,研究历史人物不是完全靠材料说话吗?只要有材料就能写,何况我毕竟和父亲一起生活多年,总还是比其他人对他的了解更多,我不写,谁还能够写呢?于是我下决心接受大哥的建议,为父亲写本传记。

我写这本传记,首先是收集有关父亲的资料,我希望根据资料来写,尽量做到言必有据,真实可信。我收集到的资料,除保留下来的父亲的文学、史学论著;他使用过的一些笔记本;"文革"中写的材料以及山西大学档案馆的档案材料等。还有我的兄弟姐妹们提供的照片、书信等珍贵材料。大哥守胜多次审阅了写作中的书稿。姐姐守和和她的儿子朱征曾 5 次到瑞士弗里堡大学寻找有关父亲的材料,由于瑞士是一个没有经过战乱的国家,各种文献保存完好,他们每次去,都有新的收获。二哥守邕对全书图片进行了细致的加工处理,妹妹守瑜提供了她写的回忆，弟弟守扶也为我在网络上找到许多有用的资料。在我的兄弟姐妹的支持下，保证了传记资料的丰富和真实，也保证了传记的顺利完成。

我在阅读有关父亲的资料时，常常会感到和父亲非常亲近，像是在和父亲交谈，这是一种幸福的感觉。同时，在写作传记的过程中，也使我对父亲的认识，从感性认识深化为理性认识，有了新的认识。

父亲生于 20 世纪初的清末，经历了民国时期，抗日战争，解放战争，新中国的建设时期，直至"文化大革命"结束，改革开放之前。父亲所处的时代，是一个变革的、动荡的时代，他个人的命运是和时代的变化休戚相关的。父亲在他那一代的知识分子群体中，既有与他们的共性，也有他自己的个性、特殊性。

父亲在家庭里、生活中，留给我的印象是慈祥、善良、纯朴、平和的，但是在回顾他传奇般的经历时，我感到在历史变化的关键和艰难困苦的时候，父亲表现出来的却是理智、果敢、坚毅、豁达，以及纯真的爱国情怀和对家庭、对社会高度的责任感。我想，只有把这两方面的印象综合起来，才是父亲的完整形象。我们可以从父亲的经历，以及他在不同时期的思想变化中，领悟一些时代与人生、社会与个人互动关系的哲理，了解一点中国知识分子在 20 世纪的遭遇与命运。

父亲一生都在高等学校从事教学与研究工作。作为教师，他对教学是很敬业、很执著的。作为学者，学术研究是他生命中的重要部分，所以，我以内容提要的方式，尽量用父亲自己的语言，讲述了他每个时期研究工作的基本内容和主要观点，同时，也根据我的理解和认识，介绍了父亲这些论著写作的时代背景，在资料运用、研究方法上的特点，以及学术观点的开创性和原创性。我希望由此增加这本传记的知识性和学术性，更希望读者通过读他的传记，了解他的研究；如果读者因此产生兴趣，去阅读他的原著，我将很感动；如果读者进而去研究和评论他的著作，我将十分感谢！

如何评价父亲的学术研究，需要留给专家们去讨论。当阅读父亲留下的论著时，我的感觉是父亲对史学研究不仅是兴趣所致，也是责任所在，因此，他的态度是很认真的，无论在多么恶劣的条件下，他都坚持研究，直至生命终结。父亲对于自己研究的课题，既重视对史实真实性的考察，更重视治史者思想性的深刻,努力做到务实求真,他是秉持着学者的良知,保持着对学术的真诚,去进行研究的,我想,这是父亲学术研究最主要的特点。

虽然对于我们的专业选择,父亲希望我们去学理科,不要学史学。父亲有这样的想法,我想是因为他认识到像史学这样的社会科学受意识形态的影响和政治导向的干预要比自然科学大,因此父亲说:"学理科实在些。"但是,父亲自己并没有放弃史学研究,父亲自然知道他在欧洲所学,1949年以后就变得不合时宜了,对于那些人为设置的"禁区",如他所擅长的文化史、传教士研究等,他只能保持沉默,既不否定过去的成就,也不再宣扬过去的成就。沉默也是一种态度,实际上是表示保留自己的见解,这在当时的政治环境下,不失为一种明智的选择。随着历史的发展,等到今天这个学术多元化的新时代来临,他多年前的论著就重新发声,重放光彩了。

我为父亲写这本传记,作为儿子,是在尽孝道,尽亲情的责任;作为一个史学工作者,也有对前辈学者的学术责任。我想,那些在崎岖山路上攀登过、在荆棘丛林中开拓过的前辈学者,他们的学术贡献和人生经历都是不应该被人们遗忘的。

经过3年多的努力,父亲传记的初稿于2012年底完成。首先,我请我的兄弟姐妹们审阅,看我是否写出了他们心目中的父母亲,他们都对初稿进行了认真的修改或提出了修改意见。我对初稿进行了第一次全面的修改。

2013年4月初,我将修改稿再次征求意见,这次征求了师长们的意见,主要有梁培恕、马作楫、梁鸿飞、任茂棠、孙英,他们都和父亲有过多年的接触和了解;还征求了我的朋友们的意见,主要有姚蜀平、韩石山、谢泳、高世瑜、刘方、郭岭松、张炜、石涛。我的师长们和朋友们,对书稿给予了肯定和鼓励,同时,也提出了修改的具体意见和建议,使我在第二次修改书稿时受益良多,也使这本传记能够趋于完善,在此,我向他们表示真诚的感谢!

父亲传记的出版,还应该感谢三晋出版社。出版社社长、总编辑张继红先生,当他知道我在写父亲的传记时,就主动表示可以由他们出版,同时,继红还指定了责任编辑董润泽和我联系。三晋出版社的前身就是十五年前出版《阎宗临史学文集》的山西古籍出版社;润泽是南开大学毕业的历史学硕士,这样,这本传记的传主、作者和责编都是史学专业的,也是一种巧合。三晋出版社的领导和编辑们为这本传记的出版,做了大量细致而出色的工作,才有今天呈现在读者面前的《阎宗临传》。

　　至于这本传记中的不当之处,恳切地希望读者们给予批评指正。

阎守诚

2013 年 9 月 1 日于北京花园村

附录一 阎宗临年谱

1904年 0岁

6月18日(阴历五月十五日),生于山西省五台县中座(庄)村一个普通农民家里。

1911年 7岁

2月,在中座村小学学习。

1915年 11岁

12月,中座村小学改为五台县立第三高等小学,仍在校学习。

1918年 14岁

冬,高等小学毕业。

1919年 15岁

3月,考入川至中学预备班。因父亲病,旋即休学。

1920年 16岁

父亲逝世。得表兄杨西亭资助,复学。以在校刻写讲义,做校工为生。

1922年 18岁

结婚。系包办婚姻,虽经反抗,无效。

秋,阎锡山到校讲话,作为学生代表提问,与之顶撞。

1923年 19岁

11月,因参与赶校长王庚弟,四年级第一学期被川至中学开除。12

月,经乔松岩老师帮助,转入崞县中学。

1924 年　20 岁

7 月,崞县中学毕业,到北京。考入梁漱溟办的重华书院(亦称曲阜大学预科),两个月后,退学返京。考入朝阳大学,没有得到学生津贴,经济困难,只好退学。

12 月,到《国风报·学汇》当校对。认识景梅九、高长虹等人,加入文学社团"狂飙社"。

1925 年　21 岁

在高长虹的介绍下,与鲁迅、郁达夫交往。

在华林和景梅九的鼓励和帮助下,准备去法国勤工俭学。

12 月初,离开北京,经天津到上海。5 日,乘法国船安德洛奔赴法国。

1926 年　22 岁

1 月 8 日,到马赛,转赴巴黎,在巴黎打工约一年。

1927 年　23 岁

到法国东部伊诺化工厂做散工,被解雇后,到里昂。入里昂杜比兹人造丝工厂实验室做勤杂工,不久晋升为实验室实验员。

1928 年　24 岁

11 月 22 日,经莱旦总工程师介绍从里昂到瑞士弗里堡市。

在圣·米歇尔学校补习法文。

1929 年　25 岁

6 月 4 日,正式注册入弗里堡大学哲学文学院,主要学习欧洲古代文化及历史。

开始与罗曼·罗兰交往。

1931 年　27 岁

冬,入天主教。

1933 年　29 岁

7 月,获瑞士国家文学硕士。

9 月,启程回国。

10 月 2 日,到上海,经武汉,14 日回到北平。下旬,回山西五台中座村探望母亲,并办理离婚事宜。

12月,在北平中法大学服尔德学院任教授。

1934年　30岁

在中法大学讲授法国文学。

在《中法大学月刊》发表《巴斯加尔的生活》、《关于波特莱尔的研究》等文章及译作《歌德与法国》。

10月,与梁佩云、梁佩贞一道返回到瑞士,途中,写小说《大雾》。

1935年　31岁

在瑞士弗里堡大学任中国文化课教授,同时在大学研究院攻读博士学位。曾在日内瓦中国国际图书馆作学术报告《老子哲学的研究》与《中国文化概观》。报告的法文稿发表在中国国际图书馆的法文刊物《东西文化》。在《新北辰》杂志连载小说《大雾》、文艺评论《文艺杂感》。

1936年　32岁

获瑞士国家文学博士学位。博士论文题为《杜赫德的著作及其研究》。

1937年　33岁

年初,到英国剑桥大学3个月。

博士论文在瑞士出版法文本。

7月13日,在弗里堡与梁佩云女士结婚。25日,启程回国,共赴国难。

8月下旬,到香港,取道广州、汉口。

9月,回到山西太原。任山西大学历史系教授兼系主任。

11月初,太原沦陷,山西大学迁往晋南运城大渠村。

1938年　34岁

2月,山西大学停办。

3月,赴武汉。在国民党军事委员会第三厅主办的战时工作干部训练团(简称战干团)担任近代史教员。经盛成介绍参加救亡团体国际宣传委员会。

7月,结束战干团工作。

8月,到长沙。

9月,到湘潭接梁佩云和长子守胜、长女守和,经衡阳到广西桂林。任广西大学教授。参加广西建设研究会,任文化部委员。

1939 年　35 岁

2 月,在《国民公论》第一卷第七期发表《抗战与文化》。

1940 年　36 岁

在《建设研究》月刊发表《中国与法国十八世纪之文化关系》等文章。

1941 年　37 岁

通过教育部教授资格审查,并颁发证书。

在《建设研究》发表《中国文化西渐之一页》、《古代中西文化交流述略》、《近代中西文化交流之研究》等文章。

在《扫荡报·文史地》发表《从西方典籍所见康熙与耶稣会之关系》、《〈身见录〉校注》等 16 篇文章。广西建设研究会出版专著《近代欧洲文化研究》。

1943 年　39 岁

春,转到桂林师范学院史地系任教,并在无锡国学专科学校兼课。在《建设研究》发表《论法国民族及其文化》、《西班牙历史上的特性》等文章;在《益世报》发表《元代西欧宗教与政治之使节》。

1944 年　40 岁

在《建设研究》发表《巴尔干历史复杂性》;在《桂林师范学院丛刊》发表《李维史学研究》等。广西文化供应社出版专著《欧洲文化史论要》。

8 月初,日寇逼近桂林,与无锡国专师生一起经平乐、荔浦到蒙山。下旬,在文尔村复课。逃难中写有书稿《罗马史》。

11 月初,转移至大塘村。

1945 年　41 岁

1 月 16 日,从大塘向昭平转移。过龙寮岭到昭平仙迴鹿鸣村,遇日寇搜劫,上山露宿两夜,衣物丢失殆尽。

2 月,到昭平北坨镇,在昭平国立中学任教。

8 月 15 日,日寇投降。随国中迁回县城。不久,回桂林,在桂林师范学院任教。

1946 年　42 岁

在《广西日报》发表《十六世纪经济革命》、《结束国际联盟》等。

8月,结束桂林师范学院的工作,赴广州,在中山大学历史系任教。

1948年　44岁

任历史系主任兼历史研究所主任,直至广州解放。

在中山大学期间,写有书稿《希腊罗马史稿》、《欧洲史要义》,并在《中山大学文学院院刊》发表《欧洲封建时代的献礼》等,在《民主时代》发表《欧洲封建时代之动向》、《论欧洲封建时代的法律》等。

1949年　45岁

10月14日,广州解放。

1950年　46岁

7月,结束在中山大学历史系的工作。

8月,回到太原,任山西大学历史系主任。

1952年　48岁

暑假,参加思想改造运动。

1953年　49岁

抗美援朝胜利。

冬,在高等学校大调整中,调任山西师范学院副教务长。

1954年　50岁

秋,山西师范学院迁至南郊新校址。

1955年　51岁

肃反运动。

1957年　53岁

夏,反右运动。

1958年　54岁

离开历史系,专职在教务处。

在《山西师范学院学报》第1、2期发表《关于赫梯——军事奴隶所有者》、《古代波斯及其与中国的关系》。

1961年　57岁

山西师范学院复归为山西大学,改任研究部主任。

1962 年　58 岁

出版《巴斯加尔传略》(商务印书馆)。

在《学术通讯》发表《匈奴西迁与西罗马帝国的灭亡》;《山西地方史研究》发表《〈北使记〉笺注》、《〈西使记〉笺注》。

1963 年　59 岁

在《学术通讯》发表《关于巴克特里亚的古代历史》。编写《世界古代史参考资料》。

1964 年　60 岁

10 月 15 日至 11 月 25 日,在定襄县参加社会主义教育运动。

1965 年　61 岁

3 月至 7 月,再到定襄县南王村参加社会主义教育运动,写《南王村史》。

1966 年　62 岁

6 月,"文化大革命"开始。

8 月 22 日夜,在斗争历史系总支书记的会上,被揪出陪斗。25 日至 9 月 3 日,二姨梁佩贞回国,住在家里。

11 月中旬病倒。

1967 年　63 岁

3 月 17 日,军宣队进校。从历史系回到机关大联委学习。

8 月 21 日,红山大战斗队来抄家,论著被拿走,31 日取回。

1968 年　64 岁

3 月 18 日至 4 月 27 日,参加军宣队办的学习班。

9 月,工宣队进校。

11 月 15 日,在批斗校领导的大会上陪斗,被推倒。

1969 年　65 岁

3 月,参加工宣队办的学习班,至 1970 年 5 月才正式结束。

1970 年　66 岁

年初,全校师生到昔阳。因年老多病,留在学校。

9 月,战备疏散,通知安置到清徐集义。未成行。

1971 年　67 岁

　　10 月,二姨梁佩贞回国。

1972 年　68 岁

　　3 月,恢复与梁漱溟、黄艮庸通信。

　　10 月,冯振来太原,老朋友相见,分外高兴。

　　学校恢复招生,以推荐选拔的方式,招收工农兵学员。

1973 年　69 岁

　　5 月 14 日,任历史系主任。

　　10 月初,在家不慎跌倒,股骨颈骨折,住山医二院骨科两月。

1977 年　73 岁

　　5 月间,因白内障手术,第二次住山医二院眼科。

　　11 月,山西省政协第四届委员会第一次会议召开,因病未能出席,致函大会。

1978 年　74 岁

　　8 月,因肺部感染,发高烧,第三次住山医二院内科。9 月底,坚持出院。

　　10 月 5 日上午 10 时,病逝于家中。

附录二 阎宗临研究资料

文　集

阎守诚编《阎宗临史学文集》,山西古籍出版社,1998年

阎宗临著,阎守诚编《传教士与法国早期汉学》,大象出版社,2003年

任茂棠、行龙、李书吉编《阎宗临先生诞辰百周年纪念文集》,山西人民出版社,2004年

阎宗临著,阎守诚编《阎宗临作品·中西交通史》,广西师范大学出版社,2007年

阎宗临著,阎守诚编《阎宗临作品·欧洲文化史论》,广西师范大学出版社,2007年

阎宗临著,阎守诚编《阎宗临作品·世界古代中世纪史》,广西师范大学出版社,2007年

论　文

师道刚　阎宗临传略,《中国现代社会科学家传略》第三辑,山西人民出版社,1983 年

黄春高　史业今生未许休——阎宗临先生的文化史研究略论,《山西大学学报》,2000 年第 1 期

计翔翔　博综史料　兼通东西——《阎宗临史学文集》读后,《东西交流谭》第二集,上海文艺出版社,2001 年

朱幼棣　读阎宗临的《巴尔干历史复杂性》,《阎宗临先生诞辰百周年纪念文集》,山西人民出版社,2004 年

散　木　读阎宗临先生的文集,《阎宗临先生诞辰百周年纪念文集》,山西人民出版社,2004 年

韩石山　《大雾》中的人生,《小说评论》,2004 年第 6 期

散　木　"新儒家"的梁漱溟与阎宗临先生,《博览群书》,2004 年第 5 期

张西平　法国早期汉学研究的力作——读阎宗临先生的《传教士与法国早期汉学》有感,《传教士与汉学研究》,大象出版社,2005 年

谢　方　记阎宗临与樊守义——读《选堂序跋集》偶得,《书品》,2007 年第四辑

维　舟　阎宗临与他的《中西交通史》,《南方都市报》,2007 年 7 月 9 日

张　炜　人,是不能被遗忘的,《中华读书报》,2008 年 1 月 2 日

张　炜　一名历史学家对文化的执着信念——记阎宗临先生和其著《欧洲文化史论》,《出版广角》,2009 年第 2 期

高　毅　邂逅阎宗临,《中国图书评论》,2008 年第 3 期,《南方周末》2008 年 3 月 27 日转载

宋晓芹　阎宗临和他的《作品》,《光明日报》,2008 年 9 月 2 日

张　炜　阎宗临和他的文化史研究,《史学理论研究》,2009 年第 1 期

阎守诚　"山西并不闭塞"——从徐继畬谈起,《穿越时空的目光》,中国社会科学出版社 2009 年

陈德正、郭小凌　阎宗临先生的世界古代史教学与研究,《古代文明》,2010 年第 1 期

王荣声、王玉生　阎宗临与他的文化史观,《山西档案》,2010 年第 6 期

[瑞士]梅兰博士　《阎宗临 Yian Tsouan lin,作家鲁迅和罗曼·罗兰》,《罗曼·罗兰学会会刊》(法文版),2010 年 7 月 15 日

廖久明　《亲如兄弟:高长虹与阎宗临》,《上海鲁迅研究》,2012 年第 1 期

序　跋

万仲文《欧洲文化史论要》序

向培良《大雾》序

饶宗颐《阎宗临史学文集》序一

姚奠中《阎宗临史学文集》序二

阎守诚《阎宗临史学文集》后记

孙　英　怀念老师阎宗临先生
　　　　——《阎宗临先生诞辰百周年纪念文集》序

阎守诚《传教士与法国早期汉学》编者的话

齐世荣《阎宗临作品》序

阎守诚《阎宗临作品》编者语

回　忆

报　道

郭岭松　阎宗临:品端学粹之士,《人物》杂志,2002 年第 9 期

侯红武　阎宗临道德文章百年颂扬,《山西日报》,2004 年 12 月 4 日

兰炎平、宋晓芹　一位当代人知之甚少的史学大师——阎宗临先生学术思想研讨会在京召开,《山西日报》,2007 年 12 月 4 日

莱　阳　世界史大家阎宗临旧作出版,《中国新闻出版报》,2007 年 12 月 12 日

陈　洁　史学大家阎宗临三部著作重新问世,《中华读书报》,2007 年 12 月 12 日

陈　洁　阎宗临:赢得身前身后名,《中华读书报》,2008 年 6 月 17 日

徐轶杰、朱殊敏　阎宗临先生学术研讨会在京召开,《世界历史》,2008 年第 5 期

程文进　"阎宗临先生学术思想研讨会"综述,《历史教学》,2008 年第 6 期

阎宗临先生学术研讨会记录稿(程文进提供,根据录音整理,未经本人审阅)